国家社会科学基金资助项目

明代宋史学
研究

MINGDAI SONGSHIXUE
YANJIU

吴漫 著

人民出版社

责任编辑:邵永忠

封面设计:徐 晖

图书在版编目(CIP)数据

明代宋史学研究/吴漫 著. —北京:人民出版社,2012.10

ISBN 978 - 7 - 01 - 011288 - 6

Ⅰ.①明… Ⅱ.①吴… Ⅲ.①中国历史-宋代-研究 Ⅳ.①K244.07

中国版本图书馆 CIP 数据核字(2012)第 233185 号

明代宋史学研究

MINGDAI SONGSHIXUE YANJIU

吴 漫 著

人民出版社 出版发行

(100706 北京市东城区隆福寺街 99 号)

环球印刷(北京)有限公司印刷 新华书店经销

2012 年 10 月第 1 版 2012 年 10 月北京第 1 次印刷

开本:710 毫米×1000 毫米 1/16 印张:21.75

字数:359 千字 印数:0,001-2,000 册

ISBN 978 - 7 - 01 - 011288 - 6 定价:49.00 元

邮购地址 100706 北京市东城区隆福寺街 99 号

人民东方图书销售中心 电话 (010)65250042 65289539

序

在中国历史上，每当新朝甫立，总要着手编写前朝的历史，这不仅是为了鉴往知今，吸取历史的经验教训，也为了从历史上说明前朝灭亡的必然性，给新朝建立提供合理合法的依据。就如汉高祖刘邦在建立汉朝之初，即命陆贾著书修史，"试为我著秦所以失天下，吾所以得之者何"①。其中过秦宣汉之义，深矣哉。当然，在中国史学史上，不仅为前代修史，为前几代或为上古修史的事例也很多，只是其中有两次为隔代修史的史学活动，因其参与的人物众多、产出的成果丰富、史书体裁形式多样，且与当时社会政治的起伏密切相关而引人注目，这就是明代宋史学和清代元史学。

明代的宋史学，即指明代史家关于宋史的研究与撰述，这是明代史学史中较为突出的史学现象。明代宋史学的兴起，原因数端。一方面是明代史家不满于元修宋、辽、金三史"各为正统"，否认辽、金二史的正统地位。他们只承认宋为正统，言称"大要在辟夷狄，尊中国，发挥祖宗及我皇上治政修明，卓绝千古，覃绥万方"②。其动机不仅仅是在史例上对正闰之位的争辩，还有标榜以仁政得天下、以纲常治万民的理学政治目的。另一方面，明中叶以后，边患频仍，也刺激了明代史家的民族情绪，他们借宋史研究与撰述来表彰民族意识，鼓舞反抗外敌入侵的爱国热情。再者，史学的求真精神则是明代宋史学内在的动因。《宋史》问世以后，因其成书仓促，内容繁芜

① 司马迁：《史记》卷九十七《郦生陆贾列传》，中华书局1985年版。
② 王洙：《宋史质》卷首《自序》，明嘉靖刻本。

而要事误缺，令人不满。明人的宋史研究和撰述，不仅对《宋史》的芜杂舛谬多所匡纠，而且在许多领域拓展丰富了宋史研究的成果。以往的研究虽未对明代宋史学作全面考论，但也有史家对一些改造《宋史》的明人史著给予好评，比如金毓黼在《中国史学史》中就认为柯维骐的《宋史新编》用力精勤，"《宋史》疏舛之处，《新编》多已订正"①。

明代宋史学的兴起和发展，反映了明代史家的求真精神和经世意识。他们或改编《宋史》，或因考辨宋史而纠谬补缺，或阐论宋朝的人事与兴亡得失，撰述有关宋史研究的专著达 123 种，至今仍存 62 种②，取得了丰硕的成果。以往的研究，仅注意几部重修宋史的著作，未能全面考察明人关于宋史研究的整体成就和学术价值，因此往往评价不高。对于明代宋史学中的"正统论"思潮，也未能就具体问题作具体分析，揭示其中经世致用思想的积极成分。其实，对于中国史学上的正统论，近些年史学界已有一些持平之论，不少学者认为，除了要否定其过分强调华夷之辨而违背历史客观事实的弊端，又要看到"正统论"在特定时期中彰显中华文明的连续性特征，有助于国家统一和各民族凝聚的作用。此外还要注意到，欧阳修在阐释"正统"之意时说："正者，所以正天下之不正也。"其要旨在于强调"以德治国"的儒学观念，这就是饶宗颐在他的《国史上之正统论》一书中所特别揭橥的"历史之秤"③。持秤而断高低然否，可见正统论对于促进历代皇朝统治者施行仁政也是有积极作用的。有鉴于上述种种，明代宋史学的历史地位，实在不可小觑。

至于清代元史学则发轫于清前期，而大显于清后期，盖因道咸以降，"西北地理学与元史学相并发展，如骖之有靳。一时风会所趋，士大夫人人乐谈"，于是元史学"渐成显学矣"④。对于清代元史学的成果学界关注较多，且有赞誉公允之论，故不须赘述。然而，明代宋史学的规模与成就，则历来为学界所忽视，且未曾从学术史的专题对此作专门系统的研究。因此，

---

① 金毓黼：《中国史学史》，中华书局 1962 年版，第 140 页。

② 参见本书所附《明人宋史著述一览表》。

③ 饶宗颐：《饶宗颐二十世纪学术文集》，台湾新文丰出版股份有限公司 2003 年版，第 8 册，第 104 页。

④ 参见梁启超《中国近三百年学术史》，东方出版社 1996 年版，第 390、345 页。

吴漫博士《明代宋史学研究》的选题就具有原创性的学术意义。

《明代宋史学研究》一书以明代宋史研究和撰述为讨论对象，在明代社会发展的历史总相下，发掘其历史文献学、历史编纂学与史学思想的价值，系统总结了明代宋史学的成就，从而深化了明代史学史和历史文献学的研究，并为这类史学史专题探索出一个成功的研究范式，具有显著的学术价值。我以为，书中的学术创新和建树有以下几个方面：

一、从一个史学史专题的角度，分析明代宋史学产生发展的社会背景和学术因缘，论述了明代宋史学滥觞、发展、繁荣、终结等阶段性进程与特点，廓清了明代宋史学的全貌，并通过"明人宋史著述一览表"、"明代宋史研究编年考"等附录加以补充，使学术界对于明代的宋史研究和著述有了基本的把握。

二、深入挖掘明代宋史学的史学价值。本书既揭示明代宋史研究中对宋史史料的扩充和广搜博采，对《宋史》内容的考异纠谬和补遗；又分析了明代宋史著作在史书编纂体裁与体例上的革新和改进。这些研究成果，在一定程度上纠正了以往人们对明代史学成就轻视的偏见，也为宋史研究和历史编纂学的发展开掘了新资源。

三、通过对明代宋史学史学思想的评析，提供了一个解读明代社会思想和学术思想的新视角。书中阐明了明代史学家在宋史研究中激发民族意识，以济时艰的现实意义。同时，也分析了嘉靖以后一些宋史著作在民族思想上的进步，如肯定蒙古族创立的元朝的正统地位，如反对施于少数民族政权的蔑称，等等。充分总结了明代宋史学在经世致用、治国安邦思想方面的价值。

明代宋史学的著述宏富，它的产生发展又与当时的学术思想、社会政治和民族关系密切相关，因此具有较大的研究难度。作者于2003年到北京师范大学攻读博士学位后，便以《明代宋史学研究》为题，历经三年苦读和钻研，顺利完成了学位论文，得到答辩专家的好评。此后，本选题得以在国家社科基金青年项目中立项，又经多年的反复修改，作者补充大量史料，加深理论分析，凝练了主题，全书篇幅增加三分之一以上，大大提高了学术质量。吴漫博士的这部著作从选题、撰写、修改到出版，前后将近十年，与古人"十年磨一剑"之训正相符契，这使我在为本书付梓而欣欣之际，也为作者严谨治学、精益求精的学风而由衷感佩。

　　吴漫博士温文沉稳，宁静致远，既有深厚的文献功底，敏锐的史学眼光，又有盎然的治学情趣。借此机会，我祝愿她在学术大道上继续快乐前行，不断收获新的劳动成果。

　　谨为序。

周少川

2012 年仲秋于京师园

目 录

第一章 明代宋史研究的社会背景与学术因缘

第二章　明代宋史研究的阶段性发展

第三章　明代宋史撰述中的史料学

第四章　明代宋史撰述中的编纂学

第五章　明代宋史研究中的史学思想

附　录

CONTENTS

绪 论

一、研究范围

中国自上古以来，史学赓续发展，两千余年，未尝中绝。重视前代历史，是中国古代长期形成和承传的重要史学观念，历代学者对于前代历史的研究和撰述，不但丰富了中国的历史文献，也推进了学术的进一步发展。有明立国近三百年，不论官方还是私家都非常注重对宋代历史的反思和撰述。明代的宋史研究及其成果，既为后人研究宋史提供了宝贵的借鉴，又真实地反映了明代的史学状况，为后人加深对明代史学的认识提供了大量文献佐证。本书研究的对象明代宋史学，即明代官方和私家研究、撰述宋代历史的一系列史学活动和成果（探讨的下限为 1644 年明朝的灭亡）。

从内容或体裁上看，明代问世的宋史著述大致可分为以下四类：一类是专史，或关于宋代人物的记载，或关于宋代史事的记载，或是对于宋史的评论，如程敏政的《宋遗民录》和《宋纪受终考》、蒋谊的《续宋论》、许浩的《宋史阐幽》、何乔新的《宋史臆见》等；一类是涉及理学人物的学术思想史著述，是对宋代理学成就的总结，例如戴铣的《朱子实纪》、薛应旂的《重编考亭渊源录》、谢铎的《伊洛渊源续录》等；一类是对于元修《宋史》的改编之作，如柯维骐的《宋史新编》、薛应旂的《宋元通鉴》、钱士升的《南宋书》等；还有一类是汇编成书，如李廷机的《宋贤事汇》、文德翼的《宋史存》等等。根据焦竑《国史经籍志》、黄虞稷《千顷堂书目》、张廷玉等《明史艺文志·补编·附编》、黄宗羲《明文海》、清修《四库全书总目》、孙殿起《贩书偶记》、王重民《中国善本书提要》、中国古籍善本书目编辑委员会编《中国古籍善本书目》、杨翼骧《中国史学史资料编年》（第三册）等进行统计，明人撰述的宋史著述流存于世者有 62 种，有目无书者 61 种，共计 123 种，2000 多卷[①]；其中 17 种著述兼及元代历史，纯粹针对宋代历史而撰述的著作达 106 种。而同时期，明人关于元史的研究成果，据黄兆强统计，仅有 41 种，总卷数不超过 465 卷[②]。两相对比，明人对于宋史的研究，在同期旧史撰述中，是一种较为突显的史学现象。尤其是明人对于重修宋史的呼声随着明廷政治的变化而趋于高涨，以及明代后期的宋史著述明显多于前期的史学状况，理应引起学者们的足够重视。

鉴于此，本书拟以明代的宋史研究为领域作专题研究，主要以现存有关宋代人物、宋代史事和宋代学术史的 62 种宋史著述为研究对象，梳理明代宋史研究演进的过程，探析其产生的学术因缘与社会背景、官方与私家的努力与成就、明人宋史著述的史料学与编纂学成就、明人对于宋朝衰亡的历史总结、明人的正统思想、夷夏观念以及经世致用思想等，从而探寻史学与学术、社会政治之间的互动关系，并试图得出一些具有普遍理论意义的认识。

二、研究回顾

历史上，对于明人宋史研究的关注可以分为三个阶段。第一阶段是明代。明代学者为本朝人所写宋史专著所作之《序》，以及明人所作之人物传记中涉及的相关内容，反映出明代学者对当朝人所撰修的宋史著述的肯定态度。例如吴琛、何乔新各自所作之《宋论序》、秦鸣夏所作之《史质序》、黄佐所作之《宋史新编序》、张溥所作之《宋史纪事本末叙》和焦竑《国朝

---

① 明人宋史著述凡 123 种（见附录一）。其中，杂有元史者 17 种，即刘剡《资治通鉴节要续编》、商辂《续资治通鉴纲目》、张时泰《续资治通鉴纲目广义》、周礼《续资治通鉴纲目发明》、何乔新《宋元史臆见》、薛应旂《宋元通鉴》、王宗沐《宋元资治通鉴》、王启《宋元纲目续修》、孙宜《宋元史论》、赵祖点《续纂十七史宋元详节》、俞汝言《宋元举要历》、陈理《宋元遗事》、陆简《宋元纲目》、陆伨《宋元史发微》、南山逸老《宋元纲目愚管》、祝萃《宋辽金元史详略》、蔡伸《宋元通鉴辑略》。

② 据黄兆强先生《明人元史学编年研究》（《东吴历史学报》2003 年第 9 期）可知，明人撰述的元史著作 41 种，其中 31 种为纯粹针对元史而撰述。

献征录》中的相关人物传记等等。第二阶段是清代。官方与私家均有对明人宋史研究的评论，主要表现在官修《四库全书总目》及私家著述中，如朱彝尊的《曝书亭集》、黄虞稷的《千顷堂书目》、钱大昕的《潜研堂文集》、赵翼的《陔余丛考》和《廿二史札记》、王鸣盛的《十七史商榷》、章学诚的《文史通义》和李慈铭的《越缦堂读书记》等。第三阶段，是 20 世纪以来（在此定为 1911 年以来），学者关于明代的宋史研究所进行的综合介绍或个案研究。

概而言之，三个阶段探讨的内容和重点各不相同，反映出不同时期关于明代宋史研究的不同特色，体现了不同时期的时代特点和政治要求，是不同时期学术研究在历史观、宋史观、史学思想和文献学思想方面的映射。

（一）第一阶段——明代

1. 对明人宋史专著之编纂义例的基本肯定。

明中叶以后，蒙汉关系紧张，民族主义史学思想抬头，明人撰述宋史的活动，多集中于此，其用意在于辨夷夏，明《春秋》之义。此期的宋史著述以宋为正统，排斥辽、金、元的义例得到了时人的肯定。黄佐、焦竑肯定柯维骐《宋史新编》的义例，认为是书能会通三史，以宋为正[①]。秦鸣夏认为王洙的《宋史质》能够明帝纪之正闰，志道统之断续，褒奖王洙是一代良史[②]。

但其间也有批评的声音。万历年间，学者于慎行批评这种肆意发挥《春秋》书例的做法有悖于历史事实，是愚儒的陋见[③]。其时，于慎行将追求客观实际超越封建名教之上的求实精神尤显可贵。

2. 对明人宋史著述之编纂目的的肯定。

黄佐高度赞扬了柯维骐《宋史新编》彰显"《春秋》大义"的做法，认为是书问世，则"《春秋》大义始昭著于万世"，收到了"稽天运，陈人纪"

---

①　柯维骐：《宋史新编》卷首黄佐《宋史新编序》，明嘉靖刻本；焦竑：《国朝献征录》卷 32《柯希斋维骐传》，上海书店 1987 年版。

②　王洙：《宋史质》卷首秦鸣夏《史质序》，台北：大化书局影印明嘉靖刻本，1977 年版，第 1 页下。

③　于慎行：《读史漫录》卷 14《辽金元》，《四库全书存目丛书》本。

的社会效果①。

何乔新评价丘濬时说："（丘濬）作《朱子学的》、《朱子通鉴纲目》，以正统为主。然秦、隋之末有不可遽夺，汉、唐之初有不可遽予者，乃作《世史正纲》②，以著世变之升降，明正统之偏全。……天子嗣位之初，公书适成，乃表上之。上览之甚喜，批答有曰：'卿所著书，考据精详，论述该博，有补政治，朕甚嘉之，赐白金二十两，纻丝二表里，升公尚书，且命录其副，付书坊刊行。'"③ 充分肯定了丘濬专明正统的著史目的。

廖道南亦称："（丘）濬自出己见撰史，撰史略，名曰《世史正纲》，有裨世教。"④ 对丘濬著史所持的正统观念给予了高度评价。

3. 对明人宋史著述中史料学的认识。

黄佐肯定柯维骐《宋史新编》说："删其繁猥，厘其错乱，复参诸家纪载可传信者，补其阙遗。……论赞之文并非因袭，简而详赡、而精严、而不刻直、而有体。"⑤ 焦竑也认为是书"厘复补漏，击异订讹"⑥。秦鸣夏于《宋史质》评价说："悉取而芟夷、翦截之，逾十载而书成。计其简帙，存旧十二，而典章文献靡不具存。……书凡一百卷，曰《宋史质》者，著不浮也。"⑦ 然而也有相反的意见。张溥等对史料采择持有严格要求的学者则认为，柯维骐的《宋史新编》"取材未广，阙如生恨"，而薛应旂的《宋元通鉴》和王宗沐的《宋元资治通鉴》⑧ 在史料方面"漏万非一"⑨。

从明人对本朝人撰修的宋史著述的评价中，不难看出明代史学彰显"《春秋》大义"的治史标准，这与当时重视名教的理学化思潮保持着一致

① 柯维骐：《宋史新编》卷首黄佐《宋史新编序》，明嘉靖刻本。
② 丘濬《世史正纲》32 卷，记事起秦始皇二十六年（公元前 221 年），迄明洪武元年（1368 年），著世变始之所由，随事附论。其中记宋史 8 卷，相对于记载其他朝代，所占篇幅较多。
③ 何乔新：《椒邱文集》卷 30《赠特进左柱国太傅谥文庄丘公墓志铭》，文渊阁《四库全书》本。
④ 廖道南：《殿阁词林记》卷 2《武英殿大学士邱濬》，文渊阁《四库全书》本。
⑤ 柯维骐：《宋史新编》卷首黄佐《宋史新编序》，明嘉靖刻本。
⑥ 焦竑：《国朝献征录》卷 32《柯希斋维骐传》，上海书店 1987 年版。
⑦ 王洙：《宋史质》卷首秦鸣夏《史质序》，台北：大化书局影印明嘉靖刻本，1977 年版，第 1-2 页上。
⑧ 按：王宗沐《宋元资治通鉴》，初名《续资治通鉴》，明末刊刻时改称《宋元资治通鉴》，以下均称《宋元资治通鉴》。
⑨ 陈邦瞻：《宋史纪事本末》卷首张溥《宋史纪事本末序》，上海古籍出版社 1994 年版，第 1 页上。

步调。然而，也有个别学者能够独立于主流意识形态之外，理性地、客观地评论本朝人所进行的宋史研究及其成果。当然，这种评论还流于浅层，明人尚未对自身从事的这种史学活动进行更为深入的反思。

（二）第二阶段——清代

清代官方对于明人宋史著述的整体评价不高，认为"自柯维骐以下，屡有改修，然年代绵邈，旧籍散亡，仍以是书（指元修《宋史》。——笔者按）为稿本，小小补苴，亦终无以相胜，故考两宋之事，终以原书为据，迄今竟不可废焉。"① 清朝四库馆臣遂将多数明人宋史著述列入《存目》之中，以示贬低和排斥。与此相反，清代私家学者对此则多赞誉之辞。总之，清代学者对明代这一史学活动的相关评论主要涉及以下几个方面：

1. 在编纂目的方面。私家学者主要有两种观点：其一，肯定了明人旨在撰述一部简洁明了的宋史著作的做法②。其二，肯定了明人为了存宋统、明人伦、重道义③而撰述宋史。

2. 在编纂方法方面。清代官方认为，明人宋史著述以宋为正统的前提是错误的，尽管在内容上有一些删繁就简，击讹补漏的功劳，也不足为道④，更认为那种以明朝直继宋统的义例，是"荒唐悖谬，缕指难穷"⑤。

清代私家则肯定了这种以宋为正统的编撰义例。例如针对柯维骐的《宋史新编》，清人朱彝尊赞其体例较他人完备，是有志之士所为⑥。钱大昕也认为其义例胜于旧史⑦。

3. 在史料学方面，清人认为明人的宋史撰述既有考证辨伪、击讹补漏的功劳，又有取材未广、重沓窜易的不足。例如，关于柯维骐的《宋史新编》，黄虞稷认为是书起到了"厘复补漏，击异订讹"的效果⑧。四库馆臣

---

① 永瑢，等：《四库全书总目》卷46《宋史》提要，中华书局1965年版，第413页上。

② 钱士升：《南宋书》卷首席世臣《南宋书序》，清嘉庆二年（1779年）扫叶山房刻本。

③ 黄虞稷：《千顷堂书目》卷4《正史类》，文渊阁《四库全书》本。

④ 永瑢，等：《四库全书总目》卷50《宋史新编》提要，中华书局1965年版，第455页上。

⑤ 永瑢，等：《四库全书总目》卷50《宋史质》提要，中华书局1965年版，第454页下。

⑥ 朱彝尊：《曝书亭集》卷45《书柯氏宋史新编后》，《四部丛刊初编》本。

⑦ 钱大昕：《潜研堂文集》卷28《跋柯维骐宋史新编》，上海古籍出版社1996年版，第473页。

⑧ 黄虞稷：《千顷堂书目》卷4《正史类》，上海古籍出版社2001年版，第115页下。

认为其纠谬补遗,颇有考订①。但钱大昕却不无遗憾地指出,"其见闻未广,有史才而无史学"②。又如,关于薛应旂的《宋元通鉴》,朱彝尊讥其孤陋寡闻③,四库馆臣认为其文繁事复,无所考证。四库馆臣亦指出:在史料选取方面,薛应旂的《宋元通鉴》仅在记载道学家事迹时能将取材范围扩大至诸家文集,多有出于正史之外者,而在引用说部书补充正史阙漏时却未能对史料进行考证、辨伪;此外,是书杂列制诰、赠言、寄札和祭文,铺叙连篇,有同家牒,亦不合史书体例④。钱大昕、周中孚认为是书于正史中的相关史料未能抓住要领,则在正史之外寻找史料,更难以取得成绩⑤。

(三) 第三阶段——20 世纪以来（1911 年以来）

20 世纪以来,在一些史学史著作中学者对于明代宋史撰述给予了关注,既有对部分宋史著述的综合介绍（表现为通过对明人研究和重修宋史之原因进行解析以及对个别宋史学者和宋史著述进行评介,对明代的宋史研究进行简单总结）,亦有学者撰述专文对明代的几部宋史著作进行个案研究。

1. 对明人宋史著作的综合评价,主要涉及以下问题:

(1) 简要概括明代宋史撰述的成就。

最早讨论明人改修宋史的是黄云眉《与夏瞿禅论改修〈宋史〉诸家书》一文。文章以叙述为主,间有简评,针对由元至清诸家改修宋史的经过进行了简要的回顾,这是首次对中国史学上改修宋史之活动作出的总结,为后人进一步探讨明代的宋史撰述提供了线索。稍后,金毓黻的《中国史学史》对明人的宋史撰述表现出一定的重视,书中以薛应旂、王洙、王惟俭等人的宋史研究为例略述明人重修宋史的成就,并附录后世学者的品评。据金氏《宋辽金史》第一章《总论》所言,亦可知金氏对明人宋史著述的价值持着肯定态度⑥。刘节在《中国史学史稿》一书中,对明人的几种纪传体宋史著述进行了简略介绍,然尚未将其他体裁的宋史著述纳入考察视野。张孟伦

① 永瑢,等:《四库全书总目》卷 50《宋史新编》提要,中华书局 1965 年版,第 454 页下。
② 钱大昕:《潜研堂文集》卷 28《跋柯维骐宋史新编》,上海古籍出版社 1996 年版,第 473 页。
③ 朱彝尊:《静志居诗话》卷 12,人民文学出版社 1990 年版,第 347 页。
④ 永瑢,等:《四库全书总目》卷 48《宋史资治通鉴》提要,中华书局 1965 年版,第 434 页下。
⑤ 钱大昕:《潜研堂文集》卷 28《跋柯维骐宋史新编》,上海古籍出版社 1996 年版,第 473 页。
⑥ 金毓黻:《宋辽金史》,《民国丛书》第 5 编第 63 册,商务印书馆 1946 年版,第 1 页。

《中国史学史》一书中概括了明人重修宋史的兴起和经过，认为柯维骐的《宋史新编》是重修宋史研究中做得较好的一例。金毓黻、刘节、张孟伦等人在一定范围内所做的总结性工作，为今人的进一步探讨提供了帮助。但其视野仅局限于重修宋史，概述时以重修为线索，而未能拓展至明人关于宋史研究和撰述的整体，所以未能全面反映明代宋史研究的整体成就和学术价值。瞿林东在其《中国史学史纲》一书中，认为明代私家的宋史撰述更多地反映了明代史学保守的一面，并列举了不同体裁的代表性著述来体现其成就。虽然他未对明人的宋史著述进行具体分析，但就考察视角来看，是立足于明代宋史研究，观察明代史学的首位学者，对学界以明代宋史学为领域作专题研究，影响深远。

（2）分析了明代宋史撰述兴起的原因。

先是金毓黻认为明代重修宋史的原因在于：元人以《宋史》与《辽史》、《金史》并列，与李延寿修《南北史》例同，招致明代学者的不满。其后，李宗侗认为明人对于宋史的重修多以改正体裁为目的，并以王洙《宋史质》和王惟俭《宋史记》为例作简要说明。这些见解，虽未再作进一步阐发，却高屋建瓴。

朱仲玉《论明朝人对宋史的研究与改编》一文立足于前人研究成果，从明朝的社会背景出发，分析明人研究宋史和改编《宋史》的原因和重点，并立足于史学与政治相联系的角度，强调了政治对于史学的影响力。

陈学霖《柯维骐〈宋史新编〉述论》一文将明人改修宋史的动机具体化为：其一，对元修宋史，以宋、辽、金各为正统的义例不满，非独基于史观之不同，而与朝代政治转变有直接关系。其二，编纂仓促，卷帙繁芜，有疏漏。其三，边患激发了汉儒的正统观，因此对异族统治中原之历史，有重新评价的必要。并指出，三因素互为表里，以前者为基础，后者辅成；到明朝中叶后，后一因素日趋重要。他的这种论述体现了一种以发展的、联系的眼光分析问题的研究方法。

瞿林东认为明人撰述宋史的动因在于三个方面：第一，"是不承认元代的存在，而以明继宋，是撰宋史而彰明统"；第二，"是不承认辽、金二史可以自为正统而与宋并列"；第三，"是为了纠正《宋史》的繁芜"。瞿林东的第一点见解，发前人之所未发，打开了一种新思路。

（3）探讨明人宋史撰述指导思想。

钱茂伟的《明代史学的历程》专立一章，以纪传体著述王洙的《宋史质》和柯维骐的《宋史新编》为考察重点，指出明人撰述宋史的指导思想是"理学化的《春秋》思想"，并称两书虽然在史学致用方面，即宣传纲常史学上是相通的，但柯氏《宋史新编》的求真色彩更浓厚。他又指出，明人薛应旂和王宗沐以"通鉴"体改撰《宋史》的目的是资治，体现了历史借鉴思想；两人承认元统的做法反映出较浓厚的历史主义原则。钱氏一书注重从史学思想的角度来探讨明代的宋史著述，这在反思明人宋史撰述方面是一个突破。

综上，20 世纪以来关于明代宋史撰述的综合评介，呈现出由描述其主线到逐步揭示其深层含义的发展趋势。但是，这种状况尚不足以使学界了解明人宋史撰述的整体面貌，仍需作进一步的努力。

2. 对明代宋史撰述的个案研究。其中涉及的著作主要有：王洙《宋史质》①、王惟俭《宋史记》②、陈邦瞻《宋史纪事本末》③、柯维骐《宋史新编》④，着重考察了如下问题：

（1）对明人宋史著述的编纂、流传和版本进行介绍。

王树民《宋元纪事本末的编纂和流传》一文介绍了《宋元纪事本末》的成书和刊刻过程。钱茂伟《明代史学编年考》一书涉及几部宋史著述的刊刻、版本和流传问题，但仅停留在简单介绍的层面，未作深入研究。

（2）对于明人宋史著述思想内容的讨论。

柳诒徵《述〈宋史质〉》一文揭示《宋史质》的撰述主旨在于"辟夷狄尊中国"，"直接《春秋》，与徒述事迹漫无宗旨之史不同"。王树民《〈宋元纪事本末〉的编纂和流传》一文指出陈邦瞻深受程朱派理学的影响，

---

① 研究文章主要有：柳诒徵《述〈宋史质〉》（《史学杂志》第 1 卷 1 期，1929）；王德毅《由〈宋史质〉谈到明朝人的宋史观》（《台湾大学历史系学报》1977 年第 4 期）。

② 研究文章主要有：张邃青《读宋校本王氏〈宋史记〉》（《国风》半月刊，5 卷 10-11 期，1934）；吴丰培《旧抄明本王惟俭〈宋史记〉二百五十卷》（《文献》1982 年第 12 期）。

③ 研究成果主要见于：王树民《〈宋元纪事本末〉的编纂和流传》（《河北师院学报》1978 年第 3 期）；夏祖恩《史著体裁纵横谈——兼及〈宋史纪事本末〉》（《福建师大福清分校学报》1994 年第 2 期）；尹达主编《中国史学发展史》（中州古籍出版社 1985 年）。

④ 研究成果主要参见：朱仲玉《明代福建史家柯维骐和〈宋史新编〉》（《福建论坛》1984 年第 1 期）；宋衍申主编《中国史学史纲要》（东北师范大学出版社 1992 年版）。

因而于《宋元纪事本末》中对理学家均作肯定的撰述。朱仲玉《明代福建史家柯维骐和〈宋史新编〉》一文认为是书表现出浓厚的民族意识，为后代的民族主义史学开了先河；指出柯氏对于明主与昏君、忠臣与奸佞有着爱憎分明的感情，但因其政治观点保守，史实记载及评论亦表现出一定的封建糟粕。

（3）对明人宋史著述史料学价值的揭示。

吴丰培《旧抄明本王惟俭〈宋史记〉二百五十卷》一文对《宋史记》的取材进行了考察，指出是书是在元修《宋史》和柯维骐《宋史新编》的基础上，参考徐自明的《宋宰辅编年录》、王稱的《东都事略》和李焘的《续资治通鉴长编》，进行了增损加工。王树民《〈宋元纪事本末〉的编纂和流传》一文指出陈邦瞻《宋元纪事本末》的史料源于冯琦、沈越的旧稿和薛应旂的《宋元通鉴》，以官方记载为主，取材局限很大；且书中记载有明显失真的地方，尤其是关于农民起义的部分。宋衍申主编的《中国史学史纲要》一书强调了柯维骐《宋史新编》的成就"并不在于它的'义例严整'，而是它订正了旧史的许多疏误"。①

（4）对于明人宋史著述体裁、体例的研究。

王树民《〈宋元纪事本末〉的编纂和流传》一文和尹达《中国史学发展史》专著皆从指导思想、立目范围、取材和编排史事等方面指出陈邦瞻的《宋史纪事本末》进一步发挥了纪事本末体在编排史事方面的灵活性特点。

夏祖恩《史著体裁纵横谈——兼及〈宋史纪事本末〉》一文认为陈邦瞻的《宋史纪事本末》虽然不是中国纪事本末体之首倡，但却是纪事本末体发展与完善的结果；其优长在于：史事清晰、线索清楚、可读性强及观点鲜明，并且在关键性史事叙述之后直接发表议论。

朱仲玉《明代福建史家柯维骐和〈宋史新编〉》一文认为《宋史新编》在历史编纂学上有许多超越元修《宋史》的地方。例如，《宋史新编》学习孔门四科的安排、效法《汉书》，改变类传立目的次序为道学、儒林、循吏、文苑，非常符合宋朝学术的实际情况；《宋史新编》紧密围绕著述宗旨，削去《公主传》、《宗室表》，将其中内容附载于各个《列传》之中，减

---

① 宋衍申：《中国史学史纲要》，东北师范大学出版社 1992 年版，第 236 页。

少了史著编次的头绪，精简了篇幅；《宋史新编》补载了重要的诏令，纠正了旧史《宰执传》中的不当体例，统一了元修《宋史》中的歧异之处；此外，《宋史新编》补载许多重要史事，在史料搜辑上也胜于元修《宋史》。

陈学霖《柯维骐〈宋史新编〉述论》一文根据《宋史新编》的《凡例》，分析了是书的体例与特色，然未结合原书作进一步的具体考察。此外，柳诒徵的《述〈宋史质〉》、吴丰培的《旧抄明本王惟俭〈宋史记〉二百五十卷》两文分别讨论了《宋史质》和《宋史记》的体例。

概言之，关于明人的宋史撰述，国内学界有过一定的关注，其中既表达了共识，又互见发明和补充。但也应当看到，关于明人宋史撰述的研究还存在明显的不足。从宏观角度看，已有的研究停留在简述的层面，仅仅起到勾勒线索的作用，其内容还未能触及明代宋史研究各个层面的内涵。已有的研究所涉及的明人宋史著述的体裁还不全面，一般只考察到纪传体、编年体和纪事本末体等重要史体，至于其他种类，尤其是史论类、传记类著述尚乏论及。而这些对于全面考察明代的宋史研究则是必不可少的，应以廓清全貌和重点考察相结合为宜。已有的研究未能将明代的宋史研究作为一种特殊的史学现象，展开专题研究，全面梳理明人宋史著述的历史文献学价值，揭示其丰富的史学思想；亦未能将明人的宋史研究放在整个中国史学发展的长河中定位，从整体上揭示其学术价值与理论意义。综上，学界对此作出的努力为后人开启了思路，奠定了基础，但仍然留下了较大的挖掘空间，故应视明代宋史研究为一种重要的史学现象，很有必要对其作专题研究，全面探讨，以求深入揭示其丰富的史学内涵和学术价值。

三、研究旨趣

鉴于以往研究存在的不足，本书将紧紧围绕明人的宋史撰述，深入考察明人宋史撰述的成果，力图在以下两个方面取得重要突破。

第一，梳理明代宋史研究产生和发展的整个过程，使学界对此有一个整体而清晰的认识。分析明代不同时期的统治者及私家学者对宋、元历史的认识，以及明廷相应的政治和文化政策。分析明代宋史研究产生的学术因缘，包括中国史学上旧史改编的传统、关于正统论的探讨和实践、元修《宋史》

的优缺，以及明代理学思想的影响和史家自身的史学追求。分析明代宋史研究发展的阶段性特征，考察官方态度对其发展进程、态势的影响等。

第二，分析和评骘明代宋史撰述的成就，揭示其特征和优劣，加深学界对明代宋史撰述具体之学术价值及意义的认识，明确明人宋史撰述在我国宋史研究中的地位和特色。明代宋史研究的总体成就主要表现在史料学、编纂学和史学思想方面。在史料学方面，重点分析明人对各种宋史史料的认识、史料选择的价值标准以及对史料进行考订纠谬的方法和成就。在编纂学方面，着重考察明人宋史著述在体裁选取、体例设定方面的规划和特色，以及与旧史相比的进步。明人宋史著述中所蕴涵的史学思想极为丰富，亦需在更高的理论层次予以揭示和总结。

为达到以上研究目的，尚需解决以下两个重要问题。

第一，把握明代宋史撰述与社会政治之间的互动关系，揭示明人宋史著述中丰富的史学思想。受明朝统治者政治需要及其对宋元历史认识的影响，明代的一些宋史著述反映出明显的正统观与夷夏思想。明人“夷夏之辨”的立意和重心在于维护皇朝统治，防止夷狄入侵。他们认为宋朝的夷狄之祸是统治者咎由自取。学者薛应旂说：“竟忘君父之大仇，以是辽、金虽灭，元遂起而乘之，而宋因以亡。”① 正因如此，明代的宋史研究更注重探讨宋朝灭亡的历史根源。他们认为“亡宋者，小人也”、是“用匪其人”，并认为宋失纪纲法度，是其灭亡的根本原因②。为了解决明朝存在的社会问题，明代宋史学者注意从宋朝汲取经验，表现出“征往而训来，考世而定治”③、“道德功业相与为用”④ 等一系列经世致用的思想。这些思想结合宋代史事而发，贯彻于宋史撰述的整个过程，是本书重点发掘和阐述的问题。

第二，总结明人宋史撰述的史料学和编纂学成就。明人热衷撰述宋代史事，有订讹补缺，也有体裁和体例上的调整和完善。例如薛应旂的《宋元通鉴》采用文集和野史中的记载补充正史；柯维骐的《宋史新编》校异订讹，注重增加诏令奏议；陈邦瞻的《宋史纪事本末》对纪事本末体的完善等。

---

① 薛应旂：《宋元通鉴》卷首《宋元通鉴序》，明嘉靖四十五年（1566年）自刻本。
② 薛应旂：《宋元通鉴》卷首《宋元通鉴序》，明嘉靖四十五年（1566年）自刻本。
③ 陈邦瞻：《宋史纪事本末》附录一《宋史纪事本末叙》，中华书局1977年版，第1191页。
④ 薛应旂：《宋元通鉴》卷首《宋元通鉴序》，明嘉靖四十五年（1566年）自刻本。

本书注重揭示明人对宋史史料的认识、采择史料的原则、对宋史史料的辨伪纠谬，以及在体裁和体例方面的改造等问题；并将其置于史书体裁发展演变的大势中对比考察，从而达到对明代史料学和编纂学的客观认识和评价，以加深对明代史学的认识。

四、研究意义

本书首次以明代宋史研究为对象展开专题研究，具有重要的学术价值和社会意义。

第一，加深对明代史学的进一步认识。以往未曾有人以"明代的宋史研究"为对象作专题研究，而将此作为一种特殊的史学现象进行专题研究，将有利于集中反映其史学成就。众所周知，清人对明代学术的评价颇低，他们以当时考据家的学术标准衡量明代的学风，认为明人"束书不观，游谈无根"。时至今日，学术界在很大范围内还仍然保留着清人的这种看法，导致许多史学史著作中有关明代的部分颇为薄弱。虽然近代早有学者对此提出了不同观点，但并未引起更多学人的重视。谢国桢曾说："拿清代考据学家的尺度来衡量明代的学风，明代的学术思想自然是有时过于疏略；可是拿明代学术思想的放达和记载朝野逸事的丰富来比较衡量，清代考据学家的末流，羌无故实，不关痛痒的烦琐考证，那不更显得索然寡味吗？"① 显然，不同的时代，不同的历史观，不同的学术风气都影响着对一代学术的价值评判。在中国历史上，明代是一个封建皇权高度专制的时期，前期统治集团稽古右文，以程朱理学统一世人思想；至中后期，商品经济发达，外国传教士进入，市民文化兴起，出现了一批像李贽那样敢于质疑孔子的启蒙思想家，其中也不乏王世贞一样的著名史学家。纵向比较来看，明代社会经济、文化繁荣都远超前代。相应于如此丰富多彩的社会现实，学术也必有一定的映射，若当今学界继续以"束书不观，游谈无根"八个字来形容明代学术，是极难让人信服的。因此，重新认识明代史学，以专题研究对明代史学展开深入挖掘，是客观所需，势所必然，是丰富明代学术内容的有效途径。然而，就

---

① 谢国桢：《明末清初的学风》，人民出版社 1982 年版，第 90 页。

目前的研究状况来看，虽有不少人呼吁要改变对明代史学的看法，但相关方面的研究仍无法说明这一状况已经有所改观。从史学史和文献学的角度来看，目前呈现出"点"的研究趋多，"面"的研究尚少的状况，即对个别学者的史学成就的研究有所增加，但就具体的史学现象开辟专题进行深入研究者仍然缺乏；对于明代的文献学成就挖掘得仍然不够，如关于明代史书体裁的成熟完备并趋向综合发展的趋势、明代史著中的史料学价值及所反映的史学思想等，学界的研究还未达到应有的深度。这种关于明代史学的研究现状与重新发现明代史坛的真实面貌，仍存在相当大的距离。而考察明代学者对于宋史的研究，恰恰是弥补明代史学研究中这一缺憾的极好切入点。全面廓清明人宋史撰述的总体规模，从史料学、编纂学、史学思想等多方面做深入系统地探索和分析，对于丰富文献学和史学史的内容，增进对明代史学的认识，如实评价明代史学，给它以应有的历史地位，改变人们的思维定势，具有明显的重要意义。

第二，为明代的历史文献学提供新的内容。从文献学角度而言，明人的宋史著述展现了丰富的史书体裁，且呈现出史书体裁的综合运用与变异，达到了较为完备地反映宋代历史的目的。其中个别宋史著述在列传的分合和类目的设立方面，较好地反映了宋代社会生活的特色。例如，王洙《宋史质》中列传设置的类传化展现了史书体裁发展的新特点；陈邦瞻《宋史纪事本末》将宋代 300 余年的史事归纳为 109 个事目，推进了明代历史编纂学的发展。此外，明人宋史著述中保留了大量关于宋史的史料及考辨成果，其中商辂等人编修的《续资治通鉴纲目》乃"发秘阁之载籍，参国史之本文"① 而作，史料价值很高，可用来校勘元修《宋史》；柯维骐的《宋史新编》是参考诸家记载可传信者进行考订、补遗，修正了旧史的许多错误，促使明代的考据学承接前代而继续发展；王惟俭的《宋史记》不但增加了宋初诸国的年表及辽、金两国《年表》和《列传》，并且对其他《纪》、《志》、《表》、《传》也进行了增损；其他如《续宋宰辅编年录》、《宋纪受终考》、《宋遗民录》等，对于宋史的研究和考校都有重要的史料价值。因而总结明人宋史

---

① 商辂，等：《续资治通鉴纲目》卷首明宪宗《御制续资治通鉴纲目序》，明弘治十七年（1504年）慎独斋刊本。

著述中的古文献考辨和编纂学成就，可以为明代的历史文献学提供新的内容。

第三，为学界研究宋史提供了足资借鉴的史料和方法。通过揭示明人宋史撰述成果的具体学术价值，可以拓宽宋史研究的资料依据，进而可为学界关于宋代历史的研究提供足资借鉴的史料和方法，推进宋史研究的深入发展。

第四，有利于洞察史学与学术、社会政治、民族关系之间的互动关系。明代宋史研究的产生和发展涉及社会政治、民族关系、学术思潮等各个方面，呈现出一定的阶段性特色。通过本书的专题研究，可以揭示这种史学现象背后的社会政治和社会思潮的深层原因。由此洞察史学与学术、社会政治、民族关系的互动关系，深化人们对明代社会、学术思潮以及史鉴功用的认识，并借此积累对史学专题或史学现象进行学术史研究的经验。

第五，可为正确看待中华民族历史文化认同问题提供宝贵的历史借鉴。明代宋史撰述所体现出的民族史观和正统史观，反映了传统社会从重视正统到历史文化认同的思想转变历程。对此进行深入探讨，对认识中华民族凝聚力的形成，中华民族精神的发扬等问题颇有裨益。

五、研究方法

第一，确立历史唯物主义的研究方法。明人的宋史研究是基于特定的历史条件产生和发展的，所以考察和判断这一史学现象，需要从其产生和赖以发展的具体历史条件出发。比如本书第一章"明代宋史研究的社会背景与学术因缘"，就需要以历史唯物主义的眼光分析其产生的历史条件、政治条件及学术因缘，揭示其特定的社会政治原因和学术需求。

第二，从宏观的角度出发，运用历史与逻辑相结合的研究方法。针对前人所作个案研究较散碎，无法使人更好地综观明代这一史学现象的状况，本书力图在前人研究成果的基础上，立足于宏观角度，作综合的、一般的研究。运用历史唯物主义原理、逻辑学方法将明代宋史研究成果有机地勾连起来，使之以整体形象呈现明代宋史研究的面貌和风格。

第三，注意综合研究与个案研究相结合。唯物辩证法认为"个别就是一般"，"个别一定与一般相联而存在。"① 任何事物都是一般与特殊的统一，总体与局部的统一。在本书第二章总结明代宋史研究的总体成就时，即以此法为指导，由个案研究进而总结明人宋史撰述的总体成就和鲜明特点。

第四，采用比较的方法，进行共时异类、历时同类的比较。例如，进行体裁归类后，运用比较的方法将各种体裁的特点凸显出来，此即共时异类之比较；在比较中显现各类体裁的历史发展演变状况以及继承与变革，此为历时同类之比较。

第五，重视归纳会通的方法。将明代宋史研究放在整个中国史学发展史中加以考察，将明代宋史研究中改修旧史的现象放在中国史学中旧史改修的传统中去考察。比如，结语部分"明代宋史研究的历史地位"。

① 《列宁选集》（第二卷），人民出版社 1995 年版，第 558 页。

第 一 章

明代宋史研究的社会背景与学术因缘

明代的宋史研究是适应明代社会政治需要而出现的一个史学课题。同时，作为明代历史文化领域中的一种学术活动，它又有着自身学术发展的要求，并深受当时学术思潮的影响。综观有明一代的宋史研究及其成绩，其发展脉络与明代社会政治的发展、学术思潮的演变极相吻合。因此，了解明代宋史研究产生和发展的社会背景与学术渊源，可以帮助我们了解明代宋史研究是如何在学术与社会政治的双层要求下，不断发展进步的，并借此进一步加深对明代宋史研究之学术价值和政治意义的认识。

第一节 明代宋史研究产生和发展的社会背景

一、不断强化的民族意识

任何学术的发展，都脱离不了一定的社会背景和政治环境。特定的社会背景和政治环境孕育出特定的学术活动，史学也不例外。明朝统治者的华夏民族意识，尤其是与北方蒙古族的紧张军事关系酿就了明代宋史研究产生和兴盛的思想潜因。

蒙元建立统一政权后，为了加强对汉族和其他少数民族的控制，实行了严厉的民族分化和政治压迫。尤其在统治后期，上下贪残，奢靡无度，经济残破，民不聊生。刘基曾以诗赋谴责："上壅蔽而不昭兮，下贪婪而不贞。"① 又有民歌反映其政治黑暗："奉使来时惊天动地，奉使去时乌天黑地，官吏都欢天喜地，百姓却啼天哭地"，"官吏黑漆皮灯笼，奉使来时添一重"②。元朝赤裸裸的民族歧视和民族压迫激发了各族人民的反抗意识，终元一代，民族斗争延绵不断，最终爆发了元末农民大起义。义军首领刘福通、陈友谅、明玉珍先后建立"大宋"、"大汉"、"大夏"政权，国号取名"宋"、"汉"、"夏"，反映了强烈的华夏民族意识。这种民族意识的浪潮最终汇聚在一起，形成一股巨大的洪流。元至正二十七年（1367 年），朱元璋在北伐檄文中提出了"驱逐胡虏，恢复中华"的口号③，宣称："我中国之民，天必命中国之人以安之，夷狄何得而治哉？予恐中土久污膻腥，生民扰扰，故率群雄奋力廓清，志在逐胡虏、除暴乱，使民皆得其所，雪中国之耻。"④ 明确表示反对民族压迫和民族歧视，表达了强烈的华夏民族意识，同时也从皇朝统绪的立场宣示了起义的合理性和合法性。在民族意识的号召下，元末农民大起义凝聚了巨大的社会力量，为推翻元王朝的腐朽统治立下了不朽的功勋。

明朝建国伊始，太祖朱元璋即高扬以三纲五常为核心的华夏礼教，确定程朱理学在意识形态中的统治地位，借以扭转"胡俗"，复"中国先王之旧制"，创造直追三代的社会风貌。并且藉此区别于元朝，显示明朝华夏正统的地位，表明朱明皇朝政权统绪的正当性和合法性。

洪武元年（1368 年）二月壬子，朱元璋诏令"复衣冠如唐制。其辫发椎髻胡服胡语胡姓，一切禁止"⑤，通过政治干预消除蒙元影响，构建明朝的服制仪礼和纲纪法度。洪武十八年（1385 年）十月朔日，《御制大诰序》云："昔者元处华夏，实非华夏之仪，所以九十三年之治，华风沦没，彝道倾颓。"洪武十九年（1386 年）春三月望日，《御制大诰续编序》云："愚

---

① 刘基：《诚意伯文集》卷 8《吊泰不花元帅赋》，文渊阁《四库全书》本。
② 陶宗仪：《南村辍耕录》卷 19《阑驾上书》，中华书局 1959 年版，第 229 页。
③ 《明太祖实录》卷 26，"吴元年十月壬寅"条，台北："中央"研究院史语所 1962 年影印本；高岱：《鸿猷录》卷 5《北伐中原》，上海古籍出版社 1992 年版。
④ 钱伯城，等：《全明文》（第 1 册）卷 17《谕齐鲁河洛燕蓟秦晋民人檄》，上海古籍出版社 1992 年版，第 307 页。
⑤ 《明太祖实录》卷 30，"洪武元年二月壬子"条，台北："中央"研究院史语所 1962 年影印本。

夫愚妇，效习夷风，所以泯彝伦之攸叙。是致寿非寿，富非富，康宁不自如，攸好德鲜矣，考终命寡闻，……奸恶日增。"洪武二十一年（1388 年），大将军永昌侯蓝玉取得捕鱼儿海军事大捷，太祖阅奏捷表书后对群臣说："戎夷之祸中国，其来久矣。历观前代受其罢弊，遭其困辱，深有可耻。今朔漠一清，岂独国家无北顾之忧，实天下生民之福也。"群臣咸顿首称贺。遂遣使赍敕书奖劳蓝玉等曰："周秦御胡，上策无闻，汉唐征伐，功多卫李。及宋遭辽金之窘，将士疲于锋镝，黎庶困于漕运，以致终宋之世，神器弄于夷狄之手，腥膻之风污浊九州，遂使彝伦攸斁，衣冠礼乐日就陵夷。朕用是奋起布衣，拯生民于水火，驱胡虏于沙漠，与民更始。"①

明朝统治者的民族观念在士庶中产生了深远影响。饱读程朱理学的士人开始反思历史上中原皇朝与周边少数民族政权的争战。方孝孺是当时强调民族思想最具代表性的人物。他字希直，又字希古，号正学，浙江宁海人，20岁游京师，从游太史宋濂，尽得其传。方孝孺一生从事讲学、著述，始终"慨然以经世载物为心"，"以明王道、致太平为己任"②。他撰述《释统》上、中、下三篇，以及《后正统论》，提出"辨君臣之等，严华夷之分，扶天理，遏人欲"③的正统论，认为"使女主而乘君位，夷狄而践中国，篡弑而不亡，暴虐而继世，生民之类几何而不灭乎"④。方孝孺的论点是特定文化背景和社会环境下士人观念的一种代表，反映出对于重新一统天下的汉族政权的深刻反省。宣德四年（1429 年），学者刘剡纂辑《资治通鉴节要续编》，以宋为统，元直续宋统，而辽、金分书。是书以尊宋的方式，表达了重汉崇夏的思想。英宗正统十三年（1448 年），南京翰林院侍讲学士周叙上疏，要求明廷协他重修宋史，主张以宋为正史，附辽、金于后，"俾统纪之道明，夷夏之分定"⑤。明初方孝孺的正统论虽于当时并未掀起波澜，但于无形中强化了汉族士大夫的民族意识。

---

① 《明太祖实录》卷 190，"洪武二十一年五月甲午"条，台北："中央"研究院史语所 1962 年影印本。

② 张廷玉，等：《明史》卷 141《方孝孺传》，中华书局 1974 年版，第 4017 页。

③ 方孝孺：《逊志斋集》卷 2《后正统论》，宁波出版社 2000 年版，第 56—57 页。

④ 方孝孺：《逊志斋集》卷 2《释统下》，宁波出版社 2000 年版，第 56 页。

⑤ 周叙：《石溪周先生文集》卷 5《修书疏》，《四库全书存目丛书》集部 31 册影印明万历二十三年（1595 年）周承超等刻本，第 599 页下。

　　继成祖之后，宣德皇帝要做个"太平天子"，将边防策略的重点放在守卫上，以守成为主；"不务远略，徒依老成持重之言，乏安边抚远之计，自弃大宁而女真西窥，西边残毁而鞑靼侵边，所谓'虏起于前，倭继于后'，东事日纷，室内操戈，而明社遂墟"①。蒙古族于1438—1449年间的攻击，尤其是正统十四年（1449年）"土木堡之变"中英宗的被俘，对于明朝的防卫体系来说是灾难性的。此后，英宗的后继者们心有余悸，在协调与北方少数民族的关系时尤为消极被动，并向南作大规模的收缩撤退，引发民族危机步步加深。受此刺激，士人中的民族主义思潮逐步形成。

　　正统十四年（1449年）的"土木堡之变"在明廷中引发了巨大的震动，耻辱和危机笼罩着朝野上下。成化九年（1473年）十一月，宪宗下令编纂《续资治通鉴纲目》，认为："顾宋、元两代之史，迄无定本，虽有《长编》、《续编》之作，然采择不精，是非颇谬，概以朱子书法，未能尽合"，并要求"一遵朱子凡例，编纂二史，……凡诛乱讨逆，内夏外夷，扶天理而遏人欲，正名分而植纲常，亦庶几得朱子之意而可以羽翼乎圣经"②。宪宗视元修《宋史》及明初所修《元史》于不见，称宋、元二代史书，至今未有定本，耐人寻味。又说虽有《长编》、《续编》之作，却采择不精，是非颇谬，不能尽合朱子书法。可见，"土木堡之变"后明廷需要的是严格按照朱子书例撰写的史著，以适应新的政治情况。在明廷的指示下，朝中大臣尤其是与修《续资治通鉴纲目》者，开始强调夷夏之防。金江上《进续资治通鉴纲目书法表》说："《宋史》杂于辽金，《元书》成于管蠡，善恶靡定，观省奚裨？洪惟我宪宗纯皇帝，慨《宋》、《元》两史之芜昧《春秋》一统之义，微言既绝，大道斯湮。遂敕诸臣续修《纲目》。是非必录，凤麟与魑魅而杂陈；予夺攸分，华衮泹斧钺而兼著。正例变例，大书特书。植世道之巨防界限，独严夷夏。"③丘濬在《续资治通鉴纲目》撰成后，又以私人力量撰述《世史正纲》，"以著世变之升降，明正统之偏全，以裨于世教"④，表现出强

----

① 谢国桢：《明清笔记丛谈》，上海书店2004年版，第136页。
② 商辂：《续资治通鉴纲目》卷首明宪宗《御制续资治通鉴纲目序》，弘治十七年（1504年）慎独斋刊本。
③ 梁梦龙：《史要编》卷5金江撰《进续资治通鉴纲目书法表》，《四库全书存目丛书》本。
④ 焦竑：《国朝献征录》卷14黄佐撰《大学士丘公濬传》，上海书店1987年版。

烈的夷夏之辨和正统论思想。而程敏政也开始责备胡粹中所撰《元史续编》，对书中关于宋朝的断限提出了严厉批评。王洙撰《宋史质》甚至称"所以辩人类而明天道也"①，"自此义一明，……猾夏之罪始正，中国之势始尊，外夷之防始严"②，并构建相应的体例辅助表达其微言大义。史学中的诸种新现象表现出士人民族意识的迅速加强。嘉靖年间，蒙古鞑靼部俺答南下，导致"庚戌之变"，民族矛盾趋于尖锐，更加刺激士人学者以撰史的方式倾注强烈的民族情感。其中，明代学者致力于宋史研究，将对政治和民生的理解付诸史著，亦是这种民族意识的集中表现。

二、逐渐宽松的文化政策

为了维持朱明皇朝的长治久安，明朝统治者强化中央集权政治，在意识形态领域实行文化专制，大兴文字狱。史书成为强化政治统治的舆论工具，文网严厉，士人儒生诚惶诚恐，噤若寒蝉。

太祖朱元璋出身寒微，领导元末起义军时被文士辱骂为贼。登基后，朱元璋尤其忌讳听到或看到与"贼"音同或音近的字，而违禁犯忌者每每引来杀身之祸。在《明史·文苑传》中就记载着苏伯衡死于表笺之祸的故事③。此外，朱元璋用重典控制士人学者。赵翼在《廿二史札记》卷三二中记载："明祖……特用重典驭下，稍有触犯，刀锯随之。时京官每旦入朝，必与妻子诀，及暮无事则相庆，以为又活一日。"在极端专制政体下，士大夫过着朝不保夕，生命颤巍的日子，自身的人格谈不上保全，甚至连选择归隐的权利也没有，更遑论史书撰述了！到了太宗朱棣时，这位靠着"靖难"起家的皇帝更加忌讳提及此事。其时，参与初修《太祖实录》的纂修官叶惠仲"以直书帝起兵，族诛"④。监修李景隆、总裁解缙因二修《太祖实录》时，未能尽合朱棣之意，也俱遭横祸。李景隆被夺爵，禁锢私第，解缙则惨遭杀害。因此，当再次纂修《太祖实录》时，监修夏原吉等人完全"仰赖

① 王洙：《宋史质》卷13《天王闰纪》，台北：大化书局影印明嘉靖刻本，1977年版，第85页下。
② 王洙：《宋史质》卷13《天王闰纪》，台北：大化书局影印明嘉靖刻本，1977年版，第86页下。
③ 张廷玉，等：《明史》卷285《文苑传》，中华书局1974年版，第7311页。
④ 印鸾章：《明鉴》卷2《恭闵惠皇帝》，中国书店1985年版，第83页。

于圣断"①，直到太宗表示"庶几稍副朕意"后，《太祖实录》才成定稿。血淋淋的政治生活给明初的史学界带来极为恶劣的影响，导致士大夫极力揣度、遵守皇帝旨意，不敢发表个人见解。清人顾炎武说："国初人朴厚，不敢言朝廷事，史学因以废失。"② 明朝统治者从控制史学入手，进而掌控整个意识形态领域，维护皇朝的统治权威。明初文网之严使士人失去了自由的学术空间，高启、戴良、张孟坚、林元亮、徐一夔、吕睿、徐元等学者都因此罹于文网而惨遭杀害。今人商传评曰："明初文禁甚严，诸臣只言片纸即可获杀身之罪，所谓文字之祸，避之不及，私家著述，寥然可寻。"③

继太祖、太宗之后的仁、宣两朝，开始调整治国方略，文网渐宽，使明初严峻的政治和文化局面为之一转。其中有两件事最具代表性。其一，洪熙元年（1425 年），仁宗朱高炽在群臣面前为惨遭诛戮的建文诸臣方孝孺等人恢复名誉，称："若方孝孺辈皆忠臣！"④ 并颁发诏令："建文诸臣家属，在教坊司、锦衣卫、浣衣局及习匠功臣家为奴者，悉宥为民，还其田土，言事谪戍者亦如之。"⑤ 为建文诸臣平反昭雪。其二，仁宗在为其父朱棣撰写的"长陵神功圣德碑文"中，推翻了朱棣的决定，称被追废的朱允炆为建文君，将其死按天子尊号称为"崩"，称其在位期间为朝廷，承认建文一朝的合法地位⑥。两件事中，尤其是对方孝孺的平反，昭示着文网的开禁。广大的士人始敢公开谈论方孝孺及其主张的正统史观。仁宗之后，私人著述逐渐复苏，而关于宋史的研究也乘此机缘逐渐兴起。宣德四年（1429 年）刘剡的《资治通鉴节要续编》竣成，成化十三年（1477 年）程敏政的《宋纪受终考》问世，成化二十二年（1486 年）蒋谊的《续宋论》刊刻，刘定之的《宋论》也于此期付梓行世。

明代中后期，武宗、神宗、熹宗疏于政务，对朝臣的奏章弃之不理，对社会的控制能力大为下降。对于皇权高度集中的明朝而言，最高统治者的怠政无疑是对自身政权的瓦解。与此形成对比的是明廷的文化政策进一步开

---

① 夏原吉：《忠靖集》卷1《进太祖高皇帝实录表》，文渊阁《四库全书》本。
② 顾炎武：《亭林余集》卷《书吴潘二子事》，《四部丛刊初编》本。
③ 商传：《明代文化志》，上海人民出版社 1998 年版，第 386 页。
④ 《崇祯长编》卷 62 "崇祯五年八月己卯"条，北京古籍出版社 2002 年版。
⑤ 张廷玉，等：《明史》卷 8《仁宗本纪》，中华书局 1974 年版，第 110 页。
⑥ 郑晓：《今言》卷 4，中华书局 1984 年版，第 270 页。

放，一些新锐的提议被写入奏折。世宗时，次辅桂萼甚至建议："令两京、布政司、府州县各修官女学，设庙奉先代女师之神。旁有廊，为习女工之所。中一堂，为听教之堂。选行义父老掌其事。每年十月开学，十二月止。其教蒙瞽之人以《女训》一书，教令讲解背诵，量与俸给，提学官岁考阅之。"① 虽然此事最终未能付诸实践，但大臣上奏朝廷筹谋在全国设立女子学校，在中国历史上实属首次，耐人寻味。明廷科贡制度提供禄利的保障，亦吸引学子纷纷向学，人数较前大幅增加。印刷业也随之发达，各种不易见、不常见的典籍被刊刻发售。陆容的《菽园杂记》记载"天下右文之象，愈隆于前"②，如实反映了其时的活跃景象。现实的政治环境和文化环境使士人的视野愈加宽广，也为新生事物和异端思想的发展提供了土壤，而皇帝的不闻不问，更加鼓舞了士人的声势③。这恰与心学的发展、文学的复古以及市民文化的兴起汇成一股潮流，对传统思想形成了强烈的冲击。程朱理学的统治地位发生动摇，以王阳明为代表的心学一步步发展起来，逐渐取代程朱理学成为学术的主流。王学提倡个人的主体意识，重视自我，蔑视权威，主张人人皆可尧舜、孔子。在这股强大的社会思潮影响下，史学撰述的自由之风随之而起，私家撰史蓬勃展开。面对本朝政治的颓危以及与漠北民族矛盾的尖锐，一些学者慨然以天下为己任，基于前期宋史研究的成就，在更广泛的层面上从"世风人材，颇类今日"④ 的宋代历史中寻求经验教训，阐发个人的历史见解和政治主张。有的还针对元修《宋史》存在的问题，结合新的社会政治需要，著书立说，展开了广泛而深入的宋史研究。正是这种文化政策的相对开放态势，促使明代宋史研究步入了繁荣与成熟阶段。

三、官方与士人对宋元正统地位的认识

以朱元璋为代表的明代统治者对蒙元建立的统一政权，始终是肯定的。早在明朝正式建立之前的吴元年（1367年）十月，朱元璋发布《谕齐鲁河

---

① 沈德符：《万历野获编》卷3，中华书局1959年版，第87页。
② 陆容：《菽园杂记》卷10，中华书局1985年版，第129页。
③ 按：在明朝《神庙留中奏疏汇要》（《续修四库全书》本）中，可以看到诸多批评时政、斥责皇帝的大胆言辞。
④ 李廷机：《宋贤事汇》卷首《宋贤事汇序》，明万历间胡士容等刻本。

洛燕蓟秦晋民人檄》①，表明他的民族观点。他说：

> 自古帝王临御天下，中国居内以制夷狄，夷狄居外以奉中国，未闻以夷狄居中国治天下者也。自宋祚倾移，元以北狄入主中国，四海内外罔不臣服，此岂人力？实乃天授。

这是朱元璋以天命所授来确认元朝的正统地位。洪武元年（1368 年）正月，明太祖即帝位，在告天文和祭天祝文中又称：

> 惟我中国人民之君，自宋运告终，帝命真人于沙漠，入中国为天下主，其君父子及孙百有余年，今运亦终。②

朱元璋甚至冲破了传统的"内中华外夷狄"的思想桎梏，表达了"天下一统"的观念。他声称："昔胡汉一家，胡君主宰，迩来胡汉一家，大明主宰"，又称"如蒙古、色目，虽非华夏族类，然同生天地之间，有能知礼义，愿为臣民者，与中夏之人抚养无异"③，只要认同中国礼乐文化，就被认同为中国人，与汉族人民同等看待。洪武四年（1371 年），朱元璋又命祭元世祖于北平，六年（1373 年）建历代帝王庙于钦天山之阳。七年（1374 年）建成，元世祖与汉高、唐高、宋太祖同祀一室，明太祖躬行祀礼④，对元世祖君臣行跪拜礼⑤。

朱元璋多次强调元朝政权是天命所授，是"帝命真人于沙漠"，从天命的角度承认元朝的正统地位，归根结底亦是为了用这一理论肯定朱明政权的合法性。元朝的灭亡是"天厌其德而弃之"，而朱明王朝便是"恭承天命"⑥。朱元璋利用儒家思想中君权神授的观点，认同元朝的正统地位，实际是他为巩固朱明皇朝，获得天下士庶认同的一种政治策略。他在《祭元幼主文》中自我评价说：

> 君寒微之祖，以致茸戈整戎，弯弧执矢，横行天下，八蛮九夷，尽皆归之，此所以天命也。……朕起寒微，托身缁流，朝暮起居，不过侣

---

① 钱伯城，等：《全明文》（第 1 册）卷 17《谕齐鲁河洛燕蓟秦晋民人檄》，上海古籍出版社 1992 年版，第 307 页。
② 《明太祖实录》卷 28，"吴元年十二月甲子"条；《明太祖实录》卷 29，"洪武元年正月乙亥"条。台北："中央"研究院史语所 1962 年影印本。
③ 《明太祖实录》卷 26，"吴元年十月丙寅"条，台北："中央"研究院史语所 1962 年影印本。
④ 张廷玉，等：《明史》卷 50《礼》四，中华书局 1974 年版，第 1293 页。
⑤ 《明太祖实录》卷 92，"洪武七年八月甲午"条，台北："中央"研究院史语所 1962 年影印本。
⑥ 《明太祖实录》卷 26，"吴元年十月丙寅"条，台北："中央"研究院史语所 1962 年影印本。

影而已，安有三军六师以威天下？岂料应图谶有天命，众会云从，代君家而主民。"①

再次声明元朝气数的终结以及明朝取而代之，是天命攸属，是政权统绪的合法延伸。这篇祭文在明朝肇立之初，有着重要的政治意义。洪武元年（1368 年）八月，明军攻下元大都。十二月，太祖便迫不及待地诏修《元史》以表明新朝伊始。洪武三年（1370 年）十月，《元史》告成，历时不到两年，并在原拟"不作论赞"②的《世祖纪》之后，大赞元世祖忽必烈说："世祖度量弘广，知人善任使，信用儒术，用能以夏变夷，立经陈纪，所以为一代之制者，规模宏远矣。"③从文化认同的角度肯定了元朝政权。一个刚刚建立的新皇朝，在不到两年的时间里竣成前朝正史，在中国历史上并不多见。这其中，除了国可灭，史不灭，以前代之史垂鉴将来的意义外，剩下的就是更为重要的政治原因，即通过修史的方式，宣告一个旧政权的终结，以及一个"奉天承运，济世安民，建万世之丕图，绍百王之正统"④的新政权的建立。同时它也说明，明朝不得不正视元朝统治中原近百年的历史事实，以及从自身统绪考虑而肯定元朝的统治。

仁、宣之后，随着与北方蒙古族军事关系的逐渐紧张，明朝统治集团内部关于元朝历史地位的态度有所变化。这种变化在史学领域内，突出表现为重修宋、辽、金三史时，对宋朝正统地位的肯定和对辽、金两朝政权的否定。"土木堡之变"后，景泰六年（1455 年），代宗下令修纂《续资治通鉴纲目》，谓"独宋元所纪，窃有歉焉，卿等其仿文公例，编纂官上接《通鉴纲目》，共为一书，以备观览"⑤。成化九年（1473 年）十一月，宪宗再次下令编纂是书，大开两局，笔札给自尚方。十一年（1475 年），商辂接任总裁，十二月书成。商辂在所上《进续资治通鉴纲目表》中，不但对元修宋、辽、金三史提出批评，而且对本朝官修《元史》也提出批评："著《宋史》者讫无定论，撰《元书》者罔有折衷。或杂于辽、金而昧正统之归，或成

---

① 钱伯城，等：《全明文》（第 1 册）卷 15《祭元幼主文》，上海古籍出版社 1992 年版，第 263 页。

② 宋濂：《元史》卷首《纂修元史凡例》，中华书局 1976 年版，第 4676 页。

③ 宋濂，等：《元史》卷 17《世祖本纪》，中华书局 1976 年版，第 377 页。

④ 宋濂：《文宪集》卷 1《进元史表》，文渊阁《四库全书》本。

⑤ 《明英宗实录》卷 256，"景泰六年七月乙亥"，台北："中央"研究院史语所 1962 年影印本。

于草率而失繁简之制，或善善恶恶之靡实，或是是非非之弗公。况其前后抵牾，予夺乖谬，众说纷纭，卒未有能会于一者，是诚有待于今日也。……若胡元之主中华，尤世运之丁极否泰，冠履倒置，天地晦冥，三纲既沦，九法亦斁。第已成混一之势，矧复延七、八之传，故不得已大书其年，亦未尝无外夷之意"①。虽然批评了元朝，体现出明朝统治集团内部对于元朝历史地位态度的变化，但仍未公开否定元朝的正统地位。嘉靖十三年（1534 年）六月，开封府太康县儒士安都撰《十九史节略》470 卷进呈。是书以正统论为指导，"正蜀汉之统，斥武后之奸，明充、昭之弑，六朝惟存本号，朱温特去尊称，削艺祖以国名，附辽、金于《宋纪》"。世宗阅后，怒称："历代史书已有定论，何得掇拾妄议。"② 并下旨："书便烧了，安都着法司提问了，从重拟罪。"③ 统绪问题是皇朝政治生活中的重要问题，统治者对此极为慎重。明初建国伊始，出于对自身统绪的解释，朝廷需要承认元统。然而嘉靖年间明廷已与蒙古鞑靼部的关系势同水火，危机深重，面对这一问题，统治集团不免心烦气躁，情绪复杂。嘉靖十五年（1536 年），世宗命大学士李时等重修《宋史》④ 一事，很难说没有借助修史来贬斥元朝的思想。嘉靖二十四年（1545 年），大臣姚涞上《论元世祖不当与古帝王同祀疏》："惟其猾夏之罪深，故圣祖攘夷之功大；惟其乱华之祸惨，故圣祖诛暴之义彰。既以大义驱之，当以大义绝之。臣窃恨当时诸儒臣，怀其平日豢养之私（《明经世文编》原注曰：此虽深文，亦事实也），值我圣祖御极而不能明大义以佐下风，乃使元主得与帝王并列，以渎我祀典。"⑤ 由此，世宗罢去元世祖陵庙之祀，以及从祀木华黎等人⑥。这是明廷对元朝态度转变的最突出表现。

---

① 商辂，等：《续资治通鉴纲目》卷首《进续资治通鉴纲目表》，明弘治十七年（1504 年）慎独斋刻本。

② 徐学聚：《国朝典汇》卷 23《献书》，《四库全书存目丛书》史部 264 册，第 619 页上。

③ 陈继儒：《眉公杂著·见闻录》，《清代禁毁书目丛刊》第 1 辑，台北：伟文图书出版社有限公司，1977 年版，第 168 页。

④ 《明世宗实录》卷 187，"嘉靖十五年五月乙卯"条，台北："中央"研究院史语所 1962 年影印本。

⑤ 陈子龙，等：《明经世文编》卷 241《论元世祖不当与古帝王同祀疏》，中华书局 1962 年版，第 2517 页下。

⑥ 张廷玉，等：《明史》卷 50《礼》四，中华书局 1974 年版，第 1293 页。

明朝统治集团出于祖述太祖朱元璋所定家法以及自身政权合法性解释的需要，对于元朝的正统地位一直未作轻易否定。永乐间，担任楚府长史的胡粹中撰成《元史续编》，秉承洪武时期官方承认元朝历史地位的态度，书顺帝年号，直至二十八年而止；对宋末两王，不予以统。明初大部分官员对于元朝的正统地位，亦不敢公开表现出丝毫质疑。但是，明代的士人学者关于元朝正统问题的争论却由最初的曲折隐晦，发展到后来的公然批判和否定。

正统以后，蒙汉关系紧张，夷夏之辨兴起，正统论的讨论趋于热烈。学者们开始否定元统，甚至以明直继宋统。成化年间，刘定之撰述《宋论》，将宋亡的期限定为崖山之战，即陆秀夫、张世杰、文天祥等死国之日。《宋纪受终考》的撰述者程敏政也将宋之统绪延至崖山之亡。他说："宋亡而崖山未已，则宋之正统犹自若也，必崖山亡而后归之"，并说"胡粹中之书恐未当"①。这是碍于当时文法之严，而以一种委婉的口气提出的批评。蒋谊则说："若夫元之灭夏、灭金、灭宋，巍然帝于中国。论其兵之壮也，过于强秦；论其地之广也，远于三代。奈何《春秋》尊中国而攘夷狄？本仲尼之深意，元乃夷狄尔，不足以接宋之正统也明矣。若接宋之正统者，当以我太祖高皇帝，神功仁德，取天下于群雄之手，直接宋传……故接三代之正统者，如汉、如唐、如宋、如我朝皇明，则如天之适子焉"②，主张应以明朝直继宋统。丘濬撰述《世史正纲》也进一步否定了元的正统地位。他说："后人议元者，乃欲以其混一中国，而进之汉、唐之间，何所见耶？……徒以其得地广狭而高下之，是以功利论事也，岂《春秋》意哉"③，"世儒以其一世之微功，而忘万世之大戒，是岂上天立君之意哉！是岂圣人立教之心哉！"④ 并说："有华夏纯全之世，汉唐是也。有华夏割据之世，三国是也。有华夏分裂之世，南北朝及宋南渡是也。有华夷混乱之世，东晋及五代是也。若夫胡元，则又为夷狄全纯之世焉。噫！世道至此，坏乱极矣，此《世史正纲》所由作也。"⑤ 弘治间的谢铎也排斥元统，称："贼后篡臣，既不可

---

① 程敏政：《宋纪受终考》卷下，明弘治四年（1491年）戴铣刻本。
② 蒋谊：《续宋论》卷3，明刻本。
③ 丘濬：《世史正纲》卷22《五季世史》，明嘉靖四十二年（1563年）刻本。
④ 丘濬：《世史正纲》卷31《元世史》，明嘉靖四十二年（1563年）刻本
⑤ 丘濬：《世史正纲》卷31《元世史》，明嘉靖四十二年（1563年）刻本。

为统，而夷狄如元，独可以为统乎？此《纲目》之所未书，正今日之所当正也。"① 编修杨守陈也说："自昔夷主华夏，不过膻一隅，腥数载耳。惟元奄四海而垂八纪，极弊大乱，开辟以来未有也。高皇扫百年之胡俗，复三代之华风。"② 这些都是从夷夏之辨的角度对元朝统治进行的批判。

嘉靖以后，蒙古扰边更甚，引发时人对蒙古的反感以及对元朝历史地位的否定，甚至开始公开批评明初官修《元史》的错误立场。瞿景淳称："至胡元之世，举中国之衣冠而左衽之，举中国之土宇而腥膻之，且迟迟于百年之久，将胥天下为禽兽之归，变未有甚于此者，尚可以其一天下而予之乎？如其不予，则吾予秦、晋、隋；而不予元，彼将有辞。如其予之，则何以谨华夷之辨？此方氏之言，固将为万世之坊，而非苟以为异也。史法，为万世是非之公，非一家之私言。于义苟安，虽异于先哲，亦先哲之所许也。况方氏之言，又与朱子相出人者哉。"③

由最初的胡粹中编纂《元史续编》肯定元朝的正统地位，到程敏政、刘定之等人的质疑，并张扬宋朝的正统地位，再到丘濬、谢铎、杨守陈等人的进一步直接否定元统，反映了明朝士人关于元朝历史地位的态度变化。在变化了的民族关系影响下，士人学者为求加强明朝统治而激发救亡图存的民族思想，利用重修《宋史》宣扬"尊夏攘夷"，在史学领域内进行了大量工作。

第二节　明代宋史研究的学术因缘

一、正统论与旧史重修的传统

在中国封建社会，为了巩固新生政权的统治地位，维护新朝的统治秩序，统治者总会寻出一定的根据来为自身政权的合法性和合理性进行论证。这在中国传统史学中，就是为历代史学家们所哓哓不休的正统论问题。这一问题归根结底源于西周初年的天命观。西周统治者声称其政权的存在是天命

---

① 黄宗羲：《明文海》卷174 谢铎《与李西涯论历代通鉴纂要》，文渊阁《四库全书》本。
② 刘基：《诚意伯文集》卷首杨守陈《重锓刘诚意伯文集序》，文渊阁《四库全书》本。
③ 瞿景淳：《瞿文懿公制科集》卷2《策》，《四库全书存目丛书》本。

所归。如在《尚书》"多士"、"多方"各篇中，皆极言夏不遵天命，天乃使成汤代夏，纣又不遵天命，天乃眷顾有周；在《毛诗》若干篇中亦不乏同类见解。因此，商之代夏，周之代商，皆承天之统也。天命观是其时人们对政权合法性解释的主要依据。随着时代的进步，适应封建统治者的需要，在正统论中又融入了邹衍的五德转运说。《史记·孟子荀卿列传》云："称引天地剖判以来，五德转移，治各有宜，而符应若兹。"① 认为皇朝的更迭是五种自然力量的相胜相克。至秦始皇始从其言："推终始五德之传，以为周得火德，秦代周德，从所不胜，方今水德之始。"这一解释进一步发展和丰富了正统论。

正统观念浸入史学，最先表现为孔子在礼崩乐坏、诸侯势凌周天子的春秋时代。孔子"因鲁史策书成文，考其真伪而志其典礼"②，"据鲁亲周"，撰述 242 年间国内外大事，文约旨博，寓贬褒于一字，竣成《春秋》以寄其正名主义和大一统思想③。其后，《春秋公羊传》对"《春秋》大义"加以推衍，发挥成"大一统"思想的"夷夏之辨"观念。孔子为达到正名和大一统的目的，在遣词造句、缀辑文辞以及结构安排等方面使用的褒贬义例，即"春秋笔法"。其与正统观念相表里，诚如吴怀祺所言："作为一种先验的历史联系观点，它直接影响史书的编纂和对历史材料的处理。"④ 孔子《春秋》之述奠定了传统史学中正统论的基础，为后世史家所宗仰。南宋儒学的殿军王应麟说："历代国史，其流出于《春秋》"⑤，清代浙东学者章学诚也说："二十三史，皆《春秋》家学也"⑥，同时进一步指出："史之大原，本乎《春秋》。《春秋》之义，昭乎笔削。笔削之义，不仅事具始末，文成

---

① 司马迁：《史记》卷 74《孟子荀卿列传》，中华书局 1959 年版，第 2344 页。

② 孔颖达：《春秋左传注疏》卷首杜预《春秋左传序》，《十三经注疏》本。

③ 《春秋》载，鲁隐公"元年春王正月"。《公羊传》曰："王者孰谓？谓文王也。曷为先言王而后言正月？王正月也。何言乎王正月？大一统也。"唐徐彦疏曰："王者受命，制正月以统天下，令万物无不一一皆奉以为始，故言大一统也。"杜预《春秋经传集解》曰："隐公之始年，周王之正月也。"据此，可以推知，孔子以"正名"为宗旨的《春秋》，寓有"大一统"始自周文王之意，即正名的目的，是为了阐发"大一统"主义。

④ 吴怀祺：《中国史学思想史》，安徽人民出版社 1996 年版，第 234 页。

⑤ 王应麟：《玉海》卷 46《正史》，广陵书社 2003 年版。

⑥ 章学诚 著，王重民 通解：《校雠通义通解》卷 1《宗刘第二》，上海古籍出版社 1987 年版，第 8 页。

规矩已也；以夫子义则窃取之旨观之，固将纲纪天人，推明大道，所以通古今之变，而成一家之言者，必有详人之所略，异人之所同，重人之所轻，而忽人之所谨，绳墨之所不可得而拘，类例之所不可得而泥，而后微茫杪忽之际，有以独断于一心。”[①] 可见，史家著述不仅要剪裁史料、删削文字，更重要的是“推明大道，通古今之变，而成一家之言”[②]。

正统观念对于中国传统史书的编纂，影响甚大。就编年体而言，其以时系事，主宾昈分，帝纪正闰的选择为首要问题。孔子作《春秋》，表现其正统观念于“公在乾侯”。季氏出其君，鲁无君者八年，而《春秋》每岁必书君之所在，且仍以之系年。此《春秋》之书法，亦编年史对正统的体现。就纪传体而言，其以人系事，然而帝纪相承，用以贯通全书，其系事亦犹编年法。帝纪的选择，尤其能表现作史者的正统思想。《史记》叙事而有秦本纪、项羽本纪、吕太后本纪。陈寿《三国志》虽不立帝纪，然于魏称武帝、文帝，蜀、吴则直称其名，以魏为正统，亦甚明显。北宋时，欧阳修的“正统”观决定了其史著中对各皇朝、各君主的称谓。司马光的“正统”论则是为了解决编年体史书的纪年问题。在《通鉴纲目》中，“统系”是《凡例》中的“首例”。朱熹并无专文讨论“正统”，其“正统”思想在“正统”、“列国”、“僭国”等名词的内涵规定和不同运用中表现出来。明朝学者瞿景淳说：“明于《春秋》之义而后可与言正统，明于正统之义而后可言史法。”[③] 所以明确“正统”与“非正统”的区别，就是要确立史书的编修体例，表达一定的历史观念。

最早有荀悦依汉献帝之旨以《左传》体例改写《汉书》，以正统帝王纪年为纲，断代为史，显示西汉一代皇朝的兴衰。书成，大行于世，“有逾本传”[④]。其后则有宋廷痛心于五代的生灵涂炭、礼文扫地，以及后晋政权所修之大唐一代正史，遂改编《旧唐书》而为《新唐书》。又有欧阳修学《春秋》笔法而私撰《新五代史》，“正名以定分，求情而责实，别是非、明善

① 章学诚：《文史通义》卷5《答客问上》，中华书局1985年版，第470页。
② 章学诚：《文史通义》卷5《答客问上》，中华书局1985年版，第470页。
③ 瞿景淳：《瞿文懿公制科集》卷2《策》，《四库全书存目丛书》本。
④ 刘知幾：《史通》卷2《二体》，辽宁教育出版社1997年版，第8页。

恶"①，等等。于是，由正统观念而引发的旧史重修活动，成为中国传统史学的一大特色。这种正统观指导下的旧史重修，成为特殊时期政治的一种需求。其时，正统论往往与民族观交织在一起，用意有二：其一，从皇朝统纪而言，为所在皇朝争正统；其二，从民族观念出发，进行"夷夏之辨"，激励民族精神以反对外来侵扰。

明代颇具规模的宋史研究就是一场由正统争辩而兴起的史学活动，在中国传统史学发展史上尤为凸显。这场由正统争辩而兴起的史学活动大致可以厘分出两条线索。一是不满元修《宋史》之冗而无法，为明正统而进行旧史重修；二是在史学戒鉴、垂训等致用思想感召下，为保证宋史不被湮没，而致力于宋史研究并结撰宋史著述，以期从史实中汲取治国安邦之训。两条线索相辅相成，并驾而行。

明英宗正统十三年（1448年），时任南京翰林院侍讲学士的周叙上疏，请求明廷重修宋史。疏中，周叙以激切的心情强调史著的价值，在于"史之所载，实天命人心之所在，而万世纲常之攸系"②，进而批判元修《宋史》"不以正统归宋"是"不惬人心，不协公论"③。那么如何才能惬人心、公论呢？周叙认为"宋承中华之统，礼乐教化之隆，衣冠文物之盛，仁义忠厚之风，三代以降之所仅见，……后虽南渡，而天命人心实所归附，盛德弘纲难以泯没"④，当然应该尊宋为正统，并明确指出重修宋史可以达到"俾统纪之道明，夷夏之分定"⑤的重要目的。既然重修《宋史》可以正纲常、扶世教，以资治道，亦可以厘正《宋史》之谬误，周叙呼吁："不可缓者也。"⑥周叙试图将"尊夏攘夷"的正统观念贯彻史著中的努力对此后的宋

---

① 欧阳修：《欧阳修全集·居士集》卷18《春秋论》中，中国书店1986年版，第132页。
② 周叙：《石溪周先生文集》卷5《修书疏》，《四库全书存目丛书》集部31册影印明万历二十三年（1595年）周承超等刻本，第599页上。
③ 周叙：《石溪周先生文集》卷5《修书疏》，《四库全书存目丛书》集部31册影印明万历二十三年（1595年）周承超等刻本，第599页上。
④ 周叙：《石溪周先生文集》卷5《修书疏》，《四库全书存目丛书》集部31册影印明万历二十三年（1595年）周承超等刻本，第599页下。
⑤ 周叙：《石溪周先生文集》卷5《修书疏》，《四库全书存目丛书》集部31册影印明万历二十三年（1595年）周承超等刻本，第599页下。
⑥ 周叙：《石溪周先生文集》卷5《修书疏》，《四库全书存目丛书》集部31册影印明万历二十三年（1595年）周承超等刻本，第599页下。

史撰修产生了深远影响。正统观作为明代宋史研究的一个重要史学观念，不仅决定着改修《宋史》诸书的编纂格局，而且影响着宋史撰述中价值判断的取向。当周叙为重修宋史而极尽努力的时候，建立政权仅仅八十余年的明朝爆发了震惊朝野的"土木堡之变"。明英宗被蒙古瓦剌部俘去，与北宋末年的局势如出一辙。这一重大历史事件使得改修《宋史》的活动具有了重要的时代意义。它不再仅仅是学者个人纯粹的学术行为，而是成为士人背负国家治乱兴亡的责任所在。

"土木堡之变"后，景泰六年（1455 年），代宗下令修纂《续资治通鉴纲目》，谓"独宋元所纪，窃有歉焉，卿等其仿文公例，编纂官上接《通鉴纲目》，共为一书，以备观览"[①]。成化九年（1473 年）十一月，宪宗再次下令编纂，大开两局，笔札给自尚方。十一年（1475 年），商辂接任总裁，十二月书成。商辂在所上《进续资治通鉴纲目表》中，不但对宋、辽、金三史提出批评，而且对本朝官修《元史》也提出批评："著宋史者讫无定论，撰元书者罔有折衷。或杂于辽、金而昧正统之归，或成于草率而失繁简之制，或善善恶恶之靡实，或是是非非之弗公。况其前后抵牾，予夺乖谬，众说纷纭，卒未有能会于一者，是诚有待于今日也。……若胡元之主中华，尤世运之丁极否泰，冠履倒置，天地晦冥，三纲既沦，九法亦斁。第已成混一之势，矧复延七八之传，故不得已大书其年，亦未尝无外夷之意"[②]。官方的态度无疑对士人撰史形成一种导向。

周叙的上疏及商辂的进表成为明代宋史研究的标志性事件，大大激发了明朝学者研究宋史的热情。嘉靖年间，王洙撰述纪传体《宋史质》100 卷，柯维骐撰述纪传体《宋史新编》200 卷，薛应旂撰述编年体《宋元通鉴》157 卷，王宗沐撰述编年体《宋元资治通鉴》64 卷；万历年间，陈邦瞻撰述纪事本末体《宋史纪事本末》109 卷；天启年间，王惟俭撰述纪传体《宋史记》250 卷，等等。诸学者以孔子《春秋》笔法或朱子《通鉴纲目》成例为榜样，或会通三史为一而以宋为正统，辽金附载本纪，或改元修《宋史》削去宋帝昺、帝昺帝号，不入本纪的做法，称其帝号，载入本纪，以示不没

---

① 《明英宗实录》卷256，"景泰六年七月乙亥"条，台北："中央"研究院史语所1962年影印本。
② 商辂，等：《续资治通鉴纲目》卷首《进续资治通鉴纲目表》，明弘治十七年（1504 年）慎独斋刻本。

宋统；更有甚者，删去元统，直接以明继宋统，从而伸张《春秋》"大一统"及"外夷狄"之义。明代的宋史研究作为一种连续的史学活动逐渐突显起来。

二、未尽人意的元修《宋史》

元修《宋史》成书之后，受到士人学者的颇多訾议，此为明人改修《宋史》、研究宋代史事的重要原因。欲要了解元修《宋史》所存在的问题，必先究明元修《宋史》的编纂过程，方能明白其中问题之缘由。

《宋史》撰修于元朝末年，全书有《本纪》47 卷，《志》162 卷，《表》32 卷，《列传》255 卷，共计 496 卷，约 500 万字，其卷帙之富，居《二十四史》之首。它和《辽史》、《金史》均成书于元至正年间（1341～1368年），当时号称"三史"。《宋史》等三史是元末特定历史条件下的产物。

元代议修《宋史》，始于元至元年间（1264—1294 年）。元灭南宋后，至元十六年（1279 年）元世祖忽必烈诏修宋史，但"未见成绩"①。究其原因，主要是宋、辽、金正统问题没有解决，三史撰述的"义例"即三史之间关系难以确定。当时的意见主要有两种：一是以宋为正统，仿《晋书》体例，以辽、金为载记；一是效《南史》、《北史》之法，以北宋为宋史，南宋为南史，辽、金为北史。所谓关于"义例"的争议，本质上是正统论问题。此后，仁宗延祐（1314—1320 年）、文宗天历（1328—1330 年）间亦屡诏纂修，也因涉及同样的问题而搁置。元顺帝即位后，丞相伯颜擅权，排斥汉人，废除科举，加强民族压迫，儒臣纷纷挂冠辞归。至元六年（1340年），脱脱发动政变，逐走伯颜，政局为之一变。十月，脱脱接任中书右丞相，悉废伯颜旧政，恢复科举，复行太庙四时祭祀，又开经筵，遴选儒臣以劝讲。这一系列的开明措施，史称"更张"。"更张"的主导精神是用汉法和儒术治理天下，为按照中国固有的修史传统撰修辽、金、宋历史创造了条件。在"更张"的政治氛围中，为讲求文治，以古鉴今，三史的编纂很自然地被提到了议事日程。至正元年（1341 年），授经郎危素建言纂修《宋

---

① 宋濂，等：《元史》卷181《虞集传》，中华书局 1976 年版，第 4179 页。

史》,顺帝始颁诏修之命①,至正三年（1343 年）,脱脱就一直议而未决的三史体例问题,"独断曰:'三国各与正统,各系其年号',议者遂息"②,主张分别撰修宋、辽、金三史,各史独立。顺帝欣然同意这一意见,下达了有关撰修三史的诏书。根据"修三史诏"的要求,脱脱等人制定了《三史凡例》,内容共五条。其中,第一条曰:"帝纪:三国各史书法,准《史记》、《西汉书》、《新唐书》。各国称号等事,准《南》、《北》史"③,回答了几十年中所争论的"正统"问题。这一问题解决后,元廷四月开局,《宋史》与辽、金二史同时修撰,纂修有了实质性进展。经过两年半的时间,至正五年（1345 年）十月二十一日,《宋史》匆匆峻成。从议修《宋史》至其成书,《三史凡例》的确定实为关键。

《宋史》的撰修以阿鲁图、别儿怯不花为总领,脱脱为都总裁,帖睦尔达世、贺惟一、张起岩、欧阳玄、李好文、王沂、杨宗瑞为总裁,参与撰写的史官有斡玉伦徒等 23 人④。卷帙浩繁的《宋史》能在短短的两年半中修成,主要仰赖宋朝史馆所纂修的《国史》旧稿。

宋、辽、金三史各为正史,独立成书的做法,在汉儒中引发了轩然大波。时在史馆任编修的吉水人周以立具疏抗争,但毫无结果,最终弃职而归。史载:值修宋辽金三史时,当道者多辽、金故臣之子孙,而正统卒无所归,以立奋然抗论,说:"本朝平金在先,而事体轻,平宋在后,而事体重,元当承宋不当承金,修史当以宋为正统"⑤,并说:"此纲常大事,必求合乎天理人心之当者,当以宋为正",由是不合遂归⑥。当时,吉水人解伯中⑦深以此论为是,复上书论辩,史载:

> 至正癸未（1343 年）,翰林典籍危素奉诏来起修三史,伯中至京上书,其略曰:"辽与本朝不相涉,又其事已具五代史,虽不论可也,所当论者,宋与本朝而已。而所以定二国之统者,盖有四说焉:一曰明国

---

① 程敏政:《明文衡》卷 48《书宋丘公岳家传后》,吉林人民出版社 1998 年版。
② 权衡:《庚申外史》卷上,《丛书集成初编》本。
③ 脱脱,等:《辽史》卷末《三史凡例》,中华书局 1974 年版,第 1557 页。
④ 脱脱,等:《宋史》,中华书局 1977 年版,第 14256—14260 页。
⑤ 叶盛:《水东日记》卷 24,文渊阁《四库全书》本。
⑥ 解缙:《文毅集》卷 11《周以立传赞》,文渊阁《四库全书》本。
⑦ 按:解观,字伯中,以字行。由翰林编修危素荐入史馆,与修宋、辽、金三史,力主尊宋为统。

朝之大体，二曰稽先哲之成法，三曰证时贤之确论，四曰审事变之微权。"……盖金之兴既在宋后，而其亡也，又在宋前，宋统始终自当属于皇元，……诚以此说而勘会之，则群疑冰释，大道天明，正宋统以概举辽金，公义表著，人心压服，永有辞于万世矣。时任事多右金统，书上大忤群公，公亦径归。①

除周以立、解观之外，浙东学者杨维桢（1296—1370 年）一向推崇《春秋》、《纲目》之类的圣人之作，认为《宋史》本来应该按纲目体来修，而元修《宋史》"徒为三国之志书。《春秋》之首例未闻，《纲目》之大节不举"②，大失人望。杨维桢痛责修史诸臣不以正统为己任，遂于至正四年（1344 年）春，作《正统辨》千余言上表元廷，希望自己的正统论能够被采纳，得以与修三史。其意谓正统之说，出于天命人心之公，应以《春秋》为宗，不得以割据僭伪当之；又论元朝的大一统在平宋之后，故元统应承宋；又以"道统"立论，言道统为正统所系，道统不在辽、金而在宋，故元当承宋而得正统。杨维桢否定将正统地位给予辽、金，甚至辩论说："契丹之有国矣，自灰牛氏之部落始广，其初，枯骨化形，戴猪服豕，荒唐怪诞，中国之人所不道也"；"夫辽，固唐之边夷也，乘唐之衰，草窃而起，石晋氏通之，且割幽燕以与之，遂得窥衅中夏，而石晋氏不得不亡矣。而议者以辽乘晋统，吾不知其何统也"；"金之有国矣，始于完颜氏，实又臣属于契丹者也。至阿骨打，苟逃性命于道宗之世，遂敢萌人臣之将，而篡有其国，僭称国号于宋重和之元……议者又以金之平辽克宋，帝有中原，而谓接辽宋之统，吾又不知其何统也。"③ 对于杨维桢的千言《正统辨》，三史总裁官欧阳玄阅后，亦叹说："百年后，公论定于此矣！"④ 然而，由于杨维桢的观点与官方修史原则相违，欧阳玄想要举荐他的想法最终亦未成行。入元以后，正是由于正统问题而使宋、辽、金三史纂修问题在数十年的时间内议而未决，而杨维桢的《正统辨》又带着浓厚的"夷夏之辨"色彩，元廷对此的抗拒是不难想见的。此后，杨维桢以一人之力"取朱子义例"纂成《宋

---

① 解缙：《文毅集》卷 11《伯中公传》，文渊阁《四库全书》本。
② 陶宗仪：《南村辍耕录》卷 3《正统辨》，齐鲁书社 2007 年版，第 35 页。
③ 陶宗仪：《南村辍耕录》卷 3《正统辨》，齐鲁书社 2007 年版，第 36 页。
④ 张廷玉，等：《明史》卷 285《杨维桢传》，中华书局 1974 年版，第 7308 页。

史纲目》，"挈大宋之编，包辽、金之纪载"，希望能"置之上所，用成一代可鉴之书，传之将来，永示万世不刊之典"①。元修《宋史》在争论中匆匆竣成，而饱受理学家的物议。元末，奉化学者陈桱纂成《通鉴续编》24 卷，大书分注，全仿《纲目》，以宋为正统，辽、金系年于宋统之下，并在瀛国公降元后，仍给予宋益王昰、卫王昺以正统地位。是书刊于至正二十一年（1361 年），对其后明代的宋史研究以及确定宋史著述的体例影响颇深。

元修《宋史》官员所能凭藉的史料，遍及宋之起居注、时政记、日历、实录及国史等，史料详备丰富，是元修宋史的一大优势。然而，由于编修时日过短，修撰者匆匆急就，草率成编，加之检校不周，又出于众人之手，因此在史料裁剪、史实考订、文字修饰、全书体例等方面，亦存在编次详略失当、内容舛谬牴牾等许多缺点。具体说来，其为明人所诟病者集中在以下三个方面。

（一）元修《宋史》冗而无法

明初学者梁寅著《宋史略》，方孝孺著《宋史要言》等，今均亡佚。但从其命名来看，或冠以"略"，或冠以"要言"，盖是针对《宋史》的繁冗而做的节要，内容简略，以便观览②。

成化年间，商辂批评元修三史说："著宋史者讫无定论，撰元书者罔有折衷。或杂于辽、金而昧正统之归，或成于草率而失繁简之制，或善善恶恶之靡实，或是是非非之弗公。况其前后抵牾，予夺乖谬，众说纷纭，卒未有能会于一者，是诚有待于今日也。"③并以孔子《春秋》、朱子《纲目》为榜样，使"治法与心法"均得以彰显④，选取那些事关重大者，如赵宋"建隆

---

① 陶宗仪：《南村辍耕录》卷 3《正统辨》，齐鲁书社 2007 年版，第 35 页。
② 王重民：《中国善本书提要》："《元史略》四卷。明洪武间刻本。卷端有自序，述著作之旨甚详。《序》云：'前翰林学士宋濂、翰林待制王祎等，纂修《元史》，书成上之，复命刻梓，颁示天下。然编帙浩繁，间阎庶士，未能快睹。张编修美和以闳博之学，嘉惠之心，稽于全史，节其要略，止为二卷，乃因编年之法，以便于观览者也。'"上海古籍出版社 1983 年版，第 86 页。按：学者朱仲玉说："梁寅与宋濂是同时人，被征入礼局预修礼乐疏，从其工作看，且《宋史略》只有四卷，可能不是嫌元修《宋史》繁芜而予以简略之作，而是记述宋朝礼乐制度的书。"（朱仲玉《论明朝人对宋史的研究与改编》，载张舜徽主编《中国历史文献研究》，华中师范大学出版社 1990 版，第 253 页）此备一说。
③ 商辂，等：《续资治通鉴纲目》卷首《进续资治通鉴纲目表》，明弘治十七年（1504 年）慎独斋刻本。
④ 梁梦龙：《史要编》卷 5 金江《进续资治通鉴纲目书法表》，明隆庆六年（1572 年）刻本。

之创业"、"庆历之升平"、"熙丰之纷更"、"靖康之祸乱",以及"偏安于江左"、"讫篆于海南"等的史料,"其中命令之施,纪纲之布,国体安危之系,民生休戚之关"之事,均详备史料,大书特书①,以便达到鉴前代之是非,知后来之得失,明正道,厚风俗,以人文化成天下的撰史目的。

嘉靖年间,学者秦鸣夏说:"《宋史》成于元臣之手,其间有《纪》有《传》,有《志》有《表》,烨然称一代成书。顾其为卷凡四百九十有奇,其为言殆不下数百万,岂纪宋事者独宜详与?抑所谓不秽而有体者未之尽也。"②又说:"事不提其要,虽该洽其何裨?言不钩其玄,徒猥冗而可厌。上下数百年间,于简册焉尽之,夫恶得弗简。"③天启年间,王惟俭撰述《宋史记》,亦指责元修《宋史》之烦芜,说:"帝纪即《春秋》之经也,所宜举其大纲,以俟志传发明。今《宋史》繁芜,景德一年之事二千余言,足以当他史之一帝纪。高宗一朝之事几二百纸,足以当他史之全纪。核其所录,乃县丞医官毕载,召见入对亦书。徒累翻阅,何关成败?今宜力加删削,用成史法。"

概言之,鉴于元修《宋史》的烦冗丛脞,明代重修宋史诸家均强调著述有旨,并将此作为取舍史料的重要标准。如商辂等奉敕撰述《续资治通鉴纲目》,王洙撰述《宋史质》,柯维骐撰述《宋史新编》,薛应旂撰述《宋元通鉴》,王宗沐撰述《宋元资治通鉴》,王惟俭撰述《宋史记》以及陈邦瞻撰述《宋史纪事本末》等,均强调著述有法,并以此来驾驭史料。

(二)元修《宋史》不明正统

明英宗正统十三年(1448 年),侍讲学士周叙批判元修《宋史》"不以正统归宋","不惬人心,不协公论",认为"宋承中华之统,礼乐教化之隆,衣冠文物之盛,仁义忠厚之风,三代以降之所仅见,……后虽南渡,而

---

① 商辂,等:《续资治通鉴纲目》卷首《进续资治通鉴纲目表》,明弘治十七年(1504 年)慎独斋刊本。

② 王洙:《宋史质》卷首秦鸣夏《史质序》,台北:大化书局影印明嘉靖刻本,1977 年版,第 1 页上。

③ 王洙:《宋史质》卷首秦鸣夏《史质序》,台北:大化书局影印明嘉靖刻本,1977 年版,第 1 页上。

天命人心实所归附，盛德弘纲难以泯没"，重修《宋史》"不可缓者也"①。新撰《宋史》应该尊宋为正统，以达到"俾统纪之道明，夷夏之分定"②，正纲常、扶世教的目的。成化年间，商辂批评元修三史说："或杂于辽、金而昧正统之归……是诚有待于今日也。"③鉴于此，嘉靖年间的学者王洙撰《宋史质》，立意即在于"辟夷狄而尊中国"。其开篇即言："史者，《春秋》之教也。论《春秋》者曰：明三王之道，辨人事之纪，别嫌疑，定是非，善善恶恶，贤贤贱不肖……归于达王事，尊周室而已。"他希望《宋史质》像《春秋》一样，"瞻而不使之泛，约而不使之遗，隐而不使之失，合而不使之离，核而实，精而详，公而正，辨而类，训而不易，论而警世，不敢文焉。……上稽天地之始，下尽民物之繁，中及治乱之数。人事之消长，君子小人之进退，中国夷狄之盛衰，极于我昭代受命之祥。语统则远宗宋、唐、汉、周，语道则近属关、闽、濂、洛"④。学者邵经邦亦说："《宋史》本无凡例，徒应故事而作，未有一人据《春秋》之义，持笔削之任，故其立例，一切蹈袭。"⑤学者柯维骐亦认为"宋、辽、金三史并列，尤失《春秋》之义"，"于是覃思发愤，远绍博稽，厘复订讹，举偏补漏，凡二十余寒暑，始克成编"⑥。

（三）元修《宋史》史事讹缺

成化年间参加过《续资治通鉴纲目》撰写的程敏政，针对元修《宋史》不载或误载的宋代史事，进行了补充和纠谬。他说："予修《宋元纲目》，因参考史传，得合州守张珏首末，重其谋国之忠，死国之义，实与文公相先后者，恨旧史书法多晦，而珏之心事不尽白也，因数大书其名于纲，详其事于目，自谓可补前史之阙，而不知公实为珏后也，抚卷之际，为之惘然。"⑦

---

① 周叙：《石溪周先生文集》卷5《修书疏》，《四库全书存目丛书》集部31册影印明万历二十三年（1595年）周承超等刻本，第599页。

② 周叙：《石溪周先生文集》卷5《修书疏》，《四库全书存目丛书》集部31册影印明万历二十三年（1595年）周承超等刻本，第599页下。

③ 商辂，等：《续资治通鉴纲目》卷首《进续资治通鉴纲目表》，明弘治十七年（1504年）慎独斋刻本。

④ 王洙：《宋史质》卷首《史质叙略》，台北：大化书局影印明嘉靖刻本，1977年版，第2页下。

⑤ 邵经邦：《弘简录》卷首《序》，清康熙二十七年（1688年）邵远平刻本。

⑥ 柯维骐：《宋史新编》卷末康大和《宋史新编后序》，明嘉靖刻本。

⑦ 程敏政：《篁墩文集》卷37《书文丞相真迹后》，文渊阁《四库全书》本。

此外，在撰修《续资治通鉴纲目》的过程中，程敏政又对宋代历史上"烛影斧声"一事，进行了考证，并另外结撰《宋纪受终考》三卷，专辨僧文莹《湘山野录》中所记之"太宗烛影斧声"，以及李焘《续资治通鉴长编》所载"顾命，大事也，而《实录》、《正史》皆不能记，可不惜哉"所引起的猜测。

天启年间学者王惟俭指出元修《宋史》中，"王侯卦薨，多不书及"；"西夏势均敌国，安南远在殊俗，而受我名封，亦当毕书"① 等缺漏。明季钱士升《南宋书》，鉴于《宋史》于南渡之后事迹遗漏，补充南宋郑思肖等数人列传。正如清人席世臣《叙》中所说，《南宋书》主要于《列传》之中增补了《宋史》列传中所遗漏的史事，因而它是增补宋史史料的重要史著。

明代宋史学者针对《宋史》史料所作出的扩充补遗，在一定程度上弥补了《宋史》的缺憾，为后世史家进一步查漏补缺奠定了基础。后世学者更是系统总结了元修《宋史》的缺点：一是无剪裁损益之功，不必立传而拉杂列入；传与传之间事迹相互重复，导致一事数见。二是前后矛盾，无传而说有传，纪与传，传与传，表与传，传文与传论之间互相牴牾。三是一人重复立传或有目而无传。四是记载失实，地名错误、人名错误、职官名称等错误者不在少数。五是人物缺载，事迹遗漏，理、度两朝失之疏略。六是编次失当，体例不纯。七是议论不公，褒贬不可信。清修《四库全书总目提要》更斥其"大旨以表彰道学为宗，余事皆不甚措意，故舛谬不能殚数"② 。元修《宋史》无可逭"繁芜杂乱"之名，指责声声盈耳，屡议改修者绵延不断。

三、学术思潮的演进与求真的史学追求

明代的宋史研究所根植的学术渊源，在于传统史学求新、求真的学术追求，亦源自众多学者对宋史的热诚、整理国故的责任感，以及固有的忧患意识。这一学术探讨自成系统，亦与明代不同时期学术思潮紧密相联。

明初，朱元璋秉承程朱道统，多次诏示天下士人："一宗朱氏之学，令

---

① 王惟俭：《宋史记》卷首《凡例》，清抄本。
② 永瑢，等：《四库全书总目》卷46《宋史》提要，中华书局1965年版，第412页。

学者非五经孔孟之书不读、非濂洛关闽之学不讲。"① 永乐时期，成祖命令翰林院学士胡广等人汇集宋元时期程朱派学者的经说及有关"性理"的言论，纂成《四书大全》、《五经大全》、《性理大全》，颁行天下，以之作为八股科举的取士标准。成化年间，宪宗又令儒臣考订朱熹《资治通鉴纲目》，使该书"法《春秋》，实际为经世之大典，帝王之龟鉴"②。同时，明朝统治者强调史书的鉴戒与教化功能，敕令大臣纂修史鉴类史书，如《昭鉴录》、《五伦书》、《历代臣鉴》、《文华大训》等，颁赐群臣，树立学习的榜样。受此影响，在史学领域，私家研究成果以纂修历代名臣和地方先贤明达的传记类史著为多，且沿用三部"大全"和官方史鉴书的纂修方法，以程朱理学的价值标准贯穿其中，诸如郑柏的《金华贤达传》、贾斌的《忠义录》、尹直的《南宋名臣言行录》等。

明初帝王以道统维护政统，将推崇程朱理学与维护其专制统治结合在一起；为达到目的，不惜科举利诱，亦不惜血腥诛戮。成祖时的朱季友一案就颇具代表性。明末谈迁因此而感叹说："先朝守宋儒遗书如矩矱，毋敢逾尺寸。……句沿字踵，等于苴蜡，于是曲士凿其隅见，稍有所缘饰，而矫异之窦，纷互四出。彼季友一斥不再振，则当功令可想见也。"③ 身处此氛围之下的儒生欲求显达，无不视程朱所言如法度，句沿字踵，不敢稍有逾越。程朱理学强调道德修养，士子儒生纷纷标榜："学之本在道德，而功业、文艺无非末耳。"④ 立德是最重要的，而立言，也是做一些道德文章。这种观念在学术界甚至整个社会产生了广泛的影响。儒生以为程朱学说已臻完备，他们只用代圣人言，无须更立新说。由此，明末清初学者黄宗羲总结说："有明学术，从前习熟先儒之成说，未尝反身理会，推见至隐，所谓此亦一述朱，彼一亦述朱。"⑤

从洪武至正德时期，程朱理学的一统天下对宋史研究产生了极为深刻的影响。明代宋史研究成果率先以纲目体著述《续资治通鉴纲目》问世，就

---

① 陈鼎：《东林列传》卷2《高攀龙传》，文渊阁《四库全书》本。

② 《明宪宗实录》卷119，"成化九年八月壬戌"条，台北："中央"研究院史语所1962年影印本。

③ 谈迁：《国榷》卷13，"永乐二年七月壬戌"条，中华书局1958年版，第937页。

④ 杨守陈：《杨文懿公文集》卷23《临海县学记》，《四库未收书辑刊》第5辑第17册，据明弘治十二年杨茂仁刻本影印，第577页上。

⑤ 黄宗羲：《明儒学案》卷10《姚江学案叙录》，中华书局1985年版，第179页。

是一例显证。由于以程朱理学为指导，推崇朱子《纲目》的书法，以及正统年间"土木堡之变"等重大历史事件的发生，使得传统史学中的正统论复苏。此期产生的宋史著述，不论纲目体、传记类、史论类，抑或汇编抄撮成书，都有一个共同的特色，即以程朱理学为权衡，仿效朱子《通鉴纲目》的去取之例，讲求"夷夏之辨"，强调史书的纲常教化功能，以使宋史著述按照程朱理学的价值标准达到惩恶劝善，"内中国外夷狄"的教化作用。学者们致力于考述程朱理学世系的渊源，撰出一系列有关程朱理学的学术思想史著作，如谢铎的《伊洛渊源续录》、宋端仪的《考亭渊源录初稿》、戴铣的《朱子实纪》和程曈的《新安学系录》等。

嘉靖以降，各种社会矛盾更为严重，民族矛盾的尖锐成为统治者的心头大患。面对国运的不济，学者中的忧国人士苦苦探索其中的原因。其时程朱理学一统天下，压制了自由探讨的学术风气，然而"物之有迹者必敝，有名者必穷"①，一种力图抛却朱学，别寻新义的要求，在学术界酝酿着，以"正心"挽回衰世为目标的王阳明心学应运而兴。此外，正德时开始兴起的以李梦阳、何景明等人为代表的"前七子"，提出"文必秦汉，诗必盛唐"的口号，倡导复兴古学，不但打破了当时思想文化界沉闷的局面，也使史学界泛起了反对理学教条的波澜。

以王阳明为代表的心学，在嘉靖以后逐渐盛行于整个社会，成为明代学术的主流。在此氛围中，逐渐滋生出自由与叛逆的学术精神，正所谓"弘、正以前之学者，惟以笃实为宗；至正、嘉之间，乃始师心求异"②。此期的社会状况也繁杂多变，商品经济的发展，西学的输入，党争的激烈，农民起义的频仍，加之与少数民族矛盾的激化等，引发了明代思想文化界的繁荣与活跃。不独使士人学者的思想更为自由、更为深刻，而且增强了自身的社会责任感，他们著书立说，关注社会现实，在史书撰述中体现出经世致用的实学思想。在史书撰述中，他们讲求义例的灵活运用，批判那种"拘于义例，不能详于此而遗于彼"③的死板形式，主张笔削有据，详略得当；注意通过史例发挥史书惩恶劝善的作用，对传统的史书体裁进行大胆改造和完善，如

① 钟惺：《隐秀轩集》卷17《潘稚恭诗序》，上海古籍出版社1992年版，第267页。
② 永瑢，等：《四库全书总目》卷124《雅述》提要，中华书局1965年版，第1069页上。
③ 陈建：《皇明启运录》卷首《自序》，《稀见明史籍辑存》本，线装书局2003年版。

祝允明的《罪知录》，以举、刺、说、演、系五种分类方法进行论述，主旨明确，一目了然。如魏显国的《历代史书大全》，"书法仿于《春秋》、《纲目》，而叙事取于迁、固诸家，既详编年，复举纪传"①；再如吴士奇的《史裁》，"大略于编年之中，仿纪传之体，使一人一事，自为本末，庶观者一览可得，而不必乎旁搜"，并主张"经体而权用，经实而要虚"②，更加注重史意的发挥，即史书阐发义理的重要作用。

在这种求新求变史学潮流的影响下，学者对于宋史的研究也在更为广泛的层面上展开。首先，关注的学者不断增多。其次，以史鉴今、匡济时弊的目的越来越明确，经世致用的色彩浓厚了，而偏于理学说教的色彩相对淡薄。第三，为了反映丰富的宋代历史，学者们纷纷谋求以不同的体裁予以撰述。在编纂学方面，宋史著述的编纂形式灵活多样，并呈现出向综合化、实用化方向发展的态势。其中有些体例的创新，如今看来虽不无偏激，但却反映出其时学者在思想禁锢解除之后的大胆创造精神，以及结合社会实际需要发展史学的独立意识的增强。在史料学方面，其以官修正史为蓝本，不弃私家野史笔记，考订辨正，颇为赅洽。正是这场际遇偶合的社会形势和史学发展形势，最终促成了明代史学领域内宋史研究的繁荣与成熟。细言之，代表性著述如下：纪传体有王洙的《宋史质》和柯维骐的《宋史新编》；编年体"通鉴"类著作有薛应旂《宋元通鉴》和王宗沐的《宋元资治通鉴》，两书将宋代历史和元代历史结合起来进行考察，是首次以编年体来撰著宋代历史的史著，堪称明代宋史研究的新现象。此外，关于宋代人物的传记也大量涌现。这些史著大都注重探讨宋朝治乱得失的历史原因，能够站在历史主义的立场上进行反思，反映出明代学者黜虚征实的思想倾向。万历以降，又出现了陈邦瞻的《宋史纪事本末》、王惟俭的《宋史记》、钱士升的《南宋书》等史著，在体例、内容及思想上，都是对宋史研究的再一次补充和总结。总之，嘉靖以后产生的宋史著述不但进一步丰富了宋史研究的成果，而且弥补了前期研究中存在的不足，呈现出繁盛的气象。这种繁荣气象一直延续至明末。明代后期宋史研究的兴盛不仅是社会现实的需要，也是明代史学内部逻

---

① 许孚远：《敬和堂集》序卷之六《史书大全序》，明万历刻本。
② 吴士奇：《史裁》卷首吴勉学《序》，《四库全书存目丛书》本。

辑发展的结果，是明代史学进步的重要表现。

　　综上所述，由于正统观念对于传统史学的深远影响，以及元修《宋史》存在的诸多问题，在明代不断进步的史学追求下，学者们纷纷致力于宋史的研究和撰述，从而为中国的宋史研究做出了巨大贡献，亦为后世学人留下了求精、致用的学术传统和精神。

第 二 章

明代宋史研究的阶段性发展

有明一代，宋史研究一直受到学者的关注，从明初迄明末，皆有学者投入或深或浅、方向不一的努力，具有一定的持续性，且研究热情延至明末而不减。

就明代宋史研究的总体成就来看，产生了123种宋史著述，就卷数来统计（不分卷的宋史著述权且按一卷来计算。——笔者按），达2000多卷，现今可考者有62种（见附录一《明人宋史著述一览表》）。在123种宋史著述中，兼及元史的有17种，纯粹针对宋代史事而撰述者有106种；就其体裁或类别而言，明人宋史著述丰富多样，有纪传体、编年体、纪事本末体、纲目体，另外还有史论类、传记类著述。其代表性著作，纪传体则有王洙的《宋史质》、柯维骐的《宋史新编》、王惟俭的《宋史记》、钱士升的《南宋书》；编年体则有商辂的《续资治通鉴纲目》、薛应旂的《宋元通鉴》、王宗沐的《宋元资治通鉴》；纪事本末体则有陈邦瞻的《宋史纪事本末》；史论类则有刘定之的《宋论》、许浩的《宋史阐幽》、何乔新的《宋元史臆见》等；传记类则有程敏政的《宋遗民录》、丁元吉的《陆右丞蹈海录》、李桢的《濂溪志》、吕邦燿的《续宋宰辅编年录》等。需注意的是，传记类中有一部分属于涉及宋代理学家的学术史著述。例如戴铣的《朱子实纪》、谢铎的《伊洛渊源续录》，以及宋端仪撰，薛应旂重辑的《考亭渊源录》等。这些著述对后来学案体的形成提供了纂述经验。就成书目的而言，大致可以分为新撰成书的和针对元修《宋史》的不足而重新撰述的，但都是受了史学自身追求和经世致用思想的激励，并最终统一于程朱理学的指导，因而又绝非可以将其截然区分开来。由此可见，明代学者研究宋史的活动是非常活跃的，他们尝试从不同角度来研究宋代历史，并且取得了可观的成就。

考察明人宋史著述产生和刊刻的时间，可以看出明代宋史研究的发展历程明显呈现出阶段性特色，即以嘉靖朝为界，分为前后两个时期。洪武至正德时期，可谓明代宋史研究的滥觞与发展期。这一时期的指导思想为程朱理学。嘉靖至明亡时期，是明代宋史研究的繁荣与终结期，深受经世致用学术思潮的影响。后期产生的宋史著述明显多于前期，学者修史的热情也较前期高涨。众所周知，一代学术必与当时的政治环境、时代环境等密切相关。毫无例外，明代宋史研究的发展与明代社会政治、民族关系的发展以及学术思潮的衍变也有息息相关的联系。鉴于此，本章拟对明人宋史研究的阶段性发展进行梳理，以求从纵向廓清明代宋史研究的发展轨迹，加深人们对于明代社会、学术思潮与史学之间互动关系的进一步认识。

第一节　洪武至正德：明代宋史研究的滥觞与发展

从洪武至正德年间，是明代宋史研究的滥觞和发展期。问世的宋史著述主要有：商辂等奉敕撰修的《续资治通鉴纲目》、刘定之的《宋论》、蒋谊的《续宋论》、许浩的《宋史阐幽》、何乔新的《宋元史臆见》、程敏政的《宋纪受终考》和《宋遗民录》、尹直的《南宋名臣言行录》、张时泰和周礼在《续资治通鉴纲目》基础上所撰的《广义》和《发明》以及谢铎的《伊洛渊源续录》和戴铣的《朱子实纪》两部以朱熹为主要对象，辨明朱子统系的学术史著述。除宪宗敕撰的《续资治通鉴纲目》为官修史书外，其他均为私撰。撰述者均进士出身，在朝廷中担任要职，是政治声望和学术名气都引领一时的人物。这些人不仅有机会接触有关宋史的大量官私文献，而且深受官方意识形态——程朱理学的影响，所以在其宋史著述中，多以程朱理学为权衡，着重发挥程朱理学精神。这是前期宋史研究的重要特色。同时，在社会现实的影响下，尤其是正统年间"土木堡之变"等重大历史事件的刺激，传统史学中的正统论思想复苏，学者们在史著中大多强调尊夏攘夷的《春秋》精神，注重史书的纲常教化功能。

明太祖洪武至宣宗宣德时期，为明代宋史研究的滥觞阶段。实际上，明代学者对于宋史的研究，自太祖洪武时期即已初露端倪，但由于专制统治的制约，所产生的宋史著述较少。较早问世的有梁寅的《宋史略》，约成于洪武十九年（1386 年），已亡佚①。洪武末建文初，方孝孺撰述《宋史要言》，所载起自太祖迄于哲宗，但终未成稿，也已散佚②。宣德年间，又有刘剡编辑、张光启订正的《资治通鉴节要续编》30 卷问世，此书又名《宋元资治通鉴节要》③、《资治通鉴节要》④、《宋元通鉴节要续编》、《增修附注资治通鉴节要续编》等。

《资治通鉴节要续编》在明代屡被刊刻，主要有宣德七年（1432 年）、景泰三年（1452 年）、成化二十年（1484 年）、弘治十年（1497 年）、弘治十一年（1498 年）、弘治十五年（1502 年）、正德九年（1514 年）、嘉靖十八年（1539 年）、嘉靖二十八年（1549 年）、万历九年（1581 年）等版本⑤。可知此书在当时流传甚广，影响颇大。是书载事以宋为正统，附辽、金史事，以元朝承接宋朝，承认元朝法统。其中详载宋代文天祥和谢枋得之事，以"其精忠亘乎天地，可以为万世人臣之法"⑥，蕴涵着激励忠孝节义

---

① 按：是书在《明史》卷 97《艺文志》、焦竑《国史经籍志》卷 3《正史类》、黄虞稷《千顷堂书目》卷四《编年类》皆著录为四卷，属编年类。据王重民考证，此书约成于洪武十九年（王重民《中国善本书提要·史部·纪传类》）。杨士奇《东里集续集》卷 17 载："《宋史略》刊板在清江退庵学士（即金幼孜。——笔者按）之婿袁鹏所惠，清江三十年前老师宿儒多在，独梁（梁寅）、张（未详）二先生有著述，而其乡又有好事者，为刊刻以传文物，遗风故未泯也。"同卷"《宋史略》"条又载"永乐甲辰（1424 年）十月甲子，淦（即江西新淦）人袁鹏惠此书。"依杨氏所言，《宋史略》至少在永乐年间尚有流传，后来何时遗失，限于资料，不得而知。

② 按：方孝孺于洪武二十九年（1396）六月二十二日奏疏言："臣昔日所著评论宋事《宋史要言》一册，自太祖至哲宗，尚未完，不敢上尘睿览。"（方孝孺：《逊志斋集》卷 9《上蜀府启》）。另，黄虞稷《千顷堂书目》卷 5、乾隆《浙江通志》卷 243 有著录，皆未题卷数。据廖道南《殿阁词林记》卷 6《直文渊阁侍读学士改文学博士方孝孺》、《明儒言行录续编》卷 1《方孝孺》，此书已佚。

③ 按：黄虞稷《千顷堂书目》卷 4《编年类》、乾隆《福建通志》卷 68《艺文》一均著录为《宋元资治通鉴节要》。

④ 孙星衍：《平津馆鉴藏记·书籍续编》："《资治通鉴节要》，题少微先生纂述，松坞王逢释义，仁斋刘剡增校。"

⑤ 据王重民《中国善本书提要·编年类》；杨翼骧《中国史学史资料编年》（第三册）；钱茂伟《明代史学编年考》等。

⑥ 转引自王重民：《中国善本书提要》史部编年类《增修附注资治通鉴节要续编（朝鲜铜活字本）》，上海古籍出版社 1983 年版，第 108 页。

的经世思想①。加之《资治通鉴节要续编》载史简洁，便于阅读，因而深受当时社会的欢迎。甚至在正德年间，司礼监重刻江贽《通鉴节要》时，武宗特命以《资治通鉴节要续编》附于其后，并在《御制重刊通鉴节要序》中明言。这样做的目的是为了"通为一书，得备观历代之迹"②。

由于明初文网森严，士人讳言史事，而关涉宋元历史的话题更是罕有问津，成果寥寥。仅从书名考察，如梁寅的《宋史略》、方孝孺的《宋史要言》等，或冠以"略"，或冠以"要言"，盖是针对《宋史》的繁冗而做的节要，以便观览。明初宋史著述较为简略且多散佚，但其打开了明代宋史研究的局面，具有重要的史学意义。

在宋史研究的前期阶段，翰林院侍讲学士周叙上疏请修宋史的举动是一个重要事件。周叙作为明代第一个正式向朝廷提出重修宋史的学者，以其正统论和"华夷之辨"思想为后来学者作出了表率。

正统十三年（1448年）四月，南京翰林院侍讲学士周叙疏请明廷重修宋史。疏中，周叙表达了迫切的修史心情。他强调史著的价值"实天命人心之所在，而万世纲常之攸系"③，并以此为宗旨批判元修《宋史》"不以正统归宋"是"不惬人心，不协公论"④。那么如何才能协人心和公论呢？周叙认为："宋承中华之统，礼乐教化之隆，衣冠文物之盛，仁义忠厚之风，三代以后之所仅见，……后虽南渡，而天命人心实所归附，盛德弘纲难以泯没。"⑤ 理当尊奉宋朝为正统。他明确指出，重修宋史要达到"俾统纪之道

---

① 刘剡 编辑，张光启 订正：《资治通鉴节要续编》卷首《凡例》："编次之意，以国之兴亡，世之治乱，帝王将相言政之得失，后妃世子立废之源，辅臣贤士之用舍出处，土地之分并，制度沿革，灾祥之验于人事者，与夫章疏之行于时、切于事者，则谨参录之，以备考焉。其余事实无关于民彝世教者，虽工弗取。"明正德九年（1514年）司礼监刻本。

② 转引自王重民：《中国善本书提要》史部编年类《资治通鉴节要续编（明司礼监刻本）》，上海古籍出版社1983年版，第102页。

③ 周叙：《石溪周先生文集》卷5《修书疏》，《四库全书存目丛书》集部31册影印明万历二十三年（1595年）周承超等刻本，第599页上。

④ 周叙：《石溪周先生文集》卷5《修书疏》，《四库全书存目丛书》集部31册影印明万历二十三年（1595年）周承超等刻本，第599页上。

⑤ 周叙：《石溪周先生文集》卷5《修书疏》，《四库全书存目丛书》集部31册影印明万历二十三年（1595年）周承超等刻本，第599页下。

明，夷夏之分定"① 的目的，因而"不可缓者也"②。此不仅可以正纲常、扶世教，以资治道，亦可以厘正元修《宋史》记载的谬误。当然其更关注前者。

周叙疏请英宗重修宋史并调拨人手协其撰修一事，似乎并未引起英宗的重视。考察《英宗实录》中的记载，可见英宗态度淡然——"上曰：'不必择人，叙其自修。'"③ 自孔子笔削《春秋》而赋予史书强大威力以后，历代统治者充分认识到了史学的重要性，修史成为皇朝政治生活中的重要部分，或鉴戒，或教化，或借以表明政治立场。英宗对重修宋史的态度势必造成士大夫对其外交政策的妄加揣度。从政治层面讲，这或许是英宗谨慎态度的一个原因。正统十三年（1448 年）四月周叙得旨"自修"后，力疾诠次，日夜不辍。然而，正统十四年（1449 年）八月，"土木堡之变"发生，英宗北狩，朝廷上下人心惶惶，无暇顾及史事，周叙重修宋史一事亦深受挫折。

景泰元年（1450 年），周叙三年考满，按例当调至北京。二月二十二日，周叙以重修宋史及身患重病为由，疏请代宗允许其留任南京，但未得到允准④。同年，周叙上《修明统纪疏》，再次强调重修宋史的重要意义，明确指出"删前代不公之史，贻万世永远之规，杜夷狄猾夏之祸"⑤。周叙又申述了"才学疏浅，有不克堪"⑥ 的个人情况，请求朝廷给予人力支持，并试图以"自办家赀赡用，不费官给以成"⑦，减轻朝廷财政花费为由，赢得

① 周叙：《石溪周先生文集》卷 5《修书疏》，《四库全书存目丛书》集部 31 册影印明万历二十三年（1595 年）周承超等刻本，第 599 页下。

② 周叙：《石溪周先生文集》卷 5《修书疏》，《四库全书存目丛书》集部 31 册影印明万历二十三年（1595 年）周承超等刻本，第 599 页下。

③ 《明英宗实录》卷 165，"正统十三年四月己巳"条，台北："中央"研究院史语所 1962 年影印本。

④ 周叙：《石溪集》卷 2《景泰元年奏疏》第一，《北京图书馆古籍珍本丛刊》第 102 册，据景泰元年（1450 年）序刊本影印，第 46 页下。

⑤ 周叙：《石溪周先生文集》卷 5《修明统纪疏》，《四库全书存目丛书》集部 31 册影印明万历二十三年（1595 年）周承超等刻本，第 610 页下。

⑥ 周叙：《石溪周先生文集》卷 5《修明统纪疏》，《四库全书存目丛书》集部 31 册影印明万历二十三年（1595 年）周承超等刻本，第 610 页下。

⑦ 周叙：《石溪周先生文集》卷 5《修明统纪疏》，《四库全书存目丛书》集部 31 册影印明万历二十三年（1595 年）周承超等刻本，第 611 页上。

明廷的支持。景泰三年（1452 年），周叙病卒，修宋史未果①。周叙回顾其重修宋史的曲折境遇，感慨万千："叙天资钝鄙，无一可成，早承辽、金、宋三史，闻祖父师友之言，不协正纲，在翰林两奉书钧轴，前辈举修未动。二欲疏之。……比南京简静，自两请达上，未允。虽事宋者之不遇，实叙不才浅德之不足胜也。十年间，曾效《十七史详节》一书于遗世，附以臆见之不远正览耳。古贤云：不求知人，而求知天，不求同俗，而知同理。俟之于君子者矣！"② 未能得到明廷的积极协助，是周叙撰修宋史而未就的重要原因。

周叙撰修宋史的活动伴随其生命的终结，戛然而止。周叙的修史意识代表了明代学者厚重的忧患意识和历史责任感。他试图将"尊夏攘夷"的正统观念贯彻史著中的努力对此后的宋史撰述产生了深远影响。正统观最终成为此后明代宋史研究的一个重要史学观念和政治观念，不仅决定了改修《宋史》诸书的编纂格局，同时也影响了宋史撰述中价值判断的取向。在周叙为重修宋史而极尽努力的时候，建立政权仅仅八十余年的明朝爆发了令士人备受打击的"土木堡之变"，明英宗被蒙古瓦剌部俘去，与北宋末年的局势如出一辙。这一重大历史事件，使得改修《宋史》活动具有了重要的时代意义和学术意义。它不再仅仅是学者个人简单的修史行为，而是成为士人背负国家治乱兴亡的责任所在。周叙的上疏成为明代宋史研究的标志性事件，大大激发了明朝学者研究宋史的热情，不仅出现了改修《宋史》之作，还有新撰宋史著述问世，明代宋史研究作为一种持续的史学活动逐渐凸显起来。此后，关于宋史的研究，主要沿着以下几条线索发展。

一、官修《续资治通鉴纲目》及其影响

明朝正统十四年（1449 年）八月十五日，英宗土木堡蒙尘。这给明朝统治者敲响了警钟，也使其鉴戒意识得到加强。代宗即位后，冀望从历史中

① 《明英宗实录》卷214，"景泰三年三月庚申"条："南京翰林院侍讲学士周叙卒。尝欲修正《宋史》，请于朝，许其自修，未就而卒"。黄佐《翰林记》卷13《修史》："正统中，南京侍读学士周叙独请诏修宋、辽、金三史，未及成而卒，至今犹为缺典顾此非一人精力所能就，虽开局可也"。另，《翰林记》卷17《正官题名》作周叙于"景泰二年卒"，不知所据。

② 周叙：《石溪集》卷1《与吴先生致仕都副御史》，《北京图书馆古籍珍本丛刊》第102册，据景泰元年（1450 年）序刊本影印，第23页上。

汲取经验，以免重蹈覆辙，遂诏令修撰史鉴书以辅助政治的稳定。景泰六年（1455 年）七月，代宗敕谕大学士陈循等人撰修《续资治通鉴纲目》，曰："春秋二百四十二年之事，著于孔子褒贬之书，足为鉴者不可尚矣！自周威烈王至梁、唐、晋、汉、周五代事，书于朱文公《通鉴纲目》，亦天下后世之公论所在，不可泯也。朕尝三复，有得于心。独宋、元所纪，窃有歉焉。卿等其仿文公之例，编纂官上接《通鉴纲目》，共为一书，以备观览。"① 然而，景泰八年（1457 年）正月，朝廷发生"夺门之变"，英宗复辟，陈循等人去职，此书的编纂暂时搁置②。宪宗即位后，鉴于已有"朱文公《通鉴纲目》，可以辅经而行"，而"宋、元二代，至今未备"，于成化九年（1473 年）十一月，诏谕大学士彭时等"遵朱子凡例，编纂宋、元二史，上接《通鉴》，共为一书"，恢复编纂《续资治通鉴纲目》③。彭时于成化十一年（1475 年）卒，遂由商辂接任总裁官。十二年（1476 年）十一月书成，凡二十七卷，由商辂进奏朝廷，故一般作"商辂等修"④。当时参与修纂者共16 人⑤，多为翰林院学士，兹作表以示。

《续资治通鉴纲目》修纂官简表

与修官员	时任官职	资料出处
商辂（1414—1486）	正统十年（1445 年）进士 兵部尚书兼翰林院学士	徐纮《明名臣琬琰续录》卷 14《少保商文毅公墓志铭》
万安（？—1489）	正统十三年（1448 年）进士 礼部侍郎兼学士	廖道南《殿阁词林记》卷 2《华盖殿大学士万安》
刘珝（1426—1490）	正统十三年（1448 年）进士 侍读	廖道南《殿阁词林记》卷 3《文渊阁大学士刘珝》

---

① 《明英宗实录》卷 255，"景泰六年秋七月"条，台北："中央"研究院史语所 1962 年影印本。

② 《历代通鉴辑览》卷 106："景泰中，诏纂《宋元纲目》，会英宗复辟，事遂寝，及帝（宪宗）即位，复命商辂等修之。"

③ 《明宪宗实录》卷 122，"成化九年十一月戊申"条，台北："中央"研究院史语所 1962 年影印本。

④ 张廷玉，等：《明史》卷 14《宪宗本纪》，中华书局 1974 年版，第 173 页；傅恒，等：《御批历代通鉴辑览》卷 106。

⑤ 商辂，等：《续资治通鉴纲目》卷首《进续资治通鉴纲目表》，明弘治十七年（1504 年）慎独斋刻本。

续表

与修官员	时任官职	资料出处
王献（？—1487）	景泰二年（1451年）进士 翰林院学士	廖道南《殿阁词林记》卷6《太常卿兼侍读学士王献》
杨守陈（1425—1489）	景泰二年（1451年）进士 翰林院侍讲学士	张廷玉，等《明史》卷184《杨守陈》 何乔新《椒邱文集》卷30《吏部右侍郎兼詹事府丞谥文懿杨公墓志铭》
彭华（1432—1496）	景泰五年（1454年）进士 翰林侍读学士	廖道南《殿阁词林记》卷3《文渊阁学士阶礼部尚书彭华》
丘濬（1420—1495）	景泰五年（1454年）进士 翰林院侍讲学士	徐纮《明名臣琬琰续录》卷21何乔新《太学士文庄丘公墓志铭》 廖道南《殿阁词林记》卷2《武英殿大学士邱濬》
黎淳（1423—1492）	天顺元年（1457年）进士 左谕德	廖道南《殿阁词林记》卷17《纂修》
谢一夔（1425—1487）	天顺四年（1460年）进士 左谕德	廖道南《殿阁词林记》卷5《学士晋工部尚书谢一夔》
刘健（1433—1526）	天顺四年（1460年）进士 翰林修撰	项笃寿《今献备遗》卷19《刘健》 廖道南《殿阁词林记》卷2《华盖殿大学士刘健》
郑环（1422—1482）	天顺四年（1460年）进士 翰林编修	李贤《明一统志》卷38
汪谐（1432—1499）	天顺四年（1460年）进士 右谕德	廖道南《殿阁词林记》卷5《礼部侍郎兼学士汪谐》
罗璟（1432—1503）	天顺八年（1464年）进士 翰林修撰	张廷玉，等《明史》卷152《罗璟传》
程敏政（1446—1499）	成化二年（1466年）进士 翰林侍讲学士	廖道南《殿阁词林记》卷6《詹事兼学士程敏政》
陆简（1442—1495）	成化二年（1466年）进士 翰林侍讲学士	廖道南《殿阁词林记》卷6《詹事兼侍读学士陆简》
林瀚（1434—1519年）	成化二年（1466年）进士 翰林庶吉士	项笃寿《今献备遗》卷27《林瀚传》

书成之后，宪宗特意制序冠其首，申明是书以孔子《春秋》和朱子《纲目》为准绳，通过考察、辨析宋元历史中的"治乱之迹"，以达到"诛

乱讨逆，内夏外夷、扶天理而遏人欲，正名分以植纲常"，从而羽翼"天地纲常之道"的社会政治目的。①

对于史书的鉴戒功能，商辂等士大夫亦有深刻而丰富的认识，因而对于《续资治通鉴纲目》的编纂极为重视。这在其所上《进续资治通鉴纲目表》中可见一斑：

其一，认为"经以载道，阐万世之文明；史以辅经，昭累朝之鉴戒。《春秋》为经中之史，而《纲目》实史中之经"②，因而《续资治通鉴纲目》的撰述要效法《春秋》及《纲目》，以史著羽翼圣经。

其二，以儒家经典思想为标准，批判前史的谬误。认为"著《宋史》者讫无定论，撰《元书》者罔有折衷。或杂于辽、金而昧正统之归，或成于草率而失繁简之制，或善善恶恶之靡实，或是是非非之弗公"，且"前后牴牾，予夺乖谬人，众说纷纭，卒未有能会于一者，是诚有待于今日也"③。

其三，在史料考据方面，"存其信而传其疑"；至于史料的择取，则"详其大而略其细"，如"赵宋自建隆之创业，积而为庆历之昇平，迨熙丰之纷更，驯以致靖康之祸乱，比偏安于江左，竟讫篡于海南，其中命令之施，纪纲之布，国体安危之系，民生休戚之关"，均应"大书特书咸据往牒，正例变例悉本成规"④。

其四，对历史上北方少数民族政权的处理，认为"彼契丹出自鲜卑，女真起于渤海，皆以桀黠之虏，割据于邻壤"，应该"采摭其事，附见于当时"，即只为宋朝设立帝纪，而将辽金史事附于宋史之下。至于"胡元之主中华，尤世运之丁极否，冠履倒置，天地晦冥，三纲既沦，九法亦斁，第已成混一之势，矧复延七八之传，故不得已大书其年，亦未尝无外夷之意"。字里行间无不流露着对元朝统治的极大不满，甚至批评官修《元史》者

---

① 商辂，等：《续资治通鉴纲目》卷首明宪宗《御制续资治通鉴纲目序》，明弘治十七年（1504年）慎独斋刻本。

② 商辂，等：《续资治通鉴纲目》卷首《进续资治通鉴纲目表》，明弘治十七年（1504年）慎独斋刻本。

③ 商辂，等：《续资治通鉴纲目》卷首《进续资治通鉴纲目表》，明弘治十七年（1504年）慎独斋刻本。

④ 商辂，等：《续资治通鉴纲目》卷首《进续资治通鉴纲目表》，明弘治十七年（1504年）慎独斋刻本。

"罔有折衷"①。

《续资治通鉴纲目》作为一部以理学思想为指导的史鉴书，贯穿了严格的纲常名教观念，强调内夏外夷。这是明廷首次通过修撰宋元史事，公开表明对历史上北方少数民族政权的不满，与明初胡粹中编撰《元史续编》时的情况已完全不同。毫无疑问，这种变化与"土木堡之变"所引发的统治危机有直接联系。当时的修史诸臣大多亲历了这一变故，其感受之深刻不难想见。个别史臣甚至对《续资治通鉴纲目》中关于辽、金、元等少数民族历史的撰述仍感不满，遂别撰史著以传达个人见解。丘濬于成化十五年（1479 年）② 撰成《世史正纲》，通过特定的书法③摈弃元朝正统以强调夷夏之防，就是显例。

在撰修《续资治通鉴纲目》的过程中，程敏政对宋代历史中的"烛影斧声"进行了考辨，于成化十三年（1477 年）结撰《宋纪受终考》3 卷。文中专辨僧文莹《湘山野录》中所记"太宗烛影斧声"，以及李焘《续资治通鉴长编》所载"顾命，大事也，而《实录》、《正史》皆不能记，可不惜哉"④ 所引起的猜测。在程敏政之前，元人黄溍、明人宋濂首辨其事，而此时程敏政则博采诸书同异一一辨析。他在《宋纪受终考序》中称："比者诏编宋、元二史《纲目》，走不佞预事，其间始克备考《长编》诸书，又得一、二钜公先见为之主，窃不自揆，商诸同志，篇为之辨，序而藏之。"⑤ 程敏政的考辨结果推翻了僧文莹所论，维护了封建统治者的光辉形象。其学术意义正如今人许振兴所言，程敏政将不同时代学者对此事的纷繁记载和分歧论断以设问自答的方式理出头绪，委实对相关史事的研究作出了不可磨灭

---

① 商辂，等：《续资治通鉴纲目》卷首《进续资治通鉴纲目表》，明弘治十七年（1504 年）慎独斋刻本。

② 按：据丘濬《重编琼台稿》卷 9《世史正纲序》文末载"成化十五年"，推知是书撰成于成化十五年（1479 年）。另，钱茂伟《明代史学编年考》以为成于成化十七年（1481 年）；杨翼骧《中国史学史资料编年》（第三册）认为成书于成化十三年（1477 年），不知何所据。另，是书首刊于弘治三年（1490 年）。

③ 按：即在"纪年干支之下，皆规以一圈，中书国号，至元代则加以黑圈"。载永瑢，等：《四库全书总目》卷 48《世史正纲》提要。

④ 李焘：《续资治通鉴长编》卷 17，中华书局 1979 年版，第 379 页。

⑤ 程敏政：《宋纪受终考》卷首《宋纪受终考序》，明弘治四年（1491 年）戴铣刻本。

的贡献①。

官方对于《纲目》体史书的重视，也激发了私家的热情。弘治年间，张时泰和周礼两人陆续撰述并刊刻了《续资治通鉴纲目广义》和《续资治通鉴纲目发明》②两部旨在发挥理学思想的史著，分别为 17 卷、27 卷。两书以理学思想为指导，使正统之争回归到理的范畴，进而评判宋代人物，解读宋朝史事，其中扶天理，遏人欲，正名分，植纲常，内夏外夷，尊君讨贼之义显而易见。弘治十七年（1504 年），商辂等《续资治通鉴纲目》由慎独斋刊刻，将张时泰《广义》与周礼《发明》逐条附于其后。两部书的及时刊刻切合了当时理学思潮盛行，以及社会政治、民族关系等的具体内容，可谓时代的产物。然至清代，乾隆帝鉴于两书"于辽、金、元事多有议论偏谬及肆行诋毁者"③，"所关于世道人心甚大"④，遂于乾隆四十七年（1782 年）十一月特作《题辞》，列举周礼《发明》和张时泰《广义》中"尤为纰缪者"数端，录于《御制续资治通鉴纲目》卷首，并针对是书"贵中华贱夷狄"的做法予以纠谬，指出："夷狄而中华，则中华之；中华而夷狄，则夷狄之，此亦《春秋》之法，司马光、朱子所为急急也。《发明》、《广义》乃专以贵中华贱夷狄为事，贵中华贱夷狄犹可也，至于吹毛求疵，颠倒是非则不可！"⑤不难看出，不同时期下历史观念对于史著的影响，以及源自孔子《春秋》的史学于社会政治中的重要性。

二、私家撰修宋史史论著述

明代史论尤为发达，既有专著，又有大量散见于史著中者。在宋史研究领域，亦问世了一批重要的史论专著。自洪武至正德期间，主要有刘定之的《宋论》、蒋谊的《续宋论》、许浩的《宋史阐幽》和何乔新的《宋元史臆见》等著述。在内容上广涉经济、政治、文化、军事各个领域，凡是关乎治

---

① 许振兴：《程敏政〈宋太祖太宗授受辨〉考索》，为"何沛雄教授荣休纪念中国散文国际学术研讨会（2000 年 10 月 26—27 日）"提交论文。

② 张时泰：《续资治通鉴纲目广义》成书于弘治元年（1488 年），弘治三年（1490 年）自刊；周礼：《续资治通鉴纲目发明》成于弘治十一年（1498 年）。

③ 《御批续资治通鉴纲目·上谕》，文渊阁《四库全书》本。

④ 商辂，等：《续资治通鉴纲目》卷首乾隆《上谕》，文渊阁《四库全书》本。

⑤ 《御批续资治通鉴纲目·题辞》，文渊阁《四库全书》本。

乱兴衰，有资于借鉴的史事均有评论，且持论公允，论及与辽、金等少数民族政权的关系，均能客观公正地予以评论。

刘定之《宋论》3 卷，乃于翰林编修之暇取《宋史》自太祖迄帝昺事迹，每条雄辞立论，微显阐幽，褒善贬恶，凡 28 篇，"持论颇正"①。是书于其卒后刊刻，较早有成化八年（1472 年）刻本。何乔新对是书评价甚高，认为"皆先儒所未发，真百世不易之论"，且"予夺公，其词瑰丽而可喜"，"有续紫阳《纲目》而稽合诸儒之论者，于公此书必多有采焉"②。

蒋谊《续宋论》3 卷，刊于成化二十二年（1486 年）。鉴于刘定之《宋论》未以《春秋》精神为指导，未能在论著中体现尊夏攘夷的正统思想，蒋谊遂奋而撰述《续宋论》，旗帜鲜明地声称"予尤欲广方正学正变之说"，并强调变统说的重要，甚至明确提出以明朝直接宋统，称："本仲尼之深意，元乃夷狄尔，不足以接宋之正统也明矣。若接宋之统者，当以我太祖高皇帝神功圣德，取天下于群雄之手，直接宋传。"③ 蒋谊明确将明朝定为汉、唐、宋以后的正统朝，并且排斥元朝的法统地位，"直接宋传"，却开了嘉靖时代学者王洙虚化"元统"，直接以"明统"接宋统的先河。

许浩《宋史阐幽》2 卷，刊于弘治八年（1495 年）。是编因与丘濬读《宋史》而作。钱如京评论此书："词严义正，褒贬得当。"④ 钱龙锡评曰："凡所以剖决是非，指斥邪正，职秋霜，于以扶公道，正人心，行将与史书共垂千古。"⑤ 由于书中未借宋史渲染尊夏贬夷的正统论思想，遂得清朝四库馆臣的好评："其是非皆不谬于圣贤。"⑥

史论是史学研究深入发展的一种体现。在明代前期宋史研究中，一批史论著作的刊刻问世说明学者对于宋代历史的认识逐渐走向成熟，能够站在理论的高度反思前代历史，借古喻今，体现了明代宋史学的发达。在理学思潮盛行的背景下，史论专著的撰述者大多以理学的价值标准来评判历史的得失功过，但在涉及华夷之辨时，大多未做偏激的论述，而是客观地评价少数民

---

① 永瑢，等：《四库全书总目》卷 89《宋论》提要，中华书局 1965 年版，第 759 页。

② 何乔新：《椒邱文集》卷 9《宋论序》，文渊阁《四库全书》本。

③ 蒋谊：《续宋论》卷 3《帝昺》，清抄本。

④ 许浩：《宋史阐幽》卷首钱如京《宋史阐幽序》，明崇祯元年（1628 年）刻本。

⑤ 许浩：《宋史阐幽》卷首钱龙锡《重刻宋史阐幽叙》，明崇祯元年（1628 年）刻本。

⑥ 永瑢，等：《四库全书总目》卷 89《宋史阐幽》提要，中华书局 1965 年版，第 760 页。

族政权的治乱兴衰，体现出可贵的求实精神，也为此后的宋史研究树立了良好的榜样。

三、私家编著宋代人物传记

明代私家编纂的宋史著述中，传记类最多，凡 34 种。洪武至正德期间，编著的人物传记较少，主要有不著撰人名氏的《褒贤集》、崔子璟等纂辑的《宋丞相崔清献公全录》、胡广的《文丞相传》、程敏政的《宋遗民录》、丁元吉的《陆右丞蹈海录》、尹直的《南宋名臣言行录》、颜端等编辑的《张乖崖事文录》。

明初，不著撰人名氏的《褒贤集》5 卷，分门别类地辑录了宋、元人著作中有关范仲淹的史料以及朝廷所降文牒，包括《优崇典礼》、《传》、《碑铭》、《祭文》、《祠记》、诸贤之《赞颂》、《论疏》等。此类型的宋史著述在明代宋史研究成果中所占分量较大，汇纂了大量珍贵的史料，为后人的进一步研究作了准备。

崔子璟、崔晓增纂辑《宋丞相崔清献公全录》10 卷，约成于永乐中[①]，旨在弘扬崔与之忠义事迹。书中汇辑大量的传主事迹和遗文，在史料价值方面，可补正史之缺。

胡广的《文丞相传》1 卷，亦成于永乐年间。是书既吸收了刘岳申所撰《文丞相传》的精华，又取证于文天祥的《文集》，芟繁复、正讹舛，并加入《宋史》中的相关论赞，使得记载更趋于翔实可信。

程敏政著《宋遗民录》15 卷，成于成化年间，正值蒙古南下骚扰明廷之际。程敏政撰述此书提供政治借鉴、激励士人的撰述立意显而易见。是书记载王鼎翁、谢翱羽、唐玉潜三人。三人皆布衣，为文丞相客，虽未承蒙宋朝的高爵厚禄，然于南宋覆亡之际却能以匹夫之力尽忠报国，"或欲死其主于方生以成其名，或欲生其主于既死以暴其志，或欲存其庙食于既亡，续其王气于已断，以求尽此心而不负其主"[②]。程敏政将三人的精忠报国归功于宋朝人文设教，以仁立国，以为诸人事迹"足以起人心之忠义，振末世之萎

---

① 永瑢，等：《四库全书总目》卷 60《崔清献全录》提要载："明崔子璟编其书，成于永乐中"，中华书局 1965 年版，第 539 页中。

② 程敏政：《宋遗民录》卷首《序》，嘉靖间程威等刻本。

靡，百代之下读其文想其人，将必有任天理民彝之责于一身"，并希望"天理民彝藉之以不泯"，且"为有天下国家者鉴矣"①。丁元吉的《陆右丞蹈海录》亦竣书于成化间，记载了南宋陆秀夫海上死难事迹，著史宗旨与程敏政相同。

尹直撰述《南宋名臣言行录》16卷，成于弘治年间。其时，撰述本朝名臣言行录蔚为风尚。主要有杨廉的《皇明名臣言行录》和《皇明理学名臣言行录》、黄金的《皇明开国功臣录》、吴宽的《历代名贤确论》、徐纮的《皇明名臣琬琰录》及《续录》等，颇具规模。在这种著史风气的影响下，尹直鉴于朱熹《名臣言行录》乏有续录，而作《南宋名臣言行录》。是书取材于《宋史》列传等史料，芟繁节冗，撮采其要，将陈俊卿以下123个南宋名臣之言论事迹汇纂成书。清朝四库馆臣评曰："朱子所作《名臣言行录》原以网罗旧闻，搜载轶事，用备史氏之采择，若徒钞录史文，一无考证，则《宋史》列传具在，亦何必徒烦笔墨乎？"② 从考据家搜集史料、考证史料的尺度来衡量，清人评论有一定的道理。但尹直所作是书，意在通过将众多散出的资料"会粹而统录之"，以方便览者借鉴。这是尹直撰述《南宋名臣言行录》的主要动机。尹直曾在所著《皇朝名臣言行通录》③ 中交代：有关前代英豪伟杰之人的史料，散见而各出，"不能有会粹而统录之，使晚生后进，莫睹前修之言行，则何以慰其仰止之心，而作其匹夫之志哉？此古人名臣言行录所由作也"④。他希望览者能够学习圣贤的言行，"争自濯磨，而务为名臣以相与维持太平于万亿斯年之永"，"亦于风化有少助矣"⑤。尹直在《南宋名臣言行录》竣成的第二年（弘治十七年［1504年］。——笔者按）又著《名相赞》5卷。可见，尹直专注于名臣言行录的撰述，旨在激励朝臣气节，淳厚世风，使天下大治。

---

① 程敏政：《宋遗民录》卷首《宋遗民录序》，嘉靖间程威等刻本。
② 永瑢，等：《四库全书总目》卷61《南宋名臣言行录》提要，中华书局1965年版，第549页中。
③ 按：是书12卷，刊刻于明弘治十三年（1500年），比《南宋名臣言行录》早出三年。
④ 尹直：《皇朝名臣言行通录》卷首《自序》，天一阁本。
⑤ 尹直：《皇朝名臣言行通录》卷首《自序》，天一阁本。

颜端、徐瀚所辑《张乖崖事文录》4 卷，刊刻于弘治三年（1490 年）①。书中所记人物张咏，字复之，谥忠定，自号乖崖，濮州鄄城（今山东鄄城）人。太平兴国五年（980 年）登进士第，令崇阳，两知益州，累官至尚书，为蜀地名宦。《宋史》卷二九三有传。四川左布政使邢表忧虑其事迹纷出众录，尚无完本而嘱托颜端、徐瀚两人辑录相关史事，汇成此编。他认为："此书之功，非特为一身计，为治国家者计，为佐理天下者计，其有裨于国家天下，岂小补之哉"，"使守一郡、牧一邑潜玩而踟蹰之，必善政教，必美风化，必振纪纲，或司六卿、位公孤踟蹰不违，则弥缝参赞，弘化调燮，罔不各得其道。"②

上述人物传记在嘉靖以后多有重刻，在当时的社会形势下发挥了宣扬忠义、褒奖节气的作用。

四、程朱理学影响下的学术史著述

在程朱理学的影响下，明代宋史研究的前期阶段产生了两部影响较大的宋代理学学术史著作，即谢铎的《伊洛渊源续录》和戴铣的《朱子实纪》。

谢铎撰述《伊洛渊源续录》6 卷，成于成化十六年（1480 年），刊刻于弘治九年（1496 年）。《伊洛渊源续录》是一部程朱派理学系谱著作，取材于《宋史》之《儒林传》、《道学传》以及诸人行状、墓铭、遗事等，为续朱熹《伊洛渊源录》而作。谢铎之续作，一则鉴于朱熹"既没，其遗言、绪论散见六经四子者固已家传而人诵矣，独其授受源委与夫出处履历之详，穷乡下邑之士或所未究，则无以尽见其全体大用之学"；二则鉴于"有窃吾道之名以用于夷狄之世，借儒者之言以盖其佛老之真，其得罪于圣门甚矣"，"凡为孔子之徒者，皆将鸣鼓而攻之不暇"，因而撰述《续录》"自附于伊洛之渊源"者，以"明道术扶世教之一助也"③。概言之，是书续朱熹《伊洛渊源录》以表彰朱子"继往开来"之功，以承续朱学道统之传为己任。在内容方面，谢铎认为"晦庵文公绍伊洛之正绪，号为世嫡，益衍而彰，传道

---

① 永瑢，等：《四库全书总目》卷 60《张乖崖事文录》提要："盖弘治三年表（指邢表）为四川左布政使，以张咏为蜀名宦，故属二人辑录此编。"中华书局 1965 年版，第 539 页下。

② 颜端、徐浣同编：《张乖崖事文录》卷首邢表《张乖崖事文录前序》，弘治三年（1490 年）邢表刻本。

③ 谢铎：《伊洛渊源续录》卷首《前序》，明嘉靖八年（1529 年）高贲亨刻本。

而授业者几遍大江之南，而台与婺为特盛"①，因此以朱熹为宗主，以朱学为正传，专门辨其授受原委，考其道统源流，始于罗从彦、李侗等朱子之师，辅以张栻、吕祖谦等朱子友人，继以朱子门人，终于真德秀、何基、王柏等朱门后学，共21人。《伊洛渊源续录》首次以学术史体制构筑了朱学系谱，就体裁而言，对此后的学案体著述有示范之功。

戴铣纂辑《朱子实纪》12卷，成于正德元年（1506年），刊刻于八年（1513年）。是书乃有感于朱熹经历之曲折而作，实纪朱子始末，补充了《年谱》之外的多种史料。戴铣解释说："谓之《年谱》则绍乎前，彰乎后者不足以该，必曰《实纪》，然后并包而无遗。"② 清人认为此书"惟主于铺张褒赠，以夸讲学之荣"③。明人李梦阳观此书而感慨朱子之境遇："贤者沮抑于生时，而论每定于身后者，以平也，然于宋则何补矣！人曰仲尼之不遇，《春秋》之不幸，万世之幸，如是，则公之遇不遇，吾又奚悲！"④ 希望明代帝王能够从朱熹的遭遇中有所感悟，能够真正重视程朱理学。

明代前期的宋史研究大体经历了由滥觞走向发展的演进历程，并表现出鲜明的时代特征：一是明代前期统治者为加强专制统治，以程朱理学为中心构建官方意识形态，又曾实行了文字狱等文化专制政策，这使明前期士人心有余悸，不敢轻议史事。因而此期宋史研究立意单一，主要以程朱理学为指导思想，推崇朱子《纲目》书法，追求教化的色彩厚重，这是前期宋史研究的重要特色。二是在社会现实的影响下，尤其是正统年间"土木堡之变"等历史事件的刺激，传统史学中的正统论思想复苏，学者们在史著中大多强调尊夏攘夷的《春秋》精神，注重史书的纲常教化功能。三是除宪宗敕撰的《续资治通鉴纲目》为官修史书外，这一时期的宋史撰述多出自私撰。撰述者均进士出身，为名尊位重之人，如丘濬、程敏政、谢铎、周叙、刘定之等人"皆馆阁之望，儒林之宗也"⑤。这种撰史风气以及身兼朝廷重任的博学硕儒对于宋史研究的积极作为，推动了明廷对宋史研究的重视，为此后宋史研究的繁荣发展开创了局面。

---

① 谢铎：《伊洛渊源续录》卷末《后序》，明嘉靖八年（1529年）高贵亨刻本。
② 戴铣：《朱子实纪》卷首《朱子实纪序》，《四库全书存目丛书》本。
③ 永瑢，等：《四库全书总目》卷57《朱子年谱》提要，中华书局1965年版，第517页中。
④ 戴铣：《朱子实纪》卷首李梦阳《刻朱子实纪序》，《四库全书存目丛书》本。
⑤ 顾璘：《顾华玉集》卷1《谢文肃公文集序》，文渊阁《四库全书》本。

第二节　嘉靖至明亡：明代宋史研究的繁荣与终结

嘉靖至明亡是明代宋史研究的繁荣与终结期。此期，民族矛盾与阶级矛盾交织，明朝的统治基础动摇，学者们纷纷从前朝历史中吸取经验教训。此期宋史研究的成果明显多于前期，以史资治的修史目的尤为突出。学者认为："回视宋元，世代不远，人情物态，大都相类。《书》曰：'我不可不监于有夏，亦不可不监于有殷。'宋元固今之夏殷也，所宜为监者"，撰述宋史可以"征往而训来，考世而定治"①。反映出宋史学者适应时代和社会政治需要的经世致用思想。除了社会现实等外在因素的刺激，从史学自身的发展而言，此期宋史研究的日渐繁荣亦与学者们对前期尚未出现令人满意的宋史著述有关。内忧外患的刺激、经世意识的激励以及史学使命的促动，使得此期的宋史著述无论在数量还是质量上，都大大超迈前期，取得了突出成绩。细言之，代表性著述中纪传体者有王洙的《宋史质》和柯维骐的《宋史新编》，编年体"通鉴"类著作有薛应旂《宋元通鉴》和王宗沐的《宋元资治通鉴》，两书将宋代历史和元代历史结合起来进行考察，是首次以编年体撰著宋代历史的史著，堪称明代宋史研究的新现象。此外，关于宋代人物的传记也大量涌现。这些史著大都注重探讨宋朝治乱得失的历史原因，能够站在历史主义的立场上进行反思，反映出明代学者思想的活跃以及黜虚征实的思想倾向。万历以降，又出现了陈邦瞻的《宋史纪事本末》、王惟俭的《宋史记》、钱士升的《南宋书》等史著，在体例、内容和思想上，都是对宋史研究的再一次补充和总结。总之，嘉靖以后产生的宋史著述不但进一步丰富了宋史研究的成果，而且弥补了前期研究中存在的不足，呈现出繁盛的气象。这种繁荣气象一直延续至明末。以下拟对这一时期的宋史研究作一具体梳理和总结。

一、以纪传体全面总结宋代历史

自嘉靖年间始，私家修史之风日炽。鉴于明廷政治的波动以及民族矛盾

---

① 薛应旂：《宋元通鉴》卷首《义例》，明嘉靖四十五年（1566 年）刻本。

的加深，宋朝政治的得失兴衰引起了明代学者的广泛关注。他们希望从宋代历史中汲取经验教训以助解决现实问题，并掀起了一股研治宋史的风潮。这种治史风气的出现是以当时明廷相关的修史活动为背景的。

嘉靖十五年（1536 年），世宗命大学士李时等重修《宋史》①。南京吏部尚书严嵩因贺万寿节前往京师，"辅臣请留（严）嵩以礼部尚书兼翰林学士董其事"②。不久，夏言擢升内阁首辅，严嵩接替夏言任礼部尚书。修宋史一事遂无疾告终。其时秦鸣夏③等人亦曾"被诏，看详是书。因循岁月，寻复罢去，缺焉未睹成绩"④。明廷的态度以及官方重修宋史的中辍，于无形中诱启了众多学者热情高涨，投入重修活动，使得宋史研究日趋繁荣。

嘉靖二十五年（1546 年），王洙改编元修《宋史》，成纪传体《宋史质》100 卷，于二十九年（1550 年）刊行于世。

王洙，字崇教，号一江，临海（今属浙江）人。正德十六年（1521 年）进士，官至刑部尚书郎，有文名，而治史尤为推崇司马迁。其自述一生行事曰："王洙氏生天台之灵江，耕牧于巾帻之野。七岁侍家君宰武宁，十岁诵古书。十二群庠序。十六观文场屋，上会稽，探禹穴，复于天姥。十八食廪饩，乃字崇教，后此十年，继遭大故。癸酉（1513 年），观光上国，渡江涉淮，访金陵，往来太学。庚辰（1520 年），复与天下士会于春官，中一十二名。辛巳（1521 年），今天子亲策问之，赐同进士出身，授行人司行人。一年使辽，一年使岷，窥九疑，浮沅湘，极于洞庭彭蠡之际。所纪有《山川别录》。三年（1524 年），升司副，再升刑部尚书郎，主本科事。所著有《诘奸录》。丁亥（1527 年）二月，外补河南金事，兼汝洛兵备，登龙门，望伊阙，以观文武周召遗化。维时河洛大祲，盗作路梗，为之作《保甲》，作《备荒事宜》，各二十条，戊子（1528 年）秋八月，监河南试事。己丑（1529 年），复于大梁。冬十月，遘有广东之役，由河望浙，由浙望台，展

---

① 《明世宗实录》卷 187，"嘉靖十五年五月乙卯"条，台北："中央"研究院史语所 1962 年影印本。

② 张廷玉，等：《明史》卷 308《严嵩传》，中华书局 1974 年版，第 7915 页。

③ 按：秦鸣夏，字子升，号白涯，临海人，嘉靖十一年（1532 年）进士（见阎若璩《潜邱札记》卷 1）。

④ 王洙：《宋史质》卷首秦鸣夏《史质序》，台北：大化书局影印明嘉靖刻本，1977 年版，第 1 页下。

拜坟墓，修理室庐。将终老焉，乃辑家乘。庚寅（1530 年）岁暮，复为时禁所逼，振策以行，情非得已，作《南征行》，盖感且悼也。辛卯（1531年），承乏岭南。先是治岭南者率简节疏目，法弊而民玩，为之作《条约》一十六条。秋八月，复提调广东试事，得士为盛。九月，为吴柱史具权奸草。明年壬辰（1532 年）春三月，得归报。"① 此文载于《宋史质》书末，字里行间不难看出其仿效司马迁著《太史公自序》之意。

《宋史质》的特点在于以宋为正统，事入《正纪》，帝称天王，将辽、金置于《外国》；同时贬元朝为闰纪，去其纪年而以朱元璋之祖虚接年月，以凸显明朝正统地位。王洙以辟夷狄、尊华夏的正统史观为指导，于别创义例中蕴涵了强烈的经世意识，其从夷夏之防的角度来提供政治借鉴的做法亦是理学渗透及现实刺激下的产物。这也是传统儒士为鼓舞士气而常用的特有方法，在客观上的确激励了朝野士庶。以王洙为代表的这种民族意识为明清之际学者顾炎武、黄宗羲、王夫之等所继承和发展。顾氏等人于饱尝亡国之痛后隐居不仕，以遗民自居，治国故史乘，也往往借宋史发表议论。稍晚于顾、黄、王的万斯同、全祖望等人以布衣参修《明史》，将民族大义寓于著述之中，实际上也是这种史学传统的延续。

嘉靖三十四年（1555 年），柯维骐撰成《宋史新编》200 卷，是明代宋史学者撰出的第二部纪传体宋史著述。是书刊刻于嘉靖三十六年（1557年）。柯维骐，字奇纯，号希斋，莆田（今福建莆田）人。嘉靖二年（1523年）进士，授南京户部主事，未赴而引疾归。其专志向学，以著书自任，门人四百余。其问辨心学，讲释经传，训学者以务实；又常常与人言求士于三代而下，必以砥砺名行为本，功业文章则在其次。可见理学对其影响之深。柯维骐反思宋史，认为"宋、辽、金三史并列，尤失《春秋》之义"，于是潜精积思，远绍博稽，厘复订讹，举偏补漏，以二十年精勤之力会通宋、辽、金三史为一，撰《宋史新编》200 卷，义例严整。是书汲取《春秋》与《纲目》书法，以宋为正统，辽、金列于《外国》，以宋末帝昺、帝昰、帝昺入《本纪》以存宋统；于记事尤详于正统皇朝。朱彝尊赞曰："希斋撰《新编》，会宋、辽、金三史为一，以宋为正统，辽、金附焉。升瀛国公益、

---

① 王洙：《宋史质》卷末《自序》，台北：大化书局影印明嘉靖刻本，1977 年版，第 470 页。

卫二王于帝纪以存统,正亡国诸叛臣之名以明伦,列道学于循吏之前以尊儒,历二十载而成书,可谓有志之士矣。……先是揭阳王昂撰《宋史补》,台州王洙撰《宋元史质》,皆略焉不详,至柯氏而体稍备。"① 此评颇中肯綮。

天启年间,学者王惟俭吸收前代学人成果,以纪传体撰述《宋史记》250 卷。王惟俭,字损仲,祥符(今河南开封)人。万历二十三年(1595 年)进士,授潍县知县。迁兵部职方主事。三十年(1602 年)坐事削籍归,居家二十年。光宗立,起为光禄丞。天启五年(1635 年),官工部右侍郎,魏忠贤党劾之,落职闲住。王惟俭肆力经史百家,于史学颇有心得,除《宋史记》250 卷之外,尚有《史通训故》传世。

《宋史记》乃王惟俭苦于《宋史》繁芜,删削改编而成。其中《本纪》15 卷、《表》5 卷、《列传》200 卷、《志》30 卷、《凡例》1 卷48 则;在《本纪》中增加帝昺、帝昺两纪;《年表》增加宋初南唐诸国年表,居首,又增辽、金年表,其中各附以西夏年表,居其次,末为宰执年表;类传多省并标目,取消《世家》,并入《列传》,又取消《外戚》、《道学》、《忠义》、《公主》、《奸臣》、《叛臣》等目;《志》有《律历》、《郡邑》、《礼》、《乐》、《食货》、《河渠》、《兵》、《刑》、《百官》、《选举》等 10 目。《宋史记》解决了元修《宋史》篇幅庞大,内容芜杂的问题,且以经世致用为宗旨,客观求实地记载了宋代史事,可惜时值明亡而未及刊刻,现今仅有清代抄本传世。

明末,钱士升又撰述《南宋书》68 卷。钱士升,字抑之,浙江嘉善人。万历四十四年(1616 年)殿士第一,授翰林修撰,官至礼部尚书兼东阁大学士,参与机务。天启年间,宦官肆虐,钱士升倾尽家产竭力营救东林人士魏大中、赵南星等人而为舆论所推重。崇祯年间,因献"宽、简、虚、平"四箴讥切时政而忤帝意,后以"沽名"罪而被迫乞休。钱士升关心时政,忧国忘己,又有志于史学,其《南宋书》竣成于顺治七年(1650 年),是一部记载南宋历史的纪传体史著。明朝末年,满汉矛盾上升为主要的民族矛盾,农民起义四起,社会出现了天翻地覆的大变动,钱士升亲历明朝苟延残

---

① 朱彝尊 著,黄君坦 校点:《静志居诗话》卷12,人民文学出版社 1990 年版,第 323 页。

喘并逐步走向覆亡的巨痛，对于南宋历史的感悟较前人更为深刻。撰述于此际的《南宋书》以考察南宋历史为首要任务，显示了急于从历史中获取经验教训的治史目的。是书仅有《纪》、《传》两种体例，每卷后均有《论》、《赞》，其中《赞》为吴县许重熙所撰，亦详略得中。

钱士升的《南宋书》与王洙的《宋史质》、柯维骐的《宋史新编》等专注于义理和宋朝统纪问题的史著相比，其在南宋历史的史料订补以及史论注重引古筹今等方面的贡献更为突出。钱氏的史学识见体现出明代宋史研究在社会现实的刺激下，逐渐走向成熟，学者更加注重从求实中汲取资治的教训，而不再囿于做那些于事无补的正统抑或闰位之饶舌论辩。

二、以编年体梳理宋代历史进程

自南宋朱熹撰成《通鉴纲目》以来，纲目体盛行，《通鉴》反被忽略。学者何乔新说："今《纲目》盛行于世，而此书（即《资治通鉴》）几乎废矣。"① 随着嘉靖以来社会矛盾的激化，各地起义的此起彼伏，以及东北满族入关而引起的社会动荡，《通鉴》体史著再次受到学者们的重视。薛应旂和王宗沐不约而同地使用《通鉴》义例续纂宋、元史事，分别撰出《宋元资治通鉴》，就是显证。

薛应旂、王宗沐两人同为嘉靖间的进士，一个是直隶武进（今江苏常州）人，官至陕西按察司副使；一个是临海（今属浙江）人，官至刑部左侍郎，又都有志于承接司马光《资治通鉴》，就宋元历史撰述"通鉴"体史著。前者撰出 157 卷的《宋元通鉴》，后者撰出 64 卷的《续资治通鉴》（明末刻本改称《宋元资治通鉴》），除了两书名称及卷帙不同外，所涉及的时间上下限亦相同。此外，就两书的撰述宗旨以及对元朝历史的看法而言，两人也有许多共同之处。

一是两书均以资治鉴戒为史书的撰述宗旨。薛应旂鉴于司马光《资治通鉴》对宋代以前 1362 年的历史大事错综铨次，记载有伦，后世学者莫不讽诵，而宋代以后史事虽有李焘的《续资治通鉴长编》、刘时举的《续宋编年资治通鉴》和陈桱的《通鉴续编》，却编排失次，笔削未当，仍为缺典，遂

---

① 何乔新：《椒邱文集》卷18《书资治通鉴后》，文渊阁《四库全书》本。

决定绍述司马光著史之志，续成《宋元通鉴》。薛应旂作为一个颇有理学建树的史家，于是书中凡"关于身心性命之微，礼乐刑政之大，奸良邪正之辨，治乱安危之机，灾祥休咎之徵，可以为法，可以为戒者，皆直书备录"①，将史事之善恶如实地展现在世人面前，使上至君主下至朝臣、四方士子和庶民百姓等各阶层人士均可从中得到鉴戒，并按照纲常的要求安守本分，践履个人的责任和义务。此外，书中唯道学宗派特详，注重撰述理学人物。显然，薛应旂关于"通鉴"类史书社会功能的认识，是立足于鉴戒的基础而更加强调其宣扬礼教、明道明伦的作用。王宗沐亦认识到《通鉴》类史书"编次年月，则盛衰沿革，易于考证"② 的优长，同时还提出应以"简辑全史，则卷帙稍省，易于供携"③ 取胜，以为"有国者之鉴"。在记事内容上，王宗沐认为宋朝享国 320 年，"合辽金夏三姓，其兴亡治乱，有足纪者，不应独缺"④；而尤足引起重视且当详细记载者，为三个重要历史转折时期的史事，即"元祐绍圣治乱之界，靖康建炎南北之界，景定咸淳存亡之界"⑤，因此期事体更革，人才进退，以及大臣谋议足堪当世认真取鉴。王宗沐《宋元资治通鉴》64 卷，视薛书不及一半，更加凸显了其"以备全史之要略"，避免"览者未终一纸已欠伸思睡"⑥ 等以简要为标准来发挥史书鉴戒作用的特色。

二是两书都有较浓厚的求实精神，从历史继承性出发，承认元朝的正统地位。薛应旂以"宋元资治通鉴"命名其书，承认元朝为继宋朝之后的统一皇朝，并秉承"殷鉴不远"的史学传统，以宋元时距明代为近，最易取鉴，故以宋元两史合撰。王宗沐更加明确地说："元之君臣立国，本纯于夷，自开禧二年蒙受大号，距其亡也，实一百六十二年。窃尝慨之，其君臣所为汲汲者，惟用兵作佛事二者而已，即有建立改更，亦不过东支西掩，以度一时，而人民塗炭，纲常坏乱之祸，盖不览其全史未易知也，其事体舛谬，既足以生豪杰之愤，而人名夷语，又足以厌览者之心，但以事关一代，而是书

---

① 薛应旂:《宋元通鉴》卷首《义例》，明嘉靖四十五年（1566 年）刻本。
② 王宗沐:《宋元资治通鉴》卷首《义例》，明吴中珩刻本。
③ 王宗沐:《宋元资治通鉴》卷首《义例》，明吴中珩刻本。
④ 王宗沐:《宋元资治通鉴》卷首《义例》，明吴中珩刻本。
⑤ 王宗沐:《宋元资治通鉴》卷首《义例》，明吴中珩刻本。
⑥ 王宗沐:《宋元资治通鉴》卷首《义例》，明吴中珩刻本。

又以编年为体，且天天大明一统正革其命，则亦不得而废也，是也撮其大都，而略其细旨，为书一十二卷，以存其概。"① 在嘉靖间排元思潮正劲的背景下，薛应旂和王宗沐能够立足明道致用，从历史的继承性出发承认元统，体现了时代的进步性，反映了史家宽广的视野，同时也说明在社会矛盾层出的现实中，学者们更加注重以求实的精神探讨历史的兴衰成败，以匡济时弊。

晚明及清代学者从史料学的角度来批评两书，认为其尚存在着种种缺点。如晚明学者张溥言："薛、王《通鉴》，出入陈氏，旁摭曲证，自谓功高，而参观前史，漏万非一。"② 清人朱彝尊针对薛书亦评价说："孤陋寡闻，如王稱、李焘、杨仲良、徐梦莘、刘时举、彭百川、李心传、叶绍翁、陈均、徐自明诸家之书多未寓目，并辽金二史亦削而不书，惟道学宗派特详尔。"③ 周中孚也认为："是书不过以陈氏、商氏诸书为主，而删取宋元二史纪传以附益之，于志、表二者置之不问，鲁莽灭裂，率尔成书。"④ 这些批评大体正确。实际上，这种情况的出现也不难理解，因为薛、王两人原本就不是要撰出一部内容上包罗万象的全史，而是为了适应嘉靖时期社会现实的需求，撰出一部能够匡济时弊的资治史著。薛应旂作为一个理学成就突出的史学家，将理学思想贯穿于史学著述中，注重撰述理学人物也尽在情理之中，表现出他注重以理学经世的可贵史识。

三、以纪事本末体凸显宋代重大史事

万历以后，史家以史经世的思想格外突出。宋史研究者尤其注重有关治乱兴衰的宋代史事，故以纪事本末体从事宋史的编纂。代表者有万历时吏部稽表吏司郎中陈邦瞻撰述的《宋史纪事本末》109 卷。陈邦瞻从政之余致力于史学研究，"征往而训来，考世而定治"⑤，以为"提事之微以先于其明，

---

① 王宗沐：《宋元资治通鉴》卷首《义例》，明吴中珩刻本。
② 陈邦瞻：《宋史纪事本末》卷首张溥《宋史纪事本末叙》，上海古籍出版社 1994 年版，第 1 页上。
③ 朱彝尊：《静居志诗话》卷 12，人民文学出版社 1990 年版。
④ 周中孚：《郑堂读书记》卷 16，《丛书集成续编》本。
⑤ 陈邦瞻：《宋史纪事本末》附录一《宋史纪事本末叙》，中华书局 1977 年版，第 1191 页。

寨事之成以后于其萌，其情匿而泄，其故悉而约"①，故以纪事本末体撰述宋史，上接袁枢《通鉴纪事本末》。是书得以竣成尚有冯琦等人的贡献。略早于陈氏的临朐（今山东临朐县）人冯琦，字琢菴，一字用韫，官礼部尚书，《明史》有传。冯琦曾草创《宋史纪事本末》，未成而卒。其弟子南昌人刘曰梧，字阳生，号斗阳，得其遗稿。万历年间，刘曰梧为监察御史，巡按江南。时南京有故侍御史沈越，字中甫，号韩峰，亦曾以纪事本末体编录宋代史事为《事纪》若干篇。应天府丞徐申，字维岳，长洲（今江苏苏州市）人，从沈越子沈朝阳处见其遗稿。在刘曰梧和徐申的倡议下，由陈邦瞻将此初稿合为一编。万历三十二年（1604年），陈邦瞻着手编纂，历时一年左右而成书，遂经刘曰梧、徐申两人校订刊行。书前有陈邦瞻《自序》和刘曰梧刻书《序》，书后有徐申《后序》。时刘曰梧族弟刘曰宁为南京国子监祭酒，将此书列于学官，与《通鉴纪事本末》并行于世。

自嘉靖以来，明廷内部斗争接连不断，政治每况愈下，大礼议和朋党之争使统治基础严重动摇，而西北、东北少数民族政权以及东南倭寇的侵扰亦对明朝统治构成了严重威胁。至万历年间，朝廷更加腐败，危机四伏，内外交困，面临着覆亡的危险。忧心忡忡的学者纵观历史，看到宋朝也曾遭遇过同样的危机，外有辽、金、夏及蒙古的侵扰，内有金匮之盟、濮园之议和新旧党争，于是积极从宋代历史中反思求解，寻找治世良方。陈邦瞻洞察世变，认为自古及宋凡有三变而未及其极，明朝承宋制而可取鉴于宋。他说："宇宙风气，其变之大者有三：鸿荒一变而为唐、虞，以至于周，七国为极；再变而为汉，以至于唐，五季为极；宋其三变，而吾未睹其极也"，世变至宋而未及其极，则"则治不得不相为因"，以为明朝的制度风俗顺承宋朝，他强调："今国家之制，民间之俗，官司之所行，儒者之所守，有一不与宋近者乎？非慕宋而乐趋之，而势固然已。"② 因而撰述《宋史纪事本末》以"鉴其所以得与其所以失，有微，有明，有成萌，有先，有后"③，借以安邦。

陈邦瞻《宋史纪事本末》尊宋朝为正统，纪年采用宋朝年号，记事不

---

① 陈邦瞻：《宋史纪事本末》附录一《宋史纪事本末叙》，中华书局1977年版，第1191页。
② 陈邦瞻：《宋史纪事本末》附录一《宋史纪事本末叙》，中华书局1977年版，第1191—1192页。
③ 陈邦瞻：《宋史纪事本末》附录一《宋史纪事本末叙》，中华书局1977年版，第1192页。

以宋朝为限，广泛涉及各少数民族政权历史。例如记载辽、金、夏、蒙古，以及吐蕃、广源等少数民族的活动，较为全面地反映了当时的社会情况，具有重要的史料价值。《宋史纪事本末》的另一个重要价值是书中的史论堪称点睛之笔，如在"杯酒释兵权"处、"平北汉"处以及"建炎、绍兴诸政"处所发议论，颇中肯綮，具有强烈的警世意义。其中，对于主战派人物的肯定亦是此书价值所在。尤为重要的是，在经世思想的指导下，陈邦瞻将两宋三百余年的史事归纳为109个事目，记载了有关国计民生的重要内容，例如典章制度、营田治河、学术文化、军事外交等，凸显了两宋时期的重大史事，克服了《宋史》芜杂散乱的缺点。

四、以传记类史著补充正史

明代宋史研究的后期产生了大量的宋人传记史著，远远超过了前期。其史料价值尤重，在很大程度上弥补了正史记载的不足，为后人进一步研究宋史作了充分的准备。由于数量众多，在此仅择其中数部进行介绍，以见其价值，余则不一一列举。具体可见第三章《明代宋史撰述中的史料学》中《明人宋史著述引用暨增补史料一览表》。

徐袍编《金仁山年谱》1卷，成于嘉靖十九年（1540年）。是谱所记谱主金履祥（1232—1303年）字吉父，宋婺州兰溪（今属浙江）人。尝从王柏、何基学，尽得朱熹之传。宋亡不仕，隐居金华山中聚徒授学，门生达数百人，学者称仁山先生。徐袍所撰《序》中，谓金履祥为"宋之遗民，自德祐之难，遂高举不屈，独以著述显"，并盛赞其不仕元之大节，因而"谱而表之，俾世之学儒学者监焉"[1]。是谱所记侧重于谱主学术授受次第暨诗文序录，以彰显其学术、行谊之大节，而记载谱主其余行事则较简略，如于时事大政、谱主行止、交往等内容则少有涉及。其征引文献多节录自谱主诗文，颇多信实。

嘉靖十一年（1532年），马峦又撰成《温公年谱》6卷[2]。是书因司马

---

[1] 徐袍：《金仁山年谱》卷首《序》，《北京图书馆藏珍本年谱丛刊》本，北京图书馆出版社1999年据清光绪十三年（1887年）镇海谢氏补刻《宰祖堂丛书》本《宋仁山金先生遗书》影印，第146—148页。

[2] 马峦：《温公年谱》卷首《温公年谱凡例》，明万历四十六年（1618年）司马露刻本。

光旧无年谱，因而撰述此编，以补史传所不及。其内容以司马光行状为主，参以史传及朱熹《名臣言行录》，证以司马光所著《传家集》，其余诗话、小说，皆详为考订，分年编载，其不可专属一年者，则总附录于末。这是第一部司马光年谱，对于条理温公事迹，彰显其为政、为儒、为史的业绩，功不可没。

陈载兴辑《宋陈忠肃公言行录》5 卷，刊刻于嘉靖二十六年（1547 年）。陈载兴所撰《跋》中云："《言行录》者，录我忠肃公遗言行迹之概也。呜呼！我公行实，纪之国史，布之天下久矣。而散漫四出。于元大德初，松碉公宣子尝收拾系为《年谱》矣，顾惟正统戊辰正统（十三年，1448 年）之变，毁于兵燹，十不存一。……特恨多所遗阙，于是不揆浅陋，遍访其遗文及诸言行之迹，于残篇断简之中，于《年谱》有遗者，掇拾而次录之，附于其后，以补其阙略，兼附先公（豸山以下至默堂也）行实，厘为七卷，并《尊尧录》、《责沈文》，凡八卷，总之曰《忠肃公言行录》，以为家乘，以便纪览。"① 由于此前陈正同所编陈瓘《年谱》、《行实》均已散佚，因而陈载兴是书弥足珍贵。

李默辑《紫阳文公先生年谱》5 卷，刊刻于嘉靖三十一年（1552 年）。是谱为朱子《年谱》之中尤为重要者，后纂者常以之为据。是书前二卷为《年谱》，后三卷为《附录》。谱中述及谱主家事、受业、科举、仕历、学术、政绩等内容，尤以谱主讲学及著述事迹为详。内中双行小注甚多。谱前有魏了翁为已佚李方子谱所撰之原序、李默、戴铣、朱家楳、熊寅所撰之《序》，又有谱主遗像、赞诗。谱后有朱凌、朱崇沐所写跋文。

朱希召辑《宋历科状元录》8 卷，刊刻于嘉靖四十年（1561 年）。朱希召辑是书历数年而成，由其子朱景元梓之。是书《目录》即宋历科状元题名，详载某朝某年某月何人为状元或榜首，以及籍贯。例如："太祖建隆元年庚申榜首杨砺，陕西鄠县人。"又如："太宗太平兴国二年状元吕蒙正，河南人。"在登录了 118 位状元后，又将其中人物归纳出七类："状元大拜"者 10 人、"状元执政"者 15 人、"状元封侯"者 1 人、"状元任节度使"者 2 人、"状元任尚书"者 14 人、"状元任侍郎"者 9 人，以及"状元年少"

① 陈载兴：《宋陈忠肃公言行录》卷末《跋》，嘉靖二十六年（1547 年）陈懋贤刊本。

者若干，并于各类人名下注明年龄。在正文"状元传记"之前，注明同科中进士者人数。传记内容包括传主要生平事迹、应试情况，间或附载应试时的诗文以及朝廷的褒宠等。是书体现出撰述者褒奖前代先贤，宣扬其功业的意图，希望世人阅此书而"知所慕则知所劝"①。但书中杂有"因果报应"、"福泽"、"命理"的思想，认为传主得中状元是"积德由人，积学由己，锡福由天，岂偶然之故哉！固人之所当自力，抑亦非人力之所能为也"，亦是"先世之培植，兆形于先，至言验于如响"②。此外，《宋历科状元录》引用大量史料，并且均注明出处，显示了严谨的学风。其史学价值在于全书体例严整，并且立足于独特的角度搜罗史料，丰富了正史的记载。

隆庆三年（1569年），薛应旂在宋端仪初稿的基础上纂辑《考亭渊源录》24卷，刊行于世。宋端仪曾经考证《宋史·道学传》，以为程氏门人吕大临之学术深潜缜密，当不在刘、李、尹、谢、游、杨之下；又以程氏师友渊源，朱子已有录，以示后学，而朱子门人亦多哲士，尚未有表著之者，因集黄勉斋以下，及私淑有得，如真文忠诸公，凡若干人，为《考亭渊源录初稿》。从内容上看，此书是薛应旂在宋端仪初稿的基础上，"稽诸往籍所载，质以平日所闻，反覆思惟，参互考订，删其繁冗，增其未备，而一得之愚，亦不敢不尽"。就体例而言，此编仿朱熹《伊洛渊源录》之例，"发端于延平，其诸以次书之，上续伊洛之传，下阐渊源之派"，以便"知考亭之集大成，而学者有所依据。当不为众言之所淆惑，偏见之所拘滞，合异以反同，会博而归约，庶致知实践，有所措手。道待时而行，人感时而发，而真儒辈出矣"③。宋端仪所著原本不见，世所行者唯薛应旂重修之本④。清四库馆臣言："（薛应旂）作《宋元通鉴》于道学宗派多所纪录，此书盖犹是意。然（薛）应旂初学于王守仁，讲陆氏之学，晚乃研穷洛闽之旨，兼取朱子，故目录后有云两先生，实所以相成，非所以相反，遂以陆九渊兄弟三人列《考亭渊源录》中，名实未免乖舛也。"⑤

---

① 朱希召：《宋历科状元录》卷首《宋历科状元录序》，《北京图书馆古籍珍本丛刊》本。按：由于此序缺页，故不知何人所作。

② 朱希召：《宋历科状元录》卷首《宋历科状元录序》，《北京图书馆古籍珍本丛刊》本。

③ 薛应旂：《考亭渊源录》卷首《重编考亭渊源录序》，明隆庆三年（1569年）林润刻本。

④ 永瑢，等：《四库全书总目》卷61《考亭渊源录》提要，中华书局1965年版，第550页上。

⑤ 永瑢，等：《四库全书总目》卷61《考亭渊源录》提要，中华书局1965年版，第550页上。

　　万历以后主要有：李桢的《濂溪志》9 卷，刊刻于万历二十一年（1593年）。是编虽以"濂溪"为名，似乎地志，实则述周子之事实，首载《太极图说》、《通书》，次墓志及诸儒议论、历代褒崇之典，次古今纪述，次古今题咏，并祭告之文①。这是北宋理学家周敦颐的专人传记。

　　吕邦燿的《续宋宰辅编年录》26 卷，刊刻于天启元年（1621 年）。吕邦燿撰述《续宋宰辅编年录》以续宋人徐自明之《宰辅编年录》，体例亦仿效此书，记事起宁宗嘉定九年（1216 年），终卫王昺祥兴二年（1279 年）。是书经世致用的撰述宗旨非常明确。吕邦燿说："宋自杯酒释兵以后，国势浸弱，又逼近虏患，疆土日削，祸及中原，诸缙绅议论多而成功少，大段与今颇肖相，业不知视今若何，然近年揆局亦略可覩也，追览宝庆端平间，如真希元、李成叔、魏鹤山诸君子，条上章奏，及所规切宰相书，用贤去佞，筹边御虏，凿凿中伦，兼与近事巧相符。"② 其论宋朝国势浸弱，"大段与今颇肖相"，因而收录宋人章奏、议论"与近事巧相符"者，充分说明了吕邦燿取史经世的目的。其内容主要记载宰辅拜罢岁月及其人行事本末，并广为摭录相关大事，所录不限于正史，于正史之外亦广为采摘诸说以附益，因此其史料价值不可忽视。而是书缺点也正如清代四库馆臣所言："元顺帝为瀛国公子，不独说本荒唐，亦与宰辅编年全无关涉。"③ 吕邦燿在书中声称元顺帝乃宋恭帝之子，实属自欺欺人，且与撰述主旨风马牛不相及。然而，这种现象也折射出明人特有的宋史情结，是其抒发故国情绪的一种方式。

　　除以上所举，明代宋史研究的后期产生的传记类著述尚有徐阶辑《岳集》5 卷、海瑞撰《元祐党籍碑考》和《庆元伪学党籍》2 卷、唐伯元编《二程年谱》2 卷、王世贞辑《苏长公外纪》12 卷、范明泰辑《米襄阳志林》13 卷、徐熥辑《蔡福州外纪》12 卷、郭化辑《苏米谭史广》6 卷、赵滂编《程朱阙里志》8 卷、周沈珂辑《宋濂溪周元公先生集》10 卷、徐缙芳辑《宋忠武岳鄂王精忠类编》8 卷、徐鉴编《徐清正公年谱》1 卷、陈继儒辑《邵康节先生外纪》4 卷、毛晋辑《苏米志林》3 卷、刘廷元辑《宋名

---

　　① 永瑢，等：《四库全书总目》卷 60《濂溪志》提要，中华书局 1965 年版，第 542 页上。
　　② 吕邦燿：《续宋宰辅编年录》卷首《序》，明天启元年（1621 年）刻本。
　　③ 永瑢，等：《四库全书总目》卷 80《续宋宰辅编年录》提要，中华书局 1965 年版，第 691 页下。

臣言行略》12 卷、陈之伸辑《黄豫章外纪》12 卷、阮元声编《东莱吕成公年谱》1 卷、郑郧编《考定苏文忠公年谱》1 卷、范明泰辑《米襄阳外纪》12 卷。

综上，嘉靖至明末期间的宋史研究呈现出三个方面的特点。一是随着明朝国势日蹙，危机四起，史学著述希望的以史鉴今、匡济时弊的目的越来越明确，宋史研究经世致用的色彩浓厚了，而偏于理学说教的色彩相对淡薄了。二是在前期宋史研究积累的基础上，此期的研究水平无论在深度还是广度上皆有所提高，出现了诸多重要的史著。三是此期宋史著述的数量比前期增加，卷帙浩繁，体裁多样，屡有创新。尤其是传记类著作蔚为大观，不仅数量较前期为多，史料价值亦为重要；纪事本末体的发展也较以前有了突破进展，体例臻于成熟。

第 三 章

明代宋史撰述中的史料学

元人撰修《宋史》质量粗陋，问世后不断受到指责，欲改撰重修者接连不断，其中以明人成绩最为显著。由于元修《宋史》以宋朝《国史》和《实录》等为重要史料，甚至大部分照抄全文，使得该书在史料价值方面占有绝对优势。这一优势是元代以后任何改撰或重修者所难以比拟的。明人研究宋史者并不抛弃《宋史》史料①，甚至以《宋史》为底本进行重修就证明了这一事实。明人辩证地对待《宋史》史料，在认识到《宋史》史料价值的同时，也清醒地认识到其存在的不足。他们本着求实存真以及经世致用的原则，对《宋史》史料进行了大量剪裁融铸、扩充补遗和考辨纠谬，从而使《宋史》史料更趋真实、完备，亦为后人的进一步辨析准备了条件。

第一节　对《宋史》史料的利用

观察明人所撰述的一系列宋史著述，其序言或凡例大多声称以《宋史》史料为蓝本，这成为明人宋史研究中，史料采择和运用方面的显著特征。明人如此重视《宋史》史料，是因为《宋史》所独具的不可替代的珍贵价值。其次，除了《宋史》史料以外，明人广搜博采，充分利用《宋史》以外的其他史料，诸如名人文集，稗官野史，笔记小说之类，以供补充考辨。尤其是理、度两朝的历史，所利用的笔记小说和个人文集等史料，则占主要

---

① 按：明人将《宋史》文献作为史料来研究宋代历史，故本书简称为《宋史》史料。

部分。

一、重视《宋史》，利用宋史史料

有宋一代史料最为详备，有《起居注》，有《时政记》，有《日历》，有编年体之《实录》。据《宋史·汪藻传》云："书榻前议论之辞则有时政记，录柱下见闻之实则有《起居注》，类而次之谓之《日历》，修而成之谓之《实录》。"此外，宋代又修成《国史》，如夏竦修三朝正史，洪迈修神、哲、徽、钦四朝史。至于典章制度，又有《会要》，从今天遗存的二百多册《宋会要辑稿》推测，当时的这部分史料，数量也是极其可观的。宋亡以后，"翰林直学士李槃奉诏招致宋主至临安，公（董文炳。——笔者按）谓之曰：国可灭，史不可灭，宋十余主，有天下三百余年，其太史所记，悉在史馆，宜悉收入以备典礼。乃得宋史诸注记凡五千余册，归之于国史院典籍氏"①。当时送往元大都国史院的官修宋史，大致有"太祖至宁宗《实录》凡千卷，《国史》凡六百卷，《编年》又千卷"，以及《理宗日历》二三百册，《实录》数十册，《度宗日历》若干册②。《国史》600 卷当包括北宋太祖、太宗、真宗三朝《国史》，仁、英两朝《国史》，神、哲、徽、钦四朝《国史》及南宋高、孝、光、宁四朝《国史》。理、度两朝《国史》未成，故不预其中。元修《宋史》就是以"宋人《国史》为稿本"③，"稍为排次"④ 而成的。元修《宋史》史料价值之高，主要原因即在于此。元以后的学者在研究宋史时，往往重视《宋史》，将其作为主要史料加以考辨利用。另据袁桷《修辽金宋史搜访遗书条列事状》，可知元人还利用了大量采自官修史书的私家著述以及"杂书野史"，甚至"伪史"以备编纂⑤。由此看来，元修《宋史》利用的史料还是相当丰富的，既有官方的实录，又有民间的野史，其中不乏各种文集、家谱、行状、碑铭、地方志书、奏议、语录之类的专门史料，以备参核考辨。元修《宋史》的繁芜杂乱主要出在史料的排

---

① 苏天爵：《元名臣事略》卷 14《左丞董忠献公》，中华书局 1996 年版，第 276 页。
② 苏天爵：《滋溪文稿》卷 25《三史质疑》，中华书局 1997 年版。
③ 永瑢，等：《四库全书总目》卷 46《宋史》提要，中华书局 1965 年版，第 413 页上。
④ 按：赵翼：《廿二史札记》卷 23《宋史多国史原本》："宋代国史，国亡时皆入于元，元人修史时，大概只就宋旧本稍为排次。"
⑤ 袁桷：《清容居士集》卷 41《修辽金宋史搜访遗书条列事状》，《四部丛刊初编》本。

比编次方面，责任在于修史史臣，而史料本身的问题不大。随着时间的流逝，原始史料的散佚在所难免，而官修《宋史》却成为这些史料得以流传的重要载体。这部缺乏剪裁考辨而卷帙繁富的元修《宋史》，因为保存了大量已经散佚的原始资料，从而在史料价值方面具有了独尊的优势。

根据明人宋史著述的《序言》和《凡例》，明人撰修宋史以元修《宋史》为重要史料，并参阅他书。例如成化年间，宪宗敕撰《续资治通鉴纲目》，于《凡例》第二条云："凡事迹悉据正史（原注：谓宋辽金元史及皇明实录），正史或有阙略、异同，参取宋《长编》、元《经世大典》等书增入订正，或事有可疑，正史不载，而传闻彰著者，略述于目之末，以圈隔之，或出某人曰以为别，疑以传疑也。"又如嘉靖年间，王洙撰《宋史质》，自述其作书始末曰："取元臣脱脱所修《宋史》，考究颠末，参核群书，试折衷焉。删其繁，存其简；去其枝叶，存其本根"。柯维骐撰《宋史新编》亦"会通三史，以宋为正，删其繁猥，厘其错乱，复参诸书可传者，补其阙遗"①，并且不尽信本朝敕撰的《续资治通鉴纲目》及本朝人丘濬所撰写的《世史正纲》等书，而决定"本旧史而传疑"②。薛应旂在《宋元通鉴自序》中讲到所用史料时说："每携《宋》、《辽》、《金》、《元》四史以行，……熟复四史，于凡宋、元名人文籍、家记、野史，罔不扶摘幽隐，究悉颠末，日夜手书。……删润可疑可信，校计毫厘。"③ 天启间，吕邦燿在《续宋宰辅编年录凡例》亦称："宰执拜罢月日具照《宋史》及《宋史新编》年表图，但《宋史》冗而《新编》疎，今参用之"，"宰执人品行事，以《宋史》为主，至奏议中有切中事几者，则以《历代名臣奏议》为主，载其全文令人反覆详玩，得其要领，如《宋史》之剪头截尾，有之漠漠者，吾无所取也。"④ 其他如王宗沐的《宋元资治通鉴》、程敏政的《宋遗民录》、尹直的《南宋名臣言行录》及钱士升的《南宋书》等也多以《宋史》为底本，进行史料的剪裁。

① 柯维骐：《宋史新编》卷首黄佐《宋史新编序》，明嘉靖刻本。
② 柯维骐：《宋史新编》卷首《凡例》，明嘉靖刻本。
③ 薛应旂：《宋元通鉴》卷首《自序》，明嘉靖四十五年（1566年）自刻本。
④ 吕邦燿：《续宋宰辅编年录》卷首《凡例》，明天启元年（1621年）刻本。

二、对《宋史》史料的剪裁取舍

在史料采择方面，明人纂修宋史以元修《宋史》作为重要的史源，并根据撰述宗旨抉择去取，调剂化成。

首先，明人撰史崇尚简洁的文笔，他们对《宋史》史料删繁就简，重新条理，使其内容丝索绳贯，脉络分明。随着时代的进步，社会生活日趋繁富，反映其内容的史著随之浩繁，史笔的简约被提上日程。唐代著名史学评论家刘知幾针对史书的冗繁提出过批评，他说："始自两汉，迄乎三国，国史之文，日伤烦富，逮晋以降，流宕愈远。"为此，他提出编纂史书的原则为"文约而事丰"，称"夫国史之美者，以叙事为工，以简要为主。简之时义大矣哉！……文约而事丰，此述作之尤美者也"①。此后，史笔的简约成为评价史著的重要标准，"繁简不当，叙事拙于取舍"②的史著则会受到非议。明人以此审视元修《宋史》，认为其"丛脞极矣"，"诸《传》、《志》中有极冗者，有极猥者，亦间有整比可备删削者"③，因而投入了大量精力，化繁为简，取得了显著成绩。举其要者，有王洙的《宋史质》、柯维骐的《宋史新编》、王惟俭的《宋史记》和陈邦瞻的《宋史纪事本末》等。

王洙，字崇教，号一江，临海（今属浙江）人。正德十六年（1521年）进士，任行人，升广东参议，有文名。所著《宋史质》100卷较之元修《宋史》496卷，仅及五分之一。明人秦鸣夏称："计其简帙，存旧十二，而典章文献，靡不具存"，"曰《宋史质》者，著不浮也。"④王洙对此书颇为自信，称其"上稽天地之始，下尽民物之繁，中及治乱之数"⑤。又曰："是故晦而或扬，微而或彰，散而或聚，赡而不使之泛，约而不使之遗，隐而不使之失，合而不使之离，核而实，精而详，公而正，辨而类，训而不易，论而警世，不敢文焉，故曰：质其为书也。"⑥王洙撰史不追求华丽辞藻而强调

---

① 刘知幾：《史通》卷6《叙事》，辽宁教育出版社1997年版，第50页。
② 刘昫，等：《旧唐书》卷160《韩愈传》，中华书局1975年版，第4204页。
③ 胡应麟：《少室山房集》卷101《读宋辽金三史及宋史新编》，上海古籍出版社1993年版。
④ 王洙：《宋史质》卷首秦鸣夏《史质序》，台北：大化书局影印明嘉靖刻本，1977年版，第1—2页上。
⑤ 王洙：《宋史质》卷首《史质叙略》，台北：大化书局影印明嘉靖刻本，1977年版，第2页下。
⑥ 王洙：《宋史质》卷首《史质叙略》，台北：大化书局影印明嘉靖刻本，1977年版，第2页下。

质朴平实，其《宋史质》在《宋史》史料的基础上，进行了一番细致的剪裁，以期达到质朴为文，言简意赅，约而不遗的目的。

例如关于宋太祖赵匡胤的身世及其早年情况。元修《宋史·太祖本纪》首先介绍宋太祖赵匡胤之高祖、曾祖、祖父、父之官阶、履历等，尤详其父之事迹，而后介绍赵匡胤出生及少年时代的卓异禀赋。《太祖本纪》所述庞杂，详略有失；其祖先事迹本可置于《宗室世系》中记载，而于《太祖本纪》中详述，则既拉杂芜乱，又无所侧重，被人批评为"繁芜寡要，殊不成文"①。针对元修《宋史》的这一缺憾，同为纪传体的《宋史质》将此事记载为：

> 太祖涿郡人也，姓赵氏，名匡胤。父曰弘殷，仕唐，历周，为岳州防御史，典禁兵。弘殷父曰敬，历营、蓟、涿三州刺史。敬父曰珽，历藩镇从事，累官兼御使中丞，珽父曰朓，仕前唐，历永清、文安、幽都令。匡胤母曰杜氏，周封南郡夫人。后唐明宗每夕于宫中焚香祝天曰："某胡人因乱为众所挂颐，天早生圣人，为生民主。"匡胤实应期焉。后唐天成二年，生于洛阳之夹马营，赤光绕室，异香经宿不散，体有金色，三日不变。既长，容貌雄伟，器度豁如，识者知其非常人矣。学骑射，辄出人。尝试恶马，不施衔勒，马逸上城斜道，额触门楣落地，人以为首必碎矣，匡胤徐起，更追马腾上，一无所伤。又尝与韩令坤博土室中，雀斗户外，因竟起掩雀，而室随坏。

其介绍宋太祖赵匡胤之高祖、曾祖、祖父、父之官阶、履历等一笔带过，转而详述太祖少年时期所表现出的异质。所记详略得当，重点突出，从而简明整饰，叙事明晰。相比之下，《宋史质》较之元修《宋史》以简洁的篇幅使读者一目了然，在记事方面凸显了既简洁明快，又不失原意的优长。

柯维骐，字奇纯，莆田（今属福建）人，嘉靖二年（1523年）进士，授南京户部主事，未赴引疾归。专志经史，以著书自任。于王洙之后，柯氏撰成纪传体《宋史新编》200卷。是书"删其繁猥，厘其错乱"，使有宋"三百二十年行事，粲然悉备"②。例如关于宋代科举之科目的记载。《宋史》

---

① 邵经邦：《弘简录》卷首《凡例》，清康熙二十七年（1688年）邵远平刻本。
② 柯维骐：《宋史新编》卷首黄佐《宋史新编序》，明嘉靖刻本。

卷一五五《选举一》平铺直叙，列举诸科名目、内容，洋洋洒洒却终未能说明神宗罢诸科而仅以进士取人之由。《宋史新编》卷三四《选举上》则著录为：

> 宋之科目，初惟进士及诸科岁举为常，然以诸科赐第者后复应进士举，则进士尤重也，逮神宗始罢诸科，仅于进士取之，迄宋世遵行焉。所谓诸科者，《九经》、《五经》、《开元礼》、《三史》、《三礼》、《三传》、学究、明经、明法也。建隆初，礼部设进士及诸科，皆秋取解，冬集礼部，春考试。合格及第者，列名放榜于尚书省。凡进士，试诗、赋、论各一首，策五道，帖《论语》十帖，对《春秋》或《礼记》墨义十条。凡《九经》，帖书一百二十帖，对墨义六十条。凡《五经》，帖书八十帖，对墨义五十条。凡《三礼》，对墨义九十条。凡《三传》，一百一十条。凡《开元礼》，凡《三史》，各对三百条。凡学究，《毛诗》对墨义五十条，《论语》十条，《尔雅》、《孝经》共十条，《周易》、《尚书》各二十五条。凡明法，对律令四十条，兼经并同《毛诗》之制。各间经引试，通六为合格，仍抽卷问律，本科则否。

这里以一个"初"字明晰了科目设置的先后不同，并为读者揭示出进士科得人为盛的原因，先因后果，头绪清晰，一目了然。之后进一步解释"诸科"为何，先总后分，层层深入，既有条理，又显示了撰述的逻辑顺序。所以同样是介绍宋代科举之科目，又使用同样的史料，元修《宋史》失于剪裁而颇显芜乱，然《宋史新编》却能够将漫无统纪的史料予以消化融会，使史事先后有伦、眉目清晰，且博而得其要，简而周于事。

第二，明人修史强调著述有旨，著史必先明义例。针对《宋史》"冗而无法"①，明代宋史学者在《宋史》史料的基础上，以其撰述宗旨为指归明确史例，从而有目的地取舍史料，笔削有据。这是明代宋史著述史料学成就的一大特色。正德、嘉靖年间的学者金江言："苟义例既隐，则史学不明。"② 学者邵经邦说："《宋史》本无凡例，徒应故事而作，未有一人据春秋之义，持笔削之任，故其立例，一切蹈袭。"③ 秦鸣夏亦云："《宋史》成

---

① 邵经邦：《弘简录》卷首邵锡荫《重刻弘简录后序》，清康熙二十七年（1688年）邵远平刻本。
② 梁梦龙：《史要编》卷5金江《进续资治通鉴纲目书法表》，明隆庆六年（1572年）刻本。
③ 邵经邦：《弘简录》卷首《序》，清康熙二十七年（1688年）邵远平刻本。

于元臣之手，其间有纪有传，有志有表，烨然称一代成书。顾其为卷凡四百九十有奇，其为言殆不下数百万，岂纪宋事者独宜详与？抑所谓不秽而有体者未之尽也。"① 又说："事不提其要，虽该洽其何裨？言不钩其玄，徒猥冗而可厌。上下数百年间，于简册焉尽之，夫恶得弗简。"② "作史者必先定其例，发其凡，而后一代之事可无纰缪"③，史书义例于史学之重要，成为史界的共识。明代史家强调著述有旨，并将此作为取舍史料的重要标准，其中商辂等奉敕撰述《续资治通鉴纲目》，王洙撰述《宋史质》，柯维骐撰述《宋史新编》，薛应旂撰述《宋元通鉴》，王宗沐撰述《宋元资治通鉴》，王惟俭撰述《宋史记》以及陈邦瞻撰述《宋史纪事本末》等均强调著述有法，并以此来驾驭史料。

例如成化年间，鉴于元修《宋史》"成于草率而失繁简之制"，且"善善恶恶之靡实"，"是是非非之弗公"④，朝廷诏令大学士商辂等撰修《续资治通鉴纲目》，以孔子《春秋》、朱子《纲目》为榜样，使"治法与心法"均得以彰显⑤，选取宋代史事中事关重大者，例如赵宋"建隆之创业"、"庆历之升平"、"熙丰之纷更"、"靖康之祸乱"，以及"偏安于江左"、"讫篆于海南"等史事，尤其是将"其中命令之施，纪纲之布，国体安危之系，民生休戚之关"⑥ 等大事浓墨重彩，以达鉴前代之是非，知后来之得失，明正道，厚风俗，以人文化成天下的目的。

嘉靖年间，王洙撰述《宋史质》，立意在于"辟夷狄而尊中国"。其开篇即言："史者，《春秋》之教也。论《春秋》者曰：明三王之道，辨人事之纪，别嫌疑，定是非，善善恶恶，贤贤贱不肖……归于达王事，尊周室而已。"他寄望于《宋史质》亦能像《春秋》一样，"赡而不使之泛，约而不

---

① 王洙：《宋史质》卷首秦鸣夏《史质序》，台北：大化书局影印明嘉靖刻本，1977 年版，第 1 页上。

② 王洙：《宋史质》卷首秦鸣夏《史质序》，台北：大化书局影印明嘉靖刻本，1977 年版，第 1 页上。

③ 朱彝尊：《曝书亭集》卷 32《史馆上总裁第一书》，《四部丛刊初编》本。

④ 商辂，等：《续资治通鉴纲目》卷首《进续资治通鉴纲目表》，明弘治十七年（1504 年）慎独斋刊本。

⑤ 梁梦龙：《史要编》卷 5 金江《进续资治通鉴纲目书法表》，明隆庆六年（1572 年）刻本。

⑥ 商辂，等：《续资治通鉴纲目》卷首《进续资治通鉴纲目表》，明弘治十七年（1504 年）慎独斋刊本。

使之遗，隐而不使之失，合而不使之离，核而实，精而详，公而正，辨而类，训而不易，论而警世，不敢文焉。故曰：质其为书也。上稽天地之始，下尽民物之繁，中及治乱之数。人事之消长，君子小人之进退，中国夷狄之盛衰，极于我昭代受命之祥。语统则远宗宋、唐、汉、周，语道则近属关、闽、濂、洛"①。在此著述宗旨的指导下，王洙对《宋史》史料的剪裁编次规定如下：

《本纪》旧史始太祖终二王，今自赵宋附元迄于我太祖高皇帝即位之元年，曰《天王正纪、闰纪》。《志》凡一百六十二卷，自《天文》迄《艺文》，中多唐、晋旧事，散漫可厌，兹皆削之，取其有关于宋治理乱者书之，曰《十五志》。《表》三十二卷，曰《宰辅》、曰《室宗世系》。其《宰辅》具年月而无实传，《世系》演昭穆而无行事，皆无补也，兹变之。《宰执》具年月并书拜、罢、升爵行事曰《宰执年表》，附传略；《宗室》亦并采宗室之在列传者附之，其封爵死节亦前后具见，曰《宗室世系传》。其《后妃》改名《后德》，《公主》、《外戚》皆系之。其《列传》第八卷至一百八十四卷，始范质终谢枋得，……浑而无别，微而不彰。兹以宰执、相业、直臣、文臣、君子、小人、功臣、边将、将才、使事凡一十一条，为类修之，以便甄别。《循吏》旧史一卷，为选者十二人，弗尽也。《列传》中可以语是者，随其事以次录之。《道学》兹改《道统》，附卷末，《儒林》、《文苑》合一十五卷，亦多遗漏，兹考《列传》可以语文者亦附录焉，统曰《文臣》。《忠义》、《孝义》、《隐逸》、《卓行》、《方技》、《宦官》、《佞幸》、《叛臣》、《世家》、《周三臣》俱仍旧，而笔削详略不同。《奸臣》改《权奸》，《叛臣》加《降臣》。《外国》旧史自夏人至吐蕃皆曰《外国》，惟蛮夷不讳，盖欲以进元也。今退之统曰《外夷》，而辽、金、元皆以《夷服》名之。呜呼！《春秋》圣笔也。②

《宋史质》设《天王正纪》、《天王闰纪》、《后德外戚》、《宗室室系》、《宰执年表传》、《相业列传》、《直臣列传》、《文臣列传》、《吏治列传》、

---

① 王洙：《宋史质》卷首《史质叙略》，台北：大化书局影印明嘉靖刻本，1977年版，第2页下。
② 王洙：《宋史质》卷末《附录》，台北：大化书局影印明嘉靖刻本，1977年版，第471页。

《使事列传》、《功臣列传》、《将才列传》、《边将列传》、《君子列传》、《忠义列传》、《孝义列传》、《列女传》、《卓行》、《隐逸》、《小人列传》、《权奸列传》、《幸佞》、《叛臣》、《降臣》、《世家》、《方技》、《宦者》、《夷服》、《十五志》、《道统》等 30 个类目编次史料。于每一类目的序中，进一步阐明设目立意，决定史料的取舍。如卷八一立《权奸传》，首列丁谓、王钦若、林特（附传），以说明"世主不明不刚，以致权柄下移，其始也；以术逢君，其中也；以忌害君子，其究也；以君子失位，小人比周，遂至于不可救药"①。《宋史质》将丁谓与王钦若两人合写，对于两人事迹中与主旨无关的琐细之事略而不述。如丁谓与孙何同袖文谒王禹偁、丁谓以粟易盐助蛮地等事，以及一些问答之语等，大量削减；但对于丁谓和王钦若两人阴结内侍雷允恭，以符瑞之说迷惑宋真宗，以及陷害寇准、李迪，以便独揽朝政之事，则重点撰述。文笔简练而史事赅洽，从而使结构紧凑，思想突出，主旨明确。

《宋史质》的撰述力图事增文省，不秽而有体，收到了"存旧十二，而典章文献，靡不具存"② 的效果。

柯维骐撰述《宋史新编》，明确其撰述宗旨在于发扬"《春秋》之大义"③，诛叛讨逆，惩恶劝善，因而对宋末降元之臣如刘整、留梦炎等，"各纂其事，列而暴之，无令乱臣贼子幸免恶名于后世也"④。并增加《刘整传》、《留梦炎传》、《郦琼传》（徐文、施宜生、张中孚、张中彦附传。——笔者按）⑤、《吕文焕传》（吕文福、吕师夔附传。——笔者按）、《夏贵传》及《范文虎传》于《叛臣列传》之中。而对于无关劝戒的史事，则削而不录。例如，柯维骐认为元修《宋史》中的《公主传》"非关劝戒也"，因而"削去《公主》，事有大者，则附载各传"⑥。对于元修《宋史》诸臣列传中凡乏声名及勋业者，也一并删削。为了起到惩戒的作用，《宋史新编》还削

① 王洙：《宋史质》卷 81《权奸传序》，台北：大化书局影印明嘉靖刻本，1977 年版，第 400 页下。
② 王洙：《宋史质》卷首《史质叙略》，台北：大化书局影印明嘉靖刻本，1977 年版，第 2 页下。
③ 柯维骐：《宋史新编》卷首《凡例》，明嘉靖刻本。
④ 柯维骐：《宋史新编》卷首《凡例》，明嘉靖刻本。
⑤ 按：《金史》卷 79 设《郦琼列传》。
⑥ 柯维骐：《宋史新编》卷首《凡例》，明嘉靖刻本。

去《宋史·天文志》和《五行志》中记载变异的史料，而只录其中占测合时事者。在今人眼中，事应之说缺乏科学道理，而变异之事却记载了当时的天文情况，然柯维骐《宋史新编》削变异而记事应，亦足以反映其依据撰述宗旨删削史料，以史料择取服务于宗旨的原则。

天启年间，王惟俭撰述《宋史记》，宣称此书"远取子长，近法永叔"，意即尊崇司马迁和欧阳修著述之宗旨，并指责元修《宋史》之繁芜，说："帝纪即《春秋》之经也，所宜举其大纲，以俟志传发明。今《宋史》繁芜，景德一年之事二千余言，足以当他史之一帝纪。高宗一朝之事几二百纸，足以当他史之全纪。核其所录，乃县丞医官毕载，召见入对亦书。徒累翻阅，何关成败？今宜力加删削，用成史法。"的确，王惟俭在撰述《宋史记》中，对于凡可说明兴衰成败或者统治阶级之美政的史料均予采择，否则删而不录。如删去一些烦冗的宗室谱系。王惟俭主张不必为庸臣立传，如李昌龄等人，只需在他人传末略述其姓名，或在年表中标明其爵位即可，其他事迹悉可删落。至于《宋史·方伎》中所载贺兰栖真、柴通玄等人事迹荒诞无稽，其吃菜事魔之事又关乎邪教，与传中其他事迹卓尔者不同，王惟俭认为亦不足取，删之为是。至于《宋史·宦官》录宦者50人，上叙其父祖，下逮其子孙，甚至寻常扫除之隶，也登录史册，实乃有辱史笔。此外，王惟俭赞同刘知幾的史学观点，删去《宋史》中的《天文志》、《五行志》、《艺文志》，认为"《艺文》一志，亦诸史之必有者，抄四部之目，何益劝惩，总七录之篇，徒增简帙，即去前代而用本朝，如宋孝王之书亦无当也"①。从王惟俭对《宋史》的删削来看，他严格遵照惩善劝恶著述宗旨来择取史料的做法，更甚于以往的重修宋史之作。

第三，适应体裁所需，对《宋史》史料进行必要的整合取舍。例如薛应旂《宋元通鉴》、王宗沐《宋元资治通鉴》、陈邦瞻《宋史纪事本末》等。其中，王宗沐据元修《宋史》等为底本重修，以64卷篇幅竣成编年体《宋元资治通鉴》。是书之《宋纪》52卷，尊宋朝为正统，以宋朝年号纪年，附载辽、金、蒙古事于其后，所记均为君国大事，史笔严整，取鉴史事以资治道的色彩格外突出。清代毕沅纂述编年体《续资治通鉴》对于此书多有参

① 王惟俭：《宋史记》卷首《凡例》，清抄本。

考效法，有时甚至原文照搬，可见王宗沐驾驭史料方面的卓识，以及《宋史资治通鉴》之史学价值。

以王宗沐《宋元资治通鉴》卷五〇"度宗端文明武景孝皇帝咸淳"条为例：

> 咸淳元年春正月朔日有食之。
>
> 二月丁未以姚希得参知政事，江万里同知枢密院事，王爚签书院事。
>
> 三月甲申理宗葬于永穆陵。
>
> 夏四月戊午，加贾似道太师，封魏国公，帝以似道有定策功，每朝必答拜，称之曰"师臣"而不名，朝臣皆称为"周公"。……

是将《宋史·度宗本纪》、《宋史·宰辅表五》"咸淳元年乙丑"条，以及《宋史·贾似道传》中的内容通过一番剪裁整合之后，以编年体日月系事的方法精简叙述，突出资治的主旨。

再如陈邦瞻的《宋史纪事本末》。陈邦瞻说："《宋史纪事本末》者，论次宋事而比之，以续袁氏《通鉴》之编者也。"他本着"提事之微以先于其明，搴事之成以后于其萌，其情匿而泄，其故悉而约"① 的意图以事件为中心，因事命篇，于《宋史》史料中提取了从"太祖代周"至"文谢之死"109 件代表性史事，将"一代兴废治乱之迹梗概略具"，并且"铨叙颇有条理"②。清代学者章学诚认为纪事本末体这种体裁，"非深知古今大体，天下经纶，不能网罗隐括，无遗无滥。文省于纪传，事豁于编年，决断去取，体圆用神"③。可见，心中没有全局的把握，在史料的取舍和整合方面是很难做好的。以卷八四《吴曦之叛》中"吴曦异志得遂"为例，是书采择《宋史》卷三六《光宗本纪》、卷三八《宁宗本纪》、卷四〇二《张诏传》、卷三九一《留正传》、卷三九八《丘崈传》、卷四七五《吴曦传》等多处的史料，围绕"吴曦反叛"的主题，以时间为序，贯穿史料，除了在上下文接连方面作文字上的调整和改动，使语句连贯畅达，逻辑清楚外，还剪裁了许多与所记主题关系不大的材料。清代四库馆臣因而称赞道："诸史之中《宋

---

① 陈邦瞻：《宋史纪事本末》附录一《宋史纪事本末叙》，中华书局 1977 年版，第 1191 页。

② 永瑢，等：《四库全书总目》卷 49《宋史纪事本末》提要，中华书局 1965 年版，第 439 页。

③ 章学诚：《文史通义》卷 1《内篇一·书教下》，叶瑛校注，中华书局 1985 年版，第 51—52 页。

史》最为芜秽，不似《资治通鉴》本有脉络可寻，此书部列区分，使一一
就绪，其书虽亚于枢，其寻绎之功乃视枢为倍矣。"①

　　总之，从史料学角度来看，元修《宋史》保存了大量宋代史事的原手
史料，方便了明人从事宋代历史的探研，这既是明人重修宋史的契机，又使
明人重修宋史成为可能。

第二节　广征博采，拓宽宋史史料范围

　　众所周知，元修《宋史》主要依据宋朝《实录》、《国史》。然而"《实
录》所记，止书美而不书刺，书利而不书弊，书显而不书微，书朝而不书
野"②，所以名曰实录，未必就真的无文饰无隐讳，名曰国史，未必就真的
文直而事核。明代士人在经历了成祖肆意篡改《实录》以后，对于官方史
书的可靠性便不可避免地产生了怀疑。学者王世贞曾大胆放言批判《国
史》："国史人恣而善蔽真。"③ 至于私家野史小说，由于出自在野文人之手，
忌讳少，笔触较为直接，明人对这部分史料价值有了新的认识。学者杨慎
说："后世多以正史证小说之误，小说信多诋讹，然拜官召见昭昭在当时耳
目，必不敢谬书，如此是小说亦可证正史之误也。"④ 吕邦燿亦说："私乘小
说虽无足取，然以备一时之龟鉴，则稗而未始不精，讲而未始不正矣。至于
不经见之事，亦载之以备参考，固不必以涑水之不志异，为定论也。"⑤ 周
礼亦言："稗之尤言小也，然有正为稗之流，亦有稗而为正之助者……则虽
稗官，实正史之羽翼也。"⑥ 可见，官修正史有赖于野史稗乘为之补阙、充
实和纠谬。明人在对各类史料的价值认识方面，明显比前人有了进步。王世
贞对不同类型史料的价值作出总结："国史人恣而善蔽真，其叙典章述文献
不可废也；野史人臆而善失真，其徵是非削讳忌不可废也，家史人谀而善溢

① 永瑢，等：《四库全书总目》卷49《宋史纪事本末》提要，中华书局1965年版，第439页上。
② 何乔远：《名山藏》卷首李建泰《名山藏序》，上海古籍出版社1996年版。
③ 王世贞：《弇山堂别集》卷20《史乘考误一》，中华书局1985年版，第361页。
④ 杨慎：《升菴集》卷47《王庭珪》，文渊阁《四库全书》本。
⑤ 吕邦燿：《续宋宰辅编年录》卷首《凡例》，明天启元年（1621年）刻本。
⑥ 王圻：《稗史汇编》卷首周孔教《序》，《四库全书存目丛书》本。

真，其赞宗阀表官绩不可废也。"① 王世贞鞭辟入里地分析了官方修史、私家野史以及家史的优点和缺陷，表现了明人在史料采择及考订方面的辩证思想因素。明代宋史学者正是在深入认识各类史料不同使用价值的基础上进一步拓宽了宋史的研究材料。

一、在传统史料范围内广搜博采

随着历史步伐的前进，传统史料的门类趋于多样。这种学术史发展的基本趋势可从历代文献分类的演变过程中找到证明。就宋史史料而言，逮至明代，史料积淀渐次深厚，加及明人的不懈开拓，明人所能依据的宋史史料较前增多，无疑为明人宋史著述的萌生、发展和兴盛准备了原料。从这个意义上讲，明人撰述宋史，其取材范围业已打破仅凭借"主流"文献——《宋史》等主要文献的单一格局，开始自觉适应宋史史料的发展趋势，遵循各类史料的特有价值，旁征博引，扩充史料的利用范围，表现出一种"多元化"的史料观。以下就笔者目力所及部分明人宋史著述所引史料加以展示，以窥明人对宋史史料的扩充。兹将明人所据史料分为以下几类。

1. 编年类。南宋李焘《续资治通鉴长编》；元代陈桱《通鉴续编》；元末明初，梁寅撰《宋史略》；明代刘剡《资治通鉴节要续编》、商辂等《续资治通鉴纲目》、邱濬《世史正纲》②、李东阳《历代通鉴纂要》、金濂《诸史会编》③、唐顺之《史纂左编》④ 等，均为明人研究宋史所据以参考的史料。

2. 纪传类。南宋王称《东都事略》；元代脱脱等修《宋史》、《辽史》、《金史》；明代宋濂等修《元史》。

3. 政书类。由于明人宋史著述中属政书类者较少，故直接采用此类著述者也较少。所引此类文献有《元经世大典》、马端临《文献通考》。例如商辂等修《续资治通鉴纲目》引用《元经世大典》①；柯维骐《宋史新编》、朱希召《宋历科状元录》引用元代马端临《文献通考》。

4. 野史笔记类。野史笔记从创生之初就被视为"小道"② 而不登大雅之堂。宋代是笔记开始兴盛的时期，但宋人对野史笔记评价不高，如王栐《燕翼诒谋录》在取材时就"凡稗官小说，悉弃不取"③，而洪迈《容斋随笔》则径称"野史不可信"④。逮至明代，野史笔记"汗牛充栋，不胜数矣"⑤，如前所述，人们对此类史料的价值认识也有所改变。出乎此，明代宋史学者在其著述中大量引用宋代以来的野史笔记。所利用的宋代野史笔记有：岳珂《桯史》、罗大经《鹤林玉露》、王应麟《困学纪闻》、周遵道《豹隐纪谈》、蒋正子《山房随笔》、王睿《炙毂子杂录》、李有《古杭集记》、王仲晖《雪舟脞语》、宋彦《谈薮》、仇远《稗史》、赵彁《效颦集》、戚辅之《佩兰轩客谈》、俞文豹《清夜录》、张伸文《白獭髓》、叶绍翁《四朝闻见录》、潘埙《楮记室》、司马光《涑水纪闻》、王辟之《渑水燕谈》、毕仲询《幕府燕间录》、吴处厚《青箱杂记》、叶梦得《石林燕语》、叶梦得《石林避暑录》、洪迈《容斋随笔》、洪迈《容斋续笔》、洪迈《容斋四笔》、欧阳修《归田录》、陆游《宋世旧闻》、邵伯温《闻见录》、范镇《东斋遗事》、王禹偁《建隆遗事》、沈括《梦溪笔谈》、魏泰《东轩笔录》、李廌《师友谈记》、何薳《春渚记闻》、王明清《挥尘录》、王明清《投辖录》、洪迈《夷坚志》、王容《南强笔示》、薛汝昂《夷坚续志》、张师正《括异志》、蔡惇《直笔》、周密《癸辛杂志》、周密《齐东野语》；另有不著撰人名氏的《朝野遗纪》、《广客谈》、《夜游录》、《三朝野史》、《奏徵录》、《状元记事》、《秦睹志石》等。

---

① 商辂，等：《续资治通鉴纲目》卷首《凡例》，明弘治十七年（1504 年）慎独斋刊本。
② 班固：《汉书·艺文志·诸子略》云："小说家者流，盖出于稗官，街谈巷语，道听途说之所造也。孔子曰：'虽小道，必有可观之辞。致远恐泥，是以君子弗为也。'然亦弗灭也，间里小知者之所及，亦使缀而不忘，如或一言可采，此亦当蒭狂夫之议也。"
③ 永瑢，等：《四库全书总目》卷51《燕翼诒谋录》提要，中华书局 1965 年版，第 465 页上。
④ 洪迈：《容斋随笔》卷 4《野史不可信》，中华书局 2005 年版，第 53 页。
⑤ 谈迁：《国榷·义例》云："实录外，野史、家状，汗牛充栋，不胜数矣。"夏燮：《明通鉴·义例》亦云："明人野史，汗牛充栋。"

元代野史笔记有：文莹《湘山野录》、盛如梓《庶斋老学丛谈》、陶宗仪《辍耕录》、刘一清《钱唐遗事》、黄溍《日损斋笔记》。

明代野史笔记有：贝琼《笔议轩记》、田汝成《西湖志余》、田汝成《西湖游览志》、吕子固《三车一览》、宋濂《笔记序略》。

5. 方志类。"方志乃一方之全史"①，其中不仅记载了一个地方的历史沿革、政治建制、经济状况、社会风俗和文物古迹，也记载了许多有影响的历史人物。宋、明以降，方志渐多，以明代而言，仅《明史·艺文志》就著录471种，如加未及著录者，共约3000种②。明人撰修宋史也善于引用方志文献，其中除全国性的《明一统志》和《河南志》、《江西通志》、《八闽通志》等通志外，以郡县志为多，例如《四明志》、《九江志》、《姑苏吴江志》、《泉州志》、《南畿志》、《赤城志》、《温州志》、《建昌志》、《瑞州志》、《吉安赣州志》、《邵武志》、《馀姚志》、《建宁志》、《徽州志》、《会稽志》、《苏州府学志》等。

6. 传记类。宋代杜大珪《名臣碑传琬琰集》、曾巩《李迪传》、龚开《陆秀夫传》、黄溍《陆君实传》；明代宋端仪《考亭渊源录》。某些宋史著述还大量利用家谱、年谱等文献③。例如朱希召《宋历科状元录》引用《文山年谱》、《文山家谱》，戴铣《朱子实纪》引用都玮《朱子年谱节略》、李晦《紫阳年谱》，丁元吉《陆右丞蹈海录》采用龚开所作《陆秀夫传》、黄溍所作《陆秀夫年谱》。又有引用传主自撰的传记类文献，如崔子璲、崔晓增辑《宋丞相崔清献全录》引用崔与之（崔与之，谥清献。——笔者按）所自著的《言行录》。此外，朱希召《宋历科状元录》引用无名氏之《湖州

---

① 章学诚：《章氏遗书》卷28《外集一·丁巳岁暮书怀投赠宾谷转运因以志别》。另外，明人杨一清亦云："国有史，郡有志。志，史之翼也。"（嘉靖《九江府志序》，转引自白寿彝主编《中国通史》（明史卷），上海人民出版社1999年版，第83页）张居正亦云："州郡之有志，犹国之有史。"（张居正：《张太岳集》卷7《刻溧州志序》，上海古籍出版社1984年版）

② 关于明代方志的确切数量，学界说法不一：黄苇统计有1400余种（《方志论集·论方志的继承与创新》，浙江人民出版社1983年版）。黄燕生统计有1600种以上（《明代的地方志》，《史学史研究》，1989年第4期）。又巴兆祥统计有2982种（《明代方志纂修略述》，《文献》1988年第3期）。今从巴说。

③ 今人来新夏云：年谱"是以谱主为中心，以年月为经纬，经较全面而细致地胪述谱主一生事迹的一种传记体裁"，并指出："它杂糅了传记与编年二体，并从谱牒、年表、宗谱、传状等体逐渐发展演变而自成一体。"（来新夏《清人年谱的初步研究》，《南开学报》1979年第3期）今据来说，将年谱类文献并入传记类。

人物志》等。

7. 诏令奏议类。例如，吕邦燿撰《续宋宰辅编年录》，引用杨士奇等撰《历代名臣奏议》[①]；柯维骐《宋史新编》采择众多名家所撰述的诏令、奏疏、议论、启札、札记，其中若有可为世人提供警戒的，则全文备录，不予裁减；崔子璲、崔晓增所辑《宋丞相崔清献公全录》收录了大量宋人崔与之的奏札以及理宗御札等第一手资料。

8. 类书类。宋代范师道《宋朝类要》[②]、刘应李《翰墨全书》、祝穆《事文类聚》；明代唐顺之《稗编》。

9. 史论类。元代胡一桂《史纂通要》[③]；明代刘定之《宋论》。

10. 文集类。宋代司马光《传家集》、王十朋《王十朋集》、真德秀《西山文集》、魏了翁《师友雅言》、谢枋得《叠山文集》、文天祥《文山集》、周必大《二老集》、朱熹《朱子大全集》等。

二、在传统史料之外扩充新史料

明代宋史学者对宋史史料范围的扩充，还表现在对传统史料采择之外，积极搜取以往学者不太注意的史料群，挖掘各类史料的特有价值，立足研究重点，择取所需。

1. 碑铭、志文、行状类。利用碑传文字记载和评论人物是宋明史家的一大特色。宋代司马光的《资治通鉴》、李心传的《建炎以来系年要录》和李焘的《续通鉴长编》已经注意采用碑传文字，而杜大珪的《宋名臣碑传琬琰集》则几乎全部依据神道碑、墓志铭、行状等辑录而成。逮至明代，学者注重对文集中碑传铭文的兼采并用，较宋代更为普遍。例如彭韶撰《国朝名臣录赞》，在记述人物时，"列其志铭状传等类于后，以窃附大儒先生之

---

① 吕邦燿：《续宋宰辅编年录》卷首《引用书目》，明天启元年（1621年）刻本。

② 《宋史》卷207《艺文志六》著录范师道《国朝类要》12卷，即此书；《玉海》卷54《艺文》亦载："范师道撰《国朝类要》12卷，杂抄皇朝历代事实，分类为364门。"另《崇文总目》卷6著录为《国朝类要》15卷，卷数相左，盖为不同版本。

③ 据四库馆臣考证，此书即《十七史纂古今通要》，凡17卷，云："此书议论颇精允，绝非宋儒隅见者可比。"（《四库全书总目》卷88《十七史纂古今通要》提要）；《文渊阁书目》卷2作《十七史纂通要》，《江南通志》卷191作《十七史纂》。此书今存文渊阁《四库全书》本。

意"①。徐纮撰《皇明名臣琬琰录》，也"遍访之诸名臣后，或士大夫藏书家，得一碑一铭，一状一传，辄手抄录"②。同样，明代学者撰述宋史著述，尤其是宋代人物传记时，对碑传文字也颇为重视。如谢铎的《伊洛渊源续录》，除了引用《宋史·道学传》、《宋史·儒林传》外，还采录李侗等人的《行状》、《志铭》、《遗事》等；丁元吉纂辑《陆右丞蹈海录》，择取为陆秀夫所作的《大忠祠碑》及祭文等史料；朱希召辑录《宋历科状元录》，引用范仲淹、欧阳修所作《志状》；戴铣撰述《朱子实纪》，广泛地采用黄幹所作《朱子行状》以及相关铭、赞、祭告之文和古今名家为朱熹所作的诗文等。

2. 语录、策问类。语录类，例如戴铣的《朱子实纪》，引用李心传《道命录》、黎靖德《语录姓氏》、《朱子语类》等。策问类，如程敏政的《宋纪受终考》引用刘俨《乡试策问并策》等。

3. 诗文、题咏类。诗文类史料，如宋王炎午、谢翱、唐珏三人之传记于《宋史》中未载，程敏政撰述《宋遗民录》裒集诸家别集中为三人所作之诗文，以及三人之遗文，备述三人主要事迹；丁元吉在《陆右丞蹈海录》中辑录陆秀夫遗文两篇；崔子璲亦在所辑《宋丞相崔清献公全录》中辑录崔与之自撰诗文以及其他名家所撰相关之诗文。至于采择诗话类史料，如程敏政的《宋纪受终考》引杨维祯《咏史诗辞》；朱希召《宋历科状元录》引《西清诗话》、赵与虤《娱书堂诗话》等。题咏类史料，突出者如丁元吉所撰《陆右丞蹈海录》，其中就辑录了大量的题咏之作。

此外，部分宋史著述还参据书序史料，如丁元吉辑《陆右丞蹈海录》引《桑海遗录序》，朱希召《宋历科状元录》引廖道南《序》等。

为明晰明人宋史著述采择史料的具体情形，兹按成书先后，或刊刻先后，表列明人宋史著述的引用史料如下，俾综览其梗概。

---

① 彭韶：《彭惠安集》卷2《国朝名臣录赞》，文渊阁《四库全书》本。
② 徐纮：《皇明名臣琬琰录》卷首张诩《皇明名臣琬琰录序》，《丛书集成续编》本。

表 3-1　明人宋史著述引用暨增补史料一览表

成书或刊刻时间	宋史著述	类别	引用暨增补史料
明初①	不题撰人名氏《褒贤集》	传记类	采择宋、元人著作中有关范仲淹者及朝廷所降文牒等。包括《优崇典礼》、《传》、《碑铭》、《祭文》、《祠记》、诸贤之《赞颂》、《论疏》
永乐年间	胡广《文丞相传》	传记类	据刘岳申《文丞相传》、文天祥《文集》、《宋史》论赞，并芟复订讹
永乐年间②	崔子璲、崔晓增《宋丞相崔清献公全录》	传记类	采崔与之《言行录》、《奏札诗文》、理宗御札、诸家诗文、《宋史》卷四〇六《崔与之传》、《续资治通鉴纲目》
宣德四年（1429年）成，七年（1432年）刊③	刘剡编辑、张光启订正《资治通鉴节要续编》④	编年类	以《宋史》、《辽史》、《金史》、《元史》为史料；书中《宋纪》部分，全本陈桱《通鉴续编》
景泰六年（1455年）敕修，成化十二年（1476年）成	商辂等《续资治通鉴纲目》	编年类	"发秘阁之载籍，参国史之本文"；李焘的《续资治通鉴长编》；脱脱等修《宋史》、《辽史》和《金史》；陈桱的《通鉴续编》；《元经世大典》；宋濂等修《元史》；也有一些口传史料⑤。

---

① 永瑢，等：《四库全书总目》卷 60《褒贤集》提要："中间载至元顺帝至正间，则明初人所编也。"中华书局 1965 年版，第 538 页下。

② 永瑢，等：《四库全书总目》卷 60《崔清献全录》提要："其书成于永乐中。"中华书局 1965 年版，第 539 页中。

③ 按：《增修附注资治通鉴节要续编》30 卷，16 册，国家图书馆藏朝鲜铜活字本。原题"建阳知县盱江张光启订正，松坞门人京兆刘剡编辑"，卷末有宣德七年刘剡《后记》，因知《续编》纂成于宣德四年，刻成于七年。

④ 黄虞稷：《千顷堂书目》卷 4《编年类》："张光启《宋元通鉴节要续编》三十卷。一作张元启。"

⑤ 据商辂，等：《续资治通鉴纲目》卷首明宪宗《御制续资治通鉴纲目序》、《续资治通鉴纲目》卷首《凡例》："凡事迹悉据正史（谓宋辽金元史及皇明实录），正史或有阙略异同，参取宋《长编》、元《经世大典》等书增入订正，或事有可疑，正史不载而传闻彰著者，略述于目之末，以圈隔之，或出某人曰以为别，疑以传疑也。"

续表

成书或刊刻时间	宋史著述	类别	引用暨增补史料
成化十三年（1477 年）成，弘治四年（1491 年）刊	程敏政《宋纪受终考》	史论类	司马光《涑水纪闻》、李焘《续资治通鉴长编》、文莹《湘山野录》、蔡惇《直笔》、王禹偁《建隆遗事》、脱脱等修《宋史》、陈桱《通鉴续编》、《宋朝类要》、胡一桂《史纂通要》、杨维桢《咏史诗辞》、黄溍《日损斋笔记》、贝琼《笔议轩记》、宋濂《笔记序略》、梁寅《宋史略》、刘定之《宋论》、刘俨《乡试策问并策》①
成化十五年（1479 年）成，嘉靖四年（1525 年）刊	程敏政《宋遗民录》	传记类	宋王炎午、谢翱、唐珏三人之名不载于史，因而裒集诸家别集中，其诗文所为三人作者，及三人之遗文，同时附录与三人意气相投之人，即张宏毅、方凤、吴思齐、龚开、汪元量、梁栋、郑思肖、林德旸等八人事迹②
成化十六年（1480 年）成	谢铎《伊洛渊源续录》	传记类	所载张栻等七人全录《宋史·道学传》，吕祖谦等七人则全录《宋史·儒林传》。罗从彦、李侗等六人，略采《文集》、《年谱》、行状、墓铭、遗事、祭文以及黎靖德《朱子语类》、胡广《性理大全》
成化间成	丁元吉辑《陆右丞蹈海录》	传记类	《宋史》卷四五一《陆秀夫传》、龚开所作《传》、黄溍所作《年谱》、诸家题咏、陆秀夫遗文两篇、《桑海遗录序》、《大忠祠碑》及祭文一篇
弘治三年（1490 年）刊	颜端、徐瀚《张乖崖事录》	传记类	魏泰《东轩笔录》、文莹《湘山野录》、《宋史》卷二九三《张咏传》、同时之赠答以及后人所作祠记、祭文等
弘治十六年（1503 年）成	尹直《南宋名臣言行录》	传记类	《宋史》列传
弘治间刊	不著撰人名氏《厓山集》	杂史类	博采宋季事迹与文天祥有关者，以及后人诗歌题咏，分为《图像》、《赞文》、《帝纪》、《诏敕》、《事迹》、《杂录》等

① 程敏政：《宋纪受终考》卷首《宋纪受终考目录》，明弘治四年（1491 年）戴铣刻本。
② 程敏政：《宋遗民录》卷首《宋遗民录序》，明嘉靖年间程威等刻本。

续表

成书或刊刻时间	宋史著述	类别	引用暨增补史料
正德元年（1506年）成，八年（1513年）刊	戴铣《朱子实纪》	传记类	李晦《紫阳年谱》、《朱子语类》、《朱子大全集》、黄幹《朱子行状》、《宋史》卷四二九《朱熹传》、李心传《道命录》、都玮《年谱节略》、《明一统志》、《徽州志》、《建宁志》、黎靖德《语录姓氏》、宋端仪《考亭渊源录》。"年谱旧本附录朱子授官诰词，今增以谥议封诰，优崇公移，及铭赞祭告诸文"，及古今名公为朱子而作之诗文①
嘉靖十一年（1532年）成	马峦《温公年谱》	传记类	宋代：黄震《黄氏日抄》、朱熹《伊洛渊源录》、程颢、程颐《程氏遗书》、司马光《传家集》、邵伯温《邵氏闻见录》、朱熹《宋名臣言行录》、金履祥《濂洛风雅》、许顗《许彦周诗话》、晁说之《晁氏客语》、戴埴《鼠璞》、孙升《孙公谈圃》、蔡正孙《诗林广记》、陈襄《古灵文集》、刘炎《迩言》、洪迈《容斋随笔》、赵汝愚《宋朝诸臣奏议》、《宋鉴》、赵善璙《自警编》、李格非《洛阳名园记》、陈师道《后山谈丛》、邵博《闻见后录》、吕本中《东莱诗话》、叶梦得《石林诗话》、佚名《道山清话》、朱彧《可谈》、王铚《王公四六话》、苏轼《东坡尺牍》、陈元靓《事林广记》、李心传《道命录》、李焘《续资治通鉴长编》 元代：脱脱等《宋史》、陶宗仪《辍耕录》、陶宗仪《说郛》、马端临《文献通考》、黄溍《黄文献公文集》 明代：胡广《性理大全》、李贤等《明一统志》、朱当㴐《改元考》、王达《景仰撮书》、吕楠《程子抄释》、王崇庆《古学选注》、方孝孺《逊志斋文集》、薛瑄《读书录》、胡可泉《〈从政录〉序》

---

① 戴铣：《朱子实纪》卷首《凡例》，明正德八年（1513年）鲍雄刻本。

成书或刊刻时间	宋史著述	类别	引用暨增补史料
嘉靖十五年（1536年）成	徐阶《岳集》	传记类	宋代：岳珂《金佗稡编》、岳珂《金佗续编》、孙逌《鄂王事》、辅广等编《晦庵先生语录》、吕祖谦《读史记》、吕祖谦《宋史龟鉴》、周密《齐东野语》 元代：脱脱《宋史·列传》、郑元佑《山樵杂录》 明代：李东阳《空同集》。另有《鄂州志》、不著撰人名氏《朝野遗录》，以及宋、元、明各家关于岳飞所作的议论文章，并附以岳飞遗文一卷
嘉靖十九年（1540年）	徐袍《金仁山年谱》	传记类	谱主学术授受次第暨诗文序录，以彰显其学术、行谊之大节。其征引文献多节录自谱主诗文，多信实可靠
嘉靖二十二年（1543年）成	陈霆《宣靖备史》	杂史类	仿《纲目》，别为编次。起徽宗崇宁元年，讫钦宗靖康元年，凡26年。据事提纲，列条疏目，附以论断。补充了宣和、靖康年间的阙文
嘉靖二十五年（1546年）成，二十九年（1550年）刊	王洙《宋史质》	纪传类	据《宋史》
嘉靖二十六年（1547年）刊	陈载兴《宋陈忠肃公言行录》	传记类	于残篇断简中收集陈瓘之遗文和言行
嘉靖三十一年（1552年）刊刻	李默《紫阳文公先生年谱》	传记类	述谱主家事、受业、科举、仕历、学术、政绩等内容，尤以谱主讲学及著述事为详。内中双行小注甚多。《谱》前有魏了翁为李方子所撰朱子《年谱》（已佚）所作之《序》，李默、戴铣、朱家楙、熊寅所撰之《序》，又有谱主遗像、赞诗。谱后有朱凌、朱崇沐所写跋文
嘉靖三十四年（1555年）成，三十六年（1557年）刊	柯维骐《宋史新编》	纪传类	宋代：《东都天文志》、《中兴天文志》、邓光荐《填海录》、文天祥《指南录》、洪迈《容斋随笔》、朱熹《宋名臣言行录》和《张浚行状》 元代：马端临《文献通考》；脱脱《宋史》、《辽史》和《金史》；刘剡《资治通鉴节要续编》 明代：商辂《续资治通鉴纲目》、丘濬《世史正纲》、李东阳《历代通鉴纂要》、金濓《诸史会编》

成书或刊刻时间	宋史著述	类别	引用暨增补史料
嘉靖四十年（1561年）刊	朱希召《宋历科状元录》	传记类	宋代：罗大经《鹤林玉露》；司马光《涑水记闻》；王辟之《渑水燕谈》；曾巩《志文》；毕仲询《幕府燕闲录》；吴处厚《青箱杂记》；叶梦得《石林燕语》；洪迈《容斋随笔》、《容斋续笔》、《容斋四笔》；欧阳修《归田录》；杜大珪《琬琰集》；祝穆《事文类聚》；陆游《宋世旧闻》；岳珂《桯史》；曾巩撰《李迪传》；邵伯温《闻见录》；《范仲淹志状》；《欧阳修志状》；范镇《东斋遗事》；张师正《括异志》；司马光《传家集》；叶梦得《石林避暑录》；沈括《梦溪笔谈》；魏泰《东轩笔录》；李廌《师友谈记》；王称《东都事略》；何薳《春渚记闻》；王应麟《困学纪闻》；王明清《挥尘录》、《投辖录》；王容《南强笔示》；赵与旹《娱书堂诗话》；周密《齐东野语》；洪迈《夷坚志》；周必大《二老集》；王十朋《王十朋集》；《文山集》；《文山家谱》；《文山年谱》；刘应李《翰墨全书》 元代：脱脱等修《宋史》、梁寅《宋史略》、马端临《文献通考》、文莹《湘山野录》、盛如梓《庶斋老学丛谈》 明代：田汝成《西湖志余》、吕子固《三车一览》、黄瑜《双槐岁抄》、蔡昂《苏州府学志》、廖道南《序》、《会稽志》、《九江志》；《河南志》；《八闽通志》、《明一统志》、《江西通志》、《湖州人物志》、《四明志》、《姑苏吴江志》、《邵武志》、《泉州志》、《衢州学记》、《南畿志》、《赤城志》、《馀姚志》、《瑞州志》、《吉安赣州志》、《温州志》、《建昌志》 另有不著撰人名氏的《夜游录》、《奏徽录》、《状元记事》、《秦觌志石》、《朝野遗纪》、《西清诗话》
嘉靖四十五年（1566）刊	薛应旂《宋元通鉴》	编年类	据《宋史》、《元史》、商辂等《续资治通鉴纲目》，诸名家纪录、诏令、奏疏、议论、启札
嘉靖间	海瑞《元祐党籍碑考》、《庆元伪学党籍》	传记类	据《道命录》、《陶朱新录》等。以《道命录》为主，其阙者则以他书补之，所录人数较他书为多。如曾任执政之黄履、张商英、蒋之奇，曾任待制之张畏、岑象求、周鼎以下十余人，皆他本所未载者，搜罗博富

成书或刊刻时间	宋史著述	类别	引用暨增补史料
隆庆元年（1567年）刊，五年（1571年）重刊	王宗沐《宋元资治通鉴》	编年类	《宋史》、商辂《续资治通鉴纲目》、李东阳《通鉴纂要》
隆庆三年（1569年）刊	宋端仪撰，薛应旂重辑《考亭渊源录》	传记类	以宋端仪所撰初稿为基础，薛氏又稽诸史籍，质以平日所闻。并于金溪、永康、永嘉悉为增人。且略于朱子及其师友、门人之言，而详于其行与政
万历十三年（1585年）成	张应登《汤阴精忠庙志》	地理类	一卷为庙图、先茔、世系、遗像、年表，二卷为本传，三卷为子孙、部将附传，四卷为宸翰，五卷为丝纶，六卷为家集，七卷为褒典，八、九、十卷为艺文。前有郭朴《序》及推官张应登修志公文。所收文献多记岳飞父子及部属抗金事迹，诗词专颂其功绩，内容翔实得体
万历二十一年（1593年）刊	李桢《濂溪志》	传记类	采择周敦颐所著《太极图书》和《通书》、墓志、诸儒议论、历代褒崇之典、古今纪述、古今题咏以及祭告之文
万历二十三年（1595年）刊	王世贞辑，璩之璞补编《苏长公外纪》	传记类	采苏轼《年谱》、传志、小言，辑诸家评骘，以及群籍中所记相关史事。所据史料有：《百川学海》、《容斋随笔》、《直方诗话》、《石林山堂记》、《石林避暑录》、《志铭》《西湖游览志余》、《石林诗话》、《珊瑚钩诗话》、《丹铅总录》、《轩渠录》、《容斋随笔》、《诗话总龟》、《朱子语录》、《乐城遗言》、《庚溪诗话》、《竹坡诗话》、《艺苑雌黄》、《冷斋夜话》、《梁溪温志》、《扪虱新语》、《百斛明珠》、《百家诗话》、《湘素杂记》、《续前定录》、《晁氏客语》、《闻见录》、《藜藿野人诗话》、《许彦周诗话》、《陵阳室中语》、《吕氏蒙训》、《西清诗话》、《曲洧旧闻》、《诗林广记》、《委巷丛谈》、《后山居士诗话》、《吕氏童蒙训》、《春渚纪闻》、《百川学海》、《海槎余录》、《铁园山丛谈》、《朱子语类》、《桯史》
万历三十二年（1604年）	范明泰《米襄阳志林》	传记类	记米芾遗事，分为12个门类，即《世系》、《恩遇》、《颠绝》、《洁癖》、《嗜好》、《麈谈》、《书学》、《画学》、《誉羡》、《书评》、《杂记》、《考据》，按类汇辑相关事迹。不著出典
万历三十三年（1605年）刊	陈邦瞻《宋史纪事本末》	纪事本末类	脱脱等修《宋史》、商辂等《续资治通鉴纲目》

续表

成书或刊刻时间	宋史著述	类别	引用暨增补史料
万历三十七年（1609 年）刊	徐㸌辑，陈之伸订补《蔡端明别记》（一名《蔡福州外纪》）	传记类	记蔡襄事迹，分《恩宠》、《德行》、《政事》、《书学》、《艺谈》、《茶录序》、《荔枝谱》、《赏鉴》、《纪异》、《茶癖》、《崇报》等目，按类辑录相关史事。所引史料均注明出处，如下：《王临川集》、《端明遗事》、《通鉴纲目》、《蔡氏宗谱》、《铁园山丛谈》、《兴化府志》、《宋名臣言行录》、《东野笔谈》、《石林燕语》、《南丰杂志》、《欧阳文忠公集》、《八闽通志》、《三山志》、《三山旧志》、《晁氏客语》、《惠安志》、《浙江通志》、《闽部疏》、《米襄阳志林》、王明清《玉照新志》、《东坡志林》、《刘后村文集》、欧阳修《归田录》、《楚州府志》、《燕石斋补》、《弇州山人稿》、《墨庄漫录》、《海岳名言》、《云烟遇眼录》、《黄山谷集》、《事文类聚》、《弇州山人四部稿》、《曲洧旧闻》、《寓意录》、《宋高宗翰墨志》、《文献通考》、《闽画记》、《祝枝山集》、《苏文忠集》、《倪正父评书》、《龙江梦余录》、《广川书跋》、《朱子大全》、《宛陵集》、《一统志》、《墨池琐录》、《字体指南》、《书法雅言》、《格古论》、《邹道卿集》、《陈景元评书》、《真西山集》、《容斋三笔》、《容斋四笔》、《妮古录》、《鼓山志》、《红雨楼集》、《青箱集》、《安阳集》、《清署笔谈》、《王奉常集》、《梦溪笔谈》、《朱子文集》、《杨东里文集》、《竹窗杂录》、《咸淳临安志》、葛立方《韵语阳秋》、《仁宗政要》、《苏氏谈调》、《莆阳居士集》、《容斋随笔》、《闽中实录》、《侯鲭录》、《宛陵文集》、《九鲤湖志》、《西轩诗话》、《米元章书史》、《肝江集》、凌登名《榕城随笔》、《屏山集》、《琅琊代醉篇》、《杭州府志》、《盱江外集》、《梅溪后集》、《集古录》、《珍珠船》、《虞伯生集》、《游宦纪闻》、《东斋记录》、张邦侗《荔枝谱引》、《泊宅编》、《道山清语》、《鹤林玉露》、《江宁志》、《唐宋遗史》、《石林燕语》、《画墁录》、《西山文集》、《冷斋夜话》、《墨客挥犀》、《茶书》、《北苑杂述》、《武夷志》、《建州志》、《太平清话》、《春渚纪闻》、黄儒《品茶要录》、《诗女史》
约于万历三十九年（1611 年）成	郭化《苏米谭史广》	传记类	采苏轼、米芾轶事可资谈柄者，皆掇拾小说，无他异闻，不著出典

成书或刊刻时间	宋史著述	类别	引用暨增补史料
明万历四十二年（1614年）刊	徐缙芳辑《宋忠武岳鄂王精忠类编》①	传记类	采择岳珂《桯史》、岳珂《金陀粹编》、岳珂《金陀续编》、脱脱等《宋史》、商辂等《续资治通鉴纲目》、《汤阴庙志》、《忠武全书》、《金陀遗谱》、《忠家三传演义》中关于岳飞事实、诗文、制诰案牍以及后人所作相关诗文
万历四十二年（1614年）刊	徐鉴《徐清正公年谱》	传记类	记谱主生平完整。末附《诰诏》、《史志》以及真德秀《跋徐德夫所藏朱文公五贴》、刘克庄《味书阁记为徐德夫右司作》二文。《史志》中辑录《宋史》本传、《江西通志列传》、《江西通志名宦传》、《丰城县志》、《浙江通志官师志》、《八闽通志方面名宦传》、《八闽通志郡邑名宦传》、正德十四年《福州府志名宦传》、万历六年《福州府志名宦传》、万历四十年《福州府志名宦传》、《闽大记名宦传》、隆庆二年《泉州府志名宦传》、万历四十年《泉州府志名宦传》、万历十四年《绍兴府志名宦传》中所载徐徐鹿卿列传
万历四十四年（1616年）刊	周沈珂《宋濂溪周元公先生集》	传记类	辑周敦颐之图像、世系年谱、遗书、杂著、诸儒议论、事状、褒崇优恤、祠墓诸记以及后人诗文等
万历间	李廷机《宋贤事汇》	杂家类	引用史料不注出典，《四库全书总目》卷一三二《宋贤事汇》提要称"杂采史书说部所载宋人行事"
万历间	陈继儒《邵康节先生外纪》	传记类	据邵伯温《闻见录》、《宋史》卷四二七《邵雍传》、卷四三三《邵伯温传》。又附载邵伯温《易学颜惑》，以及查颜散《先天方圆图说》、余孟宣《经世要旨》、《家传邵康节先生心易数序》三篇

① 按：《四库全书总目》卷60著录为《精忠类编》。上海图书馆藏明万历四十二年（1614）刻本，题名《宋忠武岳鄂王精忠类编》。

续表

成书或刊刻时间	宋史著述	类别	引用暨增补史料
天启元年（1621年）刊	吕邦燿《续宋宰辅编年录》	编年类	宋代：真德秀《西山文集》、魏了翁《师友雅言》、谢枋得《叠山文集》、文天祥《文山文集》、岳珂《桯史》、罗大经《鹤林玉露》、王应麟《困学纪闻》、叶绍翁《四朝闻见录》、不著撰人名氏《三朝野史》、宋无姓氏《豹隐纪谈》、蒋正子《山房随笔》、刘一清《钱唐遗事》、王睿《炙毂子杂录》、李有《古杭集记》、王仲晖《雪舟脞语》、宋彦《谈薮》、仇远《稗史》、赵弼《效颦集》、戚辅之《佩兰轩客谈》、俞文豹《清夜录》、张伸文《白獭髓》 元代：脱脱《宋史》 明代：商辂《宋资治通鉴纲目》、柯维骐《宋史新编》、杨士奇《历代名臣奏议》、丘濬《世史正纲》、唐顺之《史纂左编》、唐顺之《稗编》、无名氏《广客谈》、周密《癸辛杂志》、薛汝昂《夷坚续志》、权衡《庚申外史》、陶宗仪《辍耕录》、潘埙《楮记室》、黄瑜《双槐岁抄》、田汝成《西湖游览志》①
天启元年（1621年）成	祁承爜《宋西事案》	杂史类	南宋：王稱《东都事略》卷五九《范仲淹传》、卷六九《韩琦传》 明代：陈邦瞻《宋史纪事本末》；黄淮、杨士奇《历代名臣奏议》；不著撰者《范文正公言行拾遗事录》；不著撰者《宋忠献韩魏王君臣相遇传》
约成于天启三年（1623年）	王惟俭《宋史记》	纪传类	据脱脱等《宋史》、商辂等《续资治通鉴纲目》、柯维骐《宋史新编》等
天启五年（1625年）刊	毛晋《苏米志林》	传记类	掇辑苏轼琐言碎事，以及米芾轶闻。引用不著出典
天启间	刘廷元《宋名臣言行略》②	传记类	据宋朱熹《宋名臣言行录前集》、《后集》，李幼武《宋名臣言行录续集》、《别集》、《外集》

① 吕邦燿：《续宋宰辅编年录》卷首《引用书目》，明天启元年（1621年）刻本。
② 按：刘廷元，一作刘定元，万历三十二年（1604年）进士。《千顷堂书目》卷10《传记类》著录为：刘定元《宋名臣言行录》。另，《四库未收书辑刊》收有明刻本刘廷元《宋名臣言行略》，其书口镌"宋名臣录"。

续表

成书或刊刻时间	宋史著述	类别	引用暨增补史料
崇祯二年（1629年）刊	陈之伸《黄豫章外纪》	传记类	据《年谱》、《试院题词》、《本传》、《山谷外集》、《谥议》、《元美诗评》、《别传》、《书品》、《祠记》、《乐城遗言》、《尺牍》、《题跋》、《碑铭》、《逸编》、《道山清话》、《百川学海》、《春渚纪闻》、《孙公谈圃》、《山谷外集》、朱彧《萍洲可谈》、《燕石斋补》、《东坡外集》、《东坡书帖》、《九日书》、《后山诗话》、《醉翁操跋》、《嘉祐集》、《王直方诗话》、《冷斋夜话》、《缃素杂记》、《刘贡父诗话》等
崇祯五年（1632年）刊	阮元声《东莱吕成公年谱》	传记类	引用不著出典。是谱记吕祖谦之仕历、家事、政绩、修史、学术等内容，侧重著录其著作，并收录较多皇帝制词
崇祯十年（1637年）刊	朱廷焕《增补武林旧事》	地理类	采《西湖志》、《鹤林玉露》、《容斋随笔》、《辍耕录》及《癸辛杂志》诸书，并补缀其阙。所增凡《睿藻》、《恩泽》、《开垆》、《故都宫殿》、《湖产》、《灾异》6门，补史料154则
崇祯十年（1637年）成	郑鄤《考定苏文忠公年谱》	传记类	据《苏集》
崇祯间刻	范明泰辑，陈之伸补《米襄阳外纪》	传记类	编纪米芾遗事，分《恩遇》、《颠绝》、《洁癖》、《嗜好》、《麈谈》、《书学》、《画学》、《誉羡》、《书评》、《杂记》、《考据》12门类，多不著出典
南明永历四年【清顺治七年】（1650年）成	钱士升《南宋书》	纪传类	据《宋史》及诸稗官野史①

三、明代宋史撰述拓宽史料范围的特点

根据上表胪列49种宋史著述所援引文献史料进行具体分析，可以得出以下三点结论。

第一，明代宋史学者选用如上文献典籍，作为宋史材料，是在无法利用

---

① 钱士升：《南宋书》卷首席世臣《南宋书序》，清嘉庆二年（1797年）扫叶山房刻本。

宋朝《国史》、《实录》等原始史料的前提下进行的。

　　成化年间，明宪宗敕撰《续资治通鉴纲目》，诏令"发秘阁之载籍，参国史之本文"①。而在实际撰述中，据是书《凡例》所言，则"事迹悉据正史（原注：谓《宋》、《辽》、《金》、《元史》及《皇明实录》），正史或有阙略异同，参取宋《长编》、元《经世大典》等书增入订正，或事有可疑，正史不载而传闻彰著者，略述于目之末，以圈隔之，或出某人曰以为别，疑以传疑也"。今查明正统年间杨士奇等编著的宫廷藏书目录《文渊阁书目》，未见著录宋朝《实录》、《国史》。据此推测，商辂等人撰修《续资治通鉴纲目》时，已无宋朝《国史》、《实录》等原始资料可以参考依据，只能依据相关正史及李焘的《续资治通鉴长编》等著述。

　　嘉靖年间，柯维骐撰成《宋史新编》，于《凡例》中称："旧史《天文志》纪变异，削事应，谓以欧阳《五代史》为法，《五行志》又主汉儒，存事应，且谓欧阳《唐书》有采焉，何其相矛盾邪？今按宋国史《东都天文志》及《中兴天文志》，录其占测合时事者，庶不失《宋史》之旧，亦与《五行志》例同，若皇祐、宣和仪象，其制与累朝殊。又刻漏以正辰刻，与浑仪相表里，并不宜分载《律历志》，今参详而类附之，以备一代制作云。"那么是否柯维骐直接参考了宋朝《国史》中的《东都天文志》和《中兴天文志》呢？按，《宋史新编》卷一六《天文下》载："日变，或赤无光，或生黑子，或有黑光，宋世屡有此异举。其验者，景德三年九月戊申日赭如赤，占曰：'将相忧。'明年，河阳节度使平章事王显卒。崇宁二年五月癸卯，日淡赤无光，至申乃复。宣和二年正月己未、四年二月癸巳，并蒙蒙无光。……绍熙四年十一月辛未、庆元六年八月乙未，并有黑子。十一月乙酉黑子积，二十日没。嘉泰二年十二月甲戌黑子积，十四日没。四年正月癸未、开禧元年四月辛丑，并有黑子，占曰：'臣蔽主明。'一曰君有过而臣不谏，一曰臣不掩君过，令民见。自开宝以下考诸《本纪》行事，如其占者，若显德七年正月癸卯黑光相荡，德祐二年二月朔黑子相荡，其变颇相类，与亡之应昭矣。"

①　商辂，等：《续资治通鉴纲目》卷首明宪宗《御制续资治通鉴纲目序》，明弘治十七年（1504年）慎独斋刊本。

马端临的《文献通考》卷二八四《象纬考七·日变》载:"真宗景德元年十二月甲辰,日有影,如三日状。……三年九月戊申,日赤如赭,占曰:'将相忧。'明年,河阳节度同平章事王显卒。……徽宗崇宁二年五月癸卯,日淡赤无光,至申乃复。……宣和二年正月己未日,蒙蒙无光。……四年二月癸巳日,蒙蒙无光。……绍熙四年十一月辛未,日生黑子,占祭天不顺,兹为逆厥,异日中有黑子,黑子者阴也,臣不掩君恶,又曰臣有蔽主明者。宁宗庆元六年八月乙未,日内生黑子如枣大,凡六日乃消伏,十一月乙酉日又生黑子如枣大,凡二十日乃伏,时佗冑用事,群奸附和蔽主明。"

比勘两则史料,《宋史新编》取材于《文献通考》是显而易见的。柯氏所谓"宋国史《东都天文志》、《中兴天文志》云云",实指马端临《文献通考》中使用的《中兴天文志》史料,柯氏并未亲见原书。据此可再次推断,明代宋朝《国史》及《实录》等第一手的宋史材料已不留存,只能凭借李焘《续资治通鉴长编》、王称《东都事略》、马端临《文献通考》等保留的宋朝《国史》材料,间接管窥宋朝《国史》之概貌。

南宋李焘所撰编年体《续资治通鉴长编》,乃"采一祖八宗事迹荟粹讨论"① 而成,其史料主要来源于官修《日历》、《国史》、《实录》及《会要》,其中也广泛搜集了私家著述,其史料价值非常高,是研究北宋历史的重要典籍。王称的《东都事略》记载北宋太祖到钦宗九朝历史,据《国史》、《实录》等官修史书撰成;由于其中一些内容是《续资治通鉴长编》和《宋史》等不载的史料,亦可用以纠正上述两书的某些舛误。四库馆臣认为"宋人私史,卓然可传者,惟称与李焘、李心传之书而三,固宜为考宋史者所宝贵矣"②。宋末元初马端临撰成《文献通考》,记载了上起三皇,下迄南宋嘉定年间历代典章制度的沿革,宋代部分取材于史传、臣僚奏议、稗官记录和两宋《国史》,其中许多内容亦多为《宋史》各志所未载,故明代宋史学者所采用的宋元史籍,多是精良可信的。

第二,明代宋史学者所选用的宋、元笔记有重要的史料价值。明代宋史学者选用的宋、元笔记,可分为三类。

---

① 永瑢,等:《四库全书总目》卷47《续资治通鉴长编》提要,中华书局1965年版,第423页下。

② 永瑢,等:《四库全书总目》卷50《东都事略》提要,中华书局1965年版,第449页中。

其一，考订辨正类笔记。如宋代沈括的《梦溪笔谈》、洪迈的《容斋随笔》、王应麟的《困学纪闻》等，这类笔记多于叙事之中，间杂考辨；或于考辨之外，兼记杂事，辨正多精，因此史料价值很高。

其二，历史琐闻类笔记。如宋代司马光的《涑水纪闻》、欧阳修的《归田录》、李廌的《师友谈记》、王辟之的《渑水燕谈录》、邵伯温的《闻见录》，以及元人陶宗仪的《辍耕录》、刘一清的《钱唐遗事》等，这些笔记偏重于辑录宋代史料、朝廷故实，尤其是南渡的一些士大夫往往着意于追述北宋旧闻、名臣言行，记述汴京政局、民情风俗，因此其详确近于实录。例如王辟之《渑水燕谈录》记述北宋的轶闻掌故，对富弼、韩琦、司马光、范仲淹等文臣和曹彬、王德用等武将的事迹，屡屡道及。又如邵伯温《闻见录》追述北宋故事，也大都信实可靠。王明清的《挥麈录》，真实而具体地记述了北宋末、南宋初的许多史事。叶绍翁的《四朝闻见录》记载南宋高宗、孝宗、光宗、宁宗四朝轶事，每条设立标题，其中关于韩侂胄其人的史料最详，书中有关南宋朝政、典制方面的记载，是考察南宋史事所不可缺少的重要史料。叶梦得的《石林燕语》则以记载宋代典制、故实见长。元代陶宗仪的《辍耕录》记述宋末的掌故和诗文，保留了许多可贵的史料；刘一清的《钱唐遗事》杂采宋人诸笔记而成，虽是照抄原文，但借此保留了大量反映了南宋故事的史料。

其三，小说故事类笔记。例如洪迈的《夷坚志》、张师正的《括异志》、毕仲询的《幕府燕间录》等，书中虽杂有一些神怪异闻类的糟粕，但因其保留了许多重要的轶闻、掌故、方言、民俗和医药等史料，亦有可取之处。宋代笔记以小说故事类最为发达，明人对其价值也有中肯的评价："唯宋则出士大夫手，非公余纂录，即林下闲谭。所述皆生平父兄师友相与谈说，或履历见闻、疑误考证；故一语一笑，想见先辈风流。其事可补正史之亡，裨掌故之阙。"① 可见，由于这类笔记多就见闻所及来记述本朝的轶事和掌故，内容较为真实，史料成分较多，其价值不可忽视。

概言之，明代宋史学者之所以选用众多宋、元笔记作为史料参考或凭据，正是因为宋、元笔记中保留了大量不见于正史或比正史记载更加翔实的

① 桃源居士：《五朝小说》卷首《序》，上海文艺出版社 1991 年版。

史料。对于这些笔记，如若细加采择，剔除其语涉神怪之处，去伪存真，则又是一个储量丰富的史料宝藏。

第三，明代宋史学者积极利用新发现的史料，补充、纠正《宋史》记事的疏舛。例如，利用《宋史》馆臣未曾参考过的邓光荐《填海录》①、文天祥《指南录》诸书。这两部书均为邓光荐、文天祥于南宋覆亡之际所撰述的历史纪实，可以纠正《宋史》相关史事之误②。以文天祥《指南录》为例，书中载文天祥"官止枢密使同都督诸军"，后"虽尝拜相，力辞不受"，而元修《宋史》称"文公天祥为右丞相"，两书记载不同。由于《指南录》为文天祥所自著，所载为作者亲闻亲历，当是实录，所以应以《指南录》所载为是。

第四，明代宋史研究者关注史学研究的前沿动态，积极吸收利用本朝人的最新研究成果。例如所利用的杨士奇《历代名臣奏议》、商辂《续资治通鉴纲目》、邱濬《世史正纲》、刘定之《宋论》、宋端仪《考亭渊源录》、李东阳《通鉴纂要》、金濂《诸史会编》、柯维骐《宋史新编》、唐顺之《史纂左编》等文献，都是明人史著。另外，他们还将史料采择的视野从史著、野史笔记扩大至游记。例如，由于明人田汝成的《西湖游览志》及《志余》在记载湖山之胜以外，"实则关于宋史者为多"③，尤其是辑录了大量南宋偏安一隅的史事，所以明代宋史学者也频频引用其中史料。明代宋史学者以本朝人的研究成果作为宋史研究的史料凭据，借鉴前贤智慧，或参考，或吸收，充分显示了他们在史料学方面的开阔理念。

正如此前对明代宋史学者援引史料所作分类显示的那样，明代宋史学者明确各类史料的价值，各择所需，在宋史研究的史料爬梳和利用方面，不遗

---

① 按：据《元史》卷156《张宏范传》、《明一统志》卷56《邓光荐》、《四库全书总目》卷166《淮阳集》提要载："邓光荐，南宋遗民。庐陵人，举进士，官至礼部侍郎。南宋亡，被元将张宏范所俘，至南京得释，归故山以没。"关于《填海录》，据明人程敏政在《篁墩文集》卷37《书文丞相真迹后》所云，此书载"宋亡之事"，其中尤详"海上之事"。按：《宋史》卷451《陆秀夫传》："（元）至元十六年二月，厓山破，（陆）秀夫度不可脱，乃杖剑驱妻子入海，即负王赴海死。……秀夫海上时，记二王事为一书，甚悉，以授礼部侍郎邓光荐。曰：'君后死幸传之。'其后厓山平，光荐以其书还庐陵。大德初，光荐卒，其书存亡无从知。故海上之事，世莫得其详云。"疑此书为邓光荐据陆秀夫所授之书订补而成。

② 程敏政：《篁墩文集》卷37《书文丞相真迹后》，文渊阁《四库全书》本。

③ 永瑢，等：《四库全书总目》卷70《西湖游览志》提要，中华书局1965年版，第618页上。

余力。他们这种广搜博采的史料学识见为其进一步从事宋史研究打下了良好的基础，保证了宋史著述的质量，为宋史研究作出了重大贡献。

第三节　对《宋史》的增补和纠谬

元修《宋史》存在着众多缺漏，明代宋史学者在撰述宋代史事时，着意于针对《宋史》史料进行增补和考辨，从而在一定程度上修订了元修《宋史》，使对宋代史事的修撰渐臻完善。

一、增加南渡诸事

清代学者钱大昕批评《宋史》有四弊，其中之一即"南渡诸臣传不备"。钱大昕说："《宋史》述南渡七朝事，丛冗无法，不如前九朝之完善，宁宗以后四朝，又不如高、孝、光三朝之详。盖由史臣迫于期限，草草收局，未及讨论润色之故。如《钱端礼传》末云孙象祖自有传；《王安节传》云，节度使坚之子；《吕文信传》云，文德之弟。是钱象祖、王坚、吕文德三人，本拟立传，而今皆无之，可证其潦草塞责，不全不备矣。"① 又云："世人读《宋史》者，多病其繁芜，予独病其缺略。"② 近人柴德赓也指出："以人才论，南宋作者如林，可传者不在少数，修史诸臣仅根据王偁《东都事略》，《文苑传》略加补充，挂漏甚多。如刘克庄一代作家，著作甚富，《宋史》竟未列传，其他可知。"③ 其实，对于《宋史》存在的这些缺漏，明人早有认识，并曾作出积极的修订。例如成化年间参加过《续资治通鉴纲目》撰述的程敏政，就对《宋史》不载或误载的宋代史事进行了补充和纠谬。他说："予修《宋元纲目》，因参考史传，得合州守张珏首末，重其谋国之忠，死国之义，实与文公相先后者，恨旧史书法多晦，而珏之心事不尽白也，因数大书其名于纲，详其事于目，自谓可补前史之阙，而不知公实为珏后也，抚卷之际，为之惘然。"④ 明人对此所作出的努力虽不能说从根本

---

① 钱大昕：《十驾斋养新录》卷7《南渡诸臣传不备》，江苏古籍出版社2000年版，第145页。
② 钱大昕：《潜研堂文集》卷29《跋三山志》，《四部丛刊初编》本。
③ 柴德赓：《史籍举要》，北京出版社2002年版，第178页。
④ 程敏政：《篁墩文集》卷37《书文丞相真迹后》，文渊阁《四库全书》本。

上完善了关于宋代史事的撰修，但其开山之功是应该予以重视的。

明代宋史研究的成就中，可以补充南宋史料的传记类和杂史类著述主要有以下几部。

程敏政于成化十五年（1479年）著成《宋遗民录》15卷，围绕宋遗民王炎午、谢翱、唐珏三人事迹而撰。程敏政因三人于《宋史》未载，"而其平生著述，兵燹以来，又多沦丧，独其唱和称述之间，见于诸家别集中者，犹可考也"①，所以哀集诸家别集中为三人所作之诗文，及三人之遗文，同时附录与三人意气相投之人，即张宏毅、方凤、吴思齐、龚开、汪元量、梁栋、郑思肖、林德旸等八人事迹。

成化间，丁元吉辑《陆右丞蹈海录》一书，系收集《宋史》本传、龚开所作《传》、黄溍所作《年谱》、诸家题咏、陆秀夫遗文两首、《桑海遗录序》、《大忠祠碑》及祭文一首而成，集中反映了陆秀夫的个人事迹。

嘉靖年间，朱希召所著《宋历科状元录》，在著录宋代历科状元名录的同时，对其生平事迹略述梗概，所引之书有正史、野史、笔记、小说、方志、政书、家谱、文集等，凡75种，涉及宋、元、明人的著述。其中为王容等人所作的传记，可补《宋史》之缺。

天启间，吕邦燿的《续宋宰辅编年录》，广采正史及诸家文集，并稗官小说，所记起于宁宗嘉定九年（1216年），终于卫王昺祥兴二年（1279年），亦可为南宋补充史料。

这种以传记形式记载个人事迹的，还有永乐间崔子瓅、崔晓增所辑《宋丞相崔清献公全录》。是书乃记载其五世祖崔与之遗事、遗文之作，收有崔与之所撰写的《言行录》、《奏札诗文》、理宗御札及诸家诗文。又有嘉靖间徐阶所纂《岳集》、万历间徐缙芳所辑《宋忠武岳鄂王精献公全录》等，均为南宋人物传记资料很好的补充。

此外，杂史类中，成书于弘治年间不著撰人名氏的《厓山集》，博采宋季事迹，以及后人诗歌题咏，翔实记载了南宋末帝端宗赵昰、赵昺逃至厓山的轶闻细事。前有《图像》、《赞文》，后有明人吴城所撰之《跋》，主体分《帝纪》、《诏敕》、《事迹》、《杂录》等目按类记事，所记南宋末年史实较

① 程敏政：《宋遗民录》卷首《宋遗民录序》，明嘉靖年间程威等刻本。

他书尤为详尽。陈霆撰成于嘉靖二十二年（1543 年）的《宣靖备史》因《南烬纪闻》、《窃愤录》、《宣和遗事》诸书，或失之野，或失之诬，因而蒐罗散佚，补充了宣和、靖康年间史之阙文。

纪传体史书中，柯维骐《宋史新编》在《年表》中增入宋末昰、昺两帝及文天祥、陆秀夫两丞相事迹。在《宗室传》中为理宗父荣王希瓐、度宗父福王与芮立传。于《后妃传》中为理宗贾贵妃立传。为以谏贬的胡梦昱、以死谏的陈洙、龚明之、翁蒙之、许迥、王迁、冯贯道、杨文脩，以及义不仕金的褚承亮等立传。于《叛臣传》中，增入刘整、留梦炎、郦琼、吕文焕、夏贵、范文虎等人传。

天启间，王惟俭撰《宋史记》，除了仿《宋史新编》于《宗室传》增入荣王希瓐，于《后妃传》增入理宗贾贵妃传，于《本纪》中增入端宗、帝昺二纪外，还增补了有关蒙古南下扰边及有关蒙古败绩的史实，其《凡例》称："理度而后，宋元纷争，史中于蒙古或入犯或败绩，全不书及，盖为本国讳也。今查各史一一毕书"。

明季钱士升《南宋书》，鉴于《宋史》于南渡之后事迹遗漏，补充南宋郑思肖等数人列传。正如清人席世臣为其所作《叙》中所说，《南宋书》主要于《列传》之中增补了《宋史》列传中所遗漏的史事，因而是增补宋史史料的重要史著。

二、对《宋史》记载的补遗

由于《宋史》成于众人之手，"检校既已难周，又大旨以表章道学为宗，余事皆不甚措意"①，因而"简帙虽繁，然其间事迹尚有逸漏者"②。清人钱大昕亦说："世人读《宋史》者，多病其繁芜，予独病其缺略。"③ 这些都成为明代宋史研究者纠补《宋史》的重要原因。例如嘉靖间进士柯维骐为此而重修宋史，竣成《宋史新编》200 卷。四库馆臣评价此书曰："纠谬补遗，亦颇有所考订。"④《宋史新编》在订补《宋史》记载的遗漏缺失，务

① 永瑢，等：《四库全书总目》卷46《宋史》提要，中华书局1965年版，第412页中。
② 邵经邦：《弘简录》卷首《凡例》，清康熙间刻本。
③ 钱大昕：《潜研堂文集》卷29《跋三山志》，《四部丛刊初编》本。
④ 永瑢，等：《四库全书总目》卷50《宋史新编》提要，中华书局1965年版，第454页下。

使史事记述完整方面，颇有成绩可以赞述，兹略举数端予以说明：

（一）充实《宋史·本纪》的内容。柯维骐准两《汉书》之例，增入诏令。《宋史新编》凡例称："旧史《本纪》不载诏令，盖袭《新唐书》之失也。我朝洪武大臣修《元史》，《本纪》准两《汉》体，可为修史者之法，今依之。"另外，元修《宋史》中，太祖诸帝纪均冠加谥于首，载备初谥于末，独太宗、仁宗、英宗、神宗四纪不载加谥，《宋史新编》则依《太祖纪》之例，特为补入。

（二）充实有关志书内容。《宋史新编·凡例》云："旧史《天文志》纪变异，削事应，谓以欧阳《五代史》为法，《五行志》又主汉儒，存事应，且谓欧阳《唐书》有采焉，何其相矛盾邪？今按宋《国史》，东都《天文志》及中兴《天文志》，录其占测合时事者，庶不失《宋史》之旧，亦与《五行志》例同，若皇祐、宣和仪象，其制与累朝殊。又刻漏以正辰刻，与浑仪相表里，并不宜分载《律历志》，今参详而类附之，以备一代制作云。"《宋史新编·选举志》中则增补了"仁宗赐进士王尧臣等《中庸》、王拱辰等《大学》"之事；此事关系濂洛之学所由启，而《宋史新编》尤重表彰道学，自然不可缺编。《宋史新编》于《地理志》中还增载了"保和"、"宝箓"二宫，因二宫内曾发生乱政之事，所以应仿旧史记载"延福"、"艮岳"二宫之制，并载史册。《宋史新编》于《礼志·南郊篇》补入宋高宗绍兴十三年（1143 年）诏太祖、太宗定配之事；补入宋高宗所撰之《赞》，以及宋理宗崇封诸贤，制《道统赞》一事。此外，于《律历志》中，还补入了林钟、太簇分数的二十余言。

（三）补充《列传》的内容。《宋史》中史实的遗漏比比皆是，不胜枚举。《宋史新编》对此做了大量的补足工作。

第一，补足遗漏的传主著述。例如，程颢和张栻均为宋代重要的理学人物，一生撰写了大量的著作阐述自己的理学主张，但元修《宋史》在《程颢传》和《张栻传》却不载其理学著述，这是不合理的，不利于学者系统了解程颢和张栻的理学成就。此外，就传记的体例而言，凡传主有著述者，在传记中都要提及。针对《宋史》的这一缺点，《宋史新编》特意在卷一六一《道学列传》之《程颢传》补载其著述："所著《定性书》实开圣学之秘，与《太极图说》相表里，天下学者咸传诵之。"在卷一六二《张栻传》

中补载张栻著述："所著有《论语说》、《书、诗、孟子、太极图说》、《经世编年》等书。"

第二，补足重要传主的封谥。如《宋史》卷二四二《后妃列传》之《杨淑妃传》中，缺少杨淑妃的封谥，《宋史新编》特于卷五九《后纪列传》之《章惠杨皇后传》中补入。（按，真宗章献刘皇后薨，遗命仁宗尊杨淑妃为皇太后，杨皇后年五十三而薨，仁宗念其保护之恩，特优典礼谥曰"庄惠"，后又改"庄"为"章"）又如，《宋史》卷四七三《奸臣列传》之《秦桧传》缺载宋理宗谥其"谬狠"一事，《宋史新编》于卷一八七《奸臣列传》之《秦桧传》补载："宝祐二年，理宗复命太常厘正，谓辅臣曰：谥'谬狠'可也。"再如，《宋史》卷三五八《李纲列传》中，不载孝宗赐"忠定"谥一事，《宋史新编》卷一二五《李纲列传》补载之。再如，《宋史新编》卷一一八《刘安世传》补载孝宗赐"忠定"谥；卷一二九《岳飞传》补载理宗改谥"忠武"；卷一五三《徐荣叟传》补载谥"文靖"；卷一四八《吕祖俭传》补载赐谥"忠"。

第三，补足重要的奏疏。例如《宋史新编》卷一八六《奸臣列传》之《蔡京传》补载方轸之疏，如下：

> 太庙斋郎方轸上书论京，请诛之，其略曰："蔡京睥睨社稷，内怀不道，善则称己，过则称君，必欲陛下敛天下之怨而后已。又使子攸日以花石禽鸟为献欲愚陛下，使不知天下治乱，臣以为京必反也。"

第四，补足传主或与传主相关的重要言论。例如《宋史新编》卷一六四《儒林列传》之《胡瑗传》补载程颐对胡瑗弟子的称赞："安定之门人往往知稽古爱民于为政也。"卷九九《范仲淹传》特补载范仲淹名言："士当先天下之忧而忧，后天下之乐而乐也。"卷一○○《赵抃传》补载赵抃斥责王安石之语："君言失矣，皋、夔、稷、契之时，有何书可读！"

第五，补足传主事迹。例如《宋史新编》卷一六一《道学列传》之《程颢传》补载程颢"尝为安石条例司官属，颐撰行状讳之"一事；该卷《程颐传》又补载如下史事："神宗丧未除，冬至，百官表贺，颐乞改贺为慰。既除丧，有司请开宴，颐言：'除丧设宴，是喜之也。'苏轼素疾颐不近人情，至以俚语相侮，颐门人贾易、朱光庭不能平，上疏攻轼。胡宗愈、顾临因颐议更张国子条制及请经筵坐讲不合，连章劾颐不宜用。……颐坐窜涪州，李清臣、尹洛即日迫遣，徽宗立移峡州，俄叙复，又夺于崇宁。党禁弛，复宣义郎，致仕，卒于家，年七十五。……世称伊川先生，高宗诏赠直龙图阁。……赐谥曰'正公'，封伊阳伯，从祀孔庙。"卷一二九《岳飞传》补载"汾州进士智浃、建州布衣刘允升各上书讼冤，智浃编管袁州，允升下狱死"一事。卷一八九《叛臣列传》之《李全传》补载海陵簿吴噩骂李全而死，以及李全之子李璮自元来归赎父过两事："海陵簿吴噩骂贼而死，各褒赠，录噩一子。杨氏窜归山东，数年而后毙死。全子松寿又名璮，仕元为江淮大都督，亦尝窥海道，犯淮安。景定三年，以涟海三城来归，献山东郡县，请赎父过，诏授璮保信宁武军节度使，封齐郡王，复全官爵。"卷五九《后妃列传》之《郭皇后传》补载郭皇后暴薨，"礼官张洞请祔庙，知制诰刘敞力辨其不可，事竟寝"一事。卷六〇《全皇后传》补载陈、朱二夫人及二姬死节一事："后之至燕也，内宫皆从。越数日，安定夫人陈氏、安康夫人朱氏同二小姬沐浴、整衣、焚香，自缢死。朱夫人遗诗衣中，云：既不辱国幸免辱身，世食宋禄羞为北臣，妾辈之死守于一贞，忠臣孝子期以自新。元主忽必烈命断其首，悬全后寓所。"卷一六四《儒林列传》之《胡瑗传》补载胡瑗分斋教学之事："其科条纤悉毕具，有经义治事斋。庆历中兴太学，下湖州取其法，著为令。召为诸王宫教授，辞疾不行。"胡瑗的教学方法，分经义、治事两斋，经义斋是"明体"，学习的内容主要是儒家的经典；治事斋是"达用"，学习的内容主要是技术性的实学知识，包括治民（民政）、治兵（军事）、水利、算历等，目的在于为各职能部门培养掌握一定技术的实用人才。诸如此类，《宋史新编》悉为补入。

另外，《宋史》列传中之名臣，多缺书享年，而对于一些事迹平平的人物，却多有生卒之年。对此，《宋史新编》作了恰当的调整，删削声名勋业乏有可陈者，同时增补大批名臣名儒的享年。所补名臣如寇准、吕夷简、欧阳修、韩億、余靖、宋绶、晏殊、宋庠、宋祁、薛奎、鲁宗道、王尧臣、曹利用、曹玮、赵鼎、张浚、韩世忠、赵汝愚、张世杰、龚茂良、胡铨、狄青、郭逵等；名儒如张载、陆九渊、尹焞、孙复、胡瑗、苏洵、苏舜钦、石介、刘敞、刘子羽等。

《宋史新编》所补之史料还不限于此，补充《宋史》缺漏的记载是《宋史新编》增益《宋史》着力最大的地方，其史料价值也显而易见。

除柯维骐《宋史新编》外，天启间学者王惟俭的《宋史记》于此也颇有贡献，具体说来，如：

补充《本纪》的内容，将旧史诸《志》及其他书中关于诏敕之文，统统收入《本纪》之中。

补充《年表》内容，增加南唐诸国及辽、金等三《表》。

补充《列传》内容，例如于《后妃传》中，增入理宗之妃贾贵人的传记，于《宗室传》中增加荣王希㳍的传记，并增加辽、金二国传记。

此外，仿效司马迁《史记》的做法，增入有关奏疏、辨难的内容，并且全文具录，以便览者了解史事之始末，评论之褒贬。

王惟俭于《宋史记》中，还补充了一些必要的史实。例如，元修《宋史》中，"王侯卦甍，多不书及"；"西夏势均敌国，安南远在殊俗，而受我名封，亦当毕书"，《宋史记》对此两项都作了相应的补充。再如，增补元修《宋史》对于蒙古史事忌讳之处。《宋史记》还留意一些细节问题，例如鉴于《后汉书·灾异志》有郡国之数而无其名，记载不得当，王惟俭汲取其中教训，于《宋史记》中皆明书郡国之名称。

明代宋史学者针对《宋史》史料所作出的扩充补遗，在一定程度上弥补了《宋史》的缺憾，为后世史家进一步查漏补缺奠定了基础。

三、对《宋史》记载的考异纠谬

明修宋史的许多著作，在叙述宋代史事时，还注意对元修《宋史》有关记载进行考辨和纠谬，以求记述之真。例如柯维骐的《宋史新编》利用本证法考证《宋史》史料，或存疑阙疑，或以理情为据，或依据本传，表现了审慎的态度。又如薛应旂、王宗沐等撰述"通鉴体"宋史著述，亦重视史事的考异，认为史书撰述一定要"致旌别覆实之旨"，因而注意"采择全史"①，"博采旧闻，参考众论，传信传疑"②，于排比史料之中，对其异同之处进行分析考证，从事了大量的比事考异工作。其所使用的考证方法较为完备，普遍运用了以下五种方法进行史料的考证。

---

① 王宗沐：《宋元资治通鉴》卷首《凡例》，明吴中珩刻本。
② 薛应旂：《宋元通鉴》卷首《义例》，明嘉靖四十五年（1566 年）自刻本。

（一）用《宋史》本纪和列传参互考证，少数服从多数。例如，《宋史》卷二二八《张去为传》载，宦官张去为阴沮用兵，进幸蜀之计，侍御史杜莘老乞斩去为，以作士气。在此之前，杜莘老还曾弹劾张去为取御马院西兵二百人，髡其顶发一事，令其致仕，杜莘老本人也因而补外。然而据《宋史》卷三八三《陈俊卿传》记载，弹劾宦官张去为阴沮用兵一事的人是陈俊卿，丝毫没有提及杜莘老。《宋史》卷三八七《杜莘老传》中也只记载杜莘老弹劾内侍张去为取御马院西兵二百髡其顶一事而令其致仕，并非源于张去为阴沮用兵。此外，《宋史》卷三二《高宗本纪》里载"殿中侍御史陈俊卿言，内侍张去为窥权挠政，乞斩之以作士气"，又载"殿中侍御史杜莘老劾内侍张去为，帝不悦，去为致仕，出莘老知遂宁府"。对于众说之异同，柯维骐《宋史新编》卷一八四《张去为传》将关于此事的记载厘正如下：

> 高宗末年，去为颇恃恩干外朝，谋议金人叛盟，阴沮用兵，进幸蜀之计。宰相陈康伯力非之，侍御史陈俊卿乞斩去为，以作士气。杜莘老复以髡兵事弹治，乃致仕。

又如，《宋史》卷三二八《王厚传》载，徽宗赐陇拶姓名曰赵怀德，在未弃湟、鄯两州之前；而《宋史》卷一九《徽宗本纪》、卷四九二《外国传》均载赐姓名在弃两州之后。柯维骐《宋史新编》卷一○七《王厚传》依据《本纪》和《外国传》之说，厘正为如下记载。

> 元祐弃河、湟，厚上疏陈不可，且诣政事堂言之，不听。绍圣中用荐者换礼宾副使幹当熙河公事，会羌酋瞎征、陇拶争国，河州守将王赡与厚同献议复故地。元符中出师连降二酋，遂定湟鄯进厚东上阁门副使、知湟州。既而他种叛，合兵来攻，厚不能支。朝廷遂弃二州，赐陇拶姓名曰赵怀德。

（二）本证，用《宋史》各传参互考证，以本传为据。例如《宋史》卷三七三《洪皓传》载："（洪皓）至南雄州卒，年六十八。死后一日，桧亦死。帝闻皓卒，嗟惜之，复敷文阁学士，赠四官。"而同卷《洪适传》① 却载："皓归，忤秦桧，出知饶州，适亦出为台州通判。垂满，皓谪英州，适复论罢，往来岭南省侍者九载。桧死皓还，道卒。"一篇之中，自相抵牾。

---

① 按：洪适，洪皓长子，事迹附《宋史》卷373《洪皓传》。

王宗沐撰《宋元资治通鉴》卷三五，关于此事的记载厘正为："丙戌以董德元参知政事，秦桧门人皓居英州，九年始复朝奉郎，徙袁州，至南雄州卒，卒后一日秦桧死。"可见是以《洪皓传》记载为准的。

《宋史》卷三四〇《刘挚传》载刘挚之死，是由于文及甫寄给邢恕的一封信中，诬陷宰相刘挚等怀有谋危宗社之心。信中说："改月遂除，入朝之计未可必。当涂猜怨于鹰扬者益深，其徒实繁。司马昭之心，路人所知也，济之以'粉昆'，必欲以眇躬为甘心快意之地，可为寒心。"信中所谓司马昭者，指刘挚独当国久；"粉昆"者，俗称驸马都尉为"粉侯"，韩嘉彦尚主，是以其兄韩忠彦为"粉昆"；眇躬，乃文及甫自谓。这封信被邢恕拿给蔡硕、蔡渭等人看，于是蔡渭等上书说刘挚等十余人谋危宗社，并以文及甫书为证。关于此信内容，《宋史》卷二〇〇《刑法志》载："毕禅当求外，入朝之计未可必，闻已逆为机阱，以榛塞基涂，……司马昭之心，路人所知，……济之以粉昆，朋类错立，欲以眇躬为甘心快意之地。"其辞与《刘挚传》所载不同。对此异文，王宗沐仍以本传为据，《宋元资治通鉴》卷二〇依据《刘挚传》将其原文迻录。

又如《宋史》卷四七〇《姜特立传》载宰相留正上疏乞罢姜特立一事，其中记载与《宋史》卷三九一《留正传》间有不同。柯维骐《宋史新编》卷一四五《留正传》以本传为准，只取《宋史·留正传》中的记载。

（三）明确史料产生的背景或来源，以更为接近史源的材料为依据。或者说，从专类记载或零散资料的角度来考虑取舍，凡涉及专门问题，则以专类记载的史料价值为高。例如《宋史》卷二八《高宗本纪》载："岳飞急攻湖贼水砦，贼将陈瑫降，杨太赴水死，余党刘衡等皆降。飞急击夏诚，斩之。丁巳，湖贼黄诚斩杨太首，挟钟子仪、周伦诣都督府降。"《宋史》卷三六八《牛皋传》则云："杨么先举钟子仪投于水，继乃自仆，皋投水擒么。"对此异文，《宋史新编》以《牛皋传》为准。又如《宋史》卷一七九《食货志》载："孟庾提领措置财用，请以总制司为名，又因经制之额增析而为总制钱，而总制钱自此始矣。"《宋史》卷四四七《陈遘传》载："时县官用度百出，遘创议度公私出纳，量增其赢，号'经制钱'。其后总制使翁彦国仿其式，号'总制钱'。于是天下至今有'经总制钱'名，自两人始也。"《宋史新编》依《宋史·食货志》。又如《宋史》卷四七一《奸臣列传》之《安惇传》载："又鞫邹浩事，檄广东使者钟正甫摄治之于新州，士大夫或千里会逮，踵塞序辰初议，阅诉理书牍，被祸者七八百人，天下怨疾，为二蔡、二惇之谣。"《宋史》卷二〇〇《刑法志》与其所载不同，《宋史新编》卷一八六《安惇传》依《宋史·刑法志》，载为："塞序辰建看详诉理之议，章惇迟迟未应，卞即以二心之言迫之，惇默不敢对，即日置局，大夫得罪者八百三十家。"又如元马端临《文献通考》卷二九八云，嘉泰元年三月，临安大火，四日乃灭。又四年三月，临安大火，延及太庙。《宋史》卷三八《宁宗本纪》及明李东阳《历代通鉴纂要》所载均与之相同，而《宋史·五行志》却记载为"嘉定"年间，有一字之误，《宋史新编》依据早于《宋史》撰出的《文献通考》改定。再如王十朋为起居舍人，同起居郎胡铨奏四事，有文集可考，而《宋史》卷三八七《王十朋传》误以"同"为"除"，《宋史新编》据《王十朋文集》改。从以上这些例子，不难看出《宋史新编》以接近史源的史料或以专类记载的史料为依据的取舍标准。

（四）理证，以情理或道义为据。王宗沐善于以理证法来考辨史料。例如，北宋宇文虚中仕宋官至资政殿大学士，建炎二年（1128 年），金兵南下，徽、钦两帝被俘，宇文虚中以"祈请使"的身份出使金国，被金扣留而降金，官礼部尚书、翰林学士承旨。为金规划取江南之策，又为制定官制礼仪，参与机要，被金人称为"国师"，后来金廷疑其谋反，杀之。《宋史》卷三七一《宇文虚中传》中记载，其死后，宋孝宗淳熙年间赠谥"肃愍"，赐庙"仁勇"。与这种褒奖相反的是，《金史》卷七九在《宇文虚中传》的后赞中，贬低其为"反复之人"。王宗沐认为其指责合乎情理，遂于《宋元资治通鉴》中采纳《金史》的记载。

再如，《宋史》卷三一〇《王曾传》载，宋真宗死后，王曾奉命入殿起草遗诏，"以明肃皇后辅立皇太子，权听断军国大事"。丁谓得知后，入殿增"权"字。王宗沐认为，宰相丁谓依附明肃皇后，玩弄权术，希旨谄媚，在此关键时刻，只可能将王曾所写的"权"字去掉，而不可能增入。否则的话，就与前相李迪因奏请法治只敬明肃皇后，不敬真宗的人，而最终罢相的事实相矛盾。据此，王宗沐判断，"增"字为传写之误，并在所撰《宋元资治通鉴》卷七中将"增"改为"去"。这是王宗沐从情理出发，根据丁谓的为人以及客观情况作出的判断。

又如,《宋史》卷四八五《夏国传》记载宋仁宗庆历元年二月,好水川之败,死者人数达 10300 人,而《宋史》卷三二五《任福传》则称将校死者数十人,士死者 6000 人。王宗沐根据此次战事的主要负责人陕西经略安抚副使韩琦,被降职一事,判断出事实决非如《任富传》所言,从而在其《宋元资治通鉴》卷九中,采用了《夏国传》的记载。

(五) 存疑。并非所有史料都可以根据以上方法作出决断,因此在无法判断孰是孰非的情况下,明代宋史学者采取了存疑的处理方式。如商辂《续资治通鉴纲目·凡例》云:

> 凡事迹悉据正史 (谓《宋》、《辽》、《金》、《元》史及《皇明实录》),正史或有阙略异同,参取宋《长编》、元《经世大典》等书增入订正,或事有可疑,正史不载,而传闻彰著者,略述于目之末,以圈隔之,或出某人曰以为别,疑以传疑也。

柯维骐在撰写《宋史新编》时也采用了这种方法。他在参考《宋史》、《续通鉴纲目》、《世史正纲》等史料时,若发现各史料所载有异,同时又缺乏有力的证据来决定依违时,仍然遵从旧史不作改动,用以传疑。例如,《宋史》本纪和列传中的记载以文天祥为丞相,商辂等所修《续资治通鉴纲目》称其为枢密使,而在《宋史新编》中,柯维骐仍然沿用旧史称呼。又如,《宋史》记载宋端宗登基后改元景炎,并册封其母杨淑妃为太后,而《续资治通鉴纲目》与《世史正纲》载"册为皇太妃"。柯维骐认为《续资治通鉴纲目》与《世史正纲》的记载盖出于《填海录》,"然未可尽信也。今姑从旧史亦传疑云"[1],仍遵从《宋史》记载。

综上所述,明代宋史学者重视对《宋史》史料的考异纠谬,使得《宋史》记载更趋真实、完备,为宋史研究作出了重大贡献,亦为后世学者的进一步研究奠定了基础,提供了经验。

---

① 柯维骐:《宋史新编》卷首《凡例》,明嘉靖刻本。

第 四 章

明代宋史撰述中的编纂学

中国传统史学研究中的编纂学就是史学著作的编写方法问题。一般认为，它主要涉及以下三个方面。第一，史著的外部形式选择，就是通常所说的体裁。我国古代史籍体裁多样，早在《隋书·经籍志》时，就可见有十几种史书体裁的记载，此后又有不断的发展和增加，但总的来说，主要有四种体裁：编年体、纪传体、典制体和纪事本末体。第二，史著的内部结构安排。第三，史著内容的烦省处理和语言表述。后两者就是史书的义例和书法问题，就是通常所说的体例。体例名目甚多，就关系史书全局而言，如断限、标目、编次。此外，还有记时、记地、记人、载言、载文、征引、议论、注释等，都是重要的体例。刘知幾指出，"史之有例，犹国之有法。国无法，则上下靡定；史无例，则是非莫准"①，一语道出了讲究史书体例的重要意义，而中国古代的许多史家也正是刻意通过史著体例的处理，来表达自己的历史见解和史学观点。

元修《宋史》迁延六十余年②而成书，书成之日便受到杨维桢、陈樫等汉儒的指斥，矛头所指在于正统归属问题未厌人意③。至明，围绕着元修《宋史》的得失，学者们给予了积极关注，不仅认为《宋史》中的正统问题没有解决好，而且指出了《宋史》中史法不明、剪裁失当、编次欠精等体

① 刘知幾：《史通》卷4《序例》，辽宁教育出版社1997年版，第25页。
② 按：据《元史》卷181《虞集传》载，元至元十六年（1279年）元世祖忽必烈诏修宋史，但未见成绩；另据元欧阳玄《圭斋文集》载，元顺帝至正五年（1345年），《宋史》匆匆修成。
③ 详见本书第一章中《元修〈宋史〉的经过及存在的问题》。

例缺陷。学者柯维骐、黄佐、王洙等从历史观方面，即从正统归属问题上发表了对元修《宋史》的看法。柯维骐说，《宋史》"义例欠精，编次失当，而《宋》、《辽》、《金》三史并列，尤失《春秋》之义"①。黄佐的批评最为直接，说《宋史》"是非不公，冠屦莫辨"②。从史学发展的角度出发，学者秦鸣夏说："《宋史》成于元臣之手，其间有纪有传，有志有表，烨然称一代成书。顾其为卷凡四百九十有奇，其为言殆不下数百万，岂纪宋事者独宜详与？抑所谓不秽而有体者未之尽也？"③ 指出《宋史》剪裁不精，存在过于芜杂冗长的问题。许志陞也认为若只有史法而缺乏史料，则记载不会详备，而只有史料而不立史法，则史料堆积而无条理。他说："有史法无史事，则不核；有史事无史法，则不裁。"他又联系元修《宋史》进一步说道："欲治宋史，曷仿欧阳氏遗意，而错综布之？然非若欧阳氏其人，要领未易挈，主客未易辨，掛漏复可虞也。"④ 认为撰修宋史的人应该效法宋代欧阳修撰史讲究书法、明确体例的做法。但同时又忧虑当代没有人会具备欧阳修那样的史识，能够在体例方面处理得当，做到主次分明，轻重有别。邵经邦亦云："《宋史》本无凡例，徒应故事而作，未有一人据《春秋》之义，持笔削之任者，故其立例，一切蹈袭。"⑤ 这是从《春秋》书法的角度来要求《宋史》的。天启间王惟俭则径言："《宋史》烦芜"，并指出《宋史》失于编次者十常五六⑥。可见，对于元修《宋史》体例未精的批评终有明一代，并且重心逐渐从历史观念的层面转移到史学编纂体例发展完善的层面。

明代学者以当时的历史观念和史学标准来审视元修《宋史》，最终促成其纷纷构想和撰述新的宋史著述，在体裁、体例等方面进行改造，并多有创意。本章拟从三个主要方面来揭示明代宋史学者在历史编纂学方面的努力。

---

① 柯维骐：《宋史新编》卷末康大和《后序》，明嘉靖刻本。
② 柯维骐：《宋史新编》卷黄佐《宋史新编序》，明嘉靖刻本。
③ 王洙：《宋史质》卷首秦鸣夏《史质序》，台北：大化书局影印明嘉靖刻本，1977 年版，第 1 页上。
④ 许志陞：《宋史阐幽跋》，载《宋史阐幽》卷末。
⑤ 邵经邦：《弘简录》卷首《序》，清康熙间刻本。
⑥ 王惟俭：《宋史记》卷首《凡例》，清抄本。

第一节　明人重修宋史的断限与纪年

传统史家修史著述，注重在断限与纪年问题上的处理，因为这些问题均与皇朝统绪等政治问题关系密切，往往是引起人们注意和争论的焦点。以断限为例，史书若断代为史，就应明于断限，否则就是"骈指在手"、"附赘居身"①。可见，严于断限，能够起到使史著结构严整有序的作用。可是明代宋史学家在断限上的纠缠却关系着一种政治意义，也就是对元朝历史地位的认同问题。以纪年为例，自陈寿撰《三国志》以曹魏为正统以来，在纪年上区别正闰以明正统成为传统史学的重要编纂方法，此后，司马光撰《资治通鉴》以魏纪年，而朱熹撰《通鉴纲目》以蜀汉纪年，为刘备争正统。这其中又蕴涵了为各自所处皇朝之政治进行服务的目的。由此可见，古代史家在断限与纪年之争论，绝大多数是为了明"正统"、辨"僭伪"。明代宋史学家在宋史著述的断限和纪年上的一系列做法，也是正统观的突出表现。

一、关于宋史下限的几种看法

史书断限问题，指的是如何处理史书所记史事的起迄年代问题。历代史家著述，之所以讲求断限，裁断纪事范围，表明史法，申述史意，反映出史学家对历史的不同认识。

元人在《宋史》断限的记载方面，存在自相矛盾之处。一种观点，是以恭帝德祐二年（1276年）为宋朝的下限。这种观点是主流。《宋史》的许多记载都有所体现。例如在《宋史》卷二一〇《宰辅年表》中称："后七朝始建炎丁未，终德祐丙子，凡一百四十九年，居相位者六十一人，位执政者二百四十四人。"再如，《宋史》卷四七《瀛国公本纪》记载宋亡的情况："（德祐）二年……二月……辛丑，率百官拜表祥曦殿，诏谕郡县使降。大元使者入临安府，封府库，收史馆、礼寺图书及百司符印、告敕，罢官府及侍卫军……"这是元朝政权取代赵宋政权的一种正式的政治交接。紧接着，元人对此事发表了一篇史论："赞曰：司马迁论秦、赵世系同出伯益。夫稷、

契、伯益其子孙皆有天下，至于运祚短长，亦系其功德之厚薄焉。赵宋起于用武，功成治定之后，以仁传家，视秦宜有间矣。然仁之弊失于弱，即文之弊失于僿也。中世有欲自强，以革其弊，用乖其方，驯致棼扰。建炎而后，土宇分裂，犹能六主百五十年而亡，岂非礼义足以维持君子之志，恩惠足以固结黎庶之心欤？"建炎元年（1127 年）高宗赵构重建赵氏政权至德祐二年（1276 年）临安失陷，凡 150 年，经历了高宗、孝宗、光宗、宁宗、理宗、度宗、恭帝七朝。然而元人既肯定赵宋政权存在 150 年[①]，却又称六主，应该是没有把被元册封为"瀛国公"的恭帝算进去，这从史目《瀛国公本纪》的名称中也可看出。称"瀛国公"而不称"恭帝赵㬎"，称宋末两帝赵昰、赵昺为两"王"而不称帝号，表现出只承认瀛国公以前的政权为正统皇朝。然而再看《宋史本纪》立目，起于宋太祖，终于宋瀛国公，并将宋末两王列于其后。既然在本纪中为瀛国公安排了位置，那就是承认了他的正统地位，因为自班固创立纪传体断代史《汉书》以后，本纪的意义具有指示天下政治中心的作用，内容专记权力中心皇帝的所言所事，是一代皇朝终始的标志。如果再进一步对这种情况进行剖析，其又有矛盾可寻：既在《本纪》标目上不承认受元降封的恭帝政权是合法政权，并屡称宋有"六主"，又在史书记载中，承认宋享国 150 年，屡称宋于恭帝德祐二年（1276 年）灭亡。但无论如何，他们以"宋恭帝德祐二年"作为宋亡之年。

另一种观点，是以帝昺祥兴二年（1279 年）为宋朝的下限。《宋史本纪》纪事起于宋太祖赵匡胤建隆元年（960 年），并追溯其出生及先世事迹于后唐；止于赵昺祥兴二年，元军攻破厓山，陆秀夫负帝昺投海。《宋史》卷四七《瀛国公本纪》卷末载："陆秀夫走卫王舟，王舟大且诸舟环结，度不得出走，乃负昺投海中。……杨太后闻昺死，抚膺大恸曰：'我忍死间关至此者，正为赵氏一块肉尔，今无望矣！'遂赴海死。……已而世杰亦自溺死，宋遂亡。"这与第一种观点明显相左。

对于这种体例的混乱和矛盾的记载，清人赵翼说："《宋史·度宗本纪》后附瀛国公及二王。不曰帝而曰瀛国公，曰二王，固以著其不成为君，而犹

---

① 按：《宋史》卷 187《兵志·禁军上》亦称南宋存一百五十年而亡："建炎南渡……光、宁以后，募兵虽众，土宇日蹙，况上无驭将之术，而将有中制之嫌。然沿边诸垒，尚能戮力效忠，相与维持至百五十年而后亡。"此外，《宋史》的其他相关记载也体现着以德祐二年为宋亡之年版。

附于纪后,则以其正统绪余,已登极建号,不得而没其实也。"① 这种解释还是比较恰当的。正是元人在宋元之际正统皇权的归属方面,存在着矛盾认识,即观念与史实的冲突,才造成了这种断限体例上的杂乱。

明人重修宋史的热情,是受了"土木堡之变",以及此后明朝在抗击蒙古骚扰过程中屡屡战败,危情与宋朝颇相类似的刺激。因此他们对于元初政权的历史地位进行了重新认定。大多数认为宋祚一直延续至帝昺祥兴二年(1279年),力将元朝得正统的时间后移。为了说明宋瀛国公降元之后宋朝正统名分的延续,明代宋史学者在断限的具体纪事方面,亦颇多讲究,耐人寻味,现择取典型者分析如下。

第一,以帝昺祥兴二年(1279年)张世杰舟覆而死为宋亡的标志。例如,成化年间宪宗敕撰《续资治通鉴纲目》,《宋纪》部分"尽己卯宋帝昺祥兴二年";而《元纪》部分,则"起庚辰元世祖至元十七年(1280年)"②。《续资治通鉴纲目》卷二二载:"帝昺祥兴二年(原书小字注:元至元十六年,是岁宋亡),春正月元张弘范袭厓山,张世杰力战御之……二月张世杰与元张弘范战于厓山,世杰兵溃,陆秀夫负帝赴海死之,世杰复收兵至海陵山,舟覆而死,宋亡。"此处,商辂将元纪年附于宋纪年之下,以小字标出,亦是以示宋正统未绝。书中《凡例》对此已有说明:"凡中国为正统,夷狄不得纪元(辽、金、夏皆不纪,仿汉、唐例),及金、元得中原,然后分注纪年于宋年下(仿晋、魏例)。凡夷狄干统,中国正统未绝,犹系之中国,及夷狄全有天下(谓元世祖)中国统绝,然后以统系之。"③嘉靖间薛应旂撰《宋元通鉴》,亦以张世杰坠水溺死为宋亡标志④。之所以张世杰舟覆而死为宋亡标志,明人周礼认为:"然'宋亡'何以不书之'死之'之下,而书于'舟覆'之下?可见世杰不死,犹望兴复,至其死,而宋遂亡。则其惓惓于中国不尽绝人之心,为可见耳,书'宋亡'何?所以绍帝昺于太祖也,帝㬎北狩,宋未亡也,至此而亡矣,故特揭而书之,如《春秋》书'梁亡',《纲目》书'汉亡'同义。"⑤

---

① 赵翼:《廿二史札记》卷1《各史例目异同》,中华书局1984年版,第3页。
② 商辂,等:《续资治通鉴纲目总目》,明弘治十七年(1504年)慎独斋刊本。
③ 商辂,等:《续资治通鉴纲目》卷首《凡例》,弘治十七年(1504)慎独斋刊本。
④ 薛应旂:《宋元通鉴》卷118,明嘉靖四十五年(1566年)自刻本。
⑤ 周礼:《续资治通鉴纲目发明》卷22,明弘治十七年(1504)慎独斋刊本。

第二，以帝昺祥兴二年（1279 年）宋将梁起莘兵败降元，为宋亡之年。例如嘉靖年间柯维骐《宋史新编》中关于宋亡时间的记载："（祥兴二年二月癸未）……帝在占城，元主忽必烈诏追捕帝及陈宜中。宋之遗民推奉工部侍郎马南宝为帅副，以制置使黎德招讨使。梁起莘以迎驾起兵众至二十万，为元总管王守信所败，起莘降元，德与南宝皆死之。宋自建隆至是凡三百二十年而亡。"①

第三，以元世祖至元十九年（1283 年）文天祥之死为宋亡。例如，明正统年间刘定之（1409—1469 年）撰《宋论》，认为"文天祥……不屈死之，宋亡"②。此外，嘉靖间王宗沐《宋元资治通鉴》及万历间陈邦瞻《宋史纪事本末》纪事均止于文天祥之死，也含有此意。

由上可知，明代宋史学者虽大多数认为宋朝的下限应止于帝昺祥兴二年（1279 年），这在史著的标目上有所体现，但纪事方面却并非都以宋卫王赵昺的溺海为宋朝正统的正式结束。薛应旂所说，"宋祚一日未亡，当为一日正统"③。那么宋祚何时算亡？从明代宋史著述的具体纪事可以看出，明代宋史学者是以宋朝大臣继续努力的最终失败作为宋朝统绪的最后时限。他们所谓元人虽主中原，但人心犹思宋室，因而最后一线希望的破灭，才是宋祚结束的时间，是其决定宋史断限的共同标准。

二、宋史著述的纪年问题

中国传统社会的纪年方式，自西汉武帝以来，为名年建元④，即确定年号、改称元年，具有新民耳目、与民更始的意义。所以传《春秋》者曰："惟王者然后改元。"⑤ 这是论证政权合法性的重要依据，具有争名分，显正统的政治意义。传统史家认为在编年史中，用谁的年号纪年，关系到以谁为正统，摒谁为闰位的问题，也就是要通过编年以纪统绪⑥。例如司马光撰

---

① 柯维骐：《宋史新编》卷 14《帝昺本纪》，明嘉靖刻本。
② 刘定之：《呆斋存稿》卷 7《宋论》，明万历二十二年（1594 年）杨一桂补刻本。
③ 薛应旂：《宋元通鉴》卷首《义例》，明嘉靖四十五年（1566 年）自刻本。
④ 张燧："武帝立年号以纪元。"载张燧《千百年眼》卷 5《武帝纪元》；清人赵翼："年号纪元自武帝始。"载赵翼《陔余丛考》卷 25《年号重袭》。
⑤ 吴莱：《渊颖集》卷 5《改元论下》，《丛书集成初编》本。
⑥ 饶宗颐：《中国史学上之正统论》之《统纪之学》，上海远东出版社 1996 年版，第 7 页。

《资治通鉴》、朱熹撰《通鉴纲目》，都涉及这一问题。明代宋史学者在传统史学的影响下，也难以超脱这种传统的史学观念，仍然注重以纪年区分正闰的政治意义。

明人撰述宋史，在正统观和华夷之辨思想的影响下，彻底改变了元修宋、辽、金三史各为正统的做法。一方面，在纪传体宋史著述中尊宋朝为正统，将辽、金或列于《夷服》（如王洙《宋史质》。——笔者按），或归入《外国》（如柯维骐《宋史新编》、王惟俭《宋史记》。——笔者按）；另一方面，在编年体宋史著述的纪年方面，为表示统绪在宋，明人以宋朝年号纪年，尤其关注宋、元之际的纪年问题。

成化年间，明宪宗敕撰《续资治通鉴纲目》，旨在"诛乱讨逆，内夏外夷，扶天理而遏人欲，正名分以植纲常"①，因而于纪年方面规定"凡中国为正统，夷狄不得纪元（辽、金、夏皆不纪，仿汉、唐例）"②。这种编纂原则反映了宪宗时期，官方对于宋、辽、金各个政权的态度，即仅承认宋朝的正统地位，而体现在史书撰述上，就是要以赵宋政权的年号纪年，同时期的其他少数民族政权则纪年于宋年之下。此外，《续资治通鉴纲目》还规定："及金、元得中原，然后分注纪年于宋年下（仿晋、魏例）；凡夷狄干统，中国正统未绝，犹系之中国，及夷狄全有天下（谓元世祖），中国统绝，然后以统系之。"③ 可见，即使少数民族政权统治了中原地区，然宋祚未绝，也仍要将其年号注于宋纪年之下。例如《宋纪》卷一三，正文大书"绍兴元年春正月，以张俊为江淮招讨使，岳飞副之"，在"绍兴元年春正月"之下有小字分注金年号"金天会九年"。《宋纪》部分终于卷二二，是卷纪事"起乙亥宋帝㬎德祐元年，尽己卯宋帝昺祥兴元年，凡五年"，正文大书"帝㬎德祐元年春正月，葬永绍陵"，以提其纲要。对此，明人周礼发挥其中深意："大书德祐，何绍帝㬎于高宗也？是时宋祚奄奄垂绝，不断如线，而犹大书其年者，存正统也。帝㬎，度宗亲子，名正言顺，舍此安归？《纲目》揭德祐之元而大书之，然后正闰顺逆，各得其所，故曰统立于下，

---

① 商辂，等：《续资治通鉴纲目》卷首明宪宗《御制续资治通鉴纲目序》，弘治十七年（1504）慎独斋刊本。

② 商辂，等：《续资治通鉴纲目》卷首《凡例》，弘治十七年（1504）慎独斋刊本。

③ 商辂，等：《续资治通鉴纲目》卷首《凡例》，弘治十七年（1504）慎独斋刊本。

而人道正矣。此《纲目》书法之深意，学者所宜详察也。"① 意思是，宋朝虽大势已去，但其祚运尚存，所以仍需大书年号以存宋统。这是仿效朱子作《通鉴纲目》"因年以著统"②，"正统之年岁下大书，非正统者，两行分注"③ 的正统观指导下的编纂方法。

对于宋元之际"宋朝虽大势已去，但其祚运尚存"，而仍以宋朝纪年的做法，还表现在嘉靖末年薛应旂撰述的《宋元通鉴》中。薛应旂说："宋祚一日未亡，当为一日正统，故于世祖十七年混一天下始为元纪，自兹以前，则附于宋年号之下，此《续纲目》之义例，盖甚当也。"④ 隆庆初年，王宗沐撰述《宋元资治通鉴》也持相同看法。他说："辽、金、元三国皆夷，然元之修史，而三史并峙者，元为己地故也。元自至元庚辰以后，不得不以正统与之，固无容论，其辽、金与元世祖以前君亡具称国主名之，示不得与宋并夷之也，斯正统有所专矣。"⑤

在纪年方面，王宗沐还有独到的见解，认为"是书以编年为体，则于年号尤所关系"⑥。例如宋太宗即位于太祖开宝九年（976 年）十月，十二月改元大赦。元修《宋史》将此事记于太祖开宝九年之下，踰年则直称"太宗太平兴国二年"。明代商辂等人修《续资治通鉴纲目》，亦沿袭《宋史》的做法，称："凡得天下有救世之功者每进（原注：《纲目》于汉、唐皆然），宋得天下颇类唐，故开宝八年大书，如武德七年例。"⑦ 遂于《续资治通鉴纲目》卷二，大字书写"（宋太祖神德皇帝开宝）九年"之后，小字双行书写"十二月太宗皇帝太平兴国元年"，将改元一事载于此年十二月之下，大书："十二月大赦改元"，逾年径称"太宗皇帝太平兴国二年"。王宗沐认为，这样处理是使宋太宗纪年无元年，且一年而有二君。他主张应效司马光《资治通鉴》"唐武德元年"之例，去"开宝九年"而径称"太平兴国元年"，以为宋太祖可以无九年，而宋太宗不可以无元年。在《宋元资治

① 周礼：《续资治通鉴纲目发明》卷22，弘治十七年（1504）慎独斋刊本。
② 朱熹：《资治通鉴纲目》卷首《序例》，文渊阁《四库全书》本。
③ 周密：《癸辛杂识》后集《正闰》，中华书局1988年版，第98页。
④ 薛应旂：《宋元通鉴》卷首《义例》，明嘉靖四十五年（1566 年）自刻本。
⑤ 王宗沐：《宋元资治通鉴》卷首《义例》，明吴中珩刻本。
⑥ 王宗沐：《宋元资治通鉴》卷首《义例》，明吴中珩刻本。
⑦ 商辂，等：《续资治通鉴纲目》卷首《凡例》，弘治十七年（1504）慎独斋刊本。

通鉴》卷三"太平兴国元年"之下，王宗沐论曰："旧史以此年为开宝九年，而明年遂称兴国二年，是太宗无始也。虽《续纲目》亦承其谬，殊失史氏之体。按司马光唐高祖即位于大业十二年之四月，而《通鉴》称武德元年，诚为得之。故断是年为元年，以正旧史之谬，且以志太宗之亟云。"①王宗沐认为这样书写，既如实反映了太宗即位之迫切，又寄寓了讥讽其汲汲以残年为元年而诛其谋篡之心以警诚后人的史意，并以此法统一史例，推广于记载"宋益王即位改元景炎"②等事。然而，王宗沐仿《资治通鉴》处理年中改元的做法亦有欠缺，阅史者睹二年尚可追溯其元年，而前元之末年如不标记，则易被忽略；在王宗沐看来，史著于适时之处发挥鉴戒和教化的功能更为重要。

"土木堡之变"后，儒家正统观念滋生，士人强调"夷夏之防"，因而宋史学者于宋朝断限和纪年问题上尤为究心，于是有纪传体《宋史新编》将"瀛国二王升于帝纪，以存宋为正统"③，又有编年体史著《续资治通鉴纲目》等摒弃辽、金年号，专以宋朝年号纪年等，均有影响社会现实，传达儒家名分观念以维护皇朝统治，稳固社会秩序的用意。而由于立场之不同，清代傅恒等人则对明人关于宋元之际纪年的处理大加抨击说："正统偏安之辨，其界最严，前史每以兴代，而纪载前朝，因多偏徇，若《续纲目》于宋、元、明之际更属不公，瀛国既执，而犹以宋纪年，顺帝未亡而即标明国号，任意低昂适足，贻误识者。"④清朝四库馆臣也对《宋史新编》的纪年方式予以贬斥："至于元破临安，宋统已绝，二王崎岖海岛，建号于断樯坏橹之间，偷息于鱼鳖鼋鼍之窟，此而以帝统归之……又岂公论乎，大纲之谬如是！"⑤。

总体来看，明代宋史学者虽有儒家正统论和大一统史学观念的影响，然在宋朝断限问题上尚能尊重历史事实，以南宋末帝赵昺祥兴二年（1279 年）为宋朝的下限。但在纪年方面，却未能如此客观，个别史家将同时并存的少

---

① 王宗沐：《宋元资治通鉴》卷 3，"太平兴国元年"条，明吴中珩刻本。
② 王宗沐：《宋元资治通鉴》卷 52，"端宗景炎元年五月"条，明吴中珩刻本。
③ 焦竑：《国朝献征录》卷 32《柯希斋维骐传》，上海书店 1987 年版。
④ 傅恒，等：《历代通鉴辑览》卷首《凡例》，上海古籍出版社 1990 年版。
⑤ 永瑢，等：《四库全书总目》卷 50《宋史新编》提要，中华书局 1965 年版，第 455 页上。

数民族政权辽、金纪年于宋年之下，以表示宋朝的正统地位以及辽、金政权对于宋朝的隶属；而实际上，其时辽、金对宋并没有这种臣属关系，反而宋朝为了苟安，却有向金称臣的事实。所以个别宋史著述中不顾历史实际，以"尊夏贬夷"思想干涉史事记载的做法实乃一厢情愿，有失客观。

第二节　求实的精神与简要的风格

求实，是中国传统史学中一以贯之的治史精神，它既是历史学存在的内在要求，又是史家普遍认同的价值准则；而简要的叙事风格，以简洁的语言表达繁富的历史内容，便于人们接受，亦为史家们所追求；此外，自孔子笔削《春秋》，将微言大义自一字褒贬中体现，更使此后的史家纷纷仿效。而这三者，都表现了一种明道、经世的史学追求。综观明人的宋史著述，除了外部形式灵活多样外，其在内部结构上，则体现了一种求实治史，叙事简明，追求《春秋》笔法从而明道、经世的史学编纂风格。

一、列传编次及载文中的求实精神

编次，即编辑撰次之意，指史书在内容上的分类和顺序上的编排。史书列传的编次，是受史家的历史见解支配的。例如司马迁撰《项羽本纪》，置于《秦始皇本纪》和《高祖本纪》之间，是为了肯定项羽在秦汉之际的历史作用。杜佑撰《通典》，以《食货》为首，表明作者对经济制度在历史中的重要地位有较深刻的认识。刘知幾《史通·编次》批评《三国志·蜀书》不当"首标二牧"（指刘焉、刘璋。——笔者按），次列先主（指刘备。——笔者按）。这些都是撰述者或评论者的历史见解在史书编次上的反映。可见，列传的如何编次、如何分类，都是在一定思想指导下进行的。明代学者撰述宋史著述，追求历史真实的观念，影响了他们编次立传的标准。正是在求实精神的指导下，明人以元修《宋史》的繁芜为前车之鉴，务使史著体例趋于严整与合理。

（一）立传如实反映历史面貌

宋代历史中，有一些参与当时重大社会活动的人物，但元修《宋史》却未为之立传。明代的宋史学家对此有所纠正。例如柯维骐《宋史新编》

卷六一《宗室列传》中增加《荣王希瓐传》，附于《燕王德昭传》之后。王惟俭《宋史记》亦采取这种做法，认为："《宗室传》，英庙皇考濮王，孝庙皇考秀王，具入传，而理、度二帝亦外藩入继者，乃不之及，何也？《新编》增入荣王希瓐，是也，今从之。"①

按，元修《宋史》卷二四五《宗室二》中，立《濮王允让列传》；卷二四四《宗室一》中，于《秦王德芳列传》后附《秀王子偁列传》。濮王②允让，是宋仁宗的堂兄，因仁宗无后，就将第十三子宗实过继给仁宗。宋仁宗嘉祐七年（1062 年）八月，宗实被立为皇太子，改名曙，就是以后的宋英宗。秀王③子偁，是高宗的族兄，生子伯琮。高宗绝嗣，伯琮被选入宫中教养，先被封为普安郡王，后被立为皇太子，更名昚，就是以后的宋孝宗。同样，理宗赵昀，原名赵与莒，为太祖十世孙，属于燕王德昭一支。当时宁宗无嗣，宰相史弥远将其选入宫中，助其登上帝位。赵昀父希瓐因而得封荣王。理宗也无后，于是将其弟赵与芮的儿子赵德孙立为皇太子，更名赵禥，就是以后的度宗。赵与芮也得以封为福王。因此，英宗、孝宗、理宗、度宗均为旁支入承大统，而元修《宋史》却只将前两人之父归入《宗室列传》，而将后两者置之度外，于义例也不统一，虎头蛇尾，大概是因为修史仓促或者这一时期史料缺乏所致。所以柯维骐和王惟俭两人主张将为理宗父荣王希瓐及度宗父福王与芮入《宗室列传》，是有一定道理的，并且能够如实反映当时的历史情况。

又如元修《宋史》不为理宗贾贵妃立传，柯维骐以为贾似道所以能够跻身朝堂为祸朝政，启衅强敌流毒生民，贾贵妃的推荐以及庇护之"功"不可忽视④，因此于《宋史新编》卷六〇《后妃列传》中为贾贵妃立传，且附于《谢皇后传》之后，用以揭露其劣迹，从而警示后人。

---

① 王惟俭：《宋史记》卷首《凡例》，清抄本。

② 按：濮王，即濮安懿王允让，字益之，商王元份子，太宗赵光义之孙，追封濮王，谥安懿。

③ 按：秀王，即安僖秀王，秦王德芳五世孙，太祖赵匡胤六世孙。其子伯琮被立为皇太子时，被追封为秀王，谥安僖。

④ 按：柯维骐：《宋史新编·凡例》："诸帝妃事有关系者，皆有传，何理宗贾贵妃有宠，似道由之而进，乃不为立传？"王惟俭《宋史记》也依此原则增入《贾贵妃传》（《宋史记·凡例》云："后妃传，理宗贾人，乃似道之所攀附者，启衅勃敌流毒生民，而宋社之屋，实维兹始，今依《新编》增入"）。

　　元修《宋史》宗室列传中，缺少赵汝愚、赵汝说、赵与𤇺、赵汝腾、赵不试、赵令𡷫等人列传。赵汝愚是宋太宗长子赵德崇七世孙，其他各人也均为赵氏宗室子弟。柯维骐《宋史新编》于《宗室列传》卷六三、卷六四中一一增入各人传记。

　　明人的宋史著述还根据实际需要删去一些传目。例如王惟俭《宋史记》删去《世家》一目，将有关内容并入《列传》中，称《四国列传》、《四镇列传》①。元修《宋史》立《世家列传》②，将十国降服于宋朝的南唐李煜、西蜀孟昶、吴越钱俶、南汉刘𫚉、北汉刘继元、湖南周行逢、荆南高保融等分别立传。然而这些人虽名曰"世家"，但已不是原来意义上的"世家"了。王惟俭说："世家之称，如周末七雄，汉初三杰，或改元即位或袭爵联珪，以此为世，犹为保之；而孟坚《汉书》已易，萧、曹诸人尽从《列传》。况兹南唐、北汉诸国，始粲乱以鸱张，继兴师而麇至，曾时几何，家墟世尽，爵土不纪于册府，子孙亦降为舆台，原无可家，何世之有？今宜依《汉书》项羽诸人之例，总名《列传》，而居妃、王之后，抗诸传之前。"③意思是，周末七雄，即齐、楚、燕、韩、赵、魏、秦七个诸侯国，子孙世袭，是为世家；汉初三杰，即张良、萧何、韩信④，以其实际封王封侯，传之子孙，堪称世家，亦不为过。因而司马迁撰述《史记》立《世家列传》，记载诸人事迹。但班固撰述《汉书》时，删去《世家》一体，将诸侯王事迹并入《列传》。这是因为汉为统一皇朝，又系中央集权国家，其诸侯王与春秋战国时期地方分析的诸侯迥乎不同，所以体例随时损益，删去《世

　　① 按：《四国列传》记载南唐李煜、西蜀孟昶、南汉刘𫚉、北汉刘继元之传；《四镇列传》记载吴越钱俶、湖南周保权、荆南高继冲之传。

　　② 按：《宋史》卷478《世家列传》，首述作传立意曰："唐自安、史之乱，藩镇专制，百有余年，浸成割据。及巢贼蹂躏，郡邑丘墟。降臻五季，豪杰蜂午，各挟智力，擅为封疆，自制位号，以争长雄。天厌祸乱，授宋大柄。太祖命ért出师，十余年间，南平荆、楚，西取巴、蜀，刘𫚉既俘，李氏纳款。至于太宗，吴越请吏，潭、泉来归，薄伐太原，遂偾北汉，而海内一矣！王偁《东都事略》用东汉隗嚣、公孙述例，置孟昶、刘𫚉等于列传，旧史因之。今仿欧阳修《五代史记》，列之世家。凡诸国治乱之原，天下离合之势，有足鉴者，悉著于篇。其子孙诸臣事业有可考者，各书本国之下。作《列国世家》。"

　　③ 王惟俭：《宋史记》卷首《凡例》，清抄本。

　　④ 按：汉高祖刘邦曾说："运筹策帷帐之中，决胜于千里之外，吾不如子房；镇国家抚百姓，给馈饷不绝粮道，吾不如萧何；连百万之军，战必胜，攻必取，吾不如韩信。此三人皆人杰也。"载《史记》卷8《高祖本纪第八》。

家》，以便名副其实。王惟俭对班固的这种变动非常赞同，认为南唐、北汉诸政权的子孙后裔早已趋同平民，因而在撰述《宋史记》时模仿《汉书》之例，总名《列传》，居于《后妃列传》、《诸王列传》之后，其他列传之前。这样处置是根据历史的发展变化而作的改动，为的是立传更能够真实反映当时的历史面貌，而不拘泥于旧的义例。

《宋史记》还删去无关于赵宋一朝的人物列传，也是求实精神的一种体现。《宋史记》曰："《宋史》为传，惟宋是及，若李穀诸臣者，或名具欧阳之史或仕历周汉之朝，身仅睹乎建隆，勋无关于赵代，止以卒于宋初，便列《宋史》，不亦费乎，今并删之。"①

（二）传目名实相副，列传以类相从

元修《宋史》列传存在"排次失当"②的弊病，明人所撰写的纪传体宋史著述，对此多所纠正。例如，元修《宋史》将陆秀夫、张世杰入《忠义传》③，而将同样因精忠报国而名垂青史的文天祥④、江万里⑤、谢枋得⑥、徐宗仁⑦、李庭芝⑧等人归入《列传》。以上数人皆忠节凛然，应该载入《忠义传》。明代宋史学者如柯维骐等人，根据《忠义传》的立传主旨，于《宋史新编》卷一七五《忠义列传》中增入。王惟俭撰《宋史记》，亦有此主张，《宋史记·凡例》称："德祐时艰，文天祥、陆秀夫、张世杰诸人，皆忠存赵社，力弹宋皇，虽没有先后，而志无异同，乃天文祥《列传》，而陆、张《忠义》，何也？今为改之。"⑨ 即将文天祥与陆秀夫、张世杰等，同入《忠义传》。这种分类较《宋史》更为合理，同时能更好地反映历史事实。

又如柯维骐撰述《宋史新编》，于卷一八九《叛臣传》序中说："史成于虏人，不与叛逆者，此百世之下有遗憾焉。昔眉山苏洵谓史为小人而作，

① 王惟俭：《宋史记》卷首《凡例》，清抄本。
② 赵翼：《廿二史札记》卷24《宋史排次失当处》，中华书局1984年版，第514页。
③ 脱脱，等：《宋史》卷451《忠义列传》第二一〇，中华书局1977年版，第13272—13277页。
④ 脱脱，等：《宋史》卷418《列传》第一七七，中华书局1977年版，第12533—12540页。
⑤ 脱脱，等：《宋史》卷418《列传》第一七七，中华书局1977年版，第12523—12525页。
⑥ 脱脱，等：《宋史》卷425《列传》第一八四，中华书局1977年版，第12687—12690页。
⑦ 脱脱，等：《宋史》卷425《列传》第一八四，中华书局1977年版，第12680—12681页。
⑧ 脱脱，等：《宋史》卷421《列传》第一八〇，中华书局1977年版，第12599—12603页。
⑨ 王惟俭：《宋史记》卷首《凡例》，清抄本。

故以梼杌名贼子乱臣，其为梼杌也大矣焉，可隐哉，可隐哉！"因此增加降元攻宋而被元史臣讳书的刘整、留梦炎诸人列传。同时将在《金史》中立传的郦琼，也载入《叛臣传》中。

元修《宋史》列传的编排失当还有很多。例如范纯仁附传于范仲淹之后，韩忠彦附传于韩琦之后，洪适附传于洪皓之后，陈卓附传于陈居仁之后，虽是根据父子关系进行附传，但柯维骐认为宰执入传应以世代为次，或单独立传，或按类入传，这样优劣易考①。也就是说对于宰执的考察，应看其功劳的大小，应以此为立传标准进而确立如何入传。如果以父子关系进行附传的话，同为宰执的子辈之事迹则容易被忽略，从而失去立传的主旨。元修《宋史》立《忠义传》，又将入传的忠义之士按照所谓的"列节"、"死事"分为上、中、下三等，曰："然死节、死事，宜有别矣：若敌王所忾，勇往无前，或衔命出疆，或授职守土，或寓官闲居，感激赴义，虽所处不同，论其捐躯徇节，之死靡二，则皆为忠义之上者也；若胜负不常，陷身俘获，或慷慨就死，或审义自裁，斯为次矣；若苍黄遇难，殒命乱兵，虽疑伤勇，终异苟免，况于国破家亡，主辱臣死，功虽无成，志有足尚者乎！若夫世变沧胥，毁迹冥遁，能以贞厉保厥初心，抑又其次欤！至于布衣危言，婴鳞触讳，志在卫国，遑恤厥躬，及夫乡曲之英，方外之杰，贾勇蹈义，厥死惟钧。以类附从，定为等差。"② 柯氏反对这种以"死事"决定"忠义轻重"，从而划分等次、决定入传先后的做法。他认为入传次序应以时间为次，即"宜依世代，不宜第其等差"③。柯氏对于忠义之士的解释是："夫怀忠者，不为祸怵，抱义者，不为利疚，随其所遇以身徇焉。是故捍国难焉，而死守封疆焉而死，全使节焉而死，主辱国亡焉而死，忤奸邪犯忌讳焉而死，匪直死也，虽剖心脔支体，荼毒妻孥百口，弗顾焉。"④ 因而将《宋史·忠义传》中孙昭远、曾孝序、高永年、翟兴、陈求道、陈淬、刘晏、姚兴、张玘、欧阳珣诸人，归入《宋史新编》群臣传中，认为这些人的事迹与《宋

---

① 柯维骐：《宋史新编》卷99《范仲淹传》、卷114《范纯仁传》；卷98《韩琦传》、卷121《韩忠彦传》；卷135《洪皓传》，卷141《洪适传》；卷144《陈居仁传》，卷153《陈卓传》。

② 脱脱，等：《宋史》卷446《忠义列传》，中华书局1977年版，第13150页。

③ 柯维骐：《宋史新编》卷首《凡例》，明嘉靖刻本。

④ 柯维骐：《宋史新编》卷172《忠义列传》，明嘉靖刻本。

史》归入群臣传中的吕祉的事迹①相类，而与《忠义传》的主旨不合，所以也应归入群臣传中。柯维骐根据立传主旨，重新调整人物入传，将蔡元定、朱子高入《道学传》，《邵伯温传》附于《邵康节传》之后，谯定、刘勉之、郭雍入《儒林传》，《胡宪传》附于《胡安国传》之后，《陆持之传》附于《陆九渊传》之后，朱寿昌、郝戭、侯可、郑绮、高谈归入《卓行传》，胡颖之《胡显传》附于《胡颖传》之后，夏执中、韩同卿归入《外戚传》。

这一方面，天启间王惟俭针对元修《宋史》之失，对宋史人物的入传亦有所变更。他在所撰《宋史记·凡例》中规定："两汉诸史，儒林列篇，大都无它事迹，总在一卷，其有勋业，不在此例，如董郑不名儒林，卓鲁不称循吏，是也，《宋史》于杨龟山之论奏，魏鹤山之执政，胡文定之劝讲，概入儒林，误矣，今皆更定。"②

柯维骐等人纠正《宋史》入传失当的例子中，还包含了对《宋史》编次前后失序的批评。对于纪传体史著中的列传，古代史家对于编次的以类相从和前后次序都有讲究，原则大概有两点：其一，按历史警示的不同作用以类相从；其二，遵循历史与逻辑的统一的原则，按警示作用的大小、传主年代的先后依次排序。前举之例，即遵循以类相从原则。此外，按前后次序的原则，柯维骐还批评元修《宋史》先循吏而后道学的列传安排，认为这"似失本末之序"，因而在《宋史新编》中调整次序，"以道学居首，次儒林，次循吏，次文苑，仿孔门四科，亦《汉史》例也"③；王惟俭《宋史记》也以为"为史者年代宜序，庶读者易详，乃乔维岳、乐黄目诸五代之臣，而居尹洙、孔道辅之后，张运、柳约南渡之初，而居张敏、张诏之后，南渡诸卷，尤为颠置，今悉改定"④，均属于注意前后次序的原则。明人的这种编纂方法，反映了他们在史著编纂中注重历史与逻辑统一的求实思想。

（三）载文方面的纪实原则

首先，在求实思想的指导下，明代宋史学者纠改元修《宋史》本纪不

---

① 按：据《宋史》卷370《吕祉传》载，王德、郦琼和吕祉三人接管淮西部队，王德与郦琼不合，屡生事端，朝廷派大员前去安抚、弹压；此时吕祉也密奏朝廷，请派大军进驻，但奏章却被泄露给了郦琼。八月八日，郦琼生擒吕祉，即杀之，遂率领部下八千人以外的四万多人投降伪齐（金扶植的一个傀儡政权）。

② 王惟俭：《宋史记》卷首《凡例》，清抄本。

③ 柯维骐：《宋史新编》卷首《凡例》，明嘉靖刻本。

④ 王惟俭：《宋史记》卷首《凡例》，清抄本。

载诏旨的做法，在所著宋史著述中增补诏敕、奏议、启札之类的史料，坚持"纪实则不厌详"的原则。柯维骐撰述《宋史新编》，在本纪的编纂体例方面，远崇班固《汉书》、范晔《后汉书》，近效宋濂《元史》，在《本纪》中增载诏令。例如对于周恭帝禅位的记载，《宋史》仅载："召文武百僚，至晡，班定。翰林承旨陶谷出周恭帝禅位制书于袖中，宣徽使引太祖就庭，北面拜受已。"① 至于周恭帝禅位诏令具体内容如何，则不可得知。但《宋史新编》卷一特载周帝禅诏曰："天生烝民，树之司牧二帝，惟公而禅位，三王乘时而革命，其极一也。予末小子遭家不造，人心已去，天命有归，咨尔归德军节度使殿前都点检赵匡胤，禀上圣之姿，有神武之略，佐我高祖，格于皇天，逮事世宗，功存纳麓，东征西怨，厥绩茂焉，天地鬼神享于有德，讴歌狱讼归于至仁，应天顺民法尧禅舜，如释重负，予其作宾，呜呼，钦哉！祗畏天命！"这段禅位诏，不但说明了宋太祖的新政权是奉天承运，天授君权，而且还证明了周恭帝的确禅位于宋太祖，这比单纯记载此事，而不详载诏令内容的《宋史》来说，更增加了可信度。此外，王惟俭说："古称两史之立，将为偏举之谬矣。"所以王氏撰《宋史记》一书，也特"简诸志及采他书，凡关诏敕，悉收纪中。若临轩酬答之辞，臣下追崇之典，难以例论，亦所不录"。可见，增补君主诏敕的旨趣是为了避免史书记载的偏举之谬，并非是出于尊君的道德目的。王氏又说："子长所载张仪、苏秦之辨，乐毅、黄歇之书，孟坚所录晁董之策，司马之赋，莫不具其全文，《宋史列传》至二百余，可谓多矣，而一切表疏尽加删削，甚至止引款项，并无文辞，遂使读者莫能睹事之颠末，罔繇识议之妍媸，今简诸书，疏奏华缛，国体通达者，全文具录，其过冗长或无关系者，从《宋史》旧例。"② 除了在本纪中增中诏令外，王惟俭还认为大臣的表疏不但不应省略，而且还应该全文抄录。这种共识充分体现了一种实录的编纂精神。

晚于柯氏成书十年的薛应旂在撰述《宋元通鉴》时，称："昔人谓司马迁作《史记》，叙三千年事，五十万言，班固作《汉书》，叙二百年事，乃八十万言，烦省不同，以是为固不如迁。愚则以为迁、固之优劣，盖自有在

---

① 脱脱，等：《宋史》卷1《太祖本纪》一，中华书局1977年版，第4页。
② 王惟俭：《宋史记》卷首《凡例》，清抄本。

不在文之烦省间也，故今历览宋、元之史，及诸名家纪录，及诏令、奏疏、议论、启札，有可为世法戒者，直掇全文，多不裁减，恐其抑而不扬，则志意不舒，事体不悉，无以快心明目，不能使人感发惩创也。"① 这进一步说明了明代大多数宋史学者都注重在记载君主诏令及大臣奏疏方面全文具录。如果说王惟俭在撰述过程中大量参考柯维骐《宋史新编》，从而受柯氏编纂思想影响的话，那么以理学扬名并注重在《宋元通鉴》中阐明理学思想的薛应旂也持同样的观点，那就显示了明代宋史学者在载文方面一种求实的共性。

其次，在求实思想的指导下，收录宋代学者可以垂鉴后世的文章，以体现一代佳文的风采。在史家眼中，文学作品的创作手法绝对不可施诸史著。于是在历史撰述中，遂将原本可以辅助反映一代学术风貌的文学作品一并剔除。明人薛应旂以为这种观点刻板、泥古而不知变通。他从"要诸实事不在虚文"的求实角度出发，指出这种观念的本质是"专意于为文，而非有志于经世者也"。他说："君子为天地立心，为生民立命，为往圣继绝学，为万世开太平，不得已而为文，无非为经世而作也。艺文者，但曰古文古文，不知文，不经世，虽古何为？譬诸火化既修，何必茹毛饮血，礼乐既制，何必俪皮土鼓。"随着社会的发展，学术文化的进步，尤其是在文学高度发达的宋代，讲究"属对平仄"的所谓文学手法早已运用到诏令、奏疏等官方文件中，即"施之郊庙、朝廷，宣之华夷、臣庶者，多为四六之词"，"虽司马公不喜四六，亦未尝沮朝廷不用，抑他人不为。而欧、苏诸钜公皆奉行如制，程朱诸大儒咸遵行之"②，所以如果将这些都削而不书，刻意模仿古朴的文风，那就失去了实录的精神，撰述的史著也难以考见一代皇朝真实的制度和文风。

最后，在撰述语言方面，王惟俭《宋史记》对于蒙古在政权建立前后，以及蒙古统一前后的称号的记载，也较元修《宋史》更为客观。例如，蒙古又号"鞑靼"，均为部落的称号，至忽必烈时，改国号为"元"，但《宋史》中对于蒙古则从始至终统称其国号曰"元"、"大元"，书中亦有"大元

① 薛应旂：《宋元通鉴》卷首《义例》，明嘉靖四十五年（1566年）自刻本。
② 薛应旂：《宋元通鉴》卷首《义例》，明嘉靖四十五年（1566年）自刻本。

北兵"之称，王惟俭认为《宋史》的这种记载失于实录，因而在《宋史记》中对于忽必烈之先祖，号曰"蒙古"，至其建有国号，始称"元"。

此外，《宋史记》虽吸收《春秋》一字褒贬的义例，却注意尊重历史事实。由于理学是明代学术的主流思想，明代的宋史著述明显要受到《春秋》尊王重道、托事明义的影响，在书法上以用词的不同来区别事件的性质以及撰述者的褒贬态度。但他们在具体实践中却能够更加客观地对待这一史学遗产。例如王惟俭撰述《宋史记》说："宣尼作经，左邱立例。然后世学者，亦恐过为揣摩之词。今即不逐事立凡，亦须少为区别。如侯王曰'薨'，宰执而封公王者亦曰'薨'，卿辅曰'卒'，官卑而直谏理学者亦曰'卒'，其奸邪者削官曰'死'，滥刑者备官而曰'杀'，刑当而有罪者曰'伏诛'。金、辽、夏、元，争战云扰，得其地曰'取'，取而复陷者曰'入'。宰执免罪，原无低昂，而奸回退位，方书'罪免'。朱紫略分，用存体例。"又说："《续纲目》诸书，于金、辽用师皆曰'入寇'。如此之称，施之楚昌、齐豫逆命之臣可也；势均敌国，岂宜尔乎？今悉曰'犯'、曰'侵'，以示与国之义。"① 这种写法显然是趋于客观公正的。

二、简要的编纂风格

时代不同，人们对史书繁简的要求也不同。随着历史的发展，社会生活内容不断丰富，史书所承载的内容也随之浩繁，人们越来越追求词约而旨博的撰述笔法。唐代著名的史学评论家刘知幾曾专门针对冗繁的叙事进行了批评。他说："始自两汉，迄乎三国，国史之文，日伤烦富。逮晋已降，流宕逾远。"刘知幾提出了一条编纂史书的原则，即"文约而事丰"。他说："夫国史之美者，以叙事为工，而叙事之工者，以简要为主。简之时义大矣哉！历观自古，作者权舆，《尚书》发踪，所载务于寡事，《春秋》变体，其言贵于省文。斯盖浇淳殊致，前后异迹。然则文约而事丰，此述作之尤美者也。"② 强调以简要的文笔记载丰富的历史内容。

针对元修《宋史》的丛脞和繁芜，明代学者追求简要的叙事风格。学

① 王惟俭：《宋史记》卷首《凡例》，清抄本。
② 刘知幾：《史通》卷 6《叙事》，辽宁教育出版社 1997 年版，第 50 页。

者秦鸣夏说："或问：'史贵详乎？'曰：'夫史，昭往诏来者也。是故述废兴、正统纪、审沿革、明功罪，上下数百年间，于简册焉尽之，夫恶得弗详？''然则病简乎？'曰：'天下殊途而同归，百虑而一致。是故事不提其要，虽该洽其何裨？言不钩其玄，徒猥冗而可厌。上下数百年间，于简册焉尽之，夫恶得弗简？予尝爱班固《书》叙汉二百四十年事，仅仅八十万言。其间人聚物丛，巨眇细旷，至今一展卷间，赫赫若前日事，此其故何哉？及观范晔《赞》曰：'赡而不秽，详而有体。'"① 可见，秦鸣夏主张史事的记载应该有严谨的义例，如此才能做到详略得当。他认为在具体述废兴、正统纪、审沿革、明功罪方面应该详备，这样才能更好地达到鉴戒的目的；同时又应该注意简洁，抓住历史的主脉，择取主要史事，提纲挈领，言简意赅，这样才能有助于清晰地反映历史面貌。天启间王惟俭批评《宋史》说："帝纪即《春秋》之经也，所宜举其大纲，以俟志传发明。今《宋史》烦芜，景德一年之事二千余言，足以当他史之一帝纪。高宗一朝之事几二百纸，足以当他史之全纪。核其所录，乃县丞医官毕载，召见入对亦书。徒累翻阅，何关成败？今宜力加删削，用成史法。"② 可见，明代宋史学者并非厌详而专倡简要，而是针对《宋史》义例不精，有失书法而说的。也就是说，明代宋史学者追求的是一种详赡而不芜乱、简练而叙事清楚的史著风格。

（一）取其卓著奇异者，删削无关劝戒者

元修《宋史》卷帙浩繁，缺乏剪裁，尤其是在列传方面，轻重失次，往往一些无足轻重的人物被立传并占用大量篇幅，而一些起过重要历史作用的人物反而被遗漏，这是造成《宋史》繁芜，且降低其史学价值的重要原因。明代宋史学者由此而注意选取事迹卓著的人物立传。以王惟俭《宋史记》为例，在《忠义列传》中，只取事迹彪炳者，寻常之士，靡于敌师者，不再立传。他称："武夫悍将，为国爪牙，如开基之佐命，中兴之抗敌，此其首也。以至狄青昆仑之战，孟珙蔡上之师，诸如斯事，书之可也，其他如马令琼诸人，虽摧锋陷阵，微有功勋，而棨徼履障，要其常事，非有殊尤绝绩，亦乌足溷简牍乎。"在《方技列传》中，也只给事迹奇异者立传，其

---

① 王洙：《宋史质》卷首秦鸣夏《史质序》，台北：大化书局影印明嘉靖刻本，1977 年版，第 1 页上。

② 王惟俭：《宋史记》卷首《凡例》，清抄本。

云："方伎一目，本无关系，而事迹奇异，并史容录，今取其卓尔者以备一篇……诞奇如林灵素诸人，亦存之以见人主惑志幻术，足为鉴戒，其他楼真通玄吃菜事魔之侪，又乌足取乎。"在《宦官列传》中，所载人物也遵循以上择要的原则，其云："宦官一目，东汉始有，然其所载不过五侯，十九侯诸人耳，《宋史》所录几五十人，而上叙父祖，下逮子孙，此尤可怪也，夫乞丐携桊，何关父祖，而内谒者监安得有子，即宋有年过三十养子之令而竟不加一'养'字，何也？今录其尤甚如李宪、童贯之生事边疆，阎文应、陈源之酿祸宫闱，如斯，传之可也。寻常扫除之隶，何足辱载笔乎？"①。《宋史》原为宦官立传50人，而《宋史记》择要删冗，则仅录30人。

　　针对《宋史》缺乏剪裁、义例不精的缺失，明人在其宋史著述的列传中不但删去无关劝诫人物，而且无关劝诫的立目也一并删削。例如王惟俭《宋史记》删去《帝女列传》，说："《帝女列传》，班、马不尔，虽帝乙归妹，曾见于《易》，而王姬下嫁，不关乎史，今亦删之。"又如为宋朝的宰相立传，建立功勋者如韩富等人，为之立传以示褒奖；败乱朝政为祸国家者如耿南仲等人，为之立传以示警诫。至于一般无所作为的庸臣，如李昌龄、姜遵之等人，王惟俭认为应按照《汉书》处理陶青、刘舍等人的体例，不予专门立传。西汉列侯陶青，《汉书》没有专门为其立传，仅在《申屠嘉列传》之后载："自嘉死后，开封侯陶青、桃侯刘舍及武帝时柏至侯许昌、平棘侯薛泽、武强侯庄青翟、商陵侯赵周，皆以列侯继踵，龊龊廉谨，为丞相备员而已，无所能发明功名著于世者。"② 这是《汉书》对贵为王侯而未对汉廷作出突出贡献的陶青诸人的处理方法。王惟俭认为这种处理方法值得仿效，因而对于一般庸臣的记述，或附于他传之后，或于《年表》中略述姓名，登录官爵，而不为其专门立传

　　（二）以类合传，精简篇幅

　　元修《宋史》由于立传的冗滥，造成了篇幅的繁杂。柯维骐《宋史新编》及王惟俭《宋史记》均在这方面有所调整，对人物传记进行重新归类合并，压缩篇幅。明人钱士升所撰《南宋书》一书在这方面的做法更为突

---

①　王惟俭：《宋史记》卷首《凡例》，清抄本。

②　班固：《汉书》卷42《张周赵任申屠传第十二》，中华书局1962年版，第2102页。

出。《南宋书》68卷，在编纂形式上仅有本纪和列传两种，本纪7卷（帝纪6卷，后妃纪1卷。——笔者按），列传61卷。《宋史》南宋帝纪凡24卷，相比之下，《南宋书》帝纪卷数只有《宋史》南宋帝纪的约四分之一。《南宋书》没有志、表，其中奸臣、叛臣也未单独立传。其列传的显著特点是采取合传、类传的形式，每传下的人物少则二人，多则三十几人，节省了大量的篇幅。首先看其群臣列传的名称，如设立《皇子皇父列传》、《李纲赵鼎列传》、《张邦昌等列传》、《宗室赵子崧等列传》，合传的特点显而易见。其次，《南宋书》还将类传再进行更大范围的类的综合，如设立《儒林文苑列传》、《循吏酷吏列传》、《独行方技逸民列传》、《宦官佞幸列传》等。最后，每一人物下又有附传，形成一个层层相属的结构，条理清晰，使人一目了然。这种合传的形式使《南宋书》列传篇幅较《宋史》要小得多。例如《南宋书》卷五五《儒林文苑列传》下，容纳儒林和文苑两类，在儒林类下，立传人物有洪兴祖、程大昌、王庭珪等25人，其中吴獬、王遇和陈淳三人合传；在文苑类下，立传人物有12人，其中曾惇附于《曾纡传》之后。有些立传人物如曾惇、何梦桂、熊禾、郑君老等是《宋史》没有立传的。可见，《南宋书》既有增加人物列传，又有精简篇幅，有所取舍，并非一味地删减。

综上所述，史书列传的编次恰当与否，是史著成功的关键。若列传太少，则遗漏多端；若传多，则事必重见，重见则文不警策，而观者自倦；此外，合理的分类也格外重要，或一人独传，或数人合传，既要注意合理地归类，又要注意次序得当，才不至于杂乱无章。

第三节　体裁的多样与体例的变化

一、多种编纂形式的灵活运用

明人宋史研究的成果，形式多样，其中，中国传统的几种体裁如纪传体、编年体、纪事本末体都有运用。此外，史论类著述异军突起，突出人物的传记体亦数量增多。客观地说，各种史体均有优缺，所谓"著述自有体要，其势不能以两得也"①，各种体裁互有得失，方能有百花齐放，互相补益的作用。纪传体，以人物为主；纪事本末体，凸显历史上的重大事件；而传记类作品，则侧重记载某一人物的事迹；史论类著述，侧重历史评论。史书体裁不同，它们所反映史事诸方面内容的详略必有不同，史家只能就一定体裁所能容纳的内容进行撰述。而明代诸多形式的宋史著述，则可以相互配合，互为补充，从不同方面共同反映宋代的历史，体现出明人宋史撰述的多样性与灵活性，亦能反映明代史学的成熟与发达。

明人所著的编年体宋史著述主要有：刘剡编辑、张光启订正《资治通鉴节要续编》、商辂《续资治通鉴纲目》、薛应旂《宋元通鉴》、王宗沐《宋元资治通鉴》、吕邦燿《续宋宰辅编年录》，凡5部。从体裁而言，影响较大者主要为商辂、薛应旂和王宗沐等人所撰述的几部"通鉴类"史著。其中商辂等人奉敕撰述的《续资治通鉴纲目》由于其特殊的撰修背景，以及撰修人员的特殊政治地位，因而对其后的编年体宋史著述产生了一定的影响；另一方面，嘉靖年间的学术思潮、社会思潮已与明朝前期有所不同，因此嘉靖以后的编年体史著如薛应旂的《宋元通鉴》、王宗沐的《宋元资治通鉴》等，较之明前期商辂等人所修《续资治通鉴纲目》，在撰述宗旨以及撰述的方法、体例方面多有新见，史学自身发展上也有更多的追求。

纪传体著述，主要有王洙《宋史质》、柯维骐《宋史新编》、王惟俭《宋史记》、钱士升《南宋书》，凡4部。其中除了王洙的《宋史质》旨在借体例的变化来发挥《春秋》大义外，其余几部均沿着史学发展的方向在原有纪传体框架内灵活创新。例如柯维骐《宋史新编》在列传中删去无关紧要的《公主传》，并仿孔门四科之例重新安排列传次序，将《道学》居首，次《儒林》、《循吏》、《文苑》；再如王惟俭《宋史记》打破以往纪传体史著纪、志、表、传的前后次序，将志置于最后，实践了唐代刘知幾《史通》里的相关论点；再如钱士升撰述《南宋书》，发展了王洙以类合传的方法，将所有南宋人物按类编排。其目的都是为了撰述出一部体例较《宋史》更为严整、内容较《宋史》更为丰富的宋史著述。

纪事本末体著述，主要有陈邦瞻的《宋史纪事本末》。自南宋袁枢撰修

① 马端临：《文献通考》卷首《自序》，中华书局1986年版，第3页上。

《通鉴纪事本末》创立纪事本末体以来，陈书是第一部在编纂方法和编纂体例上对纪事本末体进一步完善的史著。例如在史料的爬梳整理方面，袁枢是就一部编年体《资治通鉴》进行采辑、整合，而陈书却是针对几部不同体裁且卷帙庞大的史著进行资料搜辑；在内容上，袁枢侧重于政治和军事，而陈书除此以外又广涉学术、经济、民族等关系国计民生的各个重要领域，进一步突出纪事本末体以事为主的特征，从而丰富了明代历史编纂学的内容。

杂纂类著述，主要有李廷机撰《宋贤事汇》。是书杂采宋人行事，分为42 类，如《诚实》、《廉介》、《荒政》、《纪纲》、《兵事边事》等。各类下汇纂宋代历史人物有关道德修养和国计民生的言论行事。《宋贤事汇》既是明代学术史上抄录之风盛行及学术普及社会的一种体现和延续，又是明季学者吸取宋朝经验以垂鉴当世的历史责任感的一种写照。

杂史类著述，主要有不著撰人名氏的《厓山集》（不分卷）、陈霆的《宣靖备史》4 卷，以及祁承爜辑《宋西事案》2 卷。其中，《厓山集》的体例近似丁元吉于成化间撰成的《陆右丞蹈海录》，前载《厓山图》，杨太后、张太傅、文丞相、陆右丞四人遗像，以及《赞文》；主体分为《帝纪》、《诏敕》、《事迹》、《杂录》，以按类记事。陈霆的《宣靖备史》，略仿朱熹《资治通鉴纲目》并有所改进，起徽宗崇宁元年，讫钦宗靖康元年，凡 26 年，据事提纲，列条疏目，附以论断；是书因《南烬纪闻》、《窃愤录》、《宣和遗事》诸书，或失之野，或失之诬，因搜罗散佚，补充了宣和、靖康年间史之阙文。祁承爜的《宋西事案》，辑录韩琦、范仲淹等宋朝大臣抵御西夏侵扰的相关史事和奏议。卷上辑录史事，起自"元昊西平之封"，止于"元昊之亡"，凡45 个专题；卷下辑录当时臣僚奏章论西夏事者21 篇。辑录的史事或奏议均有简短的概括作为其标题，提纲挈领，每段史事或奏议后又有简要的议论。颇具纪事本末体风格。是书成于明熹宗天启元年（1621 年），时值明朝统治者面临满族势力的严重威胁，书中借史事而阐发的议论表现了撰述者对于宋夏之间战事以及宋朝抵御西夏的策略的看法，具有明显的为当时统治者提供借鉴的目的。

史论类著述，主要有刘定之《宋论》、程敏政《宋纪受终考》、蒋谊《续宋论》、张时泰《续资治通鉴纲目广义》、许浩《宋史阐幽》、周礼《续通鉴纲目发明》、何乔新《宋元史臆见》、归有光《宋史论赞》①、不著撰人名氏《宋史笔断》、项梦原《宋史偶识》、唐枢《宋学商求》，凡 11 部。明代宋史学者，除了在纪传体和编年体中以论赞形式进行历史评论外，还撰出史论专著。这种以史论形式对宋代历史所作的研究，其规模在宋元时期是很少见。宋人对于史论的重视，反映了他们对史论体裁的重视，是在更高层次上对于宋代历史的一种探索，亦是明代史学成熟的一种新气象。

传记类著述，主要有崔子璲等辑《宋丞相崔清献公全录》、胡广《文丞相传》、程敏政《宋遗民录》、谢铎《伊洛渊源续录》、丁元吉辑《陆右丞蹈海录》、颜端等辑《张乖崖事文录》、尹直撰《南宋名臣言行录》、戴铣辑《朱子实纪》、徐阶辑《岳集》、朱希召撰《宋历科状元录》、马峦撰《温公年谱》、薛应旂辑《考亭渊源录》、李桢撰《濂溪志》、赵滂编《程朱阙里志》、徐缙芳辑《宋忠武岳鄂王精忠类编》②、范明泰撰《米襄阳志林》、郭化辑《苏米谭史广》、陈继儒辑《邵康节先生外纪》、毛晋辑《苏米志林》、刘廷元订《宋名臣言行略》等，凡 34 部。

明人宋史著述的体裁和体例呈现出多样化的特点，是与明人史学观念以及人们对中国历史认识的不断发展相适应的。史著体裁的多样化，一方面可以使不同风格的宋代史著作相互补充，从不同的角度反映中国历史；另一方面使得宋代历史丰富多彩的面貌得以较为全面地展现在读者面前。在这些文献中，特别是史论类和传记类史著尤其值得我们作进一步的探究。这种研究形式的多样化，不但反映了明代史学界宋史研究的繁荣景象，另外还具有近代意义上的普及历史的趋势，呈现出史学发展近代化的特点。

二、丰富多样的史论和传记类史著

（一）史论类著述异军突起

史论的盛行是史学繁荣的重要标志。传统史学中，史论作为史家对历史人物或历史事件的看法，既有单篇的，也有专著的。自唐代刘知幾撰述《史

---

① 按：是书今无单行本，收入归有光《震川先生集·别集》卷 5《宋史论赞》，上海古籍出版社 1981 周本淳校点本。

② 按：永瑢，等：《四库全书总目》卷 60 著录为《精忠类编》。有上海图书馆藏明万历四十二年（1614）刻本，题名《宋忠武岳鄂王精忠类编》。

通》以来，史论作为一种史体，逐渐增多，尤其是明代，既有通论以往数代历史的，例如张溥的《历代史论》；也有针对一代历史系统地加以评论的，例如明代宋史学者所撰述的关于宋代史事的史论专著。明代宋史学者所撰述的史论类宋史著述中，择其重要者如刘定之的《宋论》、程敏政的《宋纪受终考》、蒋谊的《续宋论》、何乔新的《宋元史臆见》、项梦原的《宋史偶识》、不著撰人名氏的《宋史笔断》，另外归有光撰宋史评论未有成书，仅有《宋史论赞》1卷，存其《震川先生集》中。这些史论从撰述形式上来划分，大概有三种表现形式。

第一种形式的基本特点：以宋朝十六帝为标题，对宋朝历史进行评论。每一标题下，先载史事，再发评论；标题、叙事及评论均另起一行，以示区别。其中，对于史事的记载，吸收了编年体按年书事的特点，以事件发生的先后顺序相次，抓取那些影响宋代历史发展的关键事件进行概括叙述。综观所载史事，均对明代的社会政治有着重要的借鉴意义。以刘定之的《宋论》为例，在"太祖"标目下，先叙史事曰："镇定二州，言辽汉会师，自玉门南下，周遣殿前都点检赵匡胤将兵御之，至陈桥，匡胤为众拥立而还。"叙事极简洁。接下来是刘定之的史评。根据所记历史时期史事的多寡，有时一个标题之下，叙述几件大事，进行几次评论。

这种史论形式具有纲目体的某些特点。纲目体以大事为纲，小字分注以补充内容，既有明晰的历史发展线索，又有丰富的史事内容，使人一目了然。这种史论形式吸取了纲目体纲简目详的特点，重在史论的发挥。因此，其叙事略而得其要，不以保存史事为著述旨趣，旨在循着历史发展的脉络，摄取反映历史发展进程的某些重要史事作为发论的依据。

第二种形式的基本特点：编年记事之后，另起一行进行评论。叙事篇幅有繁有简，所载内容或为一段史事，或为一篇言论。以许浩《宋史阐幽》为例，卷一叙事曰："天禧元年王旦抑张师德。"记载简明扼要，与《宋史·王旦列传》耗费192个字撰写此事的风格相比，不难看出这类史论类著述的旨趣不在叙事，因而叙事中惜墨如金。其后另起一行的评论，却浓加笔墨，不惜篇幅。明人何乔新所撰《宋史臆见》以及无名氏所撰《宋史笔断》在体例上均属此类。

第三种形式的基本特点：没有叙事，只有评论，有如正史论赞。如归有光的《宋史论赞》。以人物或门类为标题，对某一人物，或某一类人物进行品评。评论以"论曰"开首。如标目"公主"，即对这一类人物发表评论。标目"石守信"者，即对该人物及其历史影响发挥史论。又如标目"侯益赵赞"者，即对这两个有共同之处的人物进行评论。

（二）传记类著述丰富多样

明人的宋史研究成果中有一批数量可观的传记类史著，从内容和形式上，可分为以下三类。

其一，学术史传记。此类传记重在梳理理学渊源流派及思想内容。

弘治年间，谢铎所纂《伊洛渊源续录》六卷刊刻。谢铎叹"邹孟氏没而圣人之学不传，其过于高远者不溺于虚无则沦于寂灭，其安于浅陋者不滞于词章则狃于功利，二者虽有过与不及之不同，而其为吾道之害则一也。向非伊洛诸老先生相继迭起于千数百年之下，得不传之学于遗经，以兴起斯文为己任，则吾道之害将何时而已耶！然自是以来，犹有窃吾道之名以用于夷狄之世，借儒者之言以盖其佛老之真，其得罪于圣门甚矣"①，于是上承朱熹《伊洛渊源录》作《伊洛渊源续录》，"窃取先生（指朱熹。——笔者按）之意，具录勉斋所撰行状与其师友之间凡有预闻于斯道者……以见先生继往开来之功于是为大，而是录之不可以不续也"②，进而希望此书能够"明道术扶世教"③！可见《伊洛渊源续录》仿效朱熹《伊洛渊源录》的编次，旨在以朱熹为宗主，辨析其"授受源委与夫出处履历之详"④，考察朱熹理学的传衍情况，明确朱熹理学为圣学之正统。

《伊洛渊源续录》所录人物23人。始于罗从彦、李侗，朱熹之学所自来，佐以张栻、吕祖谦，朱子之友，自黄幹而下终于何基、王柏，皆传承朱子之学者。书中各卷体例不一，例如，卷一《豫章罗先生》设《事实略》、《议论要语》、《遗事》。卷二《延平李先生》设《行状》、《文公与先生书》、《祭文》、《遗事》。卷三《文公先生》仅设《行状》，并于《行状》后附及门弟子陈淳、吴寿昌、李方子、再传弟子魏了翁，以及四传弟子吴澄对朱子

---

① 谢铎：《伊洛渊源续录》卷首《序》，明嘉靖八年（1529年）高贲亨刻本。
② 谢铎：《伊洛渊源续录》卷首《序》，明嘉靖八年（1529年）高贲亨刻本。
③ 谢铎：《伊洛渊源续录》卷首《序》，明嘉靖八年（1529年）高贲亨刻本。
④ 谢铎：《伊洛渊源续录》卷首《序》，明嘉靖八年（1529年）高贲亨刻本。

及其义理之学的称许之语。卷四《南轩张先生》设《宋史道学传》、《朋友论述》、《祭文》。卷五至卷六，记载朱子弟子学行，凡在《宋史》之《道学传》或《儒林传》中有传者，即设《宋史道学传》或《宋史儒林传》，并将《宋史》传中内容迻录于此；卷中石子重于《宋史》中无传，则迻录朱熹《知南康军石君墓志铭》，其余如辅广、杜烨、杜知仁、赵师渊于《宋史》中亦无传，则不设目，仅对其学术活动、思想、品格或著述作简单介绍，有嫌疏略。

此书的史学价值一是发扬了朱熹所创之旨在梳理学术渊流的新体裁，二是首次以新体裁系统梳理考察了朱熹义理之学的授受传衍情况，三是所录朱子门人 18 人，较《宋史·道学传》所录六人而言，进一步丰富了理学学术史的内容。

隆庆三年（1569 年），薛应旂重辑之《考亭渊源录》24 卷刊刻。是书是薛应旂在宋端仪所撰初稿的基础上，"稽诸往籍所载，质以平日所闻，反覆思惟，参互考订，删其繁冗，增其未备"而成，而其"一得之愚，亦不敢不尽"①。且所记略于朱子及其师友、门人之言，而详于其行与政。体裁仿朱熹《伊洛渊源录》之例。首列李侗、胡宪、刘子翚、刘勉之 4 人，以溯师承之所自，次载朱子始末，次载同时友人，从南轩张栻以下至陈傅良等 7人，次则备列考亭门人，自勉斋黄幹以下 293 人。卷二三载门人之无记述文字者，只列其名，凡 88 人。末卷载其所谓背叛师门者 3 人，即赵师雍、傅伯寿、胡纮，体例沿用《伊洛渊源录》所载邢恕例。各人传记由两部分组成，第一部分为传主生平简介，包括传主字号、享年、生平履历、死后赠谥、交游，及往来问辨，叙事以时间或年齿为序，中间随机插叙补充必要的史事；第二部分为《备遗》，亦以时间为序，辑录传主主要的学术活动和成就，以期"知考亭之集大成，而学者有所依据。当不为众言之所淆惑，偏见之所拘滞，合异以反同，会博而归约，庶致知实践，有所措手。道待时而行，人感时而发，而真儒辈出矣"②。薛应旂为明代著名的理学人物，另著

---

① 薛应旂：《考亭渊源录》卷首《重编考亭渊源录序》，《四库全书存目丛书》据明隆庆三年（1569 年）林润刻本影印。按：宋端仪所著原本不见，行于世者，仅有薛应旂的重修本。

② 薛应旂：《考亭渊源录》卷首《重编考亭渊源录序》，《四库全书存目丛书》据明隆庆三年（1569 年）林润刻本影印。

有《宋元通鉴》，于道学宗派，多所纪录。薛应旂初学于王守仁，讲陆氏之学，晚乃研穷洛、闽之旨，兼取朱子，认为"两先生实所以相成，非所以相反"①，将陆九渊三兄弟亦开列于此书中，被四库馆臣批判为"名实乖舛"②。

正德年间，戴铣编《朱子实纪》12卷刊刻，实为个人的学术史传记。此书因《年谱》而作，然标名《实纪》者，如戴铣在《自序》中所称："谓之《年谱》则绍乎前，彰乎后者不足以该，必曰《实纪》，然后并包而无遗，亦犹史家有世表、年表，总谓之实录也。"③又如清代四库馆臣所言："盖年谱主于明朱子学问之序，出处之道，而铣是书则主于以推崇褒赠，夸耀世俗为荣。"④卷一《道统源流》、《世系源流》，载朱子学统渊流及朱子世系，详备有秩。卷二至卷六为朱子《年谱》3卷、《行状》1卷、《宋史本传》1卷；并"取《朱子语类》、《大全集》、《行状》、《本传》、《道命录》、《年谱节略》等书参互考订，讹者正之，略者详之，其论著关系之大，旧或未载而岁月可考者，增入逐年之下，间有引证及附鄙见一二，皆称按以别之"⑤。卷七《庙宅》，介绍朱子故居、祠堂、书院、墓、坊、亭等。卷八《朱子门人》，著录朱子门人凡319人，详者叙其字号、籍贯、著述、职官及朱子评语，略者则只录其名字；就排列的先后次序而言，"其号称高弟有著述者居先录，有问答及见称许者次之，或姓字爵邑仅存者置于后，惟西山真氏私淑而得正传配享祠堂，故亦入高弟之列"⑥。卷九《褒典》，介绍朱子身后褒赠。卷十《赞述》，辑录关于朱子之祝词、铭赞、事实、识跋和祭文等。卷一一至卷一二《纪题》，辑录有关朱子的碑记、序、上梁文、疏、表、跋和诗词。其中《世系源流》依仿正史中《宗室年表》的形式，展现朱子的世系传承，乃借鉴北宋欧阳修编谱图之法。《朱子实纪》排比资料，编次有序，堪称族谱、个人年谱与学术渊流的合和。

其二，传记类的别体——年谱。蔡尚思说："年谱属于历史人物的个人

---

① 薛应旂：《考亭渊源录》卷首《书考亭渊源录后》，《四库全书存目丛书》据明隆庆三年（1569年）林润刻本影印。

② 永瑢，等：《四库全书总目》卷61《考亭渊源录》提要，中华书局1965年版，第550页上。

③ 戴铣：《朱子实纪》卷首《序》，明正德八年（1513年）鲍雄刻本影印。

④ 永瑢，等：《四库全书总目》卷60《朱子实纪》提要，中华书局1965年版，第540页上。

⑤ 戴铣：《朱子实纪》卷首《凡例》，明正德八年（1513年）鲍雄刻本影印。

⑥ 戴铣：《朱子实纪》卷首《凡例》，明正德八年（1513年）鲍雄刻本影印。

编年史，他的背景虽不及一般编年史广阔，而反映历史进程的精细程度超过一般编年史。"① 所以在中国学术史上，年谱不仅可以补充"国史"、"家传"的不足并订正其舛缪②，而且"最得知人论世之义"③。明代宋史学者所编之年谱，以马峦所撰《温公年谱》为代表。

嘉靖年间，马峦撰成《温公年谱》6 卷。书前置《引用书目》和《凡例》，内容注重考订。《温公年谱》采用纲目体，以时间及传主年齿为序记载传主事实，其间或追叙原委，或穿插议论，所引资料均注明出处。清代四库馆臣评价说："以光旧无年谱，因撰此编，以补史传所不及。其大旨以光《行状》为主，参以史传及《名臣言行录》，润以光所著《传家集》。其余诗话、小说皆详为考订，分年编载。其不可专属一年者，则总为附录于末焉。"④ 马峦《温公年谱》体例灵活，史源丰富，注重考订，引书均注明出处，保存了大量珍贵史料，显示了明代年谱撰述的发达，具有重要的史学价值。依据蔡尚思的年谱分类观点，此类年谱属于研究型年谱。

其三，人物传记资料类编。此类宋代人物传记，在体例上表现为将传主的相关资料分类汇辑，犹如个人资料类编。

例如永乐年间，崔子璲、崔晓增辑《宋丞相崔清献公全录》10 卷。是书乃裒辑《言行录》、明初人所撰《言行录》序、传主崔与之《奏札》、《诗文》、理宗《御札》、诸家诗文，以及《宋史》本传等而成。其中《言行录》3 卷，乃五世孙崔子璲辑录崔与之"政事、文章、德行、荐擢、出处暨夫君命臣对之辞"⑤ 所得。是书分类汇辑传主资料，即：《言行录》序、《言行录》、《奏札》、《遗文遗诗》、《宸翰》、《赠挽》等。

又如成化年间，丁元吉纂辑《陆右丞蹈海录》1 卷。是书纂辑传主陆秀夫海上死难事迹，并分门别类汇辑史料，即：传主传记、《遗文》、《年谱》、诸家题咏等。

---

① 罗正钧：《左宗棠年谱》卷首蔡尚思撰《序》，岳麓书社 1983 年版，第 2 页。

② 全祖望：《鲒埼亭集》卷 32《愚山施先生年谱序》，朱铸禹《全祖望集汇校集注》，上海古籍出版社 2000 年版，第 611 页。

③ 孙德谦：《古书读法略例》，上海书店 1983 年版，第 347 页。

④ 永瑢，等：《四库全书总目》卷 60《温公年谱》提要，中华书局 1965 年版，第 543 页。

⑤ 崔子璲：《宋丞相崔清献公全录》卷 1 刘履撰《言行录序》，《四库全书存目丛书》据明嘉靖十三年（1534 年）唐胄等刻本影印。

再如万历年间，范明泰撰成《米襄阳志林》13 卷，记米芾遗事。是书将米芾事迹分为 12 个门类，即《世系》、《恩遇》、《颠绝》、《洁癖》、《嗜好》、《麈谈》、《书学》、《画学》、《誉羡》、《书评》、《杂记》、《考据》，按类汇辑相关事迹。

明代宋史学者所作宋代人物传记，体裁不拘一格。有的力求做到年代明确，记事翔实生动，传主个性鲜明，家世、家庭、友朋关系清晰，并注意将传主置于社会背景之中考察；有的则按类汇辑，分门别类将所存史料搜罗殆尽。从史料和编纂方法的角度来看，学术史传记和研究型年谱具有重要的历史文献学价值。以上这些成就，均显示了明代传记类著述发展的成熟。

综上，明人宋史著述在体裁和体例方面呈现出灵活创新和多样化特点。这不仅使不同风格的宋史著作相互补充，从不同角度反映出丰富多彩的宋代历史，展现了明代史学界宋史研究的繁荣景象，亦突出说明了明代历史编纂学的长足发展。

三、体例的变化与改进

中国传统史学研究中的编纂学主要涉及两个方面：一是史著的外部形式，即通常所说的体裁，主要有编年、纪传、典制和纪事本末四种体裁。二是史著的内部结构、繁省处理和语言表述，即史书的义例书法或体例，其名目甚多，如断限、标目、编次、记时、记地、记人、载言、载文、征引、议论、注释等。唐代学者刘知幾云："史之有例，犹国之有法。国无法，则上下靡定；史无例，则是非莫准。"① 其将史例比做国法，道出了史书体例的重要意义，而传统史家也正是着意于通过史著体例的处理，来表达自己的历史见解和史学观点。

明代学者们围绕着元修《宋史》的编撰，不仅指出其正统问题处置不当，而且道出其史法不明、剪裁失当、编次欠精等体例缺陷。缘此，明人在宋史研究和撰述中，讲究史料的增补、史观的变革以及编纂上的灵活多样。举凡纪传体、编年体、纪事本末体均有使用且成就最高，传记、史论、杂史、杂纂类史著灵活运用并数量居多。客观地说，各种史体互有优缺，亦可

---

① 刘知幾：《史通》卷 4《序例》，辽宁教育出版社 1997 年版，第 25 页。

相互补益，所谓"著述自有体要，其势不能以两得也"①。明人撰述宋史，能够灵活运用各种史体，打破传统史体的固有模式，实现体裁方面的创新与多样，运用不同种类史料从不同角度反映宋代历史，是明代历史编纂学长足发展的突出表现。

明人宋史著述之框架大体依然遵循旧史体例，但于具体篇目则多有变化。

（一）纪传体史书编纂的新创获

明人编纂的纪传体宋史著述主要有四部：王洙《宋史质》、柯维骐《宋史新编》、王惟俭《宋史记》、钱士升《南宋书》。从体裁上看，这些史著都采用了纪传体，同时又大胆地在内部体例上进行了创新。有的为张扬大一统的正统史观，例如王洙的《宋史质》，于书中设置"天王正纪"、"天王闰纪"以及"道统"类目。有的重在订正、调整元修《宋史》中各体的编次，例如柯维骐的《宋史新编》，在《列传》中删去无关紧要的《公主传》，并以"孔门四科"（即德行、言语、政事、文学）之例重新安排列传次序，首"道学"，次"儒林"、"循吏"，末置"文苑"；又如王惟俭《宋史记》精简书志类目。有的患《宋史》之冗长，重在删繁，例如钱士升《南宋书》，发展王洙以类合传的方法，将南宋人物按类编排。凡此，目的都是要撰述出一部体例较《宋史》更为严整、内容较《宋史》更为充实的宋史著述。以此为旨趣，明代学者对纪传体内部体例的大胆变革和创新构成了明代历史编纂学的突出成就。

首先，标目别具一格。《宋史质》作为明人重修《宋史》而成的第一部纪传体史著，在立目编次上多有创新。它强调发挥程朱义理之学，旨在改革《宋史》在体例上"浑而无别，微而不彰"②的缺点。据此，它将《宋史》的纪、传、志、表分别按类合并，重新命名，体现出分类归纳以及标目上的创新。兹将其篇目依次列出：

> 《天王正纪》、《天王闰纪》、《后德外戚》、《宗室世系》、《宰执年表传》、《相业传》、《直臣传》、《文臣传》、《吏治传》、《使事传》、《功臣传》、《将才传》、《边将传》、《君子传》、《忠义传》、《孝义传》、《列

---

① 马端临：《文献通考》卷首《自序》，中华书局 1986 年版，第 3 页上。
② 王洙：《宋史质》卷末附录，台北：大化书局影印明嘉靖刻本，1977 年版，第 471 页上。

女传》、《卓行传》、《隐逸传》、《小人传》、《权奸传》、《幸佞传》、《叛臣传》、《降臣传》、《世家传》、《方技传》、《宦者传》、《夷服传》、《十五志》、《道统》。

可见，改革后的设置是在《宋史》原有"纪"、"志"、"表"、"传"的基础上重新分类，在标目上示尊卑，明褒贬。其中，有些列传的设定较之《宋史》更加凸显了道德判断的色彩，显示了《宋史质》严格按照《春秋》精神进行义例设定的编纂原则。《宋史质》重视类传的设置，全书列传76卷，全部为类传。这种做法与欧阳修《新五代史》如出一辙，其推崇欧公的用意是可以想见的。

《宋史质》中设置《天王正纪》一目，相应于传统纪传体史书的本纪部分。实际上，王洙的《天王正纪》是合并《宋史》中各帝《本纪》而成，记载自太祖至帝昺计18位皇帝事迹。有所区别的是，《宋史质》的《天王正纪》视赵昺为宋朝末帝，而《宋史·本纪》所记帝王止于度宗赵禥，其余称公、称王。《天王正纪》的标目显然是要突出、强调宋朝的正统地位。王洙称：

> 维昔王者，天之胄也。受命清穆，以统天承乾。是故继周者汉，继汉者唐，继唐者赵。宋太祖拨五代之乱而反之正。植人纪，立家法，建皇极，四海九州，复统于一，传国者三百余祀，中国礼乐衣冠文物之化，因之以成。上追四代，炳炳宇宙间，功德莫先者也。述《天王正纪》第一。①

他又设置《天王闰纪》一目，称元朝为"胡元"，称"胡元者，赵宋之闰位，昭代之驱除也，皆天命也。述《天王闰纪》第二"②，因而去元朝纪年，将其列入《天王闰纪》中，以明朝直继宋朝统系，并以朱元璋之先祖虚接年月。对此，四库馆臣抨击道："是编因《宋史》而重修之，自以臆见，别创义例。大旨欲以明继宋，非惟辽、金两朝皆列于外国，即元一代年号亦尽削之。而于宋益王之末，即以明太祖之高祖追称德祖元皇帝者承宋统。……荒唐悖谬，缕指难穷。自有史籍以来，未有病狂丧心如此人者。其

---

① 王洙：《宋史质》卷首《史质叙略》，台北：大化书局影印明嘉靖刻本，1977年版，第2页下—3页上。

② 王洙：《宋史质》卷首《史质叙略》，台北：大化书局影印明嘉靖刻本，1977年版，第3页上。

书可焚，其板可斧。"并将其列入存目，以示批判。王洙为了维护宋朝政权的正统地位，大力宣扬天命论，乃至不顾历史事实，置元朝政权于偏闰。

《宋史质》又设立十五志，用来总括《天文》、《五行》、《律历》、《地理》、《河渠》、《礼》、《乐》、《仪卫》、《舆服》、《选举》、《职官》、《食货》、《兵》、《刑法》、《艺文》各志，并将元修《宋史》中杂有的唐、晋旧事部分削去，仅择取关乎宋朝治乱之由、盛衰之因者，凡 7 卷，较之元修《宋史》书志 162 卷，大大节简了篇幅。

在谨华夷之辨思想的指导下，王洙又设《夷服传》，云：

> 先王严五服之制，所以谨华夷之辨也。是故《春秋》书法，四夷虽大，皆曰子，观吴、楚可知矣。元人合辽、金、宋为三史，且以外国名，非制也。兹黜之。[1]

于是将辽、金和西夏史事载于《夷服》中，以示夷夏有别。

至于《相业传》、《直臣传》、《使事传》、《将才传》、《边将传》、《小人传》、《权奸传》、《幸佞传》、《叛臣传》、《降臣传》等目的设置，更是从标题上直接体现褒贬惩戒之义，显示出明确的历史观和价值判断标准，与前史不同。

其次，勇于革新，体例严谨。嘉靖年间，学者柯维骐撰述《宋史新编》，以为元修《宋史》所立《公主传》和《宗室年表》非关劝戒，毋须设置，两目中所涉及的史事可以附载于其他各传之后。他说："史有纪、志、表、传，肇自《两汉》，义主劝戒耳矣。宋旧史立《公主传》，前史无之。《宗室年表》，乃袭《新唐书》，均非关劝戒也。今削去《公主》，事有大者，则附载各传。"[2] 元修《宋史》中的《宗室世系表》直如帝王家谱，篇幅却占据全书五分之一。柯维骐删削《公主传》和《宗室年表》，将相关大事归并他传，不但使史著结构趋于严谨，而且精简了篇幅，避免了史事记载的重复丛脞。

天启年间，学者王惟俭又撰《宋史记》，认为在《外戚传》中应以附传的形式记载帝婿事迹，他说：

---

① 王洙：《宋史质》卷首《史质叙略》，台北：大化书局 1977 年据明嘉靖刻本影印，第 5 页上。
② 柯维骐：《宋史新编》卷首《凡例》，明嘉靖刻本。

宋室一代外戚，权无梁窦，衅无霍阎，列名外戚，仅备篇目云尔，若王贻永诸人，虽贵为帝婿，而史例不闻，今皆附见之。①

历代的外戚、宦官招权擅事，为中朝祸首，唯独于宋朝三百余年未尝为厉。据《宋史》记载，宋太宗的驸马王贻永能够"远权势"②、宋仁宗的舅舅李用和"推远权势"③、宋哲宗孟皇后的侄子孟忠厚"避远权势"④、宋宁宗韩皇后的父亲韩同卿"善远权势"⑤、宋宁宗杨皇后之兄杨次山"能避权势"⑥，等等，均与宋代对待外戚的基本策略"养之以丰禄高爵，而不使之招权擅事"⑦ 密切相关，成为宋朝政治的一大特色。史学家认为，史书的撰写重在言简义丰，详略有致，讲求"用晦"⑧，这一点反映在体例上，就是传目的设置与删削。宋朝外戚与时政升迭关系不大，为了详略得当，且能够突出时代特征，王惟俭以附传形式记载事功平平的帝婿，反映出可贵的史识。

对于列传，王惟俭删去《道学》一目，并入《儒林》，他说：

诸史止有《儒林》，而《宋史》乃列《道学》，夫学以为儒，理本无二，况此名目乃陈贾、胡纮诸奸创之，以攻紫阳者，今宜删去，总名《儒林》，其附奸如陈旸诸人，改从列传。⑨

其实，早在王惟俭之前，已有学者对元修《宋史》分列《儒林》、《道学》两传表示过不满，斥为学识浅陋。嘉靖间学者薛应旂说："世降，俗末偏蔽浅陋之徒，各执己见。依傍道德者，则鄙功业为庸俗；驰骛功业者，则斥道德为玄虚。持论相沿，而道德、功业歧而为二。甚至儒林、道学，《宋史》亦分为两传矣。不知儒非道学，以何为儒？道学不谓之儒，又以何者谓

① 王惟俭：《宋史记》卷首《凡例》，清抄本。

② 脱脱，等：《宋史》卷464《外戚中·王贻永传》，中华书局1977年版，第13562页。

③ 脱脱，等：《宋史》卷464《外戚中·李用和传》，中华书局1977年版，第13566页。

④ 脱脱，等：《宋史》卷464《外戚下·孟忠厚传》，中华书局1977年版，第13586页。

⑤ 脱脱，等：《宋史》卷243《后妃下·宁宗恭淑韩皇后传》，中华书局1977年版，第8656页。

⑥ 脱脱，等：《宋史》卷465《外戚下·杨次山传》，中华书局1977年版，第13596页。

⑦ 赵汝愚：《宋朝诸臣奏议》卷35《帝系门·外戚下》吴执中撰《上徽宗论郑居中除同知枢密院事》，上海古籍出版社1999年版，第352页。

⑧ 刘知幾：《史通》卷6《叙事》，辽宁教育出版社1997年版，第52页。

⑨ 王惟俭：《宋史记》卷首《凡例》，清抄本。

之儒哉？"① 从正名、致用的角度论辩了分立《儒林》、《道学》两目纯属重床叠屋。王惟俭亦在《宋史记》中删去《道学》一目，总名《儒林》，表达出他个人的历史观念和史学见解，与薛应旂各有千秋。

《宋史记》删去《奸臣》一目，将有关人物并入《列传》。王惟俭认为，元修《宋史》设《奸臣传》，而奸臣如史弥远、史嵩之、薛昂、罗汝楫、程松、陈自强、王次翁、胡纮诸人却未入此传，有失立传主旨。他认为，史家撰述史著，只要据事直书，做到忠奸不淆，就能起到史鉴的作用，而不必在标目上刻意明褒贬，发警示。王惟俭删去《奸臣传》，将其中人物按时代先后并入《列传》。他又删去《叛臣传》一目，认为所谓叛臣，是指背叛宋朝，依附其他政权势力，或者称兵对抗宋廷的大臣。他认为，《宋史·叛臣传》中的有些人物，如李全，就称不上叛臣，不过是占据山林湖泊的草寇，应和张角、李顺、王刚同传，不宜入《叛臣传》；其余如张邦昌、刘豫等六人按时间次序并入《列传》即可，不必专设《叛臣传》。

对于年表，王惟俭勇于突破《宋史》旧例，在《宋史记》中有减有增。他认为宗室谱系繁猥，宜删去《宗室年表》；又仿效司马迁《年表》的体例，增加《宋初诸国年表》、《辽金年表》，并将《夏年表》附于其后。

对于史志的作用，王惟俭认为"前王以之贻谟，后王以之绳武，而百世所考镜者"②，有重要的借鉴意义。因此，他本着垂训将来，考镜资治的原则，在史志设置方面，进行了改造。首先，他删去《天文志》。他赞同唐代史学家刘知幾的看法，认为天文星象实属自然现象，与政治的治乱并无关系，星象的变异并非能够应验到皇朝的兴衰上面；其二，他又删去《五行志》，认为《五行志》的设立始于班固的《汉书》，乃效法《尚书·洪范》的撰述意图，是为了警告君主的恶行会引发自然界异常现象的出现。王惟俭批驳这种"天人感应"论为"乖违"③，认为后世撰史者沿袭《汉书·五行志》体例，在撰述时却大多无实际内容，徒事抄撮，聊备篇目，理当删去；至于其中震蚀慧孛之灾，夭札凶荒之变一类的内容，则可以按年分布于各纪之中。这种处置显示了王惟俭重人事、斥怪异的宝贵思想，是时代进步思潮

---

① 薛应旂：《宋元通鉴》卷首《义例》，明嘉靖四十五年（1566年）自刻本。
② 王惟俭：《宋史记》卷首《凡例》，清抄本。
③ 王惟俭：《宋史记》卷首《凡例》，清抄本。

的一种反映。其三，王惟俭将《仪卫志》、《舆服志》并入《礼志》，认为此两志所涉及的制度和仪式虽然不同，但都统属于礼的范畴，理应并入《礼志》。最后，他根据劝惩的原则，删去了《艺文志》。

"古所贵乎史，即取其能劝戒也"①，王惟俭从史学发挥惩劝功能的原则出发作出的这些删减，大部分具有合理性。但从纪传体旨在全面反映社会生活的史学角度来看，个别有欠稳妥。如《艺文志》，是纪传体中最具特色的部分，具有"辨章学术，考镜源流"的重要作用，据此亦可考察不同时期的学术潮流，而学术潮流亦是一定时期社会特点的折射，怎能仅将其作为著录书名的账簿而简单地删掉呢！

如此一来，在王惟俭的《宋史记》中仅存十志。首为《历法志》，上关校定正朔、皇帝祭祀，下涉民生四时宜忌等内容；其次《郡邑志》，记述山川、土地、物产、城邑乡聚，户口贡赋、建置沿革等；第三《礼志》，记载一代礼仪制度，有着序民、理民的作用；第四《乐志》，记载宫廷音乐；第五《食货志》，记载经济方面的实践活动以及统治者制定的经济政策、措施、各项制度，如土地制度、户口制度、劝课农桑之法等；第六《河渠志》，记载河渠的变迁；第七《兵志》，记载军事制度及其变化，关系国家军事安全；第八《刑志》，记载法律制度，关系社会治安；第九《百官志》，主要记载官员的职责范围；第十《选举志》，记载选官制度。十志内容均为关系政治生活、国计民生的重要制度，悉数保留。

王惟俭由小小一个知县升迁至兵部职方主事，再至工部右侍郎，最后遭魏忠贤党劾而落职闲住。他肆力经史百家，常苦《宋史》汗漫繁芜而手加刊落。经过王惟俭的筛选，保留下来的史料凝结了资治的功能，在劝诫的原则下，体例更显严谨。

（二）编年体史书编纂的新突破

明人尝试以编年体来撰述宋代历史，是其研究宋史而进行的新探索。明代问世的编年体宋史著述主要有三部，即成化年间商辂等奉敕编撰的《续资治通鉴纲目》27卷，以及嘉靖年间薛应旂和王宗沐不约而同撰写出来的同名史著《宋元资治通鉴》，分别为157和64卷。前者深受明初理学思潮的影

① 陈垣：《通鉴胡注表微·劝戒篇》第十，科学出版社1958年版，第181页。

响，强调纲常，维护名教，提纲分目悉遵朱熹《纲目》书法，而后两部则反映了史家重视历史事实的史学发展方向。三部史著在内容和编次方面均有发展和进步。

首先，结构安排上详略得当。朱熹秉持正统史观，以《春秋》笔法为指导改造《资治通鉴》，撰述《资治通鉴纲目》以来，纲目体史著开始流行。至明，统治者承禀程朱传统，命儒臣考订朱熹《资治通鉴纲目》，使其成为"法《春秋》，实际为经世之大典，帝王之龟鉴"①。

由此，有明一代产生了众多纲目体史著。如商辂《续资治通鉴纲目》，凡27卷，其中《宋纪》22卷，是明代第一部以纲目体撰述的有关宋代历史的著述。其立意除了要在思想上以正统史观指导历史撰述以外，还意图继承朱熹所创"纲目体"，改变以往编年体史著部帙宏大，未及数卷便觉欠伸，以及叙事逐年平叙，头绪纷繁，读者难以挈其要领，检阅亦颇多不便等缺点。《续资治通鉴纲目》中宋纪部分22卷，较之元修《宋史》496卷，已有了很大的缩减。但商辂等人在撰述《续纲目》时，绝不仅仅以《宋史》为史料，还广泛参考了其他各书，力求所述事迹"悉据正史（原注：谓宋、辽、金、元史及《皇明实录》），正史或有阙略异同，参取宋《长编》、《元经世大典》等书增入订正，或事有可疑，正史不载，而传闻彰著者，略述于目之末，以圈隔之，或出某人曰以为别，疑以传疑也"②。可见，商辂等人撰述《续资治通鉴纲目》一书，在史料取舍和编次上有许多讲究。

书中宋史部分的断限始于宋太祖建隆元年（960年），迄于宋帝昺祥兴元年（1278年）；记事起于赵匡胤称皇帝国号宋，止于元人囚文天祥至燕，其中兼记辽、金史事。对于该书如何反映两宋三百余年的历史，商辂等人作了通盘周密的考虑。从卷数来看，两宋18位皇帝，在位时间不超过25年者，如太祖、太宗、英宗等，所用篇幅均为1卷；在位时间超过25年者，如真宗、仁宗、徽宗、高宗、孝宗、宁宗、理宗，其中除真宗、孝宗所用篇幅1卷、高宗所用4卷外，其他均为2卷。据此统计可知，除高宗外，记载其他统治者的篇幅基本与统治者在位时间的长短相当。高宗在位36年，统

① 《明宪宗实录》卷119，"成化九年八月壬戌"条，台北："中央"研究院历史语言研究所1962年影印本。

② 商辂，等：《续资治通鉴纲目》卷首《凡例》，明弘治十七年（1504年）慎独斋刊本。

治时间没有仁宗和理宗长，却用 4 卷之多的笔墨来记载该朝史事，可见用意深远。高宗赵构是徽宗的第九子，本与皇位无缘。靖康之变中，赵宋宗室多被金兵掳去，唯独赵构成了漏网之鱼，"中兴之主"的位子当然非他莫属。高宗统治时期，经历了重建赵宋政权、镇压农民起义、订立绍兴和议以及被迫抗金求存等重大史事。因此，这一时期关系着赵宋皇朝的生死存亡，理应浓加笔墨。此外，高宗朝的对外对内形势均与明朝成化年间的政治极其相似，商辂等人对高宗朝史事的重视，其借鉴之义，不言而喻。从全书来看，卷数的如此分配也在一定程度上弥补了元修《宋史》对南宋史事遗漏颇多的缺憾。商辂等人编撰《续资治通鉴纲目》，在广搜博采、合理调配史料的同时，兼顾突出高宗朝的做法，贡献甚大。

其次，叙事形式上灵活多变。对纪传体史书而言，"纪以包举大端，传以委曲细事"①，记人记事都较为方便。而编年体史书则要将"大端"与"细事"通通"包举"和"委曲"于帝纪之中。"包举"不好，则易成为流水账；"委曲"不好，则易对无年月可考和不便分散于年月之下的史事，或干脆不记，造成大量人物、事件和典章制度遗漏，或记而不当，导致体例杂乱。薛应旂在撰述《宋元通鉴》过程中，充分注意到了编年与纪传两体的优缺。他认为既要吸取纪传体在叙事方面的长处，又要发扬编年体的优良传统，但绝对不能使体例驳杂，不伦不类。因此他一方面继承司马光《资治通鉴》"以事系日，以日系月，以月系时，以时系年，虽一事而始末序书，先后不紊，盖欲使后人考见时事，且以明实录"②的优点，另一方面，又对"后之纂修者，乃或合始末而并书之"③ 的做法产生了质疑，认为"此纪传体，非编年体例也"④，主张"于纪事，仍序书于各年、月、日之下，唯于名臣硕士之卒，则合其平生，而并书其大略。其有年月不可考见者，则因事附书，固不没其善，亦不掩微瑕，庶俾后人知所法戒也"⑤。该书在人物卒

① 刘知幾：《史通》卷 2《二体》，辽宁教育出版社 1997 年版，第 7 页。
② 薛应旂：《宋元通鉴》卷首《义例》，明嘉靖四十五年（1566 年）自刻本。
③ 薛应旂：《宋元通鉴》卷首《义例》，明嘉靖四十五年（1566 年）自刻本。
④ 薛应旂：《宋元通鉴》卷首《义例》，明嘉靖四十五年（1566 年）自刻本。
⑤ 薛应旂：《宋元通鉴》卷首《义例》，明嘉靖四十五年（1566 年）自刻本。

后书其生平大略的情况，如在"范质卒"①、"李沆卒"②、"契丹隆绪母萧氏死"③ 之后，追述其生平，并选取典型事例，突出人物形象。因事附书的情况，如记载"以赵普同平章事"一事，在其后附书"普既相，以天下为己任，帝倚任之，事无大小悉咨决焉"④ 的多种事例。又如在"皇子受益生"⑤ 之后，补叙其生母李氏的生平及当时状况，从而使一些无年月可考，又必须交代清楚的重要史事，得以记载在以时系事的编年体史著中。在因事附书的同时，为了突出人物的特点，薛应旂还注意到了连类并举，即将反映人物特点的几个突出事件放在一起撰述。例如，写赵普"刚毅果断"⑥，即选定赵普犯颜直荐官吏的几件史事集中撰述，从而增强史书的说服力和感染力，加深读者对赵普的印象，收到了原本只有纪传体史书才能起到的良好效果。

为了扩展编年体纪事的内容，突出主题，在叙事形式上，《宋元通鉴》还适时使用"初"、"尝"、"先是"、"既"、"时"等引入叙事，配合上述记述原则，使结构紧凑、脉络分明。例如《宋元通鉴》卷一二，真宗景德三年春二月戊戌，"寇准罢相"一事，撰述分作三个层次。第一层以事系时，载"寇准罢相"⑦；第二层，承接上层以插叙方式说明寇准罢相的原因，起于同僚的嫉恨和诋毁而失去皇帝的信任。第三层，以"初"字再次引起插叙，记载与"罢相"有关联的另一事。又如，以"尝"字引起的插叙，在书中运用较多。例如《宋元通鉴》卷一三载："甲辰，内出绥抚十六条颁江淮南安抚使，内侍江守恩擅取民田麦穗，杖杀军士，狱成抵法，太常博士俞

---

① 薛应旂：《宋元通鉴》卷2，"宋太祖乾德二年冬十一月末"条，明嘉靖四十五年（1566年）自刻本。

② 薛应旂：《宋元通鉴》卷12，"宋真宗景德元年秋七月丙戌"条，明嘉靖四十五年（1566年）自刻本。

③ 薛应旂：《宋元通鉴》卷13，"宋真宗大中祥符二年十二月甲辰"条，明嘉靖四十五年（1566年）自刻本。

④ 薛应旂：《宋元通鉴》卷2，"宋太祖乾德二年春正月庚寅"条，明嘉靖四十五年（1566年）自刻本。

⑤ 薛应旂：《宋元通鉴》卷13，"宋真宗大中祥符三年夏四月甲戌"条，明嘉靖四十五年（1566年）自刻本。

⑥ 薛应旂：《宋元通鉴》卷2，"宋太祖乾德二年春正月庚寅"条，明嘉靖四十五年（1566年）自刻本。

⑦ 薛应旂：《宋元通鉴》卷12，"宋真宗景德三年春二月戊戌"条，明嘉靖四十五年（1566年）自刻本。

献卿抗章论救，坐贬。帝尝谓辅臣曰：'前代内臣恃恩恣横，蠹政害物，朕深以为戒，故于班秩赐予，不使过分，有罪未尝矜贷。'王旦等曰：'前代事迹昭然，足为龟鉴。陛下言及此，社稷之福也。'"① 此例中的"帝尝谓辅臣曰"句，就是以插叙的方式交代了内侍江守恩伏法的历史缘由。又如，以"既"字引起的补叙，《宋元通鉴》卷一三载："吕端既卒，诸子析居旧第以质于人。帝闻之，出内库钱赎还之，令其聚居。"② 其中第一句就是以补叙交代事情的背景。再如，"时"字引起的追叙。例如《宋元通鉴》卷一二，在"秋七月丙戌，李沆卒"③ 一事后，李沆生平的几件典型大事，均是在"时"字开头的追叙中展开的。薛应旂在使用追叙手法的同时，往往注意以"尝"、"又"等字适时引起插叙，显示出叙事的灵活。

在《宋元通鉴》中，薛应旂在恪守编年记事的前提下，对于重要人物的记载，提出"合其平生"、"书其大略"、"因事附书"等处理方法，并适时运用插叙、补叙、追叙等方法灵活叙事，既发扬了编年体以时系事的优点，又吸取了纪传体记人记事的长处，且避免了体例的驳杂，促进了结构的严整，达到了内容充实且眉目清晰的效果，在实践中丰富、发展了编年体的叙事方法。

明代政治家张居正撰《通鉴直解》，为万历皇帝进讲，起于三皇，止于宋元。其中宋元部分，即摘自薛应旂所撰《宋元通鉴》。由此不难看出，《宋元通鉴》在记人叙事方面的优长。

除了薛应旂注意在撰述《宋元通鉴》中严整章法，充实内容，进一步丰富编年体的写法外，王宗沐撰写《宋元资治通鉴》时，也尤为注意，且颇有创见。他提出："温公《通鉴》有大臣之拜除、死免或政令之新定更革或地方城镇之得失移徙，事关系大而议论多者，则先提其纲，而后原其详，记事之常体，不得不然，而亦使览者知其稍别于他事也，计朱子之后为《纲

---

① 薛应旂：《宋元通鉴》卷13，"宋真宗大中祥符三年九月甲辰"条，明嘉靖四十五年（1566年）自刻本。

② 薛应旂：《宋元通鉴》卷13，"宋真宗大中祥符三年夏四月甲戌"条，明嘉靖四十五年（1566年）自刻本。

③ 薛应旂：《宋元通鉴》卷12，"宋真宗景德元年秋七月丙戌"条，明嘉靖四十五年（1566年）自刻本。

目》，亦不过因此以起例，今并依之。"①

（三）纪事本末体史书编纂的新方法

明人编纂的纪事本末体宋史著述，以学者陈邦瞻所撰《宋史纪事本末》为代表。陈邦瞻在研究宋史的基础上，增辑礼部侍郎冯琦《宋史纪事本末》和侍御史沈越《事纪》之未成稿而成《宋史纪事本末》，其所增辑部分"几十七，大都则侍御之旨而宗伯（冯琦）之志也"②。书中将历时三百余年的两宋皇朝历史概括为 109 个专题，上自《太祖代周》，下迄《文谢之死》，使"一代兴废治乱之迹梗概略具"③。陈邦瞻的《宋史纪事本末》，反映了纪事本末体在明代的进一步发展和完善，主要表现为以下三点。

第一，将纪事本末体运用到断代史中去。以往的纪事本末体史著，都是通撰几朝历史，自陈邦瞻起，始将这一体裁运用到仅撰写某一个皇朝的历史，开启了纪事本末体断代史之先例。陈邦瞻对于使用纪事本末体进行断代史撰述非常重视，他说："史自纪传而外，益以编年，代有全书，尚矣。事不改于前，词无增于旧，胪列而汇属之，以为讨论者径，斯于述作之体不已末乎？而非然也。善乎杨氏之言曰：'提事之微以先于其明，搴事之成以后于其萌，其情匿而泄，其故悉而约。'是述本末者旨也，而不佞于宋事尤重有概焉。"④陈邦瞻认为自古以来，各个朝代的历史都曾经以编年体或纪传体撰述过，而新创之本末体虽然在内容上和史料上未必有什么增加，但是这种体裁因事命篇，简练概括，使读者一览便可知史事之大概，使人清晰地了解一代皇朝兴废治乱之迹，从中获得经验教训。从借鉴的角度来说，以本末体史书来撰述一部宋史著述是当务之急。因而，除《宋史纪事本末》外，陈邦瞻还撰述了《元史纪事本末》，可见陈邦瞻对纪事本末体断代史的重视。其流风波及清代，学者谷应泰就明朝历史撰出《明史纪事本末》，将这一史体继承发扬下去。

第二，与以往以一部编年体史著为改编对象，就诸事之始末进行简单抄撮和归并不同，陈邦瞻《宋史纪事本末》是以纪传体元修《宋史》及编年

① 王宗沐：《宋元资治通鉴》卷首《义例》，明吴中珩刻本。
② 陈邦瞻：《宋史纪事本末》附录一《宋史纪事本末叙》，中华书局 1977 年版，第 1191 页。
③ 永瑢，等：《四库全书总目》卷 49《宋史纪事本末》提要，中华书局 1965 年版，第 439 页上。
④ 陈邦瞻：《宋史纪事本末》附录一《宋史纪事本末叙》，中华书局 1977 年版，第 1191 页。

体商辂《续资治通鉴纲目》等几部史书为凭借，以本末体体裁改撰而成。

就撰述内容而言，陈邦瞻《宋史纪事本末》广涉政治、军事、民族、礼仪、盐茶、治河、科举、制度、学术等主题，较之以往纪事本末体史著仅以政治、军事为对象，有了突破性的进展。如设立《礼乐议》、《元丰官制》、《治河》、《营田之议》、《茶盐榷罢》、《正雅乐》、《浚六塔二股河》、《道教之崇》、《道学崇黜》、《公田之置》、《北方诸儒之学》等目。这些专题的设立，较为全面地反映了宋朝社会政治、经济、文化方面的特点，从而实现其"徵往而训来，考世而定治"① 的目的。

就史料来源而言，以纪事为主的专题，《宋史纪事本末》主要依据编年体《续资治通鉴纲目》，个别地方会全文抄录，例如卷九一《会蒙古兵灭金》中，关于"孟珙大败金武仙于马磴山"、"蒙古都元帅塔察儿使王檝至襄阳约攻蔡州"等的记载；若有涉及辽、金、蒙古之事的地方，则对《辽史》、《金史》、《元史》等史著亦有所参考。而涉及人物传记的专题，例如卷八十《道学崇黜》中，关于周敦颐、程颢、程颐等人的传记，则主要凭借纪传体《宋史》，并稍作修饰；此外，凡与专题密切相关的奏疏和文章，陈书亦不惜篇幅，全文迻录。例如卷三六《濮议》中，就是将欧阳修《为后或问》上、下篇和曾巩《为人后议》全文引用②。欧阳修所做之文公布于当时，而曾巩所做之文为应欧公之嘱而做，时在治平二年（1065 年），即濮议之争始起之时，文成后，曾巩为避营党结派之嫌并未公示于人，直至六年后欧公致仕，曾巩才将此文寄于欧公，并深得其赞赏。陈邦瞻将此二文全文迻录于此，实有助于读者深入了解"濮议之争"和当时的代表性观点，可谓深化了主题。又如，卷七八《孝宗朝廷议》，将朱熹论"大本、急务"长达三千多字的密奏全文③抄录，末以"疏入，漏下七刻，帝已就寝，亟起，秉烛读之终篇，然竟不能用"④ 收尾，颇发人深省。

第三，进一步发展了史论方法。史论是对历史叙事的理论升华，自《左传》以"君子曰"开创史论形式以来，历代史家都注意运用这一形式来对

① 陈邦瞻：《宋史纪事本末》附录一《宋史纪事本末叙》，中华书局 1977 年版，第 1191 页。
② 陈邦瞻：《宋史纪事本末》卷 36《濮议》，中华书局 1977 年版，第 313—322 页。
③ 陈邦瞻：《宋史纪事本末》卷 78《孝宗朝廷议》，中华书局 1977 年版，第 840—845 页。
④ 陈邦瞻：《宋史纪事本末》卷 78《孝宗朝廷议》，中华书局 1977 年版，第 845 页。

历史事件进行评论。袁枢首创纪事本末体著述，其史论部分，均引述他人之论。陈邦瞻为了使史著更好地起到垂鉴和资治的作用，不但在《宋史纪事本末》以"史臣曰"引用官修史书中的论赞，以"某某曰"引述他人见解，还适时以"陈邦瞻曰"为标志增入自己的评论，甚至以序跋代替"论曰"作为对史事的评价，从而丰富和发展了纪事本末体史著中史论的内容和形式。据统计，《宋史纪事本末》中有史论42篇，其中"史臣曰"15篇，"吕中曰"7篇，"李焘曰"2篇，"富弼曰"1篇，"胡一桂曰"1篇，"陈邦瞻曰"7篇，"罗从彦曰"2篇，"吕祖谦曰"1篇，"薛应旂曰"1篇，"宋子贞曰"1篇，"许有壬曰"1篇，"丘濬曰"1篇，"程颐曰"1篇，朱熹《戊午党议序》1篇。其中，陈邦瞻适时引用朱熹书序代论，可算是一种大胆的尝试。陈书中的史论紧密结合史实，不拘于卷中和卷尾，适时而发，亦不拘于篇幅字数，少则几十个字说明问题，多则上千字层层辩理，追溯前史，表现出灵活的史论方法。这种在具体史实叙述之中夹有长短史论的写法，更能给人一种直接、具体、深刻的感觉，比起那种限于篇终、以数语囊括全篇旨意的史论形式，无疑是一种进步。

就史论内容而言，陈邦瞻的史论侧重分析总结宋朝兴衰成败之由，在析理、评论以及感情传达方面，均有创新。比如，析理纵贯古今，连类对比，从中总结经验教训。如卷二《收兵权》，陈邦瞻曰：

> 宋祖君臣惩五季尾大之祸，尽收节帅兵柄，然后征伐自天子出，可谓识时势、善断割，英主之雄略矣！然观其任将如此，此岂猜忌不假人以柄者哉！后世子孙不深惟此意，徒以杯酒释兵权为美谈。至南渡后，奸臣犹托前议，罢三大帅兵，以与雠敌连和，岂太祖、赵普之谋误之耶！然当时务强主势，矫枉过直，兵财尽聚京师，藩篱日削，故主势强，而国势反弱矣，亦不可谓非其遗孽也①。

又如，将个人情感融入史论，使史论更加震撼。卷四七《孟后废复》，陈邦瞻曰：

> 按陈瓘论废后事有曰："当时致此之因，盖生于元祐之说也。以述神考为说，以雠毁宣仁为心者，其于元祐，譬如刈草，欲除其根。瑶华

---

① 陈邦瞻：《宋史纪事本末》卷2《收兵权》，中华书局1977年版，第12页。

乃宣仁所厚，万一有预政之时，则元祐未必不复，是以任事之臣怀刈草之虑，则瑶华恶得而不废乎！知经术者独谋于心，宰政柄者独于手，方其造意，自谓密矣，而已难逃于见微之士。"呜呼！小人之愚其君一至是哉！其可畏也。人情莫亲于父子，莫昵于夫妇，李林甫用而明皇不能有其子，蔡卞、章惇之计行而哲宗不能有其妻。哀哉！

虽然"陈邦瞻曰"的史论在书中仅有七篇，但七篇文字，析理透彻，见解精辟，时而发人深思，时而引人共鸣拍案，堪称点睛之笔。

综上，自南宋袁枢《通鉴纪事本末》创立纪事本末体以来，陈邦瞻《宋史纪事本末》是第一部发展完善纪事本末体的史著。在史料的梳理方面，袁书主要以《资治通鉴》为史料基础，进行重新整合，而陈书却是以几部内容不同，体裁各异且卷帙庞大的史著为史料源，进行资料的搜辑、整合；在内容方面，袁书侧重于政治和军事，而陈书在此之外又广涉学术、制度、经济、民族等诸多领域，进一步扩展了纪事本末体的容量，凸显了纪事本末体以"事"为中心的特征；且史论形式更为灵活多变，极大丰富了明代历史编纂学的内容。

明代纪传体宋史著述与元修《宋史》之结构比较

《宋史》496卷脱脱等撰	①本纪 47卷	②志 162卷	③表 32卷	④列传 255卷	
	起自太祖止于瀛国公（益王赵昰、卫王赵昺附）	天文、五行、律历、地理、河渠、礼、乐、仪卫、舆服、选举、职官、食货、兵、刑法、艺文	宰辅、宗室世系	后妃、宗室、公主、群臣、循吏、道学、儒林、文苑、忠义、孝义、隐逸、卓行、列女、方技、外戚、宦者、佞幸、奸臣、叛臣、世家、周三臣、外国、蛮夷	
《宋史质》100卷王洙撰	①本纪 13卷	③志 7卷	②列传 76卷		④道统 4卷
	天王正12卷。起自太祖止于帝昺。 闰纪1卷。以元之先接月。纪朱璋祖虚年月。	天文、五行、律历、地理、河渠、礼、乐、仪卫、舆服、选举、职官、食货、兵、刑法、艺文	后德、外戚、宗室世系附传（太祖系、太宗系、太祖系传、太宗系传、死节、公主）、宰执年表附传略、相业传、直臣传、文臣传（另又分出儒林、文苑二类）、吏治传（附循吏旧传、循吏补遗）、使事传、功臣传、将才传、边将传、君子传、忠义传（设周三臣传，居文陆张谢列传之后，其他忠义传之前）、孝义传（另又分出烈女等七类）、卓行传、隐逸传、小人传、权奸传、佞幸、叛臣、降臣（分为五代降臣、江南降臣、蜀降臣、宋降臣）、世家、方技、宦者、夷服传		周敦颐、二程、张载、朱熹传1卷；程子门人传、朱子门人传各1卷；记洪武十年（1377年）太祖造观心亭、嘉靖五年（1526年）世宗制敬一箴、嘉靖十七年（1538年）为圜丘三事为1卷
《宋史新编》200卷柯维骐撰	①本纪 14卷	②志 40卷	③年表 4卷	④列传 142卷	
	起自太祖止于帝昺	分目及次序同《宋史》，唯《刑法志》改《刑志》。	宰辅	分目删《公主传》，列《道学》、《儒林》于《循吏》前，其他同《宋史》	

续表

	①本纪 47 卷	②志 162 卷	③ 表 32 卷	④列传 255 卷	
《宋史》496 卷脱脱等撰	起自太祖止于瀛国公（益王赵昰、卫王赵昺附）	天文、五行、律历、地理、河渠、礼、乐、仪卫、舆服、选举、职官、食货、兵、刑法、艺文	宰辅、宗室世系	后妃、宗室、公主、群臣、循吏、道学、儒林、文苑、忠义、孝义、隐逸、卓行、列女、方技、外戚、宦者、佞幸、奸臣、叛臣、世家、周三臣、外国、蛮夷	
	①本纪 15 卷	④志 30 卷	②年表 5 卷	③列传 200 卷	
《宋史记》250 卷王惟俭撰	起自太祖止于帝昺	律历、郡邑、礼、乐、食货、河渠、兵、刑、百官、选举	宋初诸国年表；辽、金两国年表各附夏；宰辅表	后妃、诸王、四国、四镇、群臣（其中韩通、李筠、李重进列传居首，不以"周三臣"名之）、宗室、外戚、儒林、文苑、循吏、忠义、隐逸、宦官、佞幸、方技、外国、蛮夷	
	①本纪 7 卷			②列传 61 卷	
《南宋书》68 卷钱士升撰	起自高宗止于帝昺，凡六卷，卷七为《后妃纪》。			首列传 55 卷：皇子皇父传；宗室传；其他为群臣传，数人同传，以类相从。次儒林文苑列传、循吏酷吏列传、独行方技逸民列传、烈女列传、外戚列传、宦官佞幸列传，凡 6 卷	

注：表中所标①、②、③、④为书中纪、志、表、传的前后次序。

第 五 章

明代宋史研究中的史学思想

作为一个特殊的学者群体，明代宋史学者肩负着特殊的历史使命，在其宋史著述中展现出内容丰富且个性鲜明的史学思想。一方面，由于社会现实的刺激以及对宋元历史地位的不同认识，夷夏之辨和正统史观挥抹不去地影响着其宋史研究；另一方面，良史的责任又激励着他们更加注重以史鉴的眼光，借助考察客观历史以实现引古筹今、行道设教以及警悟后人的研究旨趣。其中，宋史研究者对宋朝兴亡得失的反思以及在汲取历史、立足现实的同时，所提出的一系列经世观念表现出了独到的见解和卓越的识见。

第一节 明代宋史学者关于历史文化认同的思想历程

"夷夏之辨"与"正统论"① 是儒家传统思想的内容。春秋时期，孔子从华夏礼义文明的角度指出了中原"诸夏"各国与周边"夷狄"民族之间的区别。他说："夷狄之有君，不如诸夏之亡也。"② 显示了明确的"华夏"民族本位的立场。在其看来，华夏与"夷狄"之别，不在血统，也不在地域，而是华夏礼义。后来的学者对孔子的这一观点认识得更为深刻，唐人韩

---

① 按："正统"一词，滥觞于汉代公羊寿所撰《春秋公羊传》。其曰："何言乎'王正月'，大一统也。'书'王正月"，意在"重人君即位之年"；统者，始也。这句话的意思是说："王者受制正月，以统天下，令万物无不一一皆奉之以为始，故言大一统也。"换言之，就是"君子居大正"，"王者大一统"，简称"正统"。出于政治原因，历代对于正统论内容的解释不一，详见饶宗颐《中国史学上之正统论》一书（上海远东出版社1996年）。

② 杨伯峻 译注：《论语》第三《八佾》，中华书局1980年版，第24页。

愈指出："孔子之作《春秋》也，诸侯用夷礼，则夷之；进于中国，则中国之"①。意谓只要"夷狄"践行华夏礼义，就是华夏族成员，反之则视为"夷狄"。这种以华夏文明作为重要区分标准的民族意识深深地影响了后世，对于我国多民族国家的形成和稳定起到了重要作用。然而在我国传统社会中，夷夏观常常有所反复。强盛的汉族大一统王朝适应华夏民族融合发展的客观趋势，有意淡化"夷夏"间的对立；入主中原的少数民族政权亦主张"华夷一家"的论断，前者如唐朝，后者如元、清。但是，大一统的王朝统治一旦受到周边少数民族贵族势力的侵扰，民族关系比较紧张时，传统的"夷夏之防"或者"尊夏攘夷"的论说便又迅速滋生。一些汉族士大夫甚至贬斥少数民族政权，使得基于"尊夏攘夷"的正统论变得严厉而偏狭。同样，明代学者在进行宋史撰述的过程中，亦经历了一个从强调"夷夏之辨"到注重历史文化认同的历史过程。从中不难看出：华夏民族融合发展是客观趋势；而史学撰述尊重历史的客观实际才能发挥其鉴戒的功用。

一、元明鼎革与明初正统论的前奏

元明鼎革不单纯是改朝换代的变化，而且是汉族地主势力战胜蒙古贵族势力的变化。毫无疑问，政权上对于蒙古贵族势力的获胜，使得汉族儒生的文化心理得到了极大满足。然而，由于北元势力依然存在着对建立不久的明政权的威胁，一些坚守朱学夷夏观的士大夫开始阐发传统儒家思想中的正统观念及"夷夏"思想。这在方孝孺的身上表现得尤为突出。

方孝孺（1357—1402 年），字希直，人称正学先生，浙江宁海人。一生服膺程朱理学，称"斯道自近世大儒剖析刮磨，具已明白，所患者信而行之者寡"②，并自称"拳拳之心为天下生民虑"③。洪武间金华人王坤赞曰："天台方君希直，……其言功业，则以伊周为准，语道德，则以孔孟为宗。……实有志于圣贤者也！"④《明史》称方孝孺"恒以明王道、致太平为己任"⑤。方孝孺矢志不渝地坚守儒家道统而深得后人称许，而方孝孺以儒家

---

① 唐顺之：《文编》卷 38 韩愈《原道》，文渊阁《四库全书》本。
② 方孝孺：《逊志斋集》卷 10《答王仲缙五首》，宁波出版社 2000 年版，第 332 页。
③ 方孝孺：《逊志斋集》卷 2《后正统论》，宁波出版社 2000 年版，第 61 页。
④ 方孝孺：《逊志斋集》卷首王绅《逊志斋集序》，宁波出版社 2000 年版，第 8 页。
⑤ 张廷玉，等：《明史》卷 141《方孝孺传》，中华书局 1974 年版，第 4017 页。

道统为指导的正统论亦较前儒严细。这对明代史学中"尊夏攘夷"思想的"复苏"起到了很大作用，如明人宋史著述的编纂格局、史家价值判断的取向等。

首先，方孝孺的正统论有明确的目的，即"假此以寓褒贬，正大分，申君臣之义，明仁暴之别，内夏外夷，扶天理而诛人伪"，从而"立天下之大法，以为万世劝戒"①。显然，方孝孺的正统论主要是基于纲常道德来立论的。其所论之"尊夏攘夷"，亦由此而发。其云："夫中国之为贵者，以有君臣之等，礼义之教，异乎夷狄也。无君臣，则入于夷狄。"②

其次，方孝孺论正统的标准与前朝不同。他提出"道德"、"仁义"、"政教"三者并重的正统论标准，统而言之，可谓之儒家的道德标准。他反对单纯以"全有天下，号令行乎海内"③作为正统与否的依据，认为不是全有天下，而是"所贵乎为君者，……以其建道德之中，立仁义之极，操政教之原，有以过乎天下也。有以过乎天下，斯可以为正统；不然，非其所据而据之，是则变也"④。显然，方孝孺是以"道德"二字统率正统论，成为其判断皇朝正统与否的关键，因此连朱熹"周、秦、汉、晋、隋、唐皆全有天下矣，固不得不与之以正统"⑤的说法也给予了否定。

最后，方孝孺为了解决道德判断与事实判断之间的矛盾，又提出"变统"说，"所以扶人极"，"望望乎欲正统之复也"⑥。所谓"正统"，就是"仁义而王，道德而治"的夏、商、周"前三代"和"智力而取，法术而守"的汉、唐、宋"后三代"。后三代虽不能和前三代相比，"然其主皆有恤民之心，则亦圣人之徒也，附之以正统，亦孔子与齐桓、仁管仲之意"⑦。所谓"变统"，就是"取之不正者"，即篡臣、贼后、夷狄之流，如晋、南朝宋、齐、梁之君篡位得国，秦、隋不以仁义治国而使天下生灵荼炭，苻坚入主中原、武后谋居帝位等，如此诸种，只能列为变统而不得继承正统。方

---

① 方孝孺：《逊志斋集》卷2《释统上》，宁波出版社2000年版，第53页。
② 方孝孺：《逊志斋集》卷2《后正统论》，宁波出版社2000年版，第57页。
③ 方孝孺：《逊志斋集》卷2《释统上》，宁波出版社2000年版，第52页。
④ 方孝孺：《逊志斋集》卷2《释统中》，宁波出版社2000年版，第54页。
⑤ 方孝孺：《逊志斋集》卷2《释统中》，宁波出版社2000年版，第54页。
⑥ 方孝孺：《逊志斋集》卷2《释统下》，宁波出版社2000年版，第56页。
⑦ 方孝孺：《逊志斋集》卷2《释统上》，宁波出版社2000年版，第53页。

孝孺认为，夷狄"乱华"，篡臣、贼后"乱伦"，因而贵正统，贱变统。他说："所贵乎中国者，以其有人伦也，以其有礼文之美、衣冠之制，可以入先王之道也。彼篡臣、贼后者，乘其君之间，弑而夺其位，人伦亡矣，而可以主天下乎？苟从而主之，是率天下之民，无父无君也，是犹可以说也。彼夷狄者，侄母蒸杂，父子相攘，无人伦上下之等也，无衣冠礼文之美，故先王以禽兽畜之，不与中国之人齿。苟举而加诸中国之民之上，是率天下为禽兽也。"① 方孝孺强调正统的礼乐道德标准，对于促进国家文明的进步有积极意义。但他不当以此为标准而将文明相对落后的民族贬称禽兽，进而主观生出"变统"论说，将其政权列入变统之列，甚至在中华民族融合发展的大势中无视历史文化认同的普遍心理，主观地将汉民族与其他兄弟民族生硬地拉开。这不但显示出其民族史观的缺陷和历史认识上的落后，也构成其正统论的致命弱点。无怪乎，连他自己也说："自予为此文，未尝出以示人。人闻此言者，咸訾笑予，以为狂，或阴诋诟之。"② 方孝孺讨论变统皇朝时，并没有提及元朝，但是他排斥元朝为变统的态度昭然若揭。

方孝孺不仅提出"正统"与"变统"理论，而且制定了详备的书法。如正统朝享受天子之礼；正统之君，则大书其国号、谥号、纪年之号，所实施的一些措置更革，曰诏、令、制；正统皇朝的军事行动称为"讨"、"伐"、"征"；正统皇朝的大臣降于夷狄，则以夷狄视之，其死不曰卒，而曰死。对于变统，方孝孺主张"不废其迹而异其辞，则其为戒也深矣"，例如变统朝不能享天子之礼；变统之君，则以甲子纪年，曰某帝、某元年；书国号而不书其大，书帝而不书皇，书名而不书谥等等③。规定详备，较之《春秋》、《纲目》书法更为严细。

据洪武二十九年（1396 年）六月二十二日方孝孺《上蜀府启》，其著有《宋史要言》一册评论宋事自太祖至哲宗，因"尚未完，不敢上尘睿览"④。

---

① 方孝孺：《逊志斋集》卷 2《后正统论》，宁波出版社 2000 年版，第 58—59 页。
② 方孝孺：《逊志斋集》卷 2《后正统论》，宁波出版社 2000 年版，第 60 页。
③ 按：内容详见方孝孺《逊志斋集》卷 2《释统下》。方孝孺《释统》上、中、下三篇和《后正统论》，均收在文集《逊志斋集》卷 2 中。方孝孺在《后正统论》中开宗明义地提出应当以《春秋》要旨作为判断是不是"正统"的标准。在《释统》中，上篇提出了"变统"的概念，在中篇阐明区分了正统与变统的价值取向，在下篇则具体规定了书写正统与变统的方法。
④ 方孝孺：《逊志斋集》卷 9《上蜀府笺启十七首》，宁波出版社 2000 年版，第 261 页。

此书后来逸而不传①。学者评论方孝孺的文章，称"发为论著，醲粹都郁，虽博极群书，而根据六经，宪章孔孟，宋程朱以前无有也"②。可以推测，在这个没有写完的评论性简册里，必定有着严整的正统思想倾注其中。服膺程朱理学、人谓"读书种子"的方孝孺对于明代前期的宋史学者影响颇深。一些秉持偏执夷夏观念的宋史学者，往往会从近世方孝孺那里寻找理论支持。

二、明代前期改修《宋史》与"夷夏之辨"的纷嚣

（一）改修《宋史》的尝试

在方孝孺之后，出身官宦世家的翰林院侍讲学士周叙，绍述祖父周以立的遗志③，上疏明廷请求重修宋史。周叙（1391—1452 年），字功叙，江西吉水人。永乐十六年（1418 年）进士，选庶吉士，授编修。宣德初，预修太祖、太宗实录。书成，转修撰。官至南京翰林院侍讲学士。周叙秉承家学，素有重修宋史的宏志，自称"自束发读书闻宋、辽、金三史统纪不伦，不惬天理人心之正"，后在翰林，亦"未尝不惓惓于中也"④。

周叙曾特意撰述《论修正宋史书》以申明自己重修宋史的愿望，他表示要"用班马纪载之体，仿文公去取之例，删成信史垂示万世"⑤。正统十三年（1448 年）四月，他正式上疏明廷要求重修宋史，奏疏的核心内容主要有两点。

一是道统为正统所系。周叙认为"宋承中华之统，礼乐教化之隆，衣冠文物之盛，仁义忠厚之风，三代以后之所仅见，……后虽南渡，而天命人心

---

① 廖道南：《殿阁词林记》卷 6《直文渊阁侍读学士改文学博士方孝孺》，文渊阁《四库全书》本。

② 廖道南：《殿阁词林记》卷 6《直文渊阁侍读学士改文学博士方孝孺》，文渊阁《四库全书》本。

③ 解缙：《文毅集》卷 11《周以立传赞》云："值修宋、辽、金三史时，当道者多辽、金故臣之子孙，而正统卒无所归，以立奋然抗论，曰：'此纲常大事，必求合乎天理人心之当者，当以宋为正。'由是不合，遂归。"《文渊阁四库全书》本。

④ 周叙：《石溪集》卷 1《与习侍读书》，《北京图书馆古籍珍本丛刊》第 102 册，据景泰元年（1450 年）序刊本影印，第 22 页下。

⑤ 黄宗羲：《明文海》卷 174 周叙《论修正宋史书》，文渊阁《四库全书》本。

实所归附，盛德弘纲难以泯没"①，所以宋得道统之传，理应尊宋。他指出："尊夏而外夷，不以势有强弱而殊分，不以地有偏全而异称"②。在周叙看来，地盘的大小以及力量的强弱，都不能成为统属的决定标准。周叙所坚持的"道统为正统所系"思想为其尊宋提供了有力的理论支持。然而回望南宋统治昏暗的历史，周叙撇开史实而空言"天命人心实所归附"着实让人气短。

二是内华夏外夷狄，否定辽、金以及元朝的正统地位。周叙对元末陈桱纂修《通鉴续编》，"效文公《纲目》之义，一以宋为正统，而附见辽、金之事"的做法，深为推崇。他认为当前"用班马记载之体"③重修一部宋史，"不可缓者也"，并应该"以三史之书归统于宋，取唐宋二史删改之义（指唐太宗因何法盛等所撰《晋史》重加纂录，记载有伦；宋仁宗因刘昫所撰《唐史》再命编集，义例益精。——笔者按），宗仲尼、朱熹予夺之法"④，以达到"俾统纪之道明，夷夏之分定"⑤，正纲常，扶世教的目的。

比较而言，周叙所持正统论与明初方孝孺一脉相承，即以纲常道德为正统与否的判断标准，严格华夷之别。周叙对陈桱《通鉴续编》的赞誉表明了其排斥元朝为正统的思想倾向。这一点也与方孝孺如出一辙。由于明初统治者援元朝入正统的一个重要原因就是元朝全有天下近百年的事实，如朱元璋所说元朝"八蛮九夷，尽皆归之"⑥，宋讷说"混一寰宇，绍正大统"⑦。所以周叙的正统论及其指导下的重修宋史活动，显然与明初统治者的原有解释背道而驰，虽在文网稍宽的时代亦未能得到统治者的支持，其撰修宋史无

①　周叙：《石溪周先生文集》卷 5《修书疏》，《四库全书存目丛书》集部 31 册影印明万历二十三年（1595 年）周承超等刻本，第 599 页下。

②　周叙：《石溪周先生文集》卷 5《修书疏》，《四库全书存目丛书》集部 31 册影印明万历二十三年（1595 年）周承超等刻本，第 599 页上。

③　黄宗羲：《明文海》卷 174 周叙《论修正宋史书》，文渊阁《四库全书》本。

④　周叙：《石溪周先生文集》卷 5《修书疏》，《四库全书存目丛书》集部 31 册影印明万历二十三年（1595 年）周承超等刻本，第 599 页下。

⑤　周叙：《石溪周先生文集》卷 5《修书疏》，《四库全书存目丛书》集部 31 册影印明万历二十三年（1595 年）周承超等刻本，第 599 页下。

⑥　姚士观，等：《明太祖文集》卷 17《祭元幼主文》，文渊阁《四库全书》本。

⑦　宋讷：《西隐集》卷 7《敕建历代帝王庙碑》，文渊阁《四库全书》本。

果而终①。

至成化年间，宪宗为了"内夏外夷，扶天理而遏人欲，正名分以植纲常"②，彰明汉族皇朝正统而下令商辂等撰修《续资治通鉴纲目》。书成之后，商辂等在所上的《表》里，除了批评宋、辽、金三史各为正统外，对官修《元史》也提出了批评，指斥"著《宋史》者讫无定论，撰元书者罔有折衷"，并说《宋史》"杂于辽、金而昧正统之归"。不过，官修诸臣虽然批评蒙元，但仍旧承认元朝的历史地位，"若胡元之主中华，尤世运之丁极否泰……故不得已大书其年，亦未尝无外夷之意"③。在"土木堡之变"以后蒙汉关系极度紧张的情况下，商辂等排元之意甚明，但碍于元朝全有天下近百年的历史事实，以及本朝统治者的既定态度，在修史实践中并不敢轻易否定元朝的正统地位。是书对史学最大的影响，就是延续《纲目》体裁，彰明《春秋》大义于宋、元两史，而所揭橥的辨名分、正纲常的褒贬笔法，以及推尊赵宋正统，升瀛国公与两王于帝位的编纂体例，均对日后重修宋史诸家产生了深远的影响。

（二）"夷夏之辨"的纷嚣

蒙汉民族关系的紧张进一步刺激了宋史学者以正统论来指导宋史研究。

成化年间，蒋谊汲取方孝孺的正统论，并结合宋代历史进行阐发，撰述《续宋论》。蒋谊，字宗谊，上元（今江苏南京）人。成化二年（1466年）进士，好文学，引接儒生，谳决平恕，召拜御史。著有《续宋论》、《读宋论纪》、《憨翁新录》、《石屋闲抄》、《纪行录》、《吹映余音》、《经纬文衡》等，以《考樵林摘稿》及《续宋论》见寄。

蒋谊旗帜鲜明地声称"予尤欲广方正学正变之说"，以有志于《春秋》。他补充了方孝孺正统与变统之说，称"盖日月行于天，光照四海者，此正道也；而风云薄蚀，亦有时而亏其光，此变道也。事之有正有变，亦犹道之有经有权。正、变之统立，不尤愈于正、闰之位分乎？"强调变统说的重要，并将事之正、变与道之经、权相比附，蒋谊的认识比方孝孺又进了一层。蒋

---

① 张廷玉，等：《明史》卷152《周叙传》："叙贞气节，笃行谊。曾祖以立，在元时以宋、辽、金三史体例未当，欲重修。叙思继先志，正统末，请于朝。诏许自撰，铨次数年，未及成而卒。"

② 商辂，等：《续资治通鉴纲目》卷首明宪宗《御制续资治通鉴纲目序》，明弘治十七年（1504年）慎独斋刊本。

③ 商辂，等：《商文毅公集》卷1《进续资治通鉴纲目表》，《四库全书存目丛书》本。

谊还明确提出以明朝直接宋统。他说："若夫元之灭夏、灭金、灭宋，巍然帝于中国。论其兵之壮也，过于强；论其地之广也，远于三代。奈何《春秋》尊中国而攘夷狄？本仲尼之深意，元乃夷狄尔，不足以接宋之正统也明矣。若接宋之统者，当以我太祖高皇帝神功圣德，取天下于群雄之手，直接宋传。"① 又说："接三代之正统者，如汉、如唐、如宋、如我皇明，则如天之嫡子焉。如秦、如晋、如隋、如五代、如元，则如天之庶孽焉，庶不可以奸嫡，此古今之通义耳。"②

蒋谊关于正统论的认识主要体现在《续宋论》中。统观其论说，仅仅在方孝孺的正统论的基础上稍作推衍。即使如此，蒋谊明确将明朝定为汉、唐、宋以后的正统朝，并且排斥元朝的法统地位，"直接宋传"，却开了嘉靖时代学者王洙虚化"元统"，直接以"明统"接宋统的先河。

嘉靖二十五年（1546 年），王洙修成纪传体《宋史质》。是书以《春秋》为训，推崇微言大义，重视书法的谨严。王洙认为："史者，《春秋》之教也，论《春秋》者曰：明三王之道，辨人事之纪，别嫌疑，定是非，善善恶恶，贤贤贱不肖，斟酌二百四十二年之中，以为天下仪表。"③《宋史质》为政治服务的目的甚明。与以往的正统论相比，王洙的正统论主要有以下三个特点：

其一，严格"夷夏之辨"，将正统论发挥到极端。为了显示夷夏有别，王洙在书中特设《夷服》列传，将辽、金视为夷服，与高丽、西夏同传；申明《宋史质》的撰述宗旨和目的："辩人类而明天道也。……自此义一明，然后无王猾夏之罪始正，中国之势始尊，外夷之防始严，人类禽兽之辨始定。"④ 又说："中国虽微，天之嫡也，夷狄虽强，天之庶也。……外夷，置辽、金、元于夏人、高丽之列，正以见天王无偏安之业，中国有常尊之势。"⑤

① 蒋谊：《续宋论》卷 3《帝系》，清抄本。
② 蒋谊：《续宋论》卷 3《帝系》，清抄本。
③ 王洙：《宋史质》卷首《史质叙略》，台北：大化书局影印明嘉靖刻本，1977 年版，第 2 页下。
④ 王洙：《宋史质》卷 13《天王闰纪》，台北：大化书局影印明嘉靖刻本，1977 年版，第 85 页下、86 页下。
⑤ 王洙：《宋史质》卷 89《夷服传》，台北：大化书局影印明嘉靖刻本，1977 年版，第 437 页上。

其二，尊称宋朝各帝为"天王"，以别于辽、金。孔子撰《春秋》，称周天子为天王，以示与楚、吴、徐、越等僭越称王者不同，表示世无二尊。王洙深谙此意，倡言"假宋人行事之实，明《春秋》一统之义"①，以达尊宋的目的，甚至借古喻今。于是，他仿效《春秋》的做法，尊称宋朝各帝为"天王"，将辽、金等"夷狄之国"列入《外国传》；在标目命名方面，改称记载皇帝言行的《本纪》为《天王正纪》。王洙说："《宋史质》独称'天王'者，何也？曰法《春秋》也。作史不知《春秋》之义，皆乱也。《春秋》以尊周为主……而惟曰天王者，应时正号之义也。……曰天王者，正名也。"②又说："作史者正所以明禹、汤、文、武之道，例之于《春秋》；乃释其无王之罪而以某代、某祖、某宗、某号、某帝予之，不经之甚者也。将何以昭天下万世之龟鉴也哉！"③

其三，排斥元朝法统，以明直继宋统。在正统论的指导下，王洙视元朝为"闰统"而立《天王闰纪》，认为："胡元者，赵宋之闰位，昭代之驱除也，皆天命也。"④又说："世至胡元，兹何时哉！曰天地则反覆，曰山川则渤湮，曰人物则鬼魅，曰冠裳则左衽。洪水猛兽，不足当其灾；苞藘炮烙，不足以方其惨；干戈锋镝，不足以拟其害。夫是之谓极乱，极乱不可以言道。"⑤在这种认识基础上，王洙认为应以明朝直接宋朝统绪，明朝当继宋统而立。他对官修《续资治通鉴纲目》中宋、元并称的做法强烈不满，认为"《通鉴》及《续纲目》，具以宋、元并称，祖宗之号谥，视历代帝王无异"，所以规定《宋史质》的书法："削大元之号，而以闰纪名。去世祖皇帝等谥，而直书忽必烈等名。芟除其'至元'、'大德'等元，而概以一年、二年纪事。"⑥在《宋史质》的撰述中，王洙去元朝纪年，以朱元璋之祖先虚接年月，认为："以积气则千年，以积德则百年，以肇基则在于宋祚之末，以成命则在于胡运之初。天生圣君，主张夷夏，夫岂一朝一夕之故哉？由是

---

① 王洙：《宋史质》卷首《史质叙略》，台北：大化书局影印明嘉靖刻本，1977 年版，第 2 页下。
② 王洙：《宋史质》卷 1《天王正纪》，台北：大化书局影印明嘉靖刻本，1977 年版，第 27 页上。
③ 王洙：《宋史质》卷 13《天王闰纪》，台北：大化书局影印明嘉靖刻本，1977 年版，第 85 页下。
④ 王洙：《宋史质》卷首《史质叙略》，台北：大化书局影印明嘉靖刻本，1977 年版，第 3 页上。
⑤ 王洙：《宋史质》卷末《道统后叙》，台北：大化书局影印明嘉靖刻本，1977 年版，第 469 页上。
⑥ 王洙：《宋史质》卷 13《天王闰纪》，台北：大化书局影印明嘉靖刻本，1977 年版，第 85 页下。

推之，则天于胡元，固已黜夺之矣，是故后此曰《闰纪》也。"① 摒排元朝的正统地位成为《宋史质》的一大特色。

结合时代背景来看，以夷狄为异类，甚至视其不在人类之列的"夷夏之辨"，是以王洙为代表的一些儒士在面对少数民族势力冲击时，民族自我意识爆发的一种极端表现。《宋史质》的目的在于"假宋人行事之实，明《春秋》一统之义"②，因而在当时产生了一定的影响。王洙也被时人赞为良史！明人秦鸣夏称赞王洙《宋史质》胜于《宋史》之处，在于"有体"，即体例严谨："乃若明《帝纪》之正闰，志道统之断续，则又超然独得，可以俟后圣而不惑者，信哉其为良史也！"③

在正统儒家"夷夏之辨"思想的影响下，方孝孺、周叙和王洙等人在史著中通过一定的"笔法"来警示现实中的政治，发挥史学资治的功用。这一做法反映了史家关于皇朝兴衰的责任感和忧患意识，因而得到了学人的赞赏；但也应该认识到，用强设义例的办法编纂史书，并不是正确的史学方法。在传统史学中，求实的直书精神是推动史家撰史的巨大动力。史家深明史学之功用在于鉴戒、垂训、风教，而只有正视历史，认真从历史中总结经验教训，史学才能更好地发挥其强大的社会功用。《宋史质》仅在嘉靖年间刊刻过一次。可见，以唯心史观正统论指导下的史学研究难以引领史学发展的潮流。

三、明代后期求实思潮下的历史文化认同

明代后期，止步不前的程朱理学已成陈词烂调，令人厌观；而以王阳明为代表的心学，则成为学术主流。王阳明的心学重视人的主体意识，崇尚自由的精神，其所谓"大人者，能以天地万物为一体者也，其视天下犹一家，中国犹一人焉"④ 的道德观更是对整个社会产生了深远的影响。此期的社会状况也繁杂多变，商品经济的发展，西学的输入，党争的激烈，"北虏南倭"的骚扰，农民起义的频仍，如此诸种，引发了明代思想文化界的繁荣与

---

① 王洙：《宋史质》卷12《天王正纪》，台北：大化书局影印明嘉靖刻本，1977年版，第84页下—85页上。
② 王洙：《宋史质》卷首《史质叙略》，台北：大化书局影印明嘉靖刻本，1977年版，第2页下。
③ 王洙：《宋史质》卷首秦鸣夏《史质序》，台北：大化书局影印明嘉靖刻本，第1页下。
④ 王守仁：《王阳明全集》卷26《续编》一，台北：古新书局1978年版，第470页。

活跃，不独使士人学者的思想更为自由、深刻，而且其社会责任感亦有极大增强。明人著书立说，将经世致用的实学精神贯彻于史书的编纂，关于宋史的研究也在更为广泛的层面上展开，谋求以不同的体裁予以全面反映，编纂形式灵活多样，呈现出向实用化方向发展的态势。

宣扬"尊夏攘夷"曾经是汉族士大夫抗击入犯的少数民族贵族势力的思想武器。嘉靖而后，黜虚征实的学术思潮逐渐勃兴，宋史学者在研讨宋、辽、金，尤其是蒙元政权之时，大多能够尊重客观事实，站在历史主义的立场上承认其统治地位，以期从历史实际中吸取资治的经验教训，体现出历史文化认同的意识。这主要表现在以下四个方面。

其一，用辞客观平正。嘉靖三十四年（1555 年），福建莆田人柯维骐撰述纪传体《宋史新编》。天启年间，河南开封人王惟俭又撰成纪传体《宋史记》，两者汲汲于义理以及在维护宋朝正统地位方面一脉相承。但亦不难看出，两书虽有正统论的观念，但着力于编次有伦、删削重复、订正讹误、补充史事、求实存真等，用辞方面少了许多前期的偏狭。如王惟俭撰述《宋史记》说："宣尼作经，左邱立例。然后世学者，亦恐过为揣摩之词。今即不逐事立凡，亦须少为区别。如侯王曰'薨'，宰执而封公王者亦曰'薨'，卿辅曰'卒'，官卑而直谏理学者亦曰'卒'，其奸邪者削官曰'死'，滥刑者备官而曰'杀'，刑当而有罪者曰'伏诛'。金、辽、夏、元，争战云扰，得其地曰'取'，取而复陷者曰'入'。宰执免罪，原无低昂，而奸回退位，方书'罪免'。朱紫略分，用存体例。"又说："《续纲目》诸书，于金、辽用师皆曰'入寇'。如此之称，施之楚昌、齐豫逆命之臣可也；势均敌国，岂宜尔乎？今悉曰'犯'、曰'侵'，以示与国之义。"① 显示出用辞的客观平正。

其二，认为宋元相承，承认元统。嘉靖时，江苏学者薛应旂和浙江学者王宗沐不约而同地各自编纂编年体宋、元历史，一曰《宋元资治通鉴》、一曰《宋元通鉴》，这是首次以编年体裁来撰述宋代历史的史著。薛应旂与王宗沐用"通鉴"体来撰述宋代历史，体现了会通前史，戒鉴未来的经世思想。两书均能从历史的继承性出发，承认元统。如，王宗沐《宋元资治通

---

① 王惟俭：《宋史记》卷首《凡例》，清抄本。

鉴》称："元自至元庚辰以后，不得不以正统与之。"① 薛应旂《宋元通鉴》
说得更为清晰，称："元纪祖十七年混一天下，始为元纪。……宋祚既亡，
而世祖偓然帝中国，南北尽属其疆理，此亦气数之一大变，而天寔命之。
王、宋二公纂修《元史》，悉大书年号，盖不没其实。"又说："太祖高皇帝
明言天命真人于沙漠，宸衷睿旨，岂无谓哉!"②充分肯定为元朝帝王立纪，
承认元统，并认为这种处置的方法"甚当也"③。万历以后，江西学者陈邦
瞻不但撰述《宋史纪事本末》，继而撰出《元史纪事本末》，亦是肯定元朝
统治的显例。

其三，宋史著述体裁丰富多样。除了用以彰显皇朝正统独尊的纪传体以
外，还有传记类、史论类、编年类等，其中以传记类居多。传记类宋史著述
在纠补宋史史料方面的贡献最大，彰显出这一时期宋史研究的学术方向不再
拘泥于夷夏之辨，而是转向了致用的史实补足研究。

其四，从统治集团内部寻找皇朝治乱兴衰的原因。明代宋史学者在探讨
宋代得失兴亡的经验教训时，并非纠缠于"夷夏之防"问题，而是注重从
宋朝自身来查找原因。这种特点在嘉靖之后的史著上表现更为明显。他们认
为"亡宋者，宋也，非胡元也"④，"元之乱华，皆本于宋之用匪其人所致，
而千万世之永鉴莫有大于是也"⑤，甚至直接指斥宋代君主，认为宋朝的灭
亡，"亦主国者之失也"⑥。

概言之，正统观念与夷夏之辨作为儒家传统政治思想中的一个重要命
题，其实质是通过对中原汉族皇朝与周边少数民族政权的区分，突出中原汉
族皇朝的尊崇地位。明朝建立后，退居漠北的蒙古势力仍然对明廷的安全存
在威胁。朱元璋在《皇明祖训》中专门强调："胡戎与西北边境，互相密
迩，累世战争，必选将练兵，时警备之。"⑦ 这必然刺激了怀抱忧患意识的

---

① 王宗沐：《宋元资治通鉴》卷首《义例》，明吴中珩刻本。
② 薛应旂：《宋元通鉴》卷首《义例》，明嘉靖四十五年（1566 年）自刻本。
③ 薛应旂：《宋元通鉴》卷首《义例》，明嘉靖四十五年（1566 年）自刻本。
④ 王洙：《宋史质》卷 27《宰执年表附传》，台北：大化书局影印明嘉靖刻本，1977 年版，第 178
页下。
⑤ 薛应旂：《宋元通鉴》卷首《序》，明嘉靖四十五年（1566 年）自刻本。
⑥ 王洙：《宋史质》卷 81《权奸传序》，台北：大化书局影印明嘉靖刻本，1977 年版，第 400 页
下。
⑦ 张德信，等主编：《洪武御制全书》之《皇明祖训》，黄山书社 1995 年版，第 390 页。

明代学者在宋史著述中表达"尊夏攘夷"的正统思想，以期为现实政治服务。然而在历史大潮的冲击下，学者们不再拘泥于"夷夏之辨"的纷攘，而是以客观求实的态度正视中华民族融合发展的客观趋势，从皇朝统治机构内部来探寻其治乱兴衰的原因，客观求实地认识宋、辽、金、元历史，反映了明代宋史学者的历史文化认同意识，亦从历史文化层面上反映了中华民族多元一体融合发展的客观趋势。

第二节　对宋朝兴亡得失的总结

明朝建立后，统治者重视对历史经验教训的总结。对于宋朝的得失成败，明朝君臣深以为警。明代宋史学者关于宋代得失兴亡的探讨，侧重于从宋朝自身来查找原因，认为"亡宋者，宋也，非胡元也"[1]。具体表现在：一是认为与当时近小人而斥君子的政治有很大的关系；二是认为人君的作为应对宋朝的得失兴亡负一定的责任；三是从王道德治的角度论述了宋朝三百余年的盛衰。

一、"亡宋者，小人也"

明代宋史学者将宋朝的覆亡归咎于朝臣中的小人。嘉靖学者王洙说："亡宋者小人也，如韩侂胄、贾似道、陈宜中辈是已！"[2] 可见，所谓小人指的是残害忠良，蠹国害政之权奸。事实上，明代宋史学者在史著中所批判的权奸几乎充斥了宋代各朝，如真宗时的王钦若、丁谓，神宗时的王安石、李清臣，哲宗时的蔡卞、章惇，理宗时的史弥远、丁大全、贾似道等。由于诸人身居要职，其玩忽职守甚至以权谋私所带来的负面影响和社会危害就更大。万历学者陈邦瞻痛惜地说："大抵宋之亡柄，用小人之过也。"[3] 明代的宋史学者将亡国的责任归咎于上述执政的小人，对其严加痛斥，毫不宽待。

首先，宋代"小人"把持权柄，对内排斥忠良，对外屈膝求和。

---

① 王洙：《宋史质》卷 27《宰执年表附传》，台北：大化书局影印明嘉靖刻本，1977 年版，第 178 页下。

② 王洙：《宋史质》卷 12《天王正纪》，台北：大化书局影印明嘉靖刻本，1977 年版，第 84 页下。

③ 陈邦瞻：《明史纪事本末》卷 28《仁宣致治》，中华书局 1977 年版，第 436 页。

　　明代宋史学者对于小人害政导致宋朝灭亡达成了一致共识，认为正是由于小人当道，阻碍忠臣义士施展报效国家的壮志，致使宋朝国势日衰。他们就宋朝具体的史事来表达上述观点，成为宋史研究中的一个特色。学者何乔新在评论"李纲罢车驾，遂东幸两河郡县相继沦陷，凡纲所规划军民之政一切废格"一事时，对忠直之臣李纲因遭受小人谗言而屡遭罢免的困境表现出莫大的悲愤。他历数李纲的功绩，如面对金兵来犯，率领士兵巩固都城，修理守战之具，召集勤王之兵，在通津门、封丘门大败金兵；厉士风，修茶盐之法以足国用，置赏功司激励将士；置招抚司招抚义兵等等，最终感叹李纲非但得不到最高统治者的奖赏，反而遭受把持政柄的权奸李邦彦、黄潜善、汪伯彦之辈的嫉恨，最终落得被贬斥的悲剧。他说："使纲之言用于宣和，则疆场有备，金兵必不至内侵；用于靖康，则都城有守，徽、钦必不至北狩；用于建炎，则兵精而守固，盗弭而民安，又岂为南渡之偏安哉！奈何患忠言未用，谗说遽行，使纲怀忠抱愤，不复一展所蕴也！"① 宋朝的衰亡，并非是由于其人才不足以堪当重任，而是由于权奸小人的重重阻挠。权臣专权自恣，即使在宋末国势岌岌可危、边患深重的形势下，也没有丝毫削减，仍然以玩弄朝政、嫉贤妒能、残害忠良为能事。何乔新借评论"召魏了翁还以为金书枢密院事，固辞不拜"一事时直抒胸臆："衰季之世，未尝无贤才，特扼于权奸而不得展其志耳。……弥远专政，忠贤是媢，憸壬是亲，于是真、魏二公相继贬斥，当时附弥远者乃云真德秀乃真小人，魏了翁乃伪君子。呜呼！小人之无忌惮一至此哉！弥远既死，理宗收召群贤，亦可以深自悔悟矣！德秀方用而遽不禄，是则天也；了翁在朝，群邪侧目，妬忌其共政，谋假出督以外之。未几，复以建督为非而召之，方遣之而遽召之，如豪家指麾小儿，此了翁所以力辞而去也。噫！有贤而不能用，国恶得不亡乎！"② 陈霆将"徽宗崇宁元年以蔡京为尚书右仆射兼中书侍郎"一事载于《宣靖备史》卷首，警示世人说："靖康之祸，其成于蔡京之相欤！……夫天下重器也，宗社大本也，故以众君子力扶之而不足，然而一小人轻覆之则有余。相之系于人国如此，托始于京岂非委国者之永鉴哉！崇宁纪年乃崇绍

---

　　① 何乔新：《椒邱文集》卷6《史论》，"李纲罢车驾"条，文渊阁《四库全书》本。
　　② 何乔新：《椒邱文集》卷7《史论》，"召魏了翁还以为金书枢密院事固辞不拜"条，文渊阁《四库全书》本。

熙宁之谓，是谓正邪交乱而权臣擅国，宋祸基此！"①

在宋史研究中，明人痛斥"小人"，并将矛头直指宋朝的执政大臣。以王洙为代表，在谈及北宋靖康之祸时，王洙愤怒地谴责其时的宰执："宋至靖康，其为宰执者，非卖国之奸，则降夷之虏，不足道也。"② 据史书记载，靖康元年（1126 年）金军主帅宗望率领大军向宋朝大举进攻，徽宗仓皇逃往江南，钦宗继位，任用主战派李纲守御京城，并擢张邦昌为少宰。李纲守备有术，城池坚不可摧。孤军深入的金兵劳军远攻，力量有限，一时不能攻下京城，遂派人向宋廷议和，同时以索要宋廷黄金五百万两、白银五千万两、牛马万匹、缎百万匹、割三镇土地，以亲王、宰相为质等无理要求作为议和条件。其时宰执张邦昌等人既无韬略，又贪生怕死，力劝钦宗议和，导致宋军于胜利在望之际，割地议和，卖国求安。钦宗甚至以张邦昌议和有功，加官晋爵，同时罢免了为抗击金兵立下汗马功劳的忠臣李纲。然而议和不久，金兵又卷土重来，全面攻陷东京，将其洗劫一空，并乘胜拘系两帝北去。北宋灭亡，酿成为明人扼腕哀痛的靖康之耻。王洙认为，追究北宋之亡，应导源于执政张邦昌，正是宰执张邦昌的媚外投降，使得"天下勤王之心自解"，所以"败宋者，宰执也，非徽、钦也"③！王洙纵观历史，认为宰执的作用与宋朝的兴衰密切相关；他甚至引用元人之言予以强调："元人有言，宋之亡也，始于宰执。盖咎高宗时张浚排李纲，杀曲端，引秦桧，杀岳飞，终之以贾似道。"④ 王洙认为，在南宋国势岌岌可危的情况下，大批忠直义士前仆后继，勉力挽救危亡，"抗节如叶梦鼎，重名如马廷鸾，大望如杨元极，勤王如李庭芝，鲠直如常长孺，忠直如刘声伯，忠勇如姜才，相业如张世杰、陆秀夫"⑤，可惜终因奸臣陈宜中、贾似道、留梦炎三人祸害，使忠臣救危报国的义举遭遇重重阻挠，所作努力毁于一旦，造成南宋走向

---

① 陈霆：《宣靖备史》卷 1，《丛书集成续编》本，第 338 页。
② 王洙：《宋史质》卷 25《宰执年表附传》，台北：大化书局影印明嘉靖刻本，1977 年版，第 166 页上。
③ 王洙：《宋史质》卷 25《宰执年表附传》，台北：大化书局影印明嘉靖刻本，1977 年版，第 166 页上。
④ 王洙：《宋史质》卷 28《宰执年表附传》，台北：大化书局影印明嘉靖刻本，1977 年版，第 186 页下。
⑤ 王洙：《宋史质》卷 28《宰执年表附传》，台北：大化书局影印明嘉靖刻本，1977 年版，第 186 页下。

灭亡。

　　对于小人参政的危害，学者王洙深有感触。明朝正德、嘉靖以后，权奸小人当政专权，奸臣严嵩权倾一时，气焰嚣张，与宋朝的蔡京、秦桧、贾似道专权之况并无二致，殷鉴不远，理应以此为警。思虑及此，王洙慨叹道："君子小人之进退，权奸降叛之倚伏，览者诚能因文而得意，思旧而图新，则保治于未乱，求安于未危，未必无少补云。"① 王洙等学者注意揭示宋朝小人执政所带来的危害，希望明朝统治者能够居安思危以防微杜渐。

　　小人之所以能够得逞害政，在于其善察人心，揣摩人意，因而取得了统治者的宠信。柯维骐对此分析说："小人之巧于取宠也，其效劳似忠，其顺旨似敬，其献讦似直，其结援借誉似贤，匪特近习为尔，士大夫亦有之；又匪特中材之主，暗而莫悟，明者或不免焉。此历代之通患也。"② 柯维骐特别指出，在士大夫群体中，亦存在着奸佞小人，他们善于玩弄两面派的手段，即便是贤明的君主，都有可能被其蒙蔽。他以太宗时期诮害忠良的奸佞弭德超、赵赞，以及孝宗时期结党营私的曾觌、龙大渊为例，指出如太宗和孝宗一样的圣明之君，也难免受到小人的蛊惑。

　　小人能够得逞害政，还在于君子对其防不胜防。许浩说："君子之嫉小人，恶其害政而已，恶其害政而斥去之，使不得以害吾之政即已，未尝遗憾于其人也。若夫小人之嫉君子，则恶其害己也，恶其害己，则视之如仇矣，人之视仇若可甘心无所惜也？"③ 君子打击小人，是因为小人害政，已而斥逐，使其对朝政无害则已。而小人嫉恨君子，是由于君子的打击造成自己的利益蒙受惨重损失，因而视君子如仇敌，必会丧心病狂，不择手段地予以报复。柯维骐说："小人当路，则君子必不安于朝，由是主势孤，而乱政作，譬如天地之气壅隔，而庶物疵疬也。"④ 他总结两宋的衰亡，认为北宋自神宗元丰以后，群奸相继执掌权柄，因而导致靖康之难。南渡以后，高宗、宁宗、理宗以及度宗继续依任奸佞小人，最终导致南宋的彻底覆亡。王洙亦云："宋之亡，大率谗邪为之也。其所由来者渐矣。端宗播弃流离，为人臣

---

① 王洙：《宋史质》卷末《自序》，台北：大化书局影印明嘉靖刻本，1977 年版，第 470 页下。
② 柯维骐：《宋史新编》卷 185《佞幸传》，明嘉靖刻本。
③ 许浩：《宋史阐幽》卷 2，"五年以苏辙为御史中丞"条，明崇祯元年（1628 年）刻本。
④ 柯维骐：《宋史新编》卷 186《奸臣传》，明嘉靖刻本。

者正宜捐躯殒命共济艰难,然而文天祥以陈宜中阻,与罕亦以杨亮节谗谮而死。呜呼!国势至此而犹逞私妬功若是,为小人者亦独何心哉!"① 即便在国势颠危的关头,小人也不会忘记逞私意,营私利,而绝不会像君子那样同仇敌忾。学者薛应旂亦有同样的认识,他认为"元之乱华,皆本于宋之用匪其人所致,而千万世之永鉴莫有大于是也"②。可见,小人嫉贤害政而导致宋朝的衰亡,是明代宋史学者的共同认识。

第二,关于对王安石的评论。明代宋史学者在理学思想影响下,认为王安石蔑视圣学,却又"每每引经以饰邪志"③,兴"功利之说",大取民财,"轻进生事之党",引荐群小;认为其引荐奸佞小人,为害朝政,与变易祖宗之法相比,罪过更大。因而在痛斥北宋的奸佞小人时,他们对王安石也表现出批判的态度。

明代宋史学者对于王安石的批判,主要集中在变法期间小人充斥朝廷一事上。他们认为王安石为宋廷引荐的大臣中,大部分是唯利是图的小人,所以其"变法之罪小,摈诸贤而任群奸其罪为大也"④。许浩说:"(王)安石以经术自许,以经济自任,而于人之附则以为贤而进之,于人之异则以为不肖而退之,则是其所进者惟以其附而未尝以其贤,所退者惟以其异而未尝以其不肖也。此惠卿、曾布辈之所以进也,此吕公著、司马光、程颢、范镇诸贤之所以去也。安石之用舍如此而欲百僚庶府皆得其人,以追迹尧舜三代之治,不亦难乎!"⑤ 指出王安石荐人不以其贤否,而以其是否依附于己;所荐之人以仕途的进取为目标,注重的并非新法适当与否,与百姓为善与否,而是志在求富贵,谋权势。何乔新指出,在宋朝大臣中间,群小杂沓,"见利而争,或利尽而交疏,则反相贼害……可谓倾危之士哉,而安石托之以腹心,寄之以耳目,欲与之共兴尧舜之治,不亦谬乎"!⑥ 批评王安石用人不

---

① 王洙:《宋史质》卷12《天王正纪》,台北:大化书局影印明嘉靖刻本,1977年版,第82页下。
② 薛应旂:《宋元通鉴序》卷首《序》,明嘉靖四十五年(1566年)自刻本。
③ 许浩:《宋史阐幽》卷1,"八年辽使萧禧等复来言边事"条,明崇祯元年(1628年)刻本。
④ 何乔新:《椒邱文集》卷5《史论》,"监察御史程颢乞罢许之"条,文渊阁《四库全书》本。
⑤ 许浩:《宋史阐幽》卷1,"王安石子雱深憾惠卿讽邓绾言之出知陈州"条,明崇祯元年(1628年)刻本。
⑥ 何乔新:《椒邱文集》卷5《史论》,"吕嘉问提举市易恃势凌三司使"条,文渊阁《四库全书》本。

善而想要获得成功，实属困难。

王安石的变法在当时遭到诸多元老大臣的反对，如韩琦、富弼、苏轼、欧阳修、程颐、范仲淹等都对变法提出过质疑，甚至有人因此遭到了贬斥。对此，王洙批判王安石说："王安石盖袭商鞅之遗谋以病宋者也。……安石之屡兴大狱也，一时仁贤如韩、富、苏、欧、程、范前后摈弃胁息，不容一日立于朝。……主之以功利之说，劫之以苛刻之刑，辅之以轻进生事之党，宋事之不去者几何哉！"认为王安石为了推行新法而不择手段，废逐君子，任用小人而祸乱日起。王洙进一步明确指出："人臣之罪莫其于欺君，天下之祸，莫危于植党，予于蔡京见之矣。蔡京上欺天子，下比匪人，其始也为荣身肥家之谋，其终也，获覆国亡家之祸。……由今观之，京也，以臣欺君；攸也，以子逆父；卞也，以弟傲兄；王黼党贵挑敌，三纲沦九法斁，至此极矣，原其祸之始也，实安石倡焉！一则曰绍述，二则曰绍述，可知矣！祸起于京，京原于卞，卞固安石之婿也！"① 认为王安石变法引用蔡京、蔡攸、蔡卞、王黼等人，为蔡京等人在朝中结党营私，打击君子，妨碍正道提供了机会，最终导致宋朝国势日蹙。所以靖康之祸，应该追究王安石的责任。王洙总结道："神宗用王安石信之甚笃，为用人不当"，"宋自神宗肇乱迄于徽钦。"② 陈霆亦言："夫自王安石变法，宋事既大非矣！"③

北宋神宗时的王安石变法，是针对当时出现的冗官、冗兵、冗费三弊提出的，以富国强兵为核心内容，并取得了一定的成效，其锐意变革的方向是值得肯定的。当然，王安石变法中也存在着一些问题，比如有些措施因准备不足而仓促上马，未能达到预期的效果。更为严重的是，王安石选拔起用的官员中有些或虚报成绩，借变法巧取豪夺、鱼肉百姓，有些或因谋图私利而相互攻伐，这给变法带来诸多负面影响，亦成为变法反对派攻击新法的口实。早在北宋末年，理学家杨时议论国势的衰微时，就将矛盾指向了王安石，认为"蔡京以绍述神宗为名，实挟王安石以图身利"，"致今日之祸者，

---

① 王洙：《宋史质》卷81《权奸传》，台北：大化书局影印明嘉靖刻本，1977年版，第403页上。
② 王洙：《宋史质》卷7《天王正纪》，台北：大化书局影印明嘉靖刻本，1977年版，第57页上。
③ 陈霆：《宣靖备史》卷1，《丛书集成续编》本，第338页。

实安石有以启之也"①。南宋初年，亦有大臣赵鼎说："至崇宁初，蔡京托名绍述，尽祖安石之政，以致大祸。"② 高宗为推卸自身责任，接过此说并大肆渲染："今日之祸，人徒知蔡京、王黼之罪，而未知天下之乱，生于安石。"③ 某些大臣即刻随声附和。南宋后，受理学思想的影响，《宋史》以及论宋代历史者，都对王安石持否定的态度，批评他重利轻义、不合乎三代王道之治。与前代相比，明代学者更加侧重揭露王安石在变法中的用人之弊，所论更为深刻。

二、"罪不止于权奸，亦主国者之失"

在我国先秦史籍的记载中，只有昏君、暴君当道时，奸臣才能遂其奸。如果发生奸臣弄权，则必然是为君者或昏或暴所致。然而自北宋欧阳修、宋祁所修《新唐书》立《奸臣传》以后，对君主的揭露越来越少，对君主的错误越来越轻描淡写，而对奸臣误国的抨击越来越严厉。这种导向不断向世人传递一种观念：只要国家发生变故，便总有奸臣专权乱政。这种倾向，让君主逃避了因决策失误或为所欲为而要承担的重大责任。而明代的学者却一反正史中的这种倾向，以实事求是的精神，既对那些祸国殃民的奸佞之臣进行口诛笔伐，也对那种支持、纵容奸臣的昏君庸主进行批判斥责。他们认为宋朝的覆亡与统治者对外政策的屡弱以及对内政治的昏聩有直接的联系。他们斥责哲宗："若哲宗者，庸君也，不足言也。"④ 讥讽徽宗："徽宗者，下愚之主也。"⑤ 批评高宗："高宗忍自弃其中原，故忍杀（岳）飞！"⑥ 斥责孝宗："孝宗不足以与成。"并且贬斥宁宗根本就没有恢复中原的志向⑦，总之，整个宋朝的情况是"嗣主昏庸，奸臣接迹"⑧。具体说来，明代学者对宋朝统治者的批判主要集中在以下两个方面：

---

① 黄淮、杨士奇编：《历代名臣奏议》卷182《杨时论王安石学术之谬》，文渊阁《四库全书》本。

② 李心传：《建炎以来系年要录》卷24，"建炎三年六月己酉"条，中华书局1985年版。

③ 李心传：《建炎以来系年要录》卷87，"绍兴五年三月庚子"条，中华书局1985年版。

④ 王洙：《宋史质》卷6《天王正纪》，台北：大化书局影印明嘉靖刻本，1977年版，第52页。

⑤ 刘定之：《呆斋存稿》卷6《宋论》，明万历二十二年（1594年）杨一桂补刻本。

⑥ 陈邦瞻：《宋史纪事本末》卷70《岳飞规复中原》，中华书局1977年版，第726页。

⑦ 许浩：《宋史阐幽》卷2，"嘉定十年以伐金诏四方"条，明崇祯元年（1628年）刻本。

⑧ 陈邦瞻：《宋史纪事本末》卷108《二王之立》，中华书局1977年版，第1183页。

　　第一，宋朝统治者自真宗以来，在对外政策上拒绝用兵而一味求和，纳帛纳币，最终导致宋代兵弱财乏。学者何乔新说："宋有天下，文治虽优，武事不竞。至真宗之世，契丹讲和（即'澶渊之盟'。——笔者按），德明纳款（即与党项首领赵德明讲和。——笔者按），遂置武事而不讲，为将者皆膏粱之胄，为兵者皆惰窳之夫，车乘不搜，戎器不简，鱼丽鹅鹳，漫不知为何物。一旦元昊窃发西陲，攻一砦则一砦破，围一城则一城陷，是岂元昊之材且智哉？盖宋去兵忘战而致然也。……古之有国家者，讲武于四方无虞之日，储将于百蛮咸宾之时，其为虑也远矣。"① 议和，是宋朝统治者的一贯主张。他们甚至以拒和导致敌人"崛强"即发奋图强为理由，"明示开纳，所以怠其众而纾吾患"②，将议和作为解决与契丹和党项族军事战争的主要策略。北宋自真宗以"和"取得苟安后，三十多年间无视军备与边防，军队士卒皆疲弱不可用，而利用议和崛起的西夏却在以"和"麻痹宋廷的同时，加强战备，窥伺北宋西北边陲，并在"好水川之战"、"镇戎军之战"、"定川寨之役"三大战役中大败宋军。鉴于此，何乔新指出，必须居安思危，于和平时期加强战备，才能有备无患。

　　北宋积贫积弱的状况在与契丹、西夏的战争中暴露无遗。对此，何乔新进一步分析说："宋之所以不竞者，以怯于用兵而急于讲和。"③ 明确指出宋朝积贫积弱的根源在于议和。如澶渊一战，辽将萧挞览身负重伤而亡，士气已丧，撤退在即，本无重金议和的必要，但真宗惧辽怯战，竟予辽金币三十万来换取一时的安宁，为辽朝的强盛提供了丰厚财富。此外，西夏国主李元昊由于背叛盟约向北宋发起进攻，造成和市不通，生民困顿，导致自顾不暇，百姓做"十不如"之谣抱怨连天。西夏此时已经丧失了战斗力，于是重施议和伎俩，而真宗议和心切，遂捐金币三十五万罢战，置大臣寇准等人的竭力反对于不顾。所以"宋之不竞也，夫贡赋之入有限，溪壑之欲无穷，一岁之中北边三十万，西边二十五万，财力恶得而不屈，国势恶得而不削哉"！④ 对此，何乔新无奈地说："盖宋之诸帝仁厚有余，刚断不足，譬若富

---

①　何乔新：《椒邱文集》卷5《史论》，文渊阁《四库全书》本。
②　王安石：《临川文集》卷73《与赵禼书》，中华书局1959年版。
③　何乔新：《椒邱文集》卷5《史论》，"元昊更名曩霄上书讲和"条，文渊阁《四库全书》本。
④　何乔新：《椒邱文集》卷5《史论》，"元昊更名曩霄上书讲和"条，文渊阁《四库全书》本。

室之僝子，强梁者侵之，健讼者侮之，则苍黄失措，惟卑辞厚币以苟求无事而已，遑恤其它哉！"① 正是议和，将北宋推向积贫积弱的边缘，财政不足，士气衰落，国势日蹙。

宋朝的统治者乐于议和，自真宗以后形成惯性。"讲和之后，人主耳目壅蔽"②，即使有善谋进谏也不被采纳。何乔新所举金朝斡里雅布围攻汴梁的一段史事最能说明这一问题。他说："斡里雅布之伐宋，悬师深入，兵家所忌也，然卒以取宋，何也？宋之主、相非才而不能用善谋也。"何乔新分析了当时的形势，以京师"城郭之固，师旅之强，粮饷之丰"，若有明君听取大臣的善谋，必能大败金军。"当是时，非无善谋也。种师道请俟彼惰归扼而歼诸河，李纲请俟其食尽力疲纵其北归半渡而击之，皆策之善者也"，然而钦宗"具不之从，惟李邦彦割地请和之谋是听。盖钦宗阴柔之君，邦彦阴柔之辅，金固有所侮而动也"③。宋钦宗违善谋而用邪说，实在是自取灭亡。

明代宋史学者针对宋朝的历次议和进行了具体分析，表达了沉痛的追悔莫及的心情。如对钦宗议和一事，许浩云："金师临城，钦宗不思捍御而敛手求和，则惟金所欲矣。……钦宗有天下之大，不能任将饬兵，以务御敌，而区区议以卑辞求成，窃恐虏欲无厌，无容议也。"并对此进行了极大的嘲讽："故他日金人再至而使称臣，称不称可议乎？又他日汴城破，而使去帝号，去不去可议乎？又他日封之为东昏侯，则金人自议之，而不烦其议矣。不知钦宗亦使礼官议之否也！"④ 对于南渡之后高宗的作为，许浩感慨道："夫高宗以和议之故几入虎口，其自为帝宜惩之矣，而复惑于秦桧称臣乞和，因使贼杀岳飞而中原遂不可复，是日睹乎前车之覆而不之戒而复自覆也！"⑤ 何乔新对此更是直言批判道："有忠贤而不能用，知奸佞而不能去，遇机会而不能应，不为恢复之图，专事退辞之计，称臣割地甘心焉"，十足的"柔暗不君"⑥。明末钱士升也对宋高宗的一味求和进行了猛烈抨击，认为其

① 何乔新：《椒邱文集》卷5《史论》，"元昊更名曩霄上书讲和"条，文渊阁《四库全书》本。
② 陈邦瞻：《宋史纪事本末》卷75《建炎绍兴诸政》，中华书局1977年版，第804页。
③ 何乔新：《椒邱文集》卷6《史论》，"金斡里雅布围京师"条，文渊阁《四库全书》本。
④ 许浩：《宋史阐幽》卷2，"诏太常礼官集议金主尊号"条，明崇祯元年（1628年）刻本。
⑤ 许浩：《宋史阐幽》卷2，"诏康王构复如金"条，明崇祯元年（1628年）刻本。
⑥ 何乔新：《椒邱文集》卷6《史论》，文渊阁《四库全书》本。

"退守偏隅，称臣敌国，前史拟之以光武晋元，非其伦矣"，并指出南宋初年"中原之人心戴宋甚坚"，可惜高宗只知"依秦桧以偷安"，"忍诟求全"为上策，不知用"宗泽之谋，李纲之策"，酿成了不可挽回的"不正之局"①。钱士升以明末遗民的身份评论宋朝此段历史，其悲愤之情显而易见。

　　第二，宋朝统治者缺乏择人之明。这主要体现在三个方面。其一，任贤不能专久。明代学者认为，宋朝统治者较多昏聩，无择人之明，其时人才虽多而罕用，或用不得其人。贤能之士在宋代并非缺乏，而是人才辈出，即便建炎绍兴年间也是如此。据宋代学者陈亮统计，当时著于世的大臣、大将、死节、死事、能臣、能将、直士、侠士、辩士、义勇就有 33 人②。遗憾的是，宋朝统治者对贤能之士并非真正待之以礼，诚心依用，而是用则召之，不用则弃之。何乔新评论说："有国家者得贤非难，任贤惟难，天下未尝无贤也。伊傅周召虽不世出，萧、曹、丙、魏、房、杜、姚、宋之俦，世盖不乏也，顾人君任之专与否耳。"他进一步结合宋朝情况分析说："韩琦、杜衍、范仲淹、富弼、欧阳修皆间世之英，其经济，其德量，萧、曹、丙、魏、房、杜、姚、宋岂足多哉！仁宗锐意于治，而诸贤并列于朝，可谓千载之逢也。使仁宗推心而委任之，如昭烈之于诸葛亮，如苻坚之于王猛，如武宗之于李德裕，持之以坚，期之以久，则庆历之治岂止于庆历而已哉！曾几何时，仲淹与弼以夏竦飞语罢，衍以丁度置书罢，琦以是尹洙罢，而修又以上疏救四贤左迁。是犹病者，甫得良医未尽其术，遽以庸医之毁而黜之，又何望其疗膏盲而起沉疴也哉！嗟夫！得君如仁宗而诸贤犹不获尽其用，岂天未欲太平耶！"③ 可见，由于宋朝统治者的昏庸，贤者不能获尽其用，这是宋朝不能强盛的重要原因。

　　其二，不任贤而任奸。宋钦宗靖康元年（1126 年），种师道率"勤王"援兵二十余万抵达京城开封，震慑了金兵。如果钦宗能用李纲之言，授种师道全权抗击金兵，则"金人虽桀，进不得城，退无所掠，孤军深入敌境，不

---

① 钱士升：《南宋书》卷 1《高宗本纪》，清嘉庆二年（1797 年）扫叶山房刻本。
② 陈亮：《龙川集》卷 13《中兴遗传序》，文渊阁《四库全书》本。
③ 何乔新：《椒邱文集》卷 5《史论》，"范仲淹富弼杜衍韩琦相继罢"条，文渊阁《四库全书》本。

能善归之谋，金岂无知之者，其能久任而求以得志乎"①。可惜钦宗不懂谋略，不能善用李纲、种师道之谋，却惑于李邦彦之说，执意求和。他甚至以议和之事谋于种师道，种师对曰："臣以军旅之事事陛下，余非所知也。"对种师道的回敬，许浩感慨道："详味其言，……而求和出走不必讲求之意亦在其中矣，师道之言婉而且直如此，钦宗不悟，良可惜也！"②又如，对宋朝"以宗泽为东京留守，泽累表请帝还京，而帝用黄潜善计，决意幸东南，不报"一事，何乔新从具体分析高宗即位之初的国势入手，指出高宗崇信奸佞而弃置贤良的恶果。他说：在人才方面，有"李纲、张浚可相，岳飞、韩世忠可将，宗泽、张所、傅亮可当方面之重"，在疆域、军事以及财赋方面，"河北所失者四州，河东所失者六郡，其余皆为宋守，中原犹未尽陷也；王善拥众七十万，杨进拥众三十万，丁进、王再兴等拥众各数万，皆愿自效，可以抚而用之也，关陕全城将士可以号召也；江汉安堵，财赋可以转输也"③，尚有实力可以凭恃。如果高宗能够善用朝中资源，"则中原未遽失也"，局势完全可以扭转。遗憾的是，高宗"柔暗不君，有忠贤而不能用，知奸佞而不能去，遇机会而不能应，不为恢复之图，专事退避之计，称臣割地甘心焉，遂使二帝幽死穹庐，八陵隔在异域"④。何乔新亦指出："宋自哲宗以来，崇信奸佞，放逐忠贤，祖宗良法变乖殆尽，财匮民穷，人怨天怒，其国本已摇"，而其时辽、金强敌兴起虎视宋廷，如果统治者能够提高警惕，收召英贤，斥逐群小，大开言路，革除错误的政令，蠲免赋税，内修政刑，外敦睦邻，选将练兵以备战守，筑城建堡以防止敌人的侵袭，则不会招致速亡，但宋廷"不此之图而遣使约金攻辽，以求燕云之地，是犹千金之子成业已隳，顾且幸灾乐祸，即盗以谋其邻而求分其室焉。呜呼！盗既攻吾邻而取之矣，其能爱我而不攻乎！"⑤宋朝统治者信用蔡京、童贯的荒谬建议，命令马政浮海如金，约金攻辽，求取燕云之地，这无异于与虎谋皮。如此下策，统治者竟不自知，实在令人深思。

北宋的灭亡失于不能任贤专久，失于任奸而废贤。而南宋的统治依然如

---

① 许浩：《宋史阐幽》卷 2，"钦宗靖康元年种师道帅师入援"条，明崇祯元年（1628 年）刻本。
② 许浩：《宋史阐幽》卷 2，"钦宗靖康元年种师道帅师入援"条，明崇祯元年（1628 年）刻本。
③ 何乔新：《椒邱文集》卷 6《史论》，"以宗泽为东京留守"条，文渊阁《四库全书》本。
④ 何乔新：《椒邱文集》卷 6《史论》，"以宗泽为东京留守"条，文渊阁《四库全书》本。
⑤ 何乔新：《椒邱文集》卷 6《史论》，文渊阁《四库全书》本。

此，虽有前车之鉴，却不能引以为戒。学者许浩对南宋大将张浚给予高度赞扬，历数南渡以后张浚安抚川陕地区，打败伪政权刘豫的进攻等数次对南宋社稷的重大贡献。但是，张浚屡次建功立业所换来的并非统治者的犒师奖励，而是被贬斥到荒凉的异域。尤其是打败刘豫之后，张浚先是被出于江州，进而逐于连州，后又重贬于永州；及金兵南下来扰，则又被召。可见，高宗并非不明张浚的帅才及其对于宋室的重要，而是患其拥兵自重。在高宗那里，猜忌胜于信任，于是有患则召之，无患则斥之。对此，许浩批评高宗任人不知"料理措置于无事之时，以迨夫缓急之用"，只知"顾犬于见兔之顷，补牢于亡羊之时"，并断言："高宗之用人如此，而欲以建中兴之业，不能也矣！"①

其三，去邪不果。在选贤用能方面，宋朝统治者不能用而不疑，在斥逐小人方面，又不能果断处置，除恶务尽，造成小人充斥朝廷，一遇时机便势力复炽，妨碍正道，为害愈烈。如北宋徽宗复相蔡京一事，学者许浩说："徽宗不察而卒为所罔而复相之，以驯致夫靖康之祸，徽宗之自取也，青衣行酒夫何恨哉！"② 小人结党营私，贬斥君子，蠹国害政，使得恢复中原的机会付之东流。宋孝宗有志恢复中原，一雪前耻，但在用人方面亦不免于去邪不果，最终复国无日。何乔新说："史浩、尹穑、汤思退、王之望，所谓小人也，帝知其邪而黜之矣，黜之未远，寻以人言而复之，小人又安得不售其奸乎？昔齐桓公问郭父老曰：郭何以亡？对曰：其君好善而不能用，恶恶而不能去，此所以亡也。"③

总结宋朝众多史事，明代学者认为："自古中兴之主，必有英哲之资，而后衰可兴乱可拨，而旧业可复，高宗非其人也，其不能恢复祖宗之弘基宜哉！"④ 他们认为君主的英明与否，能否明察小人，任用贤人，直接关系着国家的兴衰成败；宋朝奸臣弄权等一切蠹民害政之事，也是统治者择人不明

---

① 许浩：《宋史阐幽》卷2，"三十一年召张浚判建康府"条，明崇祯元年（1628年）刻本。

② 许浩：《宋史阐幽》卷2，"蔡京令其党进言曰京之改法度皆禀上旨"条，明崇祯元年（1628年）刻本。

③ 何乔新：《椒邱文集》卷6《史论》，"帝锐意恢复"条，文渊阁《四库全书》本。

④ 何乔新：《椒邱文集》卷6《史论》，"以宗泽为东京留守"条，文渊阁《四库全书》本。

以及用人之失所造成的，宋之亡国，"亦主国者之失也"①，对宋朝统治者无察人之明进行了严厉地抨击。

三、纲常礼教与国家兴衰

中国古代学者在儒家思想的影响下，常常将纲常礼教上升到国家兴衰的高度来谈论。明代学者也不例外。他们认为宋朝的兴衰不但取决于君主的开明或昏庸，执政大臣的忠贤或奸佞，而且还取决于是否以仁立国，贯彻孔孟之道以及君主个人的心性修养。

首先，应以仁立国。

明代学者认为"人君之治天下，诚不可不本于仁政也。苟不本于仁政而以苛暴加之，不惟下民是叛，四海分崩，虽蛮夷小丑亦得指以为辞而肆其寇边之患矣"②。他们在分析宋朝的得失盛衰时，肯定了其以仁义立国的优长，认为"宋与强敌为邻，却能立国三百余年，得益于以仁义立国，宋士厚报。"刘定之多次强调以仁立国的社会意义。他评价南宋末年厓山之祸，丞相陆秀夫负帝同溺，诸臣从死者甚众的史事说："岂非宋立国虽不能纯于仁义而未尝不慕义强仁焉，是故以其效若是乎! ……宋以义立国，其亡也，如人遭挺刃，然暗而犹起。"③ 学者何乔新认为，三代以下，能以仁义立国的，只有宋朝。他说："三代而下以仁为国者，惟宋为。然宋视成周虽君德有优劣，惠泽有浅深，然仁厚之意大约相似，非汉唐所及也。"④ 和三代时的成周帝王相比，宋代几朝皇帝的德行虽有缺失，对于臣民的恩泽也有深浅的不同，但他们注重仁、讲究义的观念是一致的。这一点绝非汉、唐君主所能媲美。何乔新还对宋朝的几位君主进行了考察，"夷考其实为君者，恭俭而好学，为相者，宽厚而有耻；大臣有罪，不过贬窜而无屠戮之刑，兵民犯法，虽或诛戮而无参夷之法"⑤，认为其能够做到恭俭而好学，宰执也做到了宽厚而有耻，即便大臣获罪，也不过贬窜而不加屠戮；士兵和百姓只有犯

---

① 王洙：《宋史质》卷81《权奸传序》，台北：大化书局影印明嘉靖刻本，1977年版，第400页下。

② 正谊斋编辑：《宋史笔断》卷6《宋神宗》，明刻本。

③ 刘定之：《呆斋存稿》卷7《宋论》，明万历二十二年（1594年）杨一桂补刻本。

④ 何乔新：《椒邱文集》卷7《史论》，"元张弘范遭人语厓山士民"条，文渊阁《四库全书》本。

⑤ 何乔新：《椒邱文集》卷7《史论》，"元张弘范遭人语厓山士民"条，文渊阁《四库全书》本。

法遭受诛戮，却不会受到随意屠杀。此外，何乔新又考察了宋朝在用兵、征赋、学校方面的仁德之举："兵用于不获已，未尝穷兵以黩武，赋取于不可蠲，未尝厚敛以残民，兴学校崇礼让不崇土木，不务游畋，其仁厚之泽渐涵于民者深矣。故三百余年民之戴上有死无贰，而其国祚绝而复续，偾而复兴，繇其家法相传，有以培植基本也。靖康之际，太子如金而吏民奔随，哭声震天，祥兴之末，张弘范兵逼厓山，诱其士民，终无叛者"①。指出由于宋朝用兵未尝穷兵黩武，征收赋税没有竭尽民财，厚敛残民，且注意兴学校崇礼让而不大兴土木，国家的仁厚使臣民受益，所以取得了百姓的信任，获得士人的厚报，宋祚得以绝而复续，偾而复兴。何乔新指出，"张顺、张贵、牛富、边居谊、陈炤则死于战阵"，"张汉、范天顺、李芾、赵昂发、唐震、姚訔、姜才、苗再成则死封疆"，"居闲而死则有若江万里，縠布衣而死则有若熊飞、陈瓒"，"以将相死则有太傅张世杰、丞相陆秀夫、李庭芝"，"以宗室死则有秀王与睪、右县与穙、刺史孟锦"，"以小官死则有知县王汝翼、监镇司马梦求、教授罗开礼"，"靖康之际，太子如金而吏民奔随，哭声震天"，"祥兴之末，张弘范兵逼厓山，诱其士民终无叛者"，"及宋社已屋，文天祥宁伏尸燕市，谢枋得宁绝粒而死，终不肯臣于元"②，而其他幕僚、裨将不及载于史册者尤多。何乔新又以汉亡死节者仅有耿纪、韦晃，唐季节义之士未有闻者与宋末相比较，揭示宋朝以仁义立国深得民心，起到了培植根本的作用，所以"有天下者欲为子孙长远计，亦惟以仁义而已矣"③！至于宋朝在具体做法上是如何以仁立国的，何乔新认为"宋之诸君待臣以礼，养士以气节，其风俗既成，争自濯磨"，指出宋朝君主以礼义处理君臣之前的关系，并且注重扶持节义之士，从而形成了讲究忠孝节义的社会风俗，敦厚了世风，百姓士人皆以忠义相勉，虽然其间也有如留梦炎、吕文焕等无节行者的小人出现，但数量为少。何乔新进一步借西汉贾谊之言，痛斥留梦炎等误国奸臣不以节义回报君主。他说："贾生有言，上以廉耻励其臣，而下不以节义报其君者，非人也。"④

---

① 何乔新：《椒邱文集》卷7《史论》，"元张弘范遣人语厓山士民"条，文渊阁《四库全书》本。
② 何乔新：《椒邱文集》卷7《史论》，"元张弘范袭厓山"条，文渊阁《四库全书》本。
③ 何乔新：《椒邱文集》卷7《史论》，"元张弘范遣人语厓山士民"条，文渊阁《四库全书》本。
④ 何乔新：《椒邱文集》卷7《史论》，"元张弘范遣人语厓山士民"条，文渊阁《四库全书》本。

　　除了以仁立国，培植国本，获得百姓厚报外，明代学者还认为宋朝君主崇尚仁义，一心向善，得到了"民心"，即得到了"上天"的佑护，因而潜伏着"存"的机缘。学者刘定之说："宋立国常与夷狄为邻，昔者邻于辽，而辽强宋弱，已而邻于金，金之强过于辽，于是宋之弱也滋甚，又非与辽为邻之比矣，然而强者先亡，弱者犹在，是以善观国者不以其强为可畏，亦不以其弱为可忽，强者自时以肆于为恶，则有亡之理，弱者自保以勉于向善，则有存之理"①，"宋统之幸不绝而天留康王以续之，何也？宋二百年矣，仁如庆历、元祐之日多，不仁如熙丰、崇宣之日少，其不仁也，民怨之，而其仁也，民怜之，其怨之也足以亡，而其怜之也足以不绝；民之心即天之意也，善得天者得于民而已矣，善得民者以其仁而已矣！"②

　　为了强调崇尚仁义的良好社会效果，明代学者又从反面论述了不以仁义立国的教训，对宋、金某些不施仁义的君主进行了严厉抨击。例如，指责宁宗发配直言进谏要求诛杀权奸韩侂胄的婺州处士吕祖泰。史载宁宗时，韩侂胄当国，窜逐忠贤，崇植私党，满朝官员皆不敢言，而处士吕祖泰直言其罪恶，词气愤激，尤足动人。却可惜宁宗不但无动于衷，反而杖责吕祖泰一百，并发配钦州牢城收管。对此，明代学者认为，倘若宁宗能用其言，显其身，则岂有后来"用玉津园之极以启（史）弥远之专哉"！因而讽刺仁宗"彼固安其危而利其菑也"，并愤怒地称，像仁宗这种不仁之君，勿须跟他废话！为了说明以仁立国的普遍意义，明代学者对于不义的金朝国主，也进行了同样的批判。史载金章宗临终时尚无子嗣，而兄弟众多，由于担心遗腹子被其兄弟残害，便将元妃李氏托付给永济，并遗诏以永济为嗣君。然而所托非人，登基后的永济不但杀害了李氏，而且除掉了章宗遗腹子，以期固保其子嗣世有天下。对此，明代学者评价说："永济残忍无义也"，"可谓不义之甚矣！"并进一步以天道好还相警告："呼沙呼之乱，身弑于逆臣，汴都之破，子死于元，天道信哉"！③ 明代学者从"仁"的角度要求宋代的君主，认为其如果行仁义，就能得到上天的庇佑，从天命的角度深化仁的力量，体

---

①　刘定之：《呆斋存稿》卷7《宋论》，明万历二十二年（1594 年）杨一桂补刻本。
②　刘定之：《呆斋存稿》卷7《宋论》，明万历二十二年（1594 年）杨一桂补刻本。
③　何乔新：《椒邱文集》卷7《史论》，"金主永济殺章宗元妃李氏承御贾氏"条，文渊阁《四库全书》本。

现出中国传统文化中天命思想的影响。其用上天的力量警诫明代君主，可谓用心良苦。

其次，须倡明理学。

所谓理学，是指由二程倡导，由朱熹集大成的宋代新儒学，亦有"道学"之称。明人认为理学"明性命之大原而不骛于高远，论经济之大法而不蔽于浅近"①。由于宋朝统治者稽古崇儒，兴学养士，以"周程张朱游杨黄蔡相与讲明道学，而典教者如胡瑗、孙复、石介之属亦皆一时之名贤，故三百余年士风丕变，知穷理尽性之学，知尊君亲上之义，亦汉唐之士所不及"②，所以有"花石之病民，宰相不敢谏而邓肃献诗以讽之，王蔡之误国，台谏不敢言而陈东等伏阙请诛之，赵汝愚之贬窜，忠邪乱矣，而杨宏中等上书辨之，史嵩之之起复，伦纪斁矣，而黄恺伯等上书论之"③。在理学思想的影响下，宋代士人"翊皇极，扶人纪，有益于国家"④ 的贡献，不可忽视。明人进而认为，如果宋朝君主能将程颐、程颢、张栻、朱熹等"真儒"置于相位，推心置腹，则其"必将以尧舜之道致其君，必将以商周之法治其民，礼乐田畴必仿效先王之遗意而不为熙丰之纷更也，典章品式必斟酌先王之成法而不为汉唐之卑近也，变末世之陋追唐虞三代之隆，犹反掌耳"⑤。

遗憾的是，宋朝皇帝并非真正认识到理学对于维持国家纪纲、巩固统治的重要作用。突出者如宁宗时期的"庆元党禁"。宁宗为"取天下之人望以收人心"⑥，任命朱熹为焕章阁待制兼侍讲。宁宗并非深明理学精粹，把朱熹招致麾下，仅仅是为了粉饰太平，装点门面。所以一旦当朱熹以帝王师的身份向他宣讲"帝王之术"，要求其正心诚意、动心忍性、读书穷理时，宁宗便一纸诏书将入宫侍讲仅仅四十天的所谓命世大儒朱熹撵出了皇宫。由于朱熹在侍讲期间数度上疏言政，反对大臣专任己私而得罪了专横独断的权臣

① 何乔新：《椒邱文集》卷6《史论》，"前秘阁修撰朱熹卒"条，文渊阁《四库全书》本。
② 何乔新：《椒邱文集》卷7《史论》，"帝及皇太后全氏北去太学生徐应镳死之"条，文渊阁《四库全书》本。
③ 何乔新：《椒邱文集》卷7《史论》，"帝及皇太后全氏北去太学生徐应镳死之"条，文渊阁《四库全书》本。
④ 何乔新：《椒邱文集》卷7《史论》，"帝及皇太后全氏北去太学生徐应镳死之"条，文渊阁《四库全书》本。
⑤ 何乔新：《椒邱文集》卷6《史论》，"前秘阁修撰朱熹卒"条，文渊阁《四库全书》本。
⑥ 楼钥：《攻媿集》卷26《奏议》之《论朱熹补外》，《丛书集成》本。

韩侂胄。在韩侂胄等人的阴谋算计下，朱熹不但削职罢官，其学术也被斥为"伪学"，其学派中人如蔡元定等惨遭政治迫害，罢官流放。不久，朝廷又宣布了韩侂胄所炮制的《伪学逆党籍》，其中宰执 4 人：赵汝愚、留正、王蔺、周必大；朱熹、彭龟年、薛叔似等待制以上官员 13 人，余官刘光祖、叶适等 31 人，武臣 3 人，士人 8 人凡 59 人载入黑名单，对理学人物非摈排之，即贬窜之，唯恐其人不灭，其道不绝。明代学者不禁感慨道："使斯民不睹大道之行，不被至治之泽。天下后世之不幸也"①，"卒使六经四书为世大禁，小人得志，君子尽斥，而宋日以削"②。并痛斥宋朝统治者说："国无仁贤，其何能国，而不寤，其孤立于上也，何昏胀一至尔哉！"③

与此形成鲜明对比的是，元世祖却能够以用夏变夷之志，收招英贤，恢弘治具；命大臣杨维中在燕京建太极书院，收集二程遗书，聚居其徒，延聘明经守节的赵复为讲师，以为模范，讲明理学。元朝统治者崇尚理学以及取得的成效，为宋朝君臣所不及，明代学者对元朝这种"进于中国"的做法深表赞赏，赞叹说："纪纲秩然可凭矣！其奄有四海垂祚百年，夫岂偶然哉！"④

最后，修君德以固天命。

明代学者在朝代的兴废问题上，持有天命论观点。一方面，他们认为宋、元以及明朝的建立都是恭承天命，称"天人相与之际，未易言也"⑤，对天持有敬畏的态度。另一方面，又认为政治的得与失与人事并非毫无关系，要想国祚长久，得到上天的庇护，统治者正心修德至关重要。

学者何乔新以金政权的建立为例，强调统治者正心修德的重要性。首先他肯定金国的建立亦是奉天命而建，"金源氏起自黑水，鼓行而前，兵威之盛，有如雷电，拒之者败，撄之者碎，不数年北灭辽，南蹙宋，西破夏，强兵健马，蹂躏吴粤荆扬之区，遂有天下三分之二，是岂金人之能哉？天方相之故也。传之子孙百余年"⑥；其次，指出金建立政权，征服敌国而境内安

---

① 何乔新：《椒邱文集》卷 6《史论》，"前秘阁修撰朱熹卒"条，文渊阁《四库全书》本。
② 许浩：《宋史阐幽》卷 2，"十年陈贾请禁伪学"条，明崇祯元年（1628 年）刻本。
③ 范光宙：《史评》卷 10，"禁伪学"条，《四库全书存目丛书》本。
④ 何乔新：《椒邱文集》卷 7《史论》，"蒙古建元中统"条，文渊阁《四库全书》本。
⑤ 何乔新：《椒邱文集》卷 5《史论》，"帝以灾变避殿减膳彻乐"条，文渊阁《四库全书》本。
⑥ 何乔新：《椒邱文集》卷 7《史论》，"金主如蔡州"条，文渊阁《四库全书》本。

宁以后，开始文恬武嬉，将骄卒惰，以四十万众而不能守居庸关，以二十万众而不能固龙冈垒，以五万众而不能破五十之游骑，于是奔窜不暇，以至于亡。他将这一变化归于"天命已去故也"，认为"天方相之，则举天下莫能与之争，天命去之，则合天下之师而不能抗北荒欻起之部长，有国家者如之何，亦惟修德以凝天命而已矣"，所以人君应该"慎修其身，其政则可以消褐而致祥矣"①，不使上天厌弃，从而确保国祚持久。

至于人君如何正心修德，明人并未过多阐发。较有代表性的，主要有何乔新批评理宗"享国愈久秕政益多"，"盖素无礼义以养其心"②。许浩就哲宗贬斥程颐云："庄敬则日强而德以成，安肆则日偷而德不成也。"③ 由此可见，明人所说的人君修德，主要指统治者应该恭敬地倡明理学、孔孟之道，以之反省自察。

至于人臣，也应时刻注意格君心之非，帮助君主修德。要帮助君主格心之非，首要任务是学习六经，且"诸史尤不可缓"，提倡人君观史。学者何乔新联系社会现实，批判当时谀佞者以史载篡弑之迹，不可讲于经筵的荒谬论点，批判秉持这种观点的人"不过欲涂其君之耳目，使前有谗而不见，后有贼而不知，驯至乱亡而不可救，是乃祖仇士良之故智耳"④。他以南宋理宗诏经筵进讲朱熹《通鉴纲目》一事为例，称赞理宗"可谓知帝王为学之要矣"，并认为"凡为君者，广厦之下，细旃之上，日取朱子《通鉴纲目》而阅之，览古昔兴衰之迹，推国家败乱之繇，吾知其惕然若履危亡之境，不遑暇食矣，岂直明师在前，劝诵在后之益哉"⑤。提倡读史辅六经，以史鉴助人君正心修德。

明代学者在检讨君臣之责时，能够以历史发展的眼光审视历史，认为宋之衰亡是一个渐进的过程。学者王洙说："宋之亡大率谗邪为之也，其所由来者渐矣！"⑥ 对于宋朝的覆亡，并不就事论事，往往能上溯数朝，追溯源

---

① 何乔新：《椒邱文集》卷7《史论》，"金主如蔡州"条，文渊阁《四库全书》本。
② 何乔新：《椒邱文集》卷7《史论》，"帝年高内侍董宋臣卢允升为之聚敛以媚悦帝意"条，文渊阁《四库全书》本。
③ 许浩：《宋史阐幽》卷2，"编管元祐讲官程颐于涪"条，明崇祯元年（1628年）刻本。
④ 何乔新：《椒邱文集》卷7《史论》，"诏经筵进讲朱熹通鉴纲目"条，文渊阁《四库全书》本。
⑤ 何乔新：《椒邱文集》卷7《史论》，"诏经筵进讲朱熹通鉴纲目"条，文渊阁《四库全书》本。
⑥ 王洙：《宋史质》卷12《天王正纪》，台北：大化书局影印明嘉靖刻本，1977年版，第82页下。

流，探索积弊的形成与由来。商辂等人撰述《续资治通鉴纲目》，认为："汴宋之祸，始于神宗、安石，终于徽宗、蔡京。君子原情定罪，不当置神宗、安石于徽宗、蔡京之下。"① 其追查北宋败亡的原因，甚至认为变法之王安石以及支持变法之神宗的罪责不在徽宗和蔡京之下。更有学者将宋衰之萌推始于太祖杯酒释兵权。学者陈邦瞻曰："宋祖君臣惩五季尾大之祸，尽收节帅兵柄，然后征伐自天子出，可谓识时势善断割，英主之雄略矣！然观其任将如此，此岂猜忌不假人以柄者哉！后世子孙不深惟此意，徒以杯酒释兵权为美谈。至南渡后，奸臣犹托前议，罢三大帅兵以与仇敌连和，岂太祖、赵普之谋误之耶！然当时务强主势，矫枉过直，兵财尽聚京师，藩篱日削，故主势强而国势反弱矣，亦不可谓非其遗孽也。"② 宋太祖时，赵普建议太祖取消石守信等大将的军权，消弭尾大不掉的隐患，以加强中央集权。而后世君主祖述太祖做法，只学皮毛而不明就里，结果导致兵弱财乏。陈邦瞻将此视为"杯酒释兵权"之遗孽，有一定的道理。还有的学者将宋亡归咎于王安石为神宗谋划破辽之计。刘定之说："前宋之亡，本于安石为神宗谋破辽而已。向使其不谋破辽，则不用兵，不用兵则不大取民财与力，不大取民财与力，则何至俾群小为之交攫互噬于天下也！"③ 学者杨循吉对宋朝的盛衰渐变过程也进行了总结，认为读《宋史》必深识天下之大势，即"在上者之仁暴，在下者之贤否"，也就是君臣的贤否决定了皇朝发展的大势，只有明乎此而后才可论兴衰治乱之事。他以宋朝为例说："宋有天下三百年，其间凡三大变，其始也君明臣贤，故兴而趋治；其中也，贤不肖杂用，故治而趋衰；其末也，纯任不肖，故衰而趋亡。而其大势之在下而不可夺者，则以成于王、蔡、秦、贾之流，而分于夷狄之国也。考宋所以至此者，盖其立国也本用仁厚，而其削弱亦率由之，固势也。"④ 其总结宋朝三百年历史有三大变：其一，君明臣贤，为至治时期；其二，君子与小人杂用，统治开始动摇；其三，小人充斥宋廷，把持朝政，统治由衰趋亡。

概言之，明代学者对于宋朝衰变的过程有着深刻的认识，其统观全局，

① 商辂，等：《续资治通鉴纲目》卷9，明弘治十七年（1504年）慎独斋刊本。
② 陈邦瞻：《宋史纪事本末》卷2《收兵权》，中华书局1977年版，第12页。
③ 刘定之：《呆斋存稿》卷6《宋论》，明万历二十二年（1594年）杨一桂补刻本。
④ 杨循吉：《松筹堂集》卷4《为人序宋论》，《四库全书存目丛书》本。

洞若观火，表达了对于皇朝兴衰和社会变动的独到见解。然而在理学思想的影响下，明代学者大多将宋朝的兴亡归结于道德层面的君明臣贤与否以及"理学"的用与不用，进而强调纲常礼教，提倡君臣修德。毋庸置疑，以德立国在治国安邦中具有重要意义，明代学者为统治者提供德治经验也具有积极意义。然而他们鲜于道德因素之外从政治制度、甚至经济基础等层面再作分析，终使探讨难以深入。这不仅是明代学者，也是其他朝代学者在探讨社会历史变动过程中难以逾越的一道藩篱。

第三节　殷鉴致用思想

自孔子删订《春秋》以来，史学便一直保持着强烈的殷鉴致用的价值观念。以史学经世成为学者入世、参与现实政治的主要方式，表现出他们对于国体安危和民生休戚的执著关怀。史学中的经世问题牵涉到社会政治、社会思想中的各种基本问题，并因所际遇的时代、社会内容的不同而蕴涵着不同的内涵；越是到了民族和国家危难的关头，这种经世意识就越为突出。明朝自"土木堡之变"后，边防形势紧张，统治集团内部"大礼仪"引发朋党之争致使波澜不断，朝政窳败，民变迭兴，危机四伏，国势日渐衰落。严峻的社会现实迫使一大批心怀匡济天下之志的儒士既要从事件本身总结经验，又要从历史上寻找教训。回顾两宋统治时期，不但有辽、夏、金和蒙古势力的骚扰，各地发生的小大规模的起义亦不在少数，在其政权内部又有金匮之盟、濮园之议、新旧党争等，与明朝面临的形势相似。缘此，宋史研究成为当时的热点。明代宋史学者陈邦瞻就旗帜鲜明地称，其撰述《宋史纪事本末》是为了"征往而训来，考世而定治"，薛应旂亦称其撰述《宋元通鉴》，是由于殷鉴不远，可资鉴戒。总体来看，在明代宋史研究中表现出浓厚的殷鉴致用思想。

一、以古鉴今，扬善贬恶

明代宪宗说过，"人不考古无以证今"，史著的撰述应该本着"劝于为善，惩于为恶"的原则，使得"正道由是而明，风俗以之而厚"，最终达到

"诛乱讨逆，内夏外夷，扶天理而遏人欲，正名分以植纲常"① 的社会目的。在明人的宋史著述中，以理学为评判标准，"备前代之善恶，为后世之法戒"②，凡"有关于身心性命之微、礼乐刑政之大，奸良邪正之辨、治乱安危之机，灾祥休咎之微，可以为法，可以为戒"的史事，皆据事直书，详备记载，"君臣士庶，咸可鉴观"③ 的史学思想非常突出。

首先，彰忠烈，贬失节，扬善惩恶。

在明人的宋史著述中，彰忠义、贬失节、厉风俗是突出的特点。在这些史著中，明代学者对宋代忠臣李纲、陈亮、李芾等精忠报国的行为大加褒奖，树为士大夫的榜样。同时，将宰相王旦附会伪天书比之于五代时的冯道；痛斥史弥远废立主君的不臣之罪；批判蔡京、李清臣、贾似道等奸臣误国；痛斥宁宗时为讨富贵而请籍伪党、斩朱熹以绝"伪学"的士大夫，认为其无耻之甚；批评高宗诛杀太学生陈东、布衣欧阳澈、良将岳飞，是自取灭亡；痛斥奔竞之风造成君子日退，小人日进而政日以乱。诸如此类，不胜枚举。

学者何乔新评论南宋潭州知州李芾在元兵占领潭州之后阖家死国一事，说："（李芾）缮器械峙刍粮，日以忠义勉其将士，敌攻益急，芾志益坚，及其不可为也，乃曰：吾力竭，分当死，吾家亦不可辱于俘，使帐下卒先杀其家，而后引颈受刃，潭民闻之，多举家自尽，呜呼，芾为国死，而潭民亦为芾死，何其烈也！"④ 表彰李芾的忠烈。同时，何乔新又以未获显用、未加赏典的李芾与弃位以逃的丞相留梦炎、世受国恩却以城降敌的吕文焕进行对比，使效死不贰的忠臣与偷生苟免的叛臣形成了鲜明的对比。何乔新对南宋丞相陈宜中也进行了评价，揭露其背节弃义，阿附贾似道，不容忠贤，只知称姪纳币、奉玺以降，既而危亟，则又奉头鼠窜，与初始时上书论奸相丁大全之恶，判若两人。在历史事实的基础上，何乔新告诫士大夫说："君子之学以养气为本，能养其气，则当大任、决大事、临大难，毅然而不动

---

① 商辂，等：《续资治通鉴纲目》卷首明宪宗《御制续资治通鉴纲目序》，明弘治十七年（1504年）慎独斋刊本。

② 薛应旂：《宋元通鉴》卷首《义例》，明嘉靖四十五年（1566年）自刻本。

③ 薛应旂：《宋元通鉴》卷首《序》，明嘉靖四十五年（1566年）自刻本。

④ 何乔新：《椒邱文集》卷7《史论》，"元克潭州知州李芾死之"条，文渊阁《四库全书》本。

心矣!"①

在程朱理学浓厚氛围的影响下，明代学者认为"利能使人却，义能使人奋"②，尤为注重从道德节义的角度分析、评判历史人物和事件，褒奖忠烈，痛斥失节，以之警戒世人。对于宋真宗"樽珠封嘴"，使宰相王旦屈从"伪天书"一事，何乔新毫不留情地批评了所谓"贤臣"的王旦。何乔新认为，王旦作为宰相不能以道义力谏君主，阐明"王者德合于天，而天瑞应，若以人力为之，是诬天也；四夷可以德化，而不可以伪欺，若以伪为之瑞，夸示之，是欺人也。诬天欺人，匹夫所耻"③的道理，就是逢君之恶，罪不在伪天书骗局的谋划者王钦若之下。何乔新认为，伪造天书是自欺欺人，虽使宋真宗实现了封禅愿望，满足了其虚荣心，却造成劳民耗财，大伤国力，"以旦比冯道岂过贬哉"④，表现出对不能尽臣责的王旦的极度愤怒。

对于北宋时期的奔竞之风，明代学者许浩指出，宋代士人为了仕途的通畅，不惜在权贵门前奔走，"奴颜婢膝，摇尾乞怜，甚至扫门控马，犬吠鸡鸣而不复耻"，"实亦在上者之启之也"⑤。奔竞，是形容古代士人为谋取官位而到处奔走。北宋虽奔竞之风极盛，但也有极个别执政大臣能够把持操守，不为所动，例如宰相王旦抑张师德一事。据史载，由于知制诰掌朝中机要，升迁的机会很大，所以状元出身的张师德很想得到这个职位，屡次跑到王旦家里谄媚。王旦向人叹息道：可惜张师德！周围人追问其故，王旦说："我于上前累言师德名家子，有士行，不意两及吾门。状元及第，荣进素定，当静以待之，若复奔竞，使无阶而进者当如何。"⑥由于张师德的奔走，使王旦毅然打消了委其以重任的念头。学者许浩认为，统治集团中的人若都能像宰相王旦那样，"则奔者无益，虽驱之使奔，亦不奔矣"⑦。而正由于一些宰执于世风日下之际随波逐流，才进一步加剧了士人竞相奔走权门的风气，"是则奔固在下，而其实乃在上者之启之也"，"奔启于上而风成于下"⑧。

---

① 何乔新：《椒邱文集》卷7《史论》，"陈宜中弃位而逃"条，文渊阁《四库全书》本。
② 刘定之：《呆斋存稿》卷7《宋论》，明万历二十二年（1594年）杨一桂补刻本。
③ 何乔新：《椒邱文集》卷5《史论》，"帝深以澶渊城下之盟为辱"条，文渊阁《四库全书》本。
④ 何乔新：《椒邱文集》卷5《史论》，"帝深以澶渊城下之盟为辱"条，文渊阁《四库全书》本。
⑤ 许浩：《宋史阐幽》卷1，"天禧元年王旦抑张师德"条，明崇祯元年（1628年）刻本。
⑥ 脱脱，等：《宋史》卷282《王旦传》，中华书局1977年版，第9550页。
⑦ 许浩：《宋史阐幽》卷1，"天禧元年王旦抑张师德"条，明崇祯元年（1628年）刻本。
⑧ 许浩：《宋史阐幽》卷1，"天禧元年王旦抑张师德"条，明崇祯元年（1628年）刻本。

　　万历年间的礼部尚书李廷机鉴于"宋世风人材，颇类今日，其言论行事，往往有可为今日用者"，致力于编辑《宋贤事汇》，希望士人能够取鉴于此。是书杂采史书说部所载宋人行事，分为《识见》、《识体》、《纪纲》、《仁德》、《义事》等目，按类汇纂宋代历史人物有关道德修养和国计民生的言论行事，以期达到"多识前言往行，以蓄其德"① 的目的。在《识见》篇中，李廷机记载宰相李沆对于少年君主的忧虑："人主少年，当使知四方艰难，不然，血气方刚，不留意于声色犬马，则土木、甲兵、祷祀之事作矣，吾老不及见，此参政（指王旦。——笔者按）他日之忧也。"②《识体》篇还记载了宋神宗以韩琦为相，曾公亮为亚相，赵康靖、欧阳修为参政时，宰相韩琦处理政事的方法："凡事该政令，则曰问集贤，该典故则曰问东厅，该文学则曰问西厅，至大事，自决之。"③ 将韩琦得体的理政方法树为榜样。在《纪纲》篇中，记载仁宗时张方平对于朝政的议论："比年以来，内则台谏，外则监司，下至胥吏僮奴，皆可以构危其上。自将相公卿宿贵之人，皆争屈体以收礼后辈，有不然者，则谤毁随之，惴惴焉，惟恐不免，何暇展心腹为国任事哉？此风不革，天下无时而治也。"④ 所记均为达到警世的目的。明代这种汇纂成书的著述不在少数，其汇辑嘉言善行砥砺德行，经世借鉴的色彩颇为浓厚。

　　明人的宋史著述在编纂宗旨上旗帜鲜明地标明经世致用。如薛应旂的《宋元通鉴》，希望通过善恶褒贬使君臣士庶"随其所居，各求尽分，匪直可以资治而已"⑤。除了要扬善惩恶，从历史中吸取经验教训，为当世寻求治国齐家的方略外，还要求不同阶层的人均能从中找到效法的榜样，明确个人在社会中的位置，从而实现维护封建秩序的最终目的。比之前代，明代宋史学者进一步强化了史书的鉴戒和教化功能，其服务对象从君王扩大至普通百姓，从而使史著的关怀具有了"人间性"⑥。

---

① 李廷机：《宋贤事汇》卷首《序》，明万历胡士容等刻本。
② 李廷机：《宋贤事汇》卷上《识体》，明万历胡士容等刻本。
③ 李廷机：《宋贤事汇》卷上《识体》，明万历胡士容等刻本。
④ 李廷机：《宋贤事汇》卷下《纪纲》，明万历胡士容等刻本。
⑤ 薛应旂：《宋元通鉴》卷首《序》，明嘉靖四十五年（1566 年）自刻本。
⑥ 余英时：《士与中国文化》，上海人民出版社 2003 年版，第 48—49 页。

其次，详备诏令、奏疏，使人"感发惩创"。

元修《宋史》在本纪中不载诏令和奏疏的做法使得明代宋史学者极为不满。柯维骐说："旧史本纪不载诏令，盖袭《新唐书》之失也。"① 他认为班固《汉书》详载诏令，可为修史之法。学者薛应旂也说："今历览宋、元之史，及诸名家纪录，及诏令、奏疏、议论、启札，有可为世法戒者，直掇全文，多不裁减，恐其抑而不扬，则志意不舒，事体不悉，无以快心明目，不能使人感发惩创也。"② 可见诏令奏疏详载于史著，一方面有助于再现历史情景，加深人们对于史事的理解；另一方面，诏令奏议是重要的政书史料，帝王通过诏令安民治国，臣工百僚通过章奏陈善纳诲，观此更可以鉴古知今。薛应旂在《宋元通鉴》卷六《太宗二》载："六月丁亥，诏求直言，遣使按察淮浙蜀广狱，壬寅诏罢封禅。知睦州田锡上疏略曰：给事中不得其人，左右补遗不举其职，致陛下有朝令夕改，舍近谋远之事。又言时久升平，天下混一，故左取右奉，致陛下以功业自多，然临御九年，四方虽宁，而刑罚未甚措，水旱未甚调；陛下谓之太平，谁敢不谓之太平，陛下谓之至理，谁敢不谓之至理。又言宰相不得用人而委员外差遣，近臣不专受责而求令录封章。又言听用太广则条制必繁，条制既繁则依从者少，自今凡有奏陈，幸令大臣议而行之，毋使垂之空言，示之寡信。又言宰相若贤，当信而用之，非贤当择而任之，何以置之为其臣而疑之若众人也。"此事不为《宋史》所载，而薛应旂不厌其烦，择奏疏重要内容记于篇中，将一个直臣忠言进谏而不怕忤君的耿介形象生动表现出来，希望能为明代君臣所借鉴。翔实地记载诏令奏疏是明人宋史撰述的一个突出特点，彰显出明人对于诏令奏疏的资治作用的独到见解。

最后，朋党之争，国之将衰。

明代学者认为，朋党之争是自汉、唐以来皇朝衰亡的重要原因。刘定之说："汉之衰也，李膺、范滂等合为一党，在位者恶之，恶之者非贤，而在党中者贤；唐之衰也，李德裕、牛僧孺等分为二党，以相倾夺于富贵之途，李优牛劣，而考其归，皆不足谓之贤；宋之将衰也，其初亦分为二，熙丰作

---

① 柯维骐：《宋史新编》卷首《宋史新编凡例》，明嘉靖刻本。
② 薛应旂：《宋元通鉴》卷首《义例》，明嘉靖四十五年（1566 年）自刻本。

新法，王安石为魁，元祐掊击新法，司马光为魁，光之党贤而安石之党非贤，及光殁，而其同党又自分为三，朔党、洛党、蜀党。"① 刘定之对宋代党争进行了具体分析，认为以王安石为首的党派中人，同利为朋，非贤；而以司马光为首的党派中人，同道为朋，为贤；两党相互攻击，是小人与君子之间水火不容的斗争。而司马光之党内部又分为三派：以程颐为首，朱光庭、贾易为辅的洛党；以苏轼为首，吕陶等为辅的蜀党；以及以刘挚、梁焘、王岩叟、刘安世为首，辅之者尤众的朔党。众贤者自不相容，相互攻击。这种情况犹如"兄与弟相阋而为必破之家，心与肺相克而为必死之疾"②，其造成的危害并不比贤与不贤之间的争斗小。

何乔新对宋代朋党之争，尤其是朔党、洛党、蜀党之间的斗争也进行了细致分析和严厉批评，认为三党派人虽皆为君子，尤其是洛党和蜀党的首领人物程颐与苏轼是公认的贤士，却仅仅因为好恶不同而各为党比，互相诋排而不能求同存异，遂给小人提供了可乘之机，于是"熙丰邪臣退伏散地，俟间投隙求逞其奸"③。何乔新认为，诸贤同心相益，同道相济，也未必能阻止章惇、蔡卞等奸臣的复起，而诸贤却相互攻讦，导致群奸竞起，倡邪说以惑统治者，最终导致诸贤被贬窜四处，而国事遂驯致不可为，为宋朝的衰亡埋下了祸根。对此，蒋谊亦说："以小人攻君子，此君子之不幸，以君子攻君子，此有国者之大不幸也。"④ 认为正是由于苏辙攻击程颐而使程颐被罢，经筵亦止，导致哲宗德性无由涵养，小人乘机而入，"则宋无复有治日矣"⑤！在明代学者眼中，不论是小人之伪朋，还是君子之真朋，只要是结成朋党，便会诸事不成，给皇朝带来严重损失。这种与宋代欧阳修、范仲淹等肯定君子之真朋的观点截然不同。

平心而论，朋党之争是中国古代封建社会统治集团内部的一种派系斗争，同宦官专权、外戚干政等现象一样，成为封建社会政治生活中无法医治的痼疾。尽管宋代的几次朋党之争有正与邪、改革与保守的区别，但都严重

---

① 刘定之：《呆斋存稿》卷6《宋论》，明万历二十二年（1594年）杨一桂补刻本。
② 刘定之：《呆斋存稿》卷6《宋论》，明万历二十二年（1594年）杨一桂补刻本。
③ 何乔新：《椒邱文集》卷5《史论》，"吕公著当国群贤在朝不能以类相从"条，文渊阁《四库全书》本。
④ 蒋谊：《续宋论》卷1《哲宗》，明刻本。
⑤ 蒋谊：《续宋论》卷1《哲宗》，明刻本。

影响了皇朝的政治稳定。明代学者注意到了朋党的危害性，及时为其统治者敲响了警钟。

二、安民保国，强国之策

除了以古鉴今，以理学思想对宋代史事、人物进行品评外，明代宋史学者在具体的国计民生问题上，亦有独到的经世见解，并将其贯穿在宋史撰述中，使之永鉴后世。

首先，以民为本，不可大取民财。

古语称："民为邦本，本固邦宁。"明代学者认为民财不可尽取，民力不可尽用，所以对神宗时期王安石变法所实行的青苗法、免役法、保甲法、保马法等进行了严厉批判，认为诸种变法是"取民力几于竭"①。他们认为这种先弊其民而非保养民力的做法，是动摇宋朝国本的根本原因，最终酿成了宋朝的衰亡。

此外，宋朝统治集团生活奢侈、崇信道教以及官吏贪污和掠夺也是造成竭尽民财的重要原因。许浩总结了宋代危害较大的几件侵夺民财民力的史事："（朱勔）领花石纲事而田至三十万亩……则花石纲之扰于民者可知。而蔡京、王黼、梁师成、童贯诸人之所贪黩者，从可见矣。又况崇信道教，起上清宝箓、玉清和阳诸宫，为千道会，而林灵素之徒锦衣而玉食者至二万余人，民奚而不困乎？……民既已困，其孰与御敌乎？"②指出民困是导致宋朝灭亡及统治者被虏北去的重要原因。许浩警示统治者："古之明君所以必谨身节用，以保其土地人民，而不取败亡以贻后日之祸也！"③对于崇信道教一事，许浩亦云："（徽宗）犹迷不悟，糜费无已，财用空竭，天下大乱，寻致金师举国北辕，所谓经箓斋醮之福，果安在哉？梁开帝崇信释氏而不免夫台城之饿，宋徽宗尊礼老氏而不免为五国之俘，是可鉴矣而后之人不之鉴也，悲夫！"④

① 刘定之：《呆斋存稿》卷6《宋论》，明万历二十二年（1594年）杨一桂补刻本。
② 许浩：《宋史阐幽》卷2，"籍朱勔家田三十万亩"条，明崇祯元年（1628年）刻本。
③ 许浩：《宋史阐幽》卷2，"籍朱勔家田三十万亩"条，明崇祯元年（1628年）刻本。
④ 许浩：《宋史阐幽》卷2，"大观二年班金箓宝道场仪范于天下"条，明崇祯元年（1628年）刻本。

当然，宋朝也不乏统治者爱惜民生的事例。为了给后世帝王提供表率，薛应旂在撰述《宋元通鉴》时，特意记载宋朝皇帝眷顾民生的史事。《宋元通鉴》卷六《太宗二》记载："三月丁巳，塞滑州决河，帝作《平河歌》，赐近臣，蠲水所及州县今年租。是月，帝选守臣，得杨延庆等十余人命为知州，因谓宰相曰：'刺史之任最为亲民，苟非其人，则民受其祸，昔秦彭守颍州，教化大行，境内多瑞。'宋琪曰：'秦彭一郡守，政善而天应之若此，况君天下者乎？'"宋太宗免去水淹州县的田租以及选用堪当其任的刺史使百姓安居乐业，均为善政，因而得到臣子的称许。查元修《宋史》，却未见此事。薛应旂撰述《宋元通鉴》，及时补入前代帝王的嘉言善政，借鉴的用意显而易见。

在明代官修《续资治通鉴纲目》中，史臣更加注意对此类事件的记载。《续资治通鉴纲目》卷四里记载："仁宗于天圣元年春正月，立计置司，罢榷茶、盐，行贴射通商法。"学者周礼评论说："国之所贵者财，民之所宝者利；国以财为本，民以财为命。然而国之所取者，民之财，民之所取者，物之利，是以善治天下者，必立至正不易之法，国取于民不觉其少，民输于国不觉其多，使上下通行，财货不竭，所谓丰财之源，节财之流，良以此也。仁宗因财用耗竭，而立计置司，因民利不便，而罢榷茶、盐，行贴射通商法，皆所以便民而益国之事也，非若熙丰新法之比矣，故特谨而书之。"[①]周礼着意对此事浓加笔墨，阐释说明，是为了进一步强调重视民生休戚的重要性，以引起统治者的警觉。

其次，认为封建可以屏藩王室。

明代宋史学者大多赞成封建之制，认为封建可以屏藩王室。学者何乔新认为先王封建宗室并非仅仅为了崇宠，而是为了防范子孙覆亡，"故有茅土之封焉，有彝器之分焉，有朝觐聘问之典焉，而兄弟之邦能宣力王室者亦多有之"[②]。他指出："犬戎之祸，文侯有扞艰之绩，子颓之难，郑伯有反正之功。……宋有天下，封植同姓，典礼优隆，大者为王、为公，小者为团练、为刺史，王子皇孙散处四方，信厚如麟趾，蕃衍如椒聊，虽非邢晋应韩之

---

① 商辂，等：《续资治通鉴纲目》卷4周礼《发明》，明弘治十七年（1504年）慎独斋刊本。
② 何乔新：《椒邱文集》卷7《史论》，"元董文炳徇处州"条，文渊阁《四库全书》本。

盛，然视汉唐之季有间矣"，所以"国势危疑之际，汝愚着定策之功，天步艰难之时，与罢效徇国之节"①，在出现叛乱的危难时刻，分封诸王对于维护君主的功劳是其他力量所不能比拟的。他批评昧于此道的君主："世之庸君疏忌骨肉，轻则贬之窜之，重则殄之戮之，彼曷不思哉！分晋者韩赵，非姬姓之云仍也，取齐者田宗，非吕氏之胄胤也，曹魏禁锢宗室，而不悟司马懿将盗其国，刘宋诛除兄弟，而不知萧道成将移其鼎，奈何翦弃本支，而顾使它姓得之也，呜呼，有天下者尚鉴兹哉！"② 以此来警示统治者。

学者许浩进而认为封建诸王不必皆以同姓。许浩评价赵普为宋太祖献释兵权一策，认为"君为元首臣则股肱，今曰必弱其臣而后君安，是将欲养其元首而削其股肱"，赵普之计是"惩目前之弊而不知经国之远图"，最终酿成"弱其臣而国弱，国弱而夷狄横，莫之御矣，宋之兵势不振而侵淫以失天下"③ 的结局。许浩批判赵普未能有效地辅佐太祖推行封建之法："武王克商封诸侯者八百，时受封者岂必皆周、皆召，而无若石守信之徒也欤？武王割其地而处之，大小相杂，犬牙相制，祚绵八百于斯为盛，是则普于诸臣，惟不能以武王之所以待其臣者待之，逆其诈而憶其不信耳！"④ 认为如果赵普能够劝导太祖像周武王对待诸臣那样对待石守信等人，"必尊其位，必重其禄，而有以慰其心，则其于上不啻如子弟之卫父兄，手足之捍头目，所谓巨室所慕，一国天下皆慕者是已，乱曷从而作乎"！况且"封建非能弱周，周自弱也耳，藩镇非能亡唐，唐自亡耳"⑤。可见，封建论在明代尚存在着广泛的影响，学者们认为藩王非但不能削，而周朝分封异姓王的做法也足资借鉴。

学者刘定之对分封抑或聚居进行了辨析，说明了分封诸王于各地的重要性。他说："夫聚居之也，乐其易防制，此利之小者，而其后有大害。观于

---

① 何乔新：《椒邱文集》卷7《史论》，"元董文炳徇处州"条，文渊阁《四库全书》本。
② 何乔新：《椒邱文集》卷7《史论》，"元董文炳徇处州"条，文渊阁《四库全书》本。
③ 许浩：《宋史阐幽》卷1，"二年以高怀德等为节度使皆罢宿卫就镇"条，明崇祯元年（1628年）刻本。
④ 许浩：《宋史阐幽》卷1，"二年以高怀德等为节度使皆罢宿卫就镇"条，明崇祯元年（1628年）刻本。
⑤ 许浩：《宋史阐幽》卷1，"二年以高怀德等为节度使皆罢宿卫就镇"条，明崇祯元年（1628年）刻本。

唐、宋可见矣！分封之也，恶其难约束，此害之小者，而其后有大利，观于周、汉可见矣！苏子瞻诸人言封建之害，胡明仲诸人言封建之利，各有其说而未尝言其大利害。"① 由于唐、宋两朝的宗室皆聚居于京师，所以有朱温篡唐而德王等九人一日同沉于九曲池，濮王等数百人一夜同坑于龙兴寺。而周、汉则不然，周、汉宗室皆分封于宇内，如泰山磐石一般得以固存，虽不幸而亡，则死灰复燃，犹得以续其统，又不幸而统绝，又有苗裔蔓衍得以保其姓。刘定之说："周东迁，而晋以强宗为霸主，纠合诸侯为周舆卫，至于战国，而燕、韩、魏居七雄之三，以祀姬姓之祖祢，秦虎视东周不敢吞者数百年，自载籍以来未有若周之长，所谓固其存者也"，"汉惩吴濞楚戊之强而犯上，尽封各国支庶以裂其壤。至于哀平之际，宗室载属籍者十二万人，莫不据士民之上，有王公之势。莽既盗汉，而光武兄弟呼于南阳，此十二万人者近远响应，故东京之复旧物易于反掌。灵献之末，表、琮、焉、璋犹能倔强荆益，以资昭烈之兴，所谓续其统者也"。刘定之进而以宋朝历史强调封建之作用，以徽、钦两帝被金人掠走后，尚有康王赵构登基于应天府，使宋祚得以延续为例，断言："有天下者为其子孙计，可以无疑于此矣"！②

第三，明代宋史学者关于战争的认识。

明代宋史学者在谈论宋、辽、金之间的战争时，特别强调战略的重要性。

首先，注重对宋朝重大战略的分析。明代学者认为北宋约金攻辽的军事结盟是错误战略。北宋之亡，起源于北宋为收复燕云十六州，趁辽国衰落之际，与新兴的金国结为同盟，结果引狼入室。金国在占据辽国故地后大举南下，俘虏徽、钦两帝，进而占据中原地区。对宋金结盟，明代学者均持批判态度，认为北宋君主及执政大臣不行强国之策，"不悟致乱之由而思御乱之策"③，"不能畜威以自强"④ 是最大的战略失误。在战略问题上，明代学者还表现出具体情况具体分析的思想。例如对南宋理宗端平初年拒绝与蒙古议和一事，学者王宗沐说："终始误宋以至于亡者，和也，然揆之以势，不当

---

① 刘定之：《呆斋存稿》卷7《宋论》，明万历二十二年（1594年）杨一桂补刻本。
② 刘定之：《呆斋存稿》卷7《宋论》，明万历二十二年（1594年）杨一桂补刻本。
③ 何乔新：《椒邱文集》卷7《史论》，"朝廷以淮乱相仍遣使必毙"条，文渊阁《四库全书》本。
④ 柯维骐：《宋史新编》卷首黄佐《宋史新编序》，明嘉靖刻本。

和于绍兴之日而不得不和于端平之间。"① 王宗沐认为绍兴之际南宋兵足将强，"国气未竭"，而其时金国初得中原且欲假手刘豫政权，所以南宋应仇金并乘机攻之，理不当讲和。而端平之初，蒙古兵强马壮，其灭西夏与金国，势如破竹，而宋朝"兵残将老"，则应该"量力自守"，"内修战备，固襄淮收蜀汉"②，以延续国祚。可惜南宋统治者未能认清形势，尤其是端平之初拒绝和议，盲目听从大臣赵范和赵葵的建议，撕毁盟约，向蒙古出兵以期收复中原。结果战败，导致兵连祸结，招致灭亡。

其次，强调制订长远的备战计划。学者黄佐说："向使借隆平之基，而致《天保》、《采薇》之治，则契丹宾服，燕云自归，顾乃勤其骄兵，仓皇取败。"③ 何乔新说："为宋计者，闻邻国有寇，惕然警惧，收召英贤，窜逐群小，下罪己之诏，以昭往愆，下极谏之诏，以开言路，政令当改者改之，赋敛可蠲者蠲之，内修政刑，外敦邻好，选将练兵以为战守之备，筑城建堡以防侵轶之虞，庶可以感人心而回天意，使金举辽而邻于我，未敢遽萌祸心，就使扰吾疆场，则吾国势稍张，有以待之矣，何遽至亡国哉！"④ 指出宋朝统治者应该有一个长远的强国备战计划。学者刘定之鉴于历史的经验教训，为明廷上《建言时务疏》，提出"战阵"、"守御"、"通使"、"降人"、"练兵"、"抚民"、"选将"、"赏罚"、"议政"、"德学"兴国十策⑤，表现了长久备战的战略思想。在战略上不追求速效，而注重长久的谋划是明代学者的一致观点。在对宋朝余玠的评论中，何乔新再次重申了这个观点："宋自奎腾入蜀，雄踞上流，国势盖岌岌乎不可为矣。幸而得一余玠，招英贤之士而用之，择要害之地而城之，抚凋瘵，训兵戎，兴学以养士，薄敛以通商，财赋既充，守御益，固京湖，省转饷之劳，东南免更戍之役，使敌人逡巡却避，而宋祚得以少延者。"⑥ 对余玠的战略表示了赞赏，体现了选贤、训兵、兴学、抚民，守御先强国而后谋取胜的守备策略。

① 王宗沐：《宋元资治通鉴》卷46，理宗端平元年八月《王宗沐曰》，明吴中珩刻本。
② 王宗沐：《宋元资治通鉴》卷46，理宗端平元年八月《王宗沐曰》，明吴中珩刻本。
③ 柯维骐：《宋史新编》卷首黄佐《宋史新编序》，明嘉靖刻本。
④ 何乔新：《椒邱文集》卷6《史论》，"诏马政浮海如金预请燕云之地"条，文渊阁《四库全书》本。
⑤ 黄训：《名臣经济录》卷3刘定之《建言时务疏》，文渊阁《四库全书》本。
⑥ 何乔新：《椒邱文集》卷7《史论》，"资政殿学士余玠卒"条，文渊阁《四库全书》本。

　　鉴于宋代统治者对统兵将领的不信任而导致贻误战机的严重教训，明代宋史学者还强调要对熟知战略的将领给予信任。宋朝皇帝自太祖以后，无不担忧将领专权，以功傲主，尾大不掉，因而心存嫌隙，或者疑而不用，或者用罢即免。正是宋朝统治者对其将领边防策略的迟疑或者置若罔闻的不作为态度，导致战争中屡屡坐失良机，甚至在能够取胜的情况下反而割地议和。学者许浩以宋廷的数次和议为例，指出宋真宗时"（辽）尝以纳币而和，宋则以为和矣，虽有寇准必使只轮不返之谋，不用也。而辽至于庆历则又求地，庆历又以增币而和，宋亦以为和矣，虽有韩琦缮甲励兵密定讨伐之计，不用也。而辽至于熙宁则又求地"①。一方面，辽始终以议和迷惑宋廷，使宋廷懈于军备，自己却伺机而动；另一方面，宋廷对韩琦"以和好为权宜，战守为实务"②的建议置若罔闻，不知韬光养晦。对此，许浩指出假如辽国没有金兵之患，那么北宋等不到靖康之时，就已被辽国灭掉了。南渡以后，高宗不察前车之鉴，对于"宗泽、李纲、张浚捍御之策，任之不专，频岁被兵"，最终导致"神州陆沉"③。

　　明人在所撰宋史著述中，对于宋朝君臣所重用的统帅竟非熟知战略之人却善欺蒙拐骗之事的荒谬史事进行了记载，以示批判和警示。宋朝大臣何栗和孙傅举荐尤卫小卒郭京，选择"六甲神兵"（郭京使用所谓六甲法，选择年命符合六甲者，却不问技艺能否，所得皆市井游惰之人。——笔者按）出击金师，结果郭京败绩而金兵遂入京师，宋都覆没。对此，许浩激愤地称："郭京小人丧心病风而身任之，固无足怪，而当时用事之人又有如孙傅者举之，何栗者主之，而举朝之臣亦不非之，卒致丧败而都城覆没，可哂也夫！"④ 学者何乔新亦结合现实批判这种迷信妖术的做法，他说："自古岂有以妖术而成功者哉？……（何栗、孙傅）尊信妖人以取祸败，何取于稽古哉？宋既遂底于亡，京亦不免于诛，而栗与傅亦死于沙漠之地，是可为万世之永戒哉！然其术流传至今未泯也，公侯世胄每喜谈而乐道之，万一不幸而

---

① 许浩：《宋史阐幽》卷2，"二年帝复如金"条，明崇祯元年（1628年）刻本。
② 脱脱，等：《宋史》卷312《韩琦传》，中华书局1976年版，第10223页。
③ 许浩：《宋史阐幽》卷2，"二年帝复如金"条，明崇祯元年（1628年）刻本。
④ 许浩：《宋史阐幽》卷2，"何栗孙傅使郭京以六甲正兵出击金师"条，明崇祯元年（1628年）刻本。

售焉，其偾事剿民之祸，可胜言哉！"① 宋朝君相重用宦官典兵，更为明代学者所批判。他们认为"将者，三军司命，不得其人则覆败随之，而尤及于社稷，其所系亦重矣，是岂宦者所能任乎"，"故神宗用李宪而败五路之师，徽宗用童贯而致靖康之祸"②。对于统治者信任并重用宦官的原因，何乔新作了进一步的分析，揭示了统治者任用宦官典兵的心理在于：视宦官为更值得信赖的家奴，家奴即可取得战功，则捍边何须廷臣，破敌何资于边帅。然而在何乔新眼里，宦官却无疑于毒药和猛兽，自古宦官亡国败家者历历可数；朝廷重用宦官是"不知毒药之不可供膳羞，猛兽之不可同寝处也，至于威权已成，危机日迫，乃始吞声饮泣，追悔曩愆"③。何乔新以史事为基础，指出祖宗大业百战而得，传之子孙，却以阉竖败之，统治者不可不惕然知警。

概而言之，明人宋史著述中蕴涵着丰富的史学思想且独具特色。其中，为激励民族意识，并使统治者警惕外族侵扰而强调尊夏攘夷和正统论思想，构成其史学思想中的一个特色。但是这种夷夏观和正统思想在明代整个宋史研究的过程中，并非一成不变。在宋史研究的后期，受史学自身发展规律的规范，越来越多的学者更加注重客观地反映历史，求实经世的思想越来越突出，并成为指导宋史研究的重要思想，而偏狭的夷夏观念逐渐淡化。在社会现实的刺激下，宋史学者积极探讨宋代历史的兴衰成败，并以程朱理学作为评论是非得失的价值标准，注重史鉴的道德教化作用，以期用理学构筑统治秩序和社会生活，解决明朝的现实问题，体现了浓厚的经世致用的史学思想。

---

① 何乔新：《椒邱文集》卷6《史论》，"以郭京为成忠郎选六甲兵以御金"条，文渊阁《四库全书》本。
② 许浩：《宋史阐幽》卷1，"以王继恩为宣政使"条，明崇祯元年（1628年）刻本。
③ 何乔新：《椒邱文集》卷6《史论》，"诏童贯蔡攸勒兵巡边以应金"条，文渊阁《四库全书》本。

结 语

明代宋史研究的历史地位

本书旨在探讨明代学者关于宋史的研究和撰述活动，总结其中的文献价值和理论意义，明确其在我国宋史研究领域的重要地位和意义。因而本书探讨的重点在于廓清明代宋史研究的总体规模，梳理其发展脉络，揭示其学术成就。

本书所考察的 62 种宋史著述在重修改编、拾遗补缺、丰富宋代历史记载以及史学思想等方面均成就突出。就史料价值而言，明人针对元修《宋史》存在的不实和缺漏，尤其关注对宋史史料的扩充补遗和考异纠谬。其特点具体表现为：一是在传统史料之内广征博引，拓宽史料范围。例如利用纪传体王称的《东都事略》、脱脱等的《宋史》、《辽史》、《金史》，编年体李焘《续资治通鉴长编》、陈桱《通鉴续编》，政书类的《元经世大典》、马端临《文献通考》，野史笔记类洪迈的《容斋随笔》、王应麟的《困学纪闻》、陆游的《宋世旧闻》，方志类的《明一统志》、《八闽通志》、《四明志》，传记类的杜大珪《名臣碑传琬琰集》，诏令奏议类的杨士奇《历代名臣奏议》，类书类的范师道《宋朝类要》、刘应李的《翰墨全书》，史论类的胡一桂《史纂通要》，文集类的司马光《传家集》、王十朋《王十朋集》等。二是打破仅凭主流文献——《宋史》等主要文献的单一格局，自觉适应宋史史料的发展趋势，在传统史料之外扩展新史料，遵循各类史料的价值，体现出多元化史料观，广搜碑铭、志文、行状、语录、策问、诗文、题咏等史料，例如谢铎《伊洛渊源续录》，采择传主的《行状》、《志铭》，搜集其遗事，汇为一编；朱希召《宋历科状元录》利用《西清诗话》、赵与虤《娱书堂诗话》中相关的记载。明代宋史学者采择宋史史料，是在无法利用宋代实录、国史等第一手宋史史料的客观前提下进行的。因此，他们更加注重史料采择范围的广博性，不但重视前代所留存下来的史料，而且还注意利用当代人的研究成果，从而成为其史料采择方面的一大优点。三是增加南渡诸事，为南渡以后的历史记载作了必要的补充。诸如程敏政《宋遗民录》、吕邦耀《续宋宰辅编年录》、柯维骐《宋史新编》、王惟俭《宋史记》、钱士升《南宋书》等，皆增补了南渡诸事。四是广征博采，对元修《宋史》本纪、志、列传等做了必要的扩充补遗。五是注意运用多种考证方法，对元修《宋史》有关记载进行考辨和纠谬，以求记述之真。明人对宋史史料的查漏补遗、考辨纠谬，使宋史记载更趋真实、完备，为后人的进一步考究奠定了基础，在我国宋史史料学研究领域作出了重大贡献。

就史著体裁而言，明人宋史撰述注重编纂体例的发展和完善。首先，史著中体现出求实的精神与简要的风格。综观明人的宋史著述，除了外部形式灵活多样外，其在内部结构上，则体现了一种求实治史，叙事简明，追求《春秋》笔法而明道、经世的编纂风格。一是在宋史著述的列传编次及载文中勇于改进，讲求精选传主。二是传目名实相符，列传以类相从。三是载文注重收录诏令奏议和一代佳文。同时，针对元修《宋史》的丛脞和繁芜，宋史学者追求简要的叙事风格，或取其卓著奇异者，删削无关劝戒者；或以类合传，精简篇幅，真正体现了赡而不芜、简而不略的著史特色。其次表现为史著体裁的多样与体例的变化。一是明人宋史研究的成果，形式多样，体例灵活，颇多创获。中国传统的几种体裁如纪传体、编年体、纪事本末体、学案体等都有运用，并根据需要进行了合理恰当的改良和完善，例如王洙《宋史质》以类合传，创立《道统传》，标目独具特色。王惟俭《宋史记》打破诸史"纪、表、志、传"的前后秩序，仿效范晔《后汉书》、沈约《宋书》以"纪、表、传、志"为序，与王洙有着相似之处；又将《宋史》中《儒林传》与《道学传》合为《儒林传》。薛应旂撰述《宋元通鉴》、王宗沐撰述《宋元资治通鉴》以甲子纪年，改变司马光《资治通鉴》以太岁纪年的做法，彰显了明代宋史学者勇于创新与实践的精神，体现出史学研究的新气象。其中有关宋代理学学术史的传记类史著为后来学案体的形成提供了纂述经验，奠定了编纂基础。二是史论类著述异军突起，突出人物的传记类史著数量庞多。三是明人宋史著述的体例呈现出各种题材交互运用的综合化趋势。

就史学思想而言，背负兴亡之责的明代学者怀着殷鉴的思想在史著中表达"尊夏攘夷"的正统论，以期为现实政治服务。而在历史大潮的冲击下，更多的学者不再拘泥于"夷夏之辨"的纷攘，更为注重以求实的精神为指导从皇朝统治内部来探寻治乱兴衰的原因，考察宋、辽、金、元历史，确立编纂之格局、史料之选取、评判之标准，以期从历史实际中吸取资治的经验教训，并体现出历史文化认同的意识，这构成了明人宋史研究的重要内容。以王宗沐《宋元资治通鉴》为例，其著述宗旨较以往通鉴类著作的面向就更为广阔，不仅仅要为统治者提供历史借鉴，更要面向整个社会，使士庶均能在史著中找到可资借鉴的经验教训。这些足以显示嘉靖以后学者渐趋强烈的经世意识以及史学自身发展所呈现的普及意识。明代众多学者重视宋代历史，从事宋史的研究和撰述，这种学术热情自明初迄明末而不减，从而汇聚成一种特殊的史学现象，其取得成就之大，不但是以往史家所不及，即使是以后的改编旧史诸家也难以比肩。

就考察历史的视野而言，明代宋史著述考察历史的视野远远超过了元修《宋史》，具体表现在以下两个方面：首先，明代宋史学者能够利用各种体裁进行撰述，立足于不同角度考察宋代历史，不但以纪传体全面反映宋代历史，以编年体梳理宋朝发展历程，以纪事本末体彰显宋代重大史事，以史论评论宋朝人物、史事，以专题研究或汇抄的方式直接提供借鉴，以传记丰富人物形象，其中以理学人物传反映两宋理学成就，明晰学术脉络，则进一步促进了学案体的形成。由此可见，明代宋史学者的这些努力都为此后的宋史研究从各个角度开辟了领域。其次，适应时代的需要，为宋史研究注入新的时代精神。明代的宋史研究是由重修《宋史》的讨论而起，随着时代的进步，历史观的变易，社会现实的需要，以及史学自身的不断追求，诸种因素都要求学者们重新认识前代历史，赋予史著以新鲜的血液，从而形成我国史学发展史中旧史重修的传统。明代学者重视宋史研究的重要原因，在于其对史学的不懈追求以及经世致用思想。他们希望撰述出一部较元修《宋史》更加完善的宋史著作，并能够从宋代历史的经验教训中汲取借鉴，使得明代君臣能够从相似的历史进程中找到治乱盛衰的关键。明代学者针对宋代史事进行的评论，并不囿于即有成说，而是能够客观求实地进行分析，结合时事进行警诫，充分彰显了其黜虚征实的求实精神、强烈的历史责任感和忧患意识，将中国传统史学的经世功能进一步发扬光大；其史学思想中蕴涵的强烈的民族气节，亦为此后学者以史著来号召民族精神树立了榜样。因而，明代的宋史研究虽然说是我国史学发展史上的一个普通环节，但这个环节却更多地彰显了时代的、学术的和政治的因素，从而与宋代《春秋》学、清代元史学等一起形成了中国史学史上特殊的史学现象。可以说，正是重修宋史的动力带动了学者在更大范围内的宋史研究和撰述活动，使明代学者深化宋史研究的多项成果得到了充分的表现。

　　当然，明代宋史研究与其他史学活动一样，不可避免地存在着一些问题。比如有的宋史著述体例不纯，撰著不精。如祁承𤊹纂辑的《宋西事案》卷上《张方平平戎十策》中不载具体内容，而在末尾处指出"《十策》载第二卷"，这种互现手法避免了重复载录，固然可嘉。然却未能贯彻全书，其在卷上《分秦凤泾原等四路经略》中已经载录韩琦上疏"请于鄜庆渭三州各更益兵三万人"的具体内容，又在卷下《韩琦请鄜庆渭三路添兵疏》中重复记载，有失繁芜。有的内容与凡例说明相矛盾，名实不符，如《续资治通鉴纲目》和《宋史新编》关于南宋存在时间的记载，从其义例来看应为"一百五十三年"，但其具体表述时仍沿袭《宋史》作"一百五十年"。此外，个别传记引文不注出处，甚至将重要的人物名字写错等，都构成了史著的瑕疵。重写历史，关键是要有新的历史观、新的方法、新的史料，否则不易取得成功。客观地说，重修《宋史》是明代宋史研究的重要部分，其中理学思潮下的正统与夷夏观是其重要的理论指导，然而随着"华夷一家"进步民族观的不断发展，个别学者执著于在史书体例上大做文章以传达"尊夏攘夷"思想，则显示出其史学思想中的落后和狭隘，并使其撰述受到极大的限制。明人于慎行对此颇不以为然，他说："元人修三史各为一书，是也。《通鉴》编年之史，不相照应，即当如南、北史之例，不必有所低昂可也。近世文雅之士有为《宋史新编》者，尊宋为正统，而以辽、金为列国，则名实不相中矣。彼南、北二史互相诋诃，南以北为索虏，北以南为岛夷，此列国相胜之风，有识者视之已以为非体矣。乃今从百世之后，记前代之实，而犹以迂阔之见妄加摈斥，此老生之陋识也。"① 所言颇中肯綮。

概而言之，明代学者在宋史研究方面，于史料的击讹纠谬和补充完备，于体裁的改革创新，于内容上检讨宋代历史的兴衰成败，均表现了明代宋史学者不懈奋斗的史学进取精神。其经世致用的思想，高昂的民族气节都深深影响并激励了一代学人，为后世的宋史研究提供了方法和视角，使后人在此成就的基础上进一步深入开拓。因而明代学者在宋史研究领域具有深化开拓之功，理应为学界所肯定。明代宋史学者研究宋史之活跃以及成果之显著，居同期旧史研究之首，是明代史学发展史上不可忽略的重要环节，而明代宋史研究的逐渐繁荣亦与当时史学思潮相互推波助澜，进一步加速并深代了明代史学的蓬勃发展。因而通过对明代宋史学的研究，可以更加翔实地了解到明代史学的丰富与新颖。

明代以后，宋史研究继续发展。清初顾炎武有改修《宋史》之作，然去向不明。潘昭度得明末汤显祖《宋史》旧本，拟加扩修，亦未成书。乾隆二十年（1755 年）陈黄中成《宋史稿》219 卷，仍是未定稿。乾隆末年，邵晋涵发愤重修《宋史》，钱大昕、章学诚曾参与制定体例，三人往复探讨。其中邵晋涵付出了相当大的努力，却终未见成果。由于对《宋史》进行全面重修的难度较大，"时代愈远，宋、金书籍可资考订者流传益少，虽有志纂辑，亦无从下手"②，学者转而从事专攻某一方面。例如清末学者陆心源专就补充《宋史》列传，撰成《宋史翼》40 卷，增补列传 780 余人，附传 64 人。

比较而言，明代的宋史研究在很大程度上影响了清代的宋史研究，不但为其开辟了领域，亦为其进一步发展奠定了学术基础。清初学者黄宗羲最终使反映学术发展史的学案体得以完善定型，并系统研究了宋代学术思想史而结撰《宋元学案》100 卷③，是与明代宋史研究者撰述《考亭渊源录》、《伊洛渊源续录》、《朱子实纪》等学术史的努力分不开的。毕沅撰述《续资治通鉴》、王夫之撰述《宋论》、大量宋人年谱的出现以及在纪传体史著中是

---

① 于慎行：《读史漫录》卷 14《辽金元》，《四库全书存目丛书》本。
② 赵翼：《廿二史札记》卷 23《宋辽金三史重修》，中华书局 1984 年版，第 495—496 页。
③ 按：自清康熙中叶，黄宗羲开始修撰，死后由子黄百家续修，远未成稿，其后由全祖望续修，基本完成，后来又有所散失，道光年间由王梓材、冯云濠补充完成，历时一个半世纪。

否设立《道学传》的讨论等等，仍然承接的是明人宋史研究之风气。

近现代诸多学者仍怀抱着改修《宋史》的志向。刘咸炘推崇邵晋涵，亦有绍述其志重修宋史的愿望，并认识到"兹事太大"，只能"先以宋事诸大端多拈题目，与诸弟子合力辑论"，"如其能备规模，则谓之《宋史略》；如不能备，则谓之《宋史别裁》"①。可见，其重修宋史是要在专题研究的基础上进行，可惜未能如愿。著名史家陈寅恪称："宋代之史事，乃今日所亟应致力者。此为世人所共知，然亦谈何容易耶？盖天水一朝之史料，曾汇集于元修之《宋史》。自来所谓正史者，皆不能无所阙误，而《宋史》尤甚。若欲补其阙遗，正其讹误，必先精研本书，然后始有增订工事之可言。《宋史》一书，于诸正史中，卷帙最为繁多，数百年来，真能熟读之者，实无几人。更何论探索其根据，比较其同异，籍为改创之资乎？"②陈氏所言揭示了改修《宋史》的困境。宋史专家邓广铭在考察明清两代宋史研究的基础上，遂决定"广征天水一代之史册，取与元修《宋史》相校雠，勘正其谬误，补苴其疏脱，考论其得失，疏通其晦涩，探索其源流，汇为《宋史校正》一书，使《宋史》之长短利病，毕皆呈露，议改修者庶可就此而得所凭藉"③。邓广铭决定针对宋史进行专题研究的做法进一步证明，重修一部包罗万象的《宋史》随着时间的推移越来越非个人能力所能克堪。因此，回顾明代宋史学者的创建性工作以及所取得的显著成就，尤显珍贵，其在我国宋史研究领域以及中国史学发展史中的地位不容忽视。

综上所述，明代宋史研究的发展和繁荣既是社会政治的产物，又是学术自身发展的必然结果，是我国传统史学求真致用优良传统的生动写照。明代宋史研究成果不但直接反映了宋代社会生活的内容，也间接折射出明代社会生活的诸多特点；不但丰富了明代历史文献学和史学史的内容，也对此后的宋史编纂学和治学风格方面产生了深远的影响，为此后的宋史研究奠定了坚实的基础。

---

① 刘咸炘著，黄曙辉编校：《刘咸炘学术论集》之《史学述林》卷5《重修宋史述意》，广西师范大学出版社2007年版，第592页。

② 邓广铭：《邓广铭治史丛稿》陈寅恪《〈宋史职官志考正〉序》，北京大学出版社1997年版，第49页。

③ 邓广铭：《邓广铭治史丛稿》之《〈宋史职官志考正〉自序与凡例》，北京大学出版社1997年版，第34页。

附　录

一、明人宋史著述一览表①

序号	成书或刊刻时间	撰述者	著述	类别	版本
1	明初成	不题撰人名氏	《褒贤集》5 卷	传记类	《四库全书存目丛书》本，据明刻《范文正公集》本影印（史部第 82 册）
1	永乐间成	胡广撰	《文丞相传》1 卷	传记类	王云五主编《新编中国名人年谱集成》第 10 辑李安撰《宋文丞相天祥年谱》附录台北：台湾商务印书馆 1980 年
3	永乐间成	崔子璲、崔晓增辑	《宋丞相崔清献公全录》10 卷	传记类	明嘉靖十三年（1534 年）唐胄等刻本
4	宣德四年（1429 年）成，七年（1432 年）刊	刘剡编辑、张光启订正	《资治通鉴节要续编》② 30 卷	编年体	明正德九年（1514 年）司礼监刻本

---

①　凡 62 部。该表主要依据《明史艺文志》、《千顷堂书目》、《国朝献征录》、《国史经籍志》、《明文海》、《中国善本书提要》、《中国古籍善本书目》、《四库全书总目》、《明史艺文志补编·明史艺文志附编》、《贩书偶记》、杨翼骧《中国史学史资料编年》（第三册）等。

②　按：是书卷 1 至卷 26 为《宋纪》。

续表

序号	成书或刊刻时间	撰述者	著述	类别	版本
5	成化八年（1472年）刊	刘定之撰	《宋论》① 3 卷	史论类	明万历二十二年（1594年）杨一桂补刻本
6	成化十二年（1476年）成	商辂等修	《续资治通鉴纲目》② 27 卷	编年体	明弘治十七年（1504年）慎独斋刊本
7	成化十三年（1477年）成	程敏政撰	《宋纪受终考》3 卷	史论	明弘治四年（1491）刻本
8	成化十五年（1479年）成，嘉靖四年（1525年）刊	程敏政撰	《宋遗民录》15 卷	传记类	明嘉靖二年至四年（1523—1525 年）程威刻本
9	成化十六年（1480年）成，弘治九年（1496年）刊	谢铎 撰	《伊洛渊源续录》6 卷	传记类	明嘉靖八年（1529 年）高贲亨刻本
10	成化二十二年（1486 年）刊	蒋谊 撰	《续宋论》3 卷	史论	清抄本
11	成化间成	丁元吉辑	《陆右丞蹈海录》1 卷	传记类	清康熙十二年（1673 年）王乃昭抄本
12	弘治元年（1488年）成，三年（1490年）刊	张时泰撰	《续资治通鉴纲目广义》③ 17 卷	史论	明弘治十七年（1504 年）慎独斋刊本
13	弘治三年（1490年）刊	颜端、徐瀚 辑	《张乖崖事文录》4 卷	传记类	明弘治三年（1490 年）邢表等刻本
14	弘治八年（1495年）刊	许浩 撰	《宋史阐幽》2 卷	史论	明崇祯元年（1628 年）许镳刻本
15	弘治十一年（1498年）成	周礼 撰	《续资治通鉴纲目发明》④ 27 卷	史论	明弘治十七年（1504 年）慎独斋刊本
16	弘治十六年（1503年）成	尹直撰	《南宋名臣言行录》16 卷	传记类	明弘治刻本

---

① 按：此即《四库全书存目丛书》本之《呆斋存稿》卷5 至卷7。
② 按：是书卷1 至卷22 为《宋纪》。
③ 按：是书卷1 至卷22 为《宋纪广义》。
④ 按：是书卷1 至卷22 为《宋纪发明》。

序号	成书或刊刻时间	撰述者	著述	类别	版本
17	弘治十八年（1505年）成	邵宝 辑	《宋大儒大奏议》6卷	诏令奏议类	明弘治十八年（1505年）王德明刻本
18	弘治间成	何乔新撰	《宋元史臆见》①5卷	史论	文渊阁《四库全书》本
19	弘治间刊	不著撰人名氏	《厓山集》	杂史类	《丛书集成续编》本（史部第23册）
20	正德元年（1506年）成，八年（1513年）刊	戴铣 辑	《朱子实纪》12卷	传记类	明正德八年（1513年）鲍雄刻本
21	嘉靖十一年（1532年）成	马峦 撰	《温公年谱》6卷	传记类	明万历四十六年（1618年）司马露刻本
22	嘉靖十五年（1536年）成	徐阶 辑	《岳集》5卷	传记类	明嘉靖十五年（1536年）焦煜刻本
23	嘉靖十九年（1540年）成	徐袍 编	《金仁山年谱》1卷	传记类	《北京图书馆藏珍本年谱丛刊》本，据清光绪十三年（1887年）镇海谢氏补刻《牽祖堂丛书》本《宋仁山金先生遗书》影印（第36册）
24	嘉靖二十二年（1543年）成	陈霆 撰	《宣靖备史》4卷	杂史类	《丛书集成续编》本（史部第23册）
25	嘉靖年间成②	不著撰人名氏	《宋史笔断》12卷	史论类	明刻本
26	嘉靖二十五年（1546年）成，二十九年（1550年）刊	王洙 撰	《宋史质》100卷	纪传体	明嘉靖刻本
27	嘉靖二十六年（1547年）刊	陈载兴辑	《宋陈忠肃公言行录》5卷	传记类	明嘉靖二十六年（1547年）陈懋贤刊本

① 按：收入文渊阁《四库全书》本之何乔新《椒邱文集》卷4至卷8，卷4至卷7为《宋论》。

② 按：《宋史笔断》应成于嘉靖二十五年（1546年）前。嘉靖二十五年（1546年）成书的李濂《汴京遗迹志》收有《宋史笔断》之史论一篇。据此推知。

序号	成书或刊刻时间	撰述者	著述	类别	版本
28	嘉靖三十一年（1552年）刊	李默 撰	《紫阳文公先生年谱》5 卷	传记类	明嘉靖间刊本
29	嘉靖三十四年（1555年）成，三十六年（1557年）刊	柯维骐撰	《宋史新编》200 卷	纪传体	明嘉靖刻本
30	嘉靖四十年（1561年）刊	朱希召撰	《宋历科状元录》8 卷	传记类	《北京图书馆古籍珍本丛刊》本，北京：北京图书馆出版社出版，2000 年
31	嘉靖四十五年（1566年）刊	薛应旂撰	《宋元通鉴》①157 卷	编年体	明嘉靖四十五年（1566年）自刻本
32	嘉靖间成	归有光撰	《宋史论赞》②1 卷	史论类	文渊阁《四库全书》本；上海古籍出版社 1981 年周本淳校点本
33	嘉靖间成	海瑞 撰	《元祐党籍碑考》1 卷附《庆元伪学党籍》1 卷	传记类	中华书局 1962 年陈义钟编校《海瑞集》本
34	隆庆元年（1567年）刊，五年（1571年）重刊	王宗沐撰	《宋元资治通鉴》（一名《续资治通鉴》）③ 64 卷	编年体	明吴中珩刻本
35	隆庆三年（1569年）刊	宋端仪撰，薛应旂重辑	《考亭渊源录》24 卷	传记类	明隆庆三年（1569年）林润刻本
36	万历十三年（1585年）刊本	唐伯元撰	《二程年谱》2 卷	传记类	明万历十三年（1585年）姜召校刊本
37	万历十三年（1585年）成	张应登编	《汤阴精忠庙志》10 卷	地理类	北京：全国图书馆缩微文献复制中心，1992 年据万历十五年（1587年）汤阴刻本拍摄（胶片 DJO614-5）

① 按：是书《宋纪》凡128 卷。
② 按：是书无单行本，收于上海古籍出版社 1981 年周本淳校点本《震川先生集·别集》卷 5 中。
③ 按：是书《宋纪》凡52 卷。

序号	成书或刊刻时间	撰述者	著述	类别	版本
38	万历二十一年（1593年）刊	李桢 撰	《濂溪志》① 9卷	传记类	明万历二十一年（1593年）刻本
39	万历二十三年（1595年）刊	王世贞 辑，璩之璞补编	《苏长公外纪》12卷	传记类	明万历二十二年（1594年）璩氏燕石斋刻二十三年（1595年）重修本
40	万历三十二年（1604年）成	范明泰撰	《米襄阳志林》13卷	传记类	明万历三十二年（1604年）范氏清宛堂刻舞蛟轩重修本
41	万历三十三年（1605年）刊	陈邦瞻撰	《宋史纪事本末》109卷	纪事本末体	中华书局1977年
42	万历三十七年（1609年）刊	徐𤊹辑，陈之伸订补	《蔡端明别记》（一名《蔡福州外纪》）12卷	传记类	收入《宋四家外纪》，《四库全书存目丛书》本，据吉林大学图书馆藏明崇祯刻本影印（史部第86册）
43	约于万历三十九年（1611年）成	郭化 辑	《苏米谭史广》6卷	传记类	明末胡正言十竹斋刻本
44	万历四十二年（1614年）刊	徐缙芳辑	《宋忠武岳鄂王精忠类编》② 8卷	传记类	明万历四十二年（1614年）刻本
45	万历四十二年（1614年）刊	徐鉴 辑	《徐清正公年谱》1卷	传记类	《北京图书馆藏珍本年谱丛刊》影印民国四年（1915）刊《豫章丛书》所收《宋宗伯徐清正公存稿》本（第33册）
46	万历四十四年（1616年）刊	赵滂 编	《程朱阙里志》8卷	传记类	清雍正三年（1725年）紫阳书院刻本
47	万历四十四年（1616年）刊	周沈珂辑	《宋濂溪周元公先生集》10卷	传记类	明万历四十四年（1616年）周沈珂刻本

① 按：《四库全书总目》卷60《濂溪志》提要："明李桢撰。桢字维卿，安化人，隆庆辛未进士，官至南京刑部尚书。"以此推知是书概成于万历年间。另，天启四年（1624年）刊本《濂溪志》（13卷）内收有李嵊慈修，李自逵编《周元公年谱》1卷。

② 按：《四库全书总目》卷60著录为《精忠类编》。上海图书馆藏明万历四十二年（1614年）刻本题名《宋忠武岳鄂王精忠类编》。

序号	成书或刊刻时间	撰述者	著述	类别	版本
48	嘉靖万历间刊	唐枢 撰	《宋学商求》2 卷	史论类	《四库全书存目丛书》本据明嘉靖万历间刻《木钟台集》本影印（子部第 162 册）
49	万历间刊	李廷机撰	《宋贤事汇》2 卷	杂家类	明万历间胡士容等刻本
50	万历间刊	陈继儒辑	《邵康节先生外纪》4 卷	传记类	明万历绣水沈氏刻宝颜堂秘笈本
51	天启元年（1621 年）刊	吕邦燿编	《续宋宰辅编年录》26 卷	编年类	明天启元年（1621 年）刻本
52	天启元年（1621 年）成	祁承爜辑	《宋西事案》2 卷	杂史类	明天启间刻本
53	约于天启三年（1623 年）成	王惟俭撰	《宋史记》250 卷	纪传体	清抄本
54	天启五年（1625 年）刊	毛晋 辑	《苏米志林》3 卷	传记类	明天启五年（1625 年）毛氏绿君亭刻本
55	天启六年（1626 年）刊	项梦原撰	《宋史偶识》3 卷	史论类	明天启六年（1626 年）自刻本
56	天启间刊	刘廷元订	《宋名臣言行略》12 卷	传记类	明刻本
57	崇祯二年（1629 年）刊	陈之伸辑	《黄豫章外纪》12 卷	传记类	见《宋四家外纪》，《四库全书存目丛书》本据吉林大学图书馆藏明崇祯刻本影印（史部第 86 册）
58	崇祯五年（1632 年）刊	阮元声编	《东莱吕成公年谱》1 卷	传记类	《北京图书馆藏珍本年谱丛刊》本，北京图书馆出版社 1999 年据明崇祯五年（1632 年）刻《宋东莱吕成公外录》本影印（第 31 册）
59	崇祯十年（1637 年）刊	朱廷焕撰	《增补武林旧事》8 卷	地理类	明崇祯十年（1637 年）朱廷焕刻本

续表

序号	成书或刊刻时间	撰述者	著述	类别	版本
60	崇祯十年（1637年）成	郑郧 撰	《考定苏文忠公年谱》1卷	传记类	《四库禁毁书丛刊》本，据1932年郑国栋木活字本影印
61	崇祯间刊	范明泰辑，陈之伸补	《米襄阳外纪》12卷	传记类	见《宋四家外纪》，《四库全书存目丛书》本据杭州大学图书馆藏明崇祯刻本影印（史部第86册）
62	南明永历四年【清顺治七年】（1650年）成	钱士升撰	《南宋书》68卷	纪传体	清嘉庆二年（1797年）扫叶山房刻本

除表中列书62种外，根据前述目录书、地方志等著录，尚有明人宋史著述61种。因其书已佚，或因他故而不可得见原书，遂不能确知其内容、成书年代、刊刻版本，甚至撰著者之生平事迹，亦惘然无所知。今亦将诸书开列于此，以增明代宋史研究之规模，并有待进一步考究。

1. 梁寅《宋史略》4卷

约成于明太祖洪武十九年（1386年）前，据焦竑《国史经籍志》卷三《正史类》。

2. 方孝孺《宋史要言》1册

未脱稿，据方孝孺《逊志斋集》卷九。

3. 王启《宋元纲目续修》

据乾隆《浙江通志》卷二四三《史抄类》。

4. 宋濂《唐仲友补传》1卷

据《明史》卷九七《艺文》二《传记类》。

5. 宋濂《潘舍人年谱》

据宋濂《文宪集》卷十四《跋》。

6. 赵珤《宋史集要》

据李清馥《闽中理学渊源考》卷五八《学宪赵古愚先生珤》。

7. 宋端仪《宋行朝录》

未脱稿，据黄虞稷《千顷堂书目》卷五《别史类》。

8. 王昂《宋史补》

据黄虞稷《千顷堂书目》卷五《别史类》。

9. 杨廉《二程年谱》1 卷

据《明史》卷九七《艺文》二《谱牒类》。

黄云眉《明史考证》第三册《明史》卷九七（《志》第七三）考证："杨廉《二程年谱》一卷。按《万卷堂书目》作'《二程先生年表》二卷'。"①

10. 郑禧《范文正公年表》

据乾隆《浙江通志》卷二四四《经籍》四。

谢巍《中国历代人物年谱考录》载：《范文正公年表》，编者：明代郑禧，处州人。版本不详。谱主：范仲淹。②

11. 不著撰人名氏《濂溪世家年谱》1 册

谢巍《中国历代人物年谱考录》载：《濂溪世家年谱》一册，明人所编，阙名。版本不详，据《聚乐堂艺文目录》。谱主：周敦颐。③

12. 不著撰人名氏《周元公年表》

谢巍《中国历代人物年谱考录》载：《周元公年表》，明人所编，阙名。版本不详，据《晁氏宝文堂书目》。此为嘉靖前刊单行本。谱主：周敦颐。④

13. 不著撰人名氏《周濂溪年谱》1 卷

谢巍《中国历代人物年谱考录》载：《周濂溪年谱》一卷，明人所编，阙名。版本不详，据《徐氏红雨楼书目》。明刊单行本年谱。⑤

14. 邓淮《鹿城书院集》

据黄虞稷《千顷堂书目》卷八《地理类》。

15. 不著撰人名氏《宋先贤读书法》1 卷

《四库全书总目》卷九六《子部·儒家类存目》二："《宋先贤读书法》一卷，不著撰人名氏。所采宋儒之说凡十二家，而朱子为多。其法始以熟

---

① 黄云眉：《明史考证》第三册《明史》卷九七，中华书局1981年版，第925页。
② 谢巍：《中国历代人物年谱考录》，中华书局1992年版，第147页。
③ 谢巍：《中国历代人物年谱考录》，中华书局1992年版，第155页。
④ 谢巍：《中国历代人物年谱考录》，中华书局1992年版，第155页。
⑤ 谢巍：《中国历代人物年谱考录》，中华书局1992年版，第155页。

经，继以玩味，终以身体力行。明万历丙午莆田训导江震鲤序而重刊之，亦不云谁所辑也。"

16. 瞿罕《刘聘士年谱》

谢巍《中国历代人物年谱考录》载：《刘聘士年谱》，编者：明代瞿罕，黄梅人。版本不详，据《湖北通志·艺文志》。谱主：刘勉之（1091—1149年），字致中，学者称白水先生，建州崇安人。以乡举诣太学，师事谯定。绍兴间召至，与秦桧不和，即谢病归。教读自给，朱熹受业其门。①

17. 陈建《朱陆编年考》

据黄虞稷《千顷堂书目》卷十一《儒家类》。

谢巍《中国历代人物年谱考录》："陈建《学蔀通辨》（书存）前篇引书《朱子年谱》，《朱子实纪》，考'鹅湖辩论'，可见其'编年考'一文梗概。《学蔀通辨》书序作于嘉靖二十七年（1540年），则编年考一文当成于是时前后。"②

18. 不著撰人名氏《吴许国公年谱》

谢巍《中国历代人物年谱考录》载：《吴许国公年谱》，明人所编，阙名。版本：刊本，据《绛云楼书目》卷一，又《四库简明目录标注》。谱主：吴潜，字毅夫，号履斋，封许国公，宣州宁国人，庆元元年乙卯五月五日（1195年）生，景定三年壬戌五月十八日（1262年）卒，年六十八。③

19. 不著撰人名氏《文山公年谱》1卷

谢巍《中国历代人物年谱考录》载：《文山公年谱》，明人所编，阙名。版本不详，据《徐氏红雨楼书目》。书名称"公"，疑为明代文氏裔孙所编。④

20. 朱谏《宋史辨疑》

据黄虞稷《千顷堂书目》卷五《别史类》。

21. 王蓂《宋名臣补遗》

据黄虞稷《千顷堂书目》卷十《传记类》。

① 谢巍：《中国历代人物年谱考录》，中华书局1992年版，第184页。
② 谢巍：《中国历代人物年谱考录》，中华书局1992年版，第195页。
③ 谢巍：《中国历代人物年谱考录》，中华书局1992年版，第214页。
④ 谢巍：《中国历代人物年谱考录》，中华书局1992年版，第218页。

22. 王鏊《心学录》4 卷

据《四库全书总目》卷九六《子部·儒家类存目》二。

23. 孙宜《宋元史论》2 卷

据王世贞《弇州四部稿》卷八四《洞庭渔人传》。

24. 陈士元《新宋史》160 卷

据张弦《读荒史序》所载，见明万历自刻《归云外集》本陈士元《荒史》卷首。

25. 李贵《宋五先生郡邑政绩》

据《四库全书总目》卷六一《宋五先生郡邑政绩》提要，李贵"先尝编次《程明道郡邑政绩》一卷。此复增入周、张、朱、陆四子莅民之事，合为一书。然皆史传、文集所已载，无庸贵之表章也"。

26. 许天琦《续宋史断》

据李清馥《闽中理学渊源考》卷七三。

27. 李维桢《韩范经略西夏记》1 卷

据《明史》卷九七《艺文》二《杂史类》。

28. 霍鹏《宋史抄节》14 卷

据黄虞稷《千顷堂书目》卷五《史抄类》。

29. 茅瑞徵《宋史抄》

据乾隆《浙江通志》卷二四三《史抄类》。

30. 许重熙《宋史增定新编》

据乾隆《江南通志》卷一九一《艺文志》。

许重熙，明末常熟（今江苏常熟）人，字子洽，曾参加复社。著有《宋史增定新编》、《五朝注略》、《殿阁部院大臣表》十六卷、《舆地分合指掌图》、《历代通略》、《旅寄轩稿》等。

31. 吴震元《宋相谱》200 卷

据《明史》卷九七《艺文志》二《谱牒类》。

32. 赵祖点《续纂十七史宋元详节》

据乾隆《浙江通志》卷二四三。

赵祖点，字宗与，号海若，东阳（浙江东阳）人。生平不详。著有《续纂十七史宋元详节》、《皇朝诗选》、《海云亭漫稿》、《东阳文献录》、

《增定金华文统》等，均佚。据乾隆《浙江通志》卷一三二，其兄赵祖鹏，字宗南，嘉靖三十二年（1553 年）进士。

33. 朱吾弼《朱子奏议》15 卷

据《四库全书总目》卷五六《史部·诏令奏议类存目》。

34. 张采《宋名臣言行录补》62 卷

据黄虞稷《千顷堂书目》卷十《传记类》。

35. 张采《宋名臣言行录》16 卷

据《明史》卷九七《艺文》二《传记类》。

36. 汪世德《文公年谱》2 卷

黄虞稷《千顷堂书目》卷十《传记类》："汪世德《文公年谱》二卷，婺源人。"

37. 张彦方《文天祥传》

据黄虞稷《千顷堂书目》卷十《传记类》："张彦方《文天祥传》，字文钜，龙泉人。"

38. 赵鹤《文山寓扬忠愤录》

黄虞稷《千顷堂书目》卷十《传记类》："赵鹤《文山寓扬忠愤录》。"

39. 袁琪《忠义录》1 卷

据黄虞稷《千顷堂书目》卷十《传记类》："袁琪《忠义录》一卷，记袁镛死节事。"

40. 程孟《明良庆会录》3 卷

据黄虞稷《千顷堂书目》卷十《传记类》："程孟《明良庆会录》三卷，录宋程文凤及理宗所赐御书。……孟，程文凤裔孙，成化中人。"

按：中国国家图书馆藏明刻《明良庆会》四卷，不知是否即为此书，俟访。

程敏政《篁墩文集》卷一三《宋丞相程文清公墓祠记》（文渊阁《四库全书》本）："予待罪史官，尝考见文清公之平生矣。公相理宗不二年，适大全逐童槐，谋相倾夺，公觉而去之。度宗初再入，时贾似道为首相，公与议不协，凡三月而罢。清名峻节，凛然为叔季全人。而丁之南迁也，自溺死于藤江，贾亦窜于漳，以死其名节，不足道，而一死不得正丘首，况祠墓乎，况能保之于异代之后乎？然则一寺之新事虽微而世之鉴戒存焉，岂直一乡一家之观美而已哉！孟雅有文学，极力搜访先世遗事，因类次文清公所受宸翰及奏议，为《明良庆会录》以传。亿勇于为义，尝建楼以奉理宗御书，功与祠等。"

41. 林祺《东溪遗泽编》

据黄虞稷《千顷堂书目》卷十《传记类》："林祺《东溪遗泽编》，为宋高登作。"

乾隆《大清一统志》卷三二九《漳州府》："林祺，字子祥，龙溪人。母卒，哀毁骨立，足不踰户。尝缉《续朱子伊洛渊源录》、《考亭丽泽录》、《古今指掌录》。"

乾隆《福建通志》卷五一《漳州府》："林祺，字子祥，龙溪诸生。著有《考亭丽泽录》、《考亭源流录》、《高氏遗泽编》、《陈布衣文抄》、《古今指掌录》。"

42. 林祺《考亭丽泽录》

据黄虞稷《千顷堂书目》卷一一《儒家类》："林祺《考亭丽泽录》，集南轩东莱象山《行实》。"

43. 文德翼《宋史存》2 卷

据《四库全书总目》卷六五《宋史存》提要。

44. 沈越《宋史详节》

据乾隆《江南通志》卷一九一《艺文志》："《宋史详节》，江宁沈越。"

45. 俞汝言《宋元举要历》

据乾隆《浙江通志》卷二四三《经籍》三《运历》。

俞汝言（1614—1679 年），字右吉，海盐（今浙江海盐）人。少孤家贫，好读书。早年著名于复社，以诗古文辞擅场。入清弃举子业，自号渐川老农，绝意仕途，守气节为遗民。宁都魏禧来访，彼此纵论古今，评论古今人物和治乱得失接连十天，深得魏禧钦佩。尝游燕赵韩魏、宋卫闽粤，越云中雁门，搜罗载籍益富。尤精熟诸史和明代典故，肆力著述，坐是两目失明。撰有《明大臣年表》，官阀赠谥，靡不简而有要；又有《宋元举要历》等。六十岁后作《春秋平议》十二卷，悉取宋儒苛刻之论，平反解释，惜未流传。其文气逸格高，诗亦文华中有真实。魏禧撰墓志铭，称其《渐川集》十卷。曹溶撰《明人小传》，谓其有《大滁山房集》。今存《渐川集》

四卷，清师竹斋抄本，天津图书馆藏。《明诗别裁集》收其《进艇》诗一首。

46. 许元溥《宋遗民续录》

据乾隆《江南通志》卷一九一《艺文志》："《宋遗民续录》，吴县许元溥。"

47. 王思义《宋史纂要》20 卷

据《四库全书总目》卷六五《宋史纂要》提要。

王思义，字允明，松江（今上海市松江县）人。因病《宋史》极为烦冗，而进行删减，仅存 20 卷，为《宋史纂要》。《四库全书总目》卷六五《史部·史钞类存目·宋史纂要》提要："然班、范皆号谨严，而两汉书卷帙犹富。宋之历年，几于匹汉，而缩为寥寥数卷，谓事增文省，殆必不然。至以辽、金史附宋之后，等诸《晋书》之载刘、石，尤南北史臣互相诟厉之见，非公论也。"所著尚有《香雪林集》、《故事选要》等。

48. 王行《宋系统图》2 卷

据乾隆《江南通志》卷一九一《艺文志》。

王行，江苏吴县人。

49. 向敩《宋名臣言行节略》

黄虞稷《千顷堂书目》卷十《传记类》。

向敩，字景中，慈溪（今浙江慈溪）人。

50. 成文友《宋史纂》

据乾隆《江南通志》卷一九一《艺文志》。

成文友，通州人。

51. 吴孟坚《宋史编年断略》

据乾隆《江南通志》卷一九一《艺文志》。

52. 陈理《宋元遗事》2 卷

据乾隆《江南通志》卷一九一《艺文志》："《宋元遗事》二卷，吴江陈理。"

53. 陆简《宋元纲目》80 卷

据乾隆《江南通志》卷一九一《艺文志》。

陆简，江苏武进人。

54. 陆俚《宋元史发微》4 卷

据黄虞稷《千顷堂书目》卷五《别史类》。

陆俚，鄞县（今浙江宁波）人。曾官福建同安县教谕①。著有《宋元史发微》、《天文地理星度分野集要》等。明人贺复徵所撰《文章辨体汇选》卷三九六收录其《宋太祖传位论》一篇。

55. 南山逸老《宋元纲目愚管》20 卷

据黄虞稷《千顷堂书目》卷五《史学类》。

56. 胡震亨《靖康盗鉴录》1 卷

据黄虞稷《千顷堂书目》卷五《别史类》。

57. 祝萃《宋辽金元史详略》

据黄虞稷《千顷堂书目》卷五《史抄类》。

58. 夏清伯《宋史提纲》40 卷

据乾隆《浙江通志》卷二四三《史抄类》。

夏清伯，处州（今浙江处州）人。

59. 管佑之《宋史断》

据乾隆《浙江通志》卷二四三《史论》："《宋史断》，弘治绍兴府治管佑之撰，万历上虞县志，名祖生。"

60. 蔡伸《宋元通鉴辑略》2 卷

据黄虞稷《千顷堂书目》卷四《编年类》。

61. 沈世泊《宋史就正编》

据《四库全书总目》卷四六《宋史》提要。

二、明代宋史研究编年考

太祖洪武十四年（1381 年）

宋濂卒。

宋濂（1310—1381 年），字景源，号潜溪，学者称"太史公"。浦江（今属浙江）人。元至正中，授翰林院编修，辞不赴任。隐于东明山，著述十余年。与杨维桢交谊甚笃。后入朱元璋军中，为其谋划。明初任江南儒学

---

① ［乾隆］《福建通志》卷23《职官》三，文渊阁《四库全书》本。

提举，为太子师，寻改起居注。洪武二年（1369 年）任撰修《元史》总裁，费时六个月完成初编的大部分文稿。书成后迁翰林学士。洪武六年（1373 年），为侍讲学士兼赞善大夫，同修国史，参与制定礼、乐诸书。洪武十年（1377 年）以年老辞归。后因长孙宋慎牵连胡惟庸党案，举家流放茂州（今属四川茂汶羌族自治县），死于途中夔州（今属重庆奉节）。谥文宪。诗文成就甚高，与高启、刘基并称"明初诗文三大家"。所著颇富，著有《宋学士文集》、《浦阳人物记》、《洪武圣政记》、《孝经新说》、《潘舍人年谱》、《唐仲友补传》等。

宋濂《跋〈潘舍人年谱〉》："默成先生潘公事迹，载于旧史列传及李焘、陈均、罗大经诸家之书者为详，然所载颇有可议。公初授辟雍博士不赴，后以累迁为秘书郎；列传则谓自辟雍擢居馆职。公为主客员外郎，历著庭方出使淮南；列传则谓自员外郎即提举常平。公自严州请祠，再入秘书，进左史，而后有西掖之命；列传则谓自请祠之后起为中书舍人。公摄起居郎，向子諲奏事，其语稍涉于珍玩，乃廷叱之；陈均则谓子諲初以和议为是，公大非之，及是同奏事，子諲与公交争于殿上，上怒，遂俱罢；罗大经则又谓子諲与高宗论笔法，故公斥之，公辞免秘书少监。《状》自言建炎四年除提点荆湖南路刑狱不赴，绍兴二年任左司员外郎，仅两月，差知严州；公家所记遗事则谓绍兴元年三月迁提刑，十二月入左司。凡若此类，皆显然谬戾有不难辨者。今之去公仅二百年余，公之官序言行，乡先达类能道之，而纪述之家乃复不同如此，况欲考夫千载之上者哉？濂幸生公乡，自幼颇闻公之事，因会萃诸家，取其理通者，仿朱子作《程洛公年谱》例，为文一通，凡三千余言，藏之仙华山中，以俟博雅君子审定之，庶几求公之事者无惑焉耳。"①

宋濂《潘舍人年谱》，已佚。谱主：潘良贵（1104—1160 年），字子贱，别号默成居士，金华人。

《明史》卷九七《艺文》二《传记类》："宋濂《唐仲友补传》一卷。"是书亡佚。

按：清代中叶金华人张作楠再作《补宋潜溪唐仲友补传》，是书有清道

① 宋濂 撰，罗月霞 编：《宋濂全集》，浙江古籍出版社 1999 年版，第 2100 页。

光刻本、翠微山房藏板，藏中国国家图书馆。

程敏政《明文衡》卷四六《题跋》朱右《题唐仲友补传》："於呼！世故有诳人，以理之所有，君子或昧焉。语曰'不逆诈不亿不信。'予读《唐仲友补传》而窃有感焉。初仲友以乾道七年守台时，朱熹提举浙东常平，仲友发粟赈饥，抑奸拊弱，创中津浮梁以济艰涉，民至今赖之。永康，陈亮以纵横之术，与仲友不相能，然亦未尝信程朱氏学也。亮揆无以抑仲友，乃设诡计，若为歆艳性学者，朱子遂信之。行部过其家，乘间为飞言中仲友。高文虎为通判，复以旧怨倾之。嫉恶之心，君子为多。于是朱子力摈劾仲友，至六上章，廷议终不决。元修《宋史》，谓仲友为朱子所斥，乃不载之简策，是或非朱子意欤？《春秋》据事直书，善恶自见。今史官宋濂为补此传，有旨哉。"①

洪武十九年（1386 年）

梁寅《宋史略》4 卷约于此年前成。

今佚。

王重民《中国善本书提要·史部·纪传类》："《元史略》四卷，一册，明洪武间刻本。……卷端有自序，述著作之旨甚详。序云：'寅训诸生以读史，自曾先之《史略》之外，《通鉴》节本颇未惬意，因以《十七史》节本又从而节之，且益之以宋、辽、金，而代各异其帙，以臣之事而附于各帝之后，盖仍纪传之所叙也。……友生李宗颜、宋大宁肄业郡庠，谓寅所编《史略》，宜续以元事，乃请再稽全史，仍历代之例，别为《元史略》。寅虽衰耄，而窃尝有是志，遂纂为四卷，俾刻而传之。'自序（洪武十九年）。"

《明史》卷九七《艺文志》、焦竑《国史经籍志》卷三《正史类》、黄虞稷《千顷堂书目》卷四《编年类》著录"梁寅《宋史略》四卷。"

洪武二十三年（1390 年）

梁寅卒。

梁寅（1309—1390 年），字孟敬，新喻（今江西新余）人。世业农，贫而力学，淹贯《五经》、百氏。累举不第，遂弃去。元末，辟集庆路儒学训

---

① 程敏政：《明文衡》卷 46《题跋》朱右《题唐仲友补传》，吉林人民出版社 1998 年版，第 445 页。

导，居二岁，以亲老辞。明年兵起，遂隐居教授。太祖定四方，征天下高洁博雅之士撰修《大明集礼》，梁寅就征，时年六十有余。时以礼、律、制分为三局，梁寅在礼局，讨论精审，诸儒皆推服。书成赐金币，将授官，以老病辞。结庐石门山，隐居著述。梁寅自记诸书，或刻之以传，或缮写以藏，所得书皆聚之一室，故号书庄。建石门书院（位于今江西新喻县蒙山），四方士多从学，称为"梁五经"，又称"石门先生"。太常寺卿兼翰林学士黄子澄曾向其问学，授《春秋》。或问之曰："吾辈免乱离之祸，享太平之福，何以祝吾君？"梁寅举手加额曰："愿吾君恭已九重，存心四海，扩天理而遏人欲，进君子而退小人。"① 与同郡人金固、刘永之为友，与邓雅②情分颇深。邻邑子初入官，诣梁寅请教。梁寅曰："清、慎、勤，居官三字符也。"其人问天德、王道之要，梁寅微笑曰："言忠信，行笃敬，天德也；不伤财，不害民，王道也。"其人退曰："梁子所言平平耳。"后以不检败，语人曰："吾不敢再见石门先生。"③ 梁寅平生著述甚富，所著有《宋元史略》④、《策要》、《史断》、《周易参义》、《诗书演义》、《周礼考注》、《春秋考义》、《历代叙略》及《石门集》等，不下数千卷，今传者唯《石门集》2 卷。梁寅说："稽之经史，以待策问，谓之《策要》。凡群书之言，则取其精粹，申以己意，谓之《论林》。悯时俗之失，则纵论古道，略示劝戒，谓之《耄言》。惮诸史之繁，则撮其大要，易于览阅，谓之《史略》。复尝类集古之格言，芟取其要，谓之《类训》。"⑤ 梁寅究心经史，颇能考证，在进退存亡之故，吉凶悔吝之理，推阐颇明，切于人事。重实学，曾论水利，有识见⑥。其文理醇雅有法，持论多有根柢，异乎心性之空谈。洪武二十三年（1390年）卒，年八十二。事迹俱《明史》卷二八二《儒林传》。

---

① 沈佳：《明儒言行录》卷 1《梁寅石门先生》，文渊阁《四库全书》本。

② 按：邓雅，字伯言，涂（今山西榆次）人。明洪武中，被征入都。太祖命赋《钟山诗》，稿既呈，其中一联，太祖阅后大喜，以手拍案高诵之。雅以为怒，惊死于墀下，扶出东华门始醒。寻放还，与梁寅讲学于石门山中。邓雅工诗，气味冲澹，有自然之致。著有《玉笥集》9 卷。

③ 张廷玉，等：《明史》卷 282《梁寅传》，中华书局 1974 年版，第 7226 页。

④ 按：关于《宋元史略》书名，各书著录不同，明代李贤等撰《明一统志》55 著录为《宋元史略》，以此为准。黄虞稷《千顷堂书目》著录为《宋史略》，沈佳《明儒言行录》著录为《宋元节要》。

⑤ 程敏政：《明文衡》卷 30 梁寅《梁氏书庄记》，吉林人民出版社 1998 年版，第 298 页。

⑥ 张内蕴、周大韶：《三吴水考》卷 14，文渊阁《四库全书》本。

洪武二十七年（1394年）

汪仲鲁撰《朱文公年谱序》。

汪仲鲁《朱文公年谱序》："洪武二十七年甲戌秋，我文公阙里掌祠事朱境，以书告曰：《文公年谱》谋锓诸梓，邑贤令佐，斯文朋友，愿就徽猷，敢以序文为请。呜呼，大贤君子，一动一静，一语一默，无非教也，况吾文公之《年谱》乎哉！刊以传示于人，固其宜也。然在当时，《年谱》与《行状》二文并传，故《年谱》所载求师取友、注述本末、出处进退、居官莅政前后次第，悉详年月书之。而《行状》则惟以发明求端用力之精义微旨、造道成德之渊奥要归，所以承先圣道统之传，信有在也。昔伊川撰《明道行状》，而伊川之年谱、行述，则有待于文公。呜呼，大贤君子，盛德形容，良不易易也。此康节墓志所以为属之明道，而濂溪之行述亦待吾文公而后方为撰述，盖惟圣贤能知圣贤故也。《中庸》称仲尼祖述尧舜、宪章文武，均之为圣人也。达而在上，则立君道以正万方；穷而在下，则立师道以教万世。尧、舜、禹、汤、文、武、周公，达而在上之圣人也，立君道以正万方者也；仲尼，穷而在下之圣人也，立师道以教万世者也。师道之立，君道所由以立也。先儒有言，孔子集群圣之大成，而朱子则集诸儒之大成，是亦所谓立师道以教万世者与！今文公之学，薄海内外，凡有血气者，莫不尊亲，家有其书，人诵其言。然经燹之馀，此文或不能尽见也。以平日仰慕之心，诚得此而寓目焉，则其感发兴起，若时雨之霑溉，自有不能已者。《诗》曰：'高山仰止，景行行止。'其是之谓与！若邑令佐倡率刊行，而前广西护卫知事李文徵辞疾家居，集议督工，力就厥绪，均知崇尚斯文，以隆治化，咸可尚也，故不敢辞，以复命于掌祠云。是岁之九月三日汪仲鲁序。"（载清乾隆刻本王懋竑《朱子年谱》卷首）

永乐八年（1410年）

袁珙卒。

袁珙（1335—1410年），字廷玉，号柳庄居士，鄞县（今浙江宁波）人。幼承家学，博览群书。少遇异人授相术，论人吉凶辄验，以相术闻名。洪武间，姚广孝荐于燕王朱棣，袁珙一见朱棣即称其为"太平天子"。"靖难之役"后，朱棣召其为太常寺丞。不久，以老告归。晚年隐居县城西门外柳庄（今柳庄巷）。卒，赠太常少卿，赐祭葬。平生喜吟咏、画竹，著有

《柳庄集》、《忠义录》、《柳庄秘传相法》等。事迹见《明史》卷二九九、《国朝献征录》卷七〇。

据黄虞稷《千顷堂书目》卷十《传记类》:"袁珙《忠义录》一卷,记袁镛死节事。"

是书今未见。

永乐十六年（1418 年）

胡广卒。

胡广（1370—1418 年）,字光大,吉水（今江西吉水）人。建文二年（1400 年）廷试,因对策讨燕,被建文帝擢拔第一,赐名靖,授翰林修撰。成祖即位,胡广偕解缙迎附。累官文渊阁大学士。胡广性缜密,帝前所言及所治职务,出未尝告人。亦颇能持大体,奔母丧还朝,成祖问百姓安否,对曰:"安,但郡县穷治建文时奸党,株及支亲,为民厉。"① 成祖纳其言。年四十九,卒,赠礼部尚书,谥文穆。文臣得谥,自胡广始。仁宗立,加赠少师。工书法。事迹俱《明史》卷一四七《胡广传》。

永乐年间,胡广撰《文丞相传》1 卷。

今存,见王云五主编《新编中国名人年谱集成》第 10 辑李安撰《宋文丞相天祥年谱》附录,台北:台湾商务印书馆 1980 年。

程敏政《明文衡》卷四七《题跋》胡广《书文丞相传后》:"广集《庐陵光贤传》,恒疾《宋史》文丞相传简略失实,盖后来史臣为当时忌讳,多所删削,又事间有抵捂。乡先生前辽阳儒学副提举刘岳申为《丞相传》,比《国史》为详,大要其去远相未远,乡邦遗老犹有存者,得于见闻为多,又必参诸《丞相年谱》及《指南录》诸编,故事迹核实可征。故元元统初,丞相之孙富既以刻梓,后复刊见《岳申文集》。近年,乐平文学夏伯时亦以锓板,于是岳申所撰《丞相传》盛行于天下,而史传人盖少见。广窃观二传,详略不同,不能无憾。因参互考订,合而为一,中主岳申之说为多,并取证于丞相《文集》,芟其繁复,正其讹舛,庶几全备,使人无惑。论赞则并录之《国史》之论。揆诸人事而言,岳申之赞,本乎天运而言,各有发扬,不可偏废,亦以见夫取舍之公也。于乎! 丞相之大忠大节,独立万古,

---

① 张廷玉,等:《明史》卷 147《胡广传》,中华书局 1974 年版,第 4125 页。

直与日月争光，天地悠久，比之夷齐心则不殊，而所为反有难者，昌黎韩子所谓特立独行，穷天地，亘万世，而不顾者也。丞相之云，岂异于是！噫，丞相不可尚已！其相从兴义之士，或出自小官，或奋迹庶民，虽当摧沮败衄之余，皆甘心就死，不肯屈辱，杀之殆尽，无一人肯降。丞相忠义至诚，感动固结于人心，牢不可解有如此者。使人皆尔，则宋岂有亡理？彼临难苟生，以饕富贵，其视丞相斯卒尤有愧焉。然则丞相固无待于赞论，诵其诗，读其书，自有以见之。广龉龀时犹及闻先辈言丞相遗事，赫赫竦动人听，虽小夫妇人皆习闻而能道之。比年以来，老成凋谢，而论者益稀，虽士夫君子鲜闻盛事。盖渐远渐疏，其势然耳。更后百年，恐浸失实，惟取信于列传，眩瞀异同，莫适是非。故忘其浅陋，辄复编次第，皆因其旧文，不敢妄加一笔，诚无能有所裨益，特尽区区之愚耳。知之者，其必不以为僭也。"①

黄虞稷《千顷堂书目》卷十《传记类》："胡广《文丞相传》一卷。"

永乐年间，崔子璲、崔晓增辑《宋丞相崔清献公全录》10 卷。

今存，有《四库全书存目丛书》本，齐鲁书社 1996 年据明嘉靖十三年唐胄刻本影印。

《四库全书总目》卷六十《史部·传记类存目》二《崔清献全录》提要："《崔清献全录》十卷，明崔子璲编。其书成于永乐中。"

崔子璲，明初人，字百胄，增城（今广东增城）人。纂辑《宋丞相崔清献公全录》十卷。所记皆其五世祖崔与之之遗事、遗文。崔与之，字正子，南宋光宗绍熙四年（1193 年）进士，理宗时累官广东安抚使，拜参知政事、右丞相，致仕。卒谥清献。事迹俱《宋史》卷四〇六《崔与之传》。崔与之著有《菊坡文集》、《岭海便民榜》、《海上澄清录》，皆记其当时政事，后皆不传。崔子璲将仅存之《言行录》、《奏札诗文》、理宗御札及诸家诗文汇纂而成此书。是书旨在宏扬祖先忠义事迹，搜集了大量传主事迹以及遗文，在史料价值方面，可补正史之缺。

惠帝建文四年（1402 年）

方孝孺卒。

方孝孺（1357—1402 年），字希直，一字希古，号正学，宁海（今浙江

---

① 程敏政：《明文衡》卷 47《题跋》胡广《书文丞相后》，吉林人民出版社 1998 年版，第 455 页。

宁海）人。二十游京师，从学于太史宋濂，尽得其学。先辈胡翰、苏伯衡亦自谓弗如。方孝孺未视文艺，恒以明王道、致太平为己任。建文帝召为翰林博士进侍讲学士，凡有疑问，不时宣召。君臣之间同于师友。燕王篡位，首以身殉。著有《释统》、《后正统》，开有明一代正统论之先河。又《宋史要言》一册，评论宋事，自太祖至哲宗，未完稿①。今佚。《明史》载"孝孺工文章，醇深雄迈。每一篇出，海内争相传诵。永乐中，藏孝孺文者，罪至死。门人王稌潜录为《侯城集》，故后得行于世。"② 以此，始有文集《逊志斋集》流传于世。事迹俱《明史》卷一四一《方孝孺传》、黄宗羲《明儒学案》卷四三《文正方正学先生孝孺》。

张彦方卒。

张彦方（？—1402年），字文矩，龙泉（今浙江龙泉）人。洪武中举孝廉。建文元年（1399年），以给事中出任乐平知县。关心民间疾苦，刷新吏治，治事有"剖断如神"之誉。扩建学舍，整顿县学，以忠孝大节激勉其士。为官生活俭朴，在官商隙地种蔬菜自给，并颜其室为"菜轩"，以勉己志。建文四年（1402年）五月，奉诏勤王，率所部至江口，与"靖难军"相遇，寡不敌众，被俘。他呼喊道："死何惧？有老母在，愿得面决。"燕兵押其回乡见母，遂被害。母潘氏、妻陈氏同时殉节。乡人聚其尸葬于县署清白堂后。弘光初，追赠太仆少卿，谥庄愍。事迹见查继佐《明书》列传卷十二上《致命诸臣列传》本传、《明史》卷一四一《陈彦回传》附。

黄虞稷《千顷堂书目》卷十《传记类》："张彦方《文天祥传》。"

是书今未见。

宣宗宣德四年（1429年）

张光启订正，刘郯编辑《资治通鉴节要续编》30卷成。

是书以宋为正统，附注辽、金史事。

王重民《中国善本书提要·史部·编年类》："《增修附注资治通鉴节要续编》，残存二十二卷，四册，明景泰间刻本。原题'建阳知县旴江张光启订正，松坞门人京兆刘郯编辑。'按《建阳县志》：'光启，建昌人，宣德间

---

① 方孝孺：《逊志斋集》卷9《上蜀府启》，宁波出版社2000年版，第261页。
② 张廷玉，等：《明史》卷141《方孝孺传》，中华书局1974年版，第4020页。

任。'又按《平津馆鉴藏记·书籍续编》页五下:'《资治通鉴节要》二十卷,题少微先生纂述,松坞王逢释义,仁斋刘剡增校',则此题'松坞门人'者,剡自谓为王逢门人也。此王逢鄱阳人,正统间举经明行修,不就,与撰《梧溪集》之王逢非一人。是书全编三十卷,卷一至二十六为《宋纪》,卷二十七至三十为《元纪》。……《宋纪》全本陈桱《通鉴续编》;胡粹中、张九韶并有《元史续编》,今观此所存卷第二十六,屡引张美成说,美成为九韶字,是《元纪》为本张氏书矣。"

王重民《中国善本书提要·史部·编年类》:"《增修附注资治通鉴节要续编大全》三十卷,六册,明弘治间刻本。原题'建阳知县盱江张光启订正,松坞门人京兆刘用章编辑,慎独斋京兆不才子释义。'张光启序云:'余昔家食,窃有此志,今幸作宰东阳,公隙即与书林君子刘剡取四代史所载君臣行事功绩,岁月日时,先后精详,敛博合一,覆略致详。以宋为统,辽、金分书之,元则直续宋统,纂辑校订,附《通鉴详节》之末,名曰《增修附注通鉴节要续编》,庸备考索而已。书成,士庶刘文寿请寿诸梓。'据此,则是书当有宣德间刻本,今所见者以景泰间刻本为最早。……张光启序(宣德四年)"

王重民《中国善本书提要·史部·编年类》:"《增修附注资治通鉴节要续编》三十卷,十六册,朝鲜铜活字本。原题'建阳知县盱江张光启订正,松坞门人京兆刘剡编辑。'……卷末有宣德七年刘剡《后记》,因知《续编》纂成于宣德四年,刻成于七年。余尚未见宣德七年原刻本,而此朝鲜活字本即据宣德七年原刻本翻刻者。因迻录刘剡《后记》于后:'元自世祖平宋之后,一遵临江张公美和、梁公孟敬二先生《节要》、《事略》而成,然于宋文丞相、谢叠山二公之事而评述之者,盖其精忠亘乎天地,可以为万世人臣之法,故备录而不厌其繁。谨附录《瑞麦颂》、《平西蜀颂》者,以见我朝太祖高皇帝以天纵之圣,除胡元之乱,不数年间,遂开六合,奄有万国,荣光贯日,瑞麦呈祥,其天心眷爱,国家传祚于千万世之意,昭昭可知矣。谨拜手稽首书于后云。宣德龙集壬子孟秋吉日,后学刘剡拜书。'"①

张光启,生卒年不详,建昌(今江西南城)人。永乐间以人才任县事,

---

① 王重民:《中国善本书提要》,上海古籍出版社 1983 年版,第 108 页。

知上杭县令。弘治四年刊印之《八闽通志》卷三十七《秩官·建阳县》："张光启，建昌人，知建阳县，锄强去暴，尤笃意斯文，邑民畏服。"天一阁嘉靖《建阳县志》卷十三《宦迹类》："张光启，建昌人，莅位往往锄强去暴，笃爱斯文，民心悦服，衙门、学校一皆焕新。叙曰：光启之得民心，固悃素感孚，矧创修遗迹，旷百余年，民皆得传颂，殁而祠之，宜足以慰邑人于无穷也。有《县斋诗》云："十年俸廪支难尽，一井廉泉饮不干。强项枯荷撑雨立，贞姿古柏入云蟠。"读其诗可想其居官之概①。著有《宋元通鉴节要续编》三十卷。黄虞稷《千顷堂书目》卷四《编年类》："张光启《宋元通鉴节要续编》三十卷，一作张元启。"

宣德六年（1431 年）

孙原贞撰《文公先生年谱重刊序》。

《文公先生年谱重刊序》叙《年谱》重刊之故云："括苍②李公公回来为邑③丞，既新厥庙，复以《年谱》旧刊本板，文字磨灭，漫不可辨，谋欲重刊。爰得旧本，若《行状》、褒典、记文，附于《年谱》之后者，与邑之儒士孙叔拱悉加校雠，补其遗阙，正其讹谬，命工锓梓，征《序》于予。"④

孙原贞（1388—1474 年），名瑀，以字行，江西德兴（今江西德兴）人。永乐十三年（1415 年）进士，授北京礼部仪制司主事。迁郎中。英宗正统初，荐擢河南右参政，居官清慎，政尚宽恕，有吏才。正统八年（1443年），迁浙江左布政使。代宗景泰三年（1452 年），迁兵部左侍郎，参赞军务，镇浙江。五年（1454 年），向代宗陈防备内乱之法。天顺元年（1457年），英宗复位，孙原贞罢官回乡。宪宗即位，即予复官启用，升资政大夫。年八十七，卒。所至有劳绩，在浙江尤著名。有《岁寒集》。事迹俱《明史》卷一七二《本传》、《宪宗实录》卷一三五。

宣德七年（1432 年）

刘剡《资治通鉴节要续编》30 卷刊刻。

宣德七年（1432 年）刊本今不存。国家图书馆藏朝鲜铜活字本，尚可

---

① ［乾隆］《福建通志》卷 32《名宦·汀州府》，文渊阁《四库全书》本。
② 按：括苍，今浙江丽水县。
③ 按：此处所称之"邑"，指徽州婺源，今属江西。
④ 转引自容肇祖：《容肇祖集》，齐鲁书社 1989 年版，第 115—116 页。

见原貌。

胡玉缙撰，吴格整理《续四库提要三种》之《四库未收书目提要续编》卷二《史部·编年类》："《资治通鉴节要续编》三十卷，不著撰人名氏。其书起宋太祖，终元顺帝，大抵删节商辂等《通鉴续编》，以继少微《通鉴节要》之后，故以《续编》为名。为江南图书馆所藏正德间司礼监刊本，钤有'广运之宝'，盖最初印本也。考王圻《续文献通考》云，'江贽，字叔直，崇安人，赐号少微先生，著有《通鉴节要》，武宗偶阅，悦之，命司礼监重刻，附《宋元节要续编》于后'云云，不言《续编》谁作。丁氏《藏书志》据扶安《历代通鉴纲目集说》载历代先儒姓氏，内称'建阳刘剡，字用章，号仁斋，著《少微宋元二鉴》'，疑为剡撰。今案罗愿《鄂州小集》，末载王瓒《月山录跋》，结衔称'通鉴节要纂修官'，是王瓒亦纂修之一人，《四库存目》载江贽书，即正德本，前有武宗御制序，而《提要》中未及此编，盖适缺之耳。"

刘剡，字用章，籍建阳（今福建建阳），明景泰间人，生卒年不详，刘翱十七世孙。家贫力学，考究经史，教授乡间，不干仕进，以集编、校、刻于一身之才闻名于建阳书坊。于宣德间编纂《资治通鉴节要续编》三十卷。是书取宋、辽、金、元四代史所载君臣行事功迹，以宋为统，辽、金分书之，元则直续宋统。

正统十三年（1448 年）

四月己巳，南京翰林院侍讲学士周叙上疏，要求重修《宋史》。

周叙奏曰："臣闻世远而议公，事久而论定。故前代之史，必修于后人，而议论之正，每资于直笔。是以孔子之《春秋》特书三正于元年之首，朱子之《纲目》分纪僭窃于甲子之下，定名而正统，尊夏而外夷，不以势之强弱而殊分，不以地之偏全而异称，观夫黜五伯之权，贬吴楚之号，跻蜀汉而抑魏吴，先江左而后北魏，可见矣。何也？史之所载，实天命人心所在，而万世纲常攸系，不可以毫发紊故也。窃观宋、辽、金三史，成于前元至正间，当时秉国大臣皆辽、金族类，不以正统归宋，遂分裂而为三，且不曰宋、辽、金而以辽、金加于宋首，不惬人心，不协公论。初修之际，言者虽多，而卒莫能改。流传至今，又越百年。凡负儒名，有志于穷史学正纲常者，未尝不掩卷愤懑抚膺恸叹也。盖宋承中华之统，礼乐教化之隆，衣冠文物之盛，仁义忠厚之风，三代以后之所仅见，不幸辽、金二虏迭扰其间。后虽南渡，而天命人心实所归附，盛德弘纲难以泯没。元儒陈桱修《通鉴续编》，既正其统，但是编年之体，而三史全书尚仍其旧。况《宋史》文字繁复，板本复毁，此当厘正传布之，不可缓者也。……钦惟皇上负大有为之资，承列圣之统，日御经筵，屡命儒臣讲论宋史，以资治道，宋之明君子贤臣事迹，何幸晦于昔而显于今乎！惟昔唐太宗因何法盛等所撰《晋史》重加纂录，而后纪载有伦；宋仁宗因刘昫所撰《唐史》再命编集，而后义例益精。皆以世事久远，故议公而论定也。臣愚窃谓宜于斯时，以三史之书归统于宋，取唐宋二君删改之义，宗仲尼、朱熹予夺之法，俾统纪之道明，夷夏之分定，则前代未公之典，万世不刊之功，皆有赖于圣明之朝矣，岂非世教之大幸哉！"①

疏中，周叙要求选人协助他纂修，"乞择文学老成之臣一人，……再选举南京文职中有学识官员三四人，不妨本职，共加讨论。俟缮写进呈，仍乞敕翰林儒臣重行订正，板刻以传，庶使天下后世得见有宋一代全书。"②

英宗下旨："不必择人，叙其自修。"③

周叙之祖周以立曾以弃职抗议宋、辽、金三史分修④。周叙坚持重修三史，实有家学渊源。周叙曾作《论修正宋史书》，希望江西庐陵等郡地方官支持他修史。其云："叙闻史书之作，有司马子长、班孟坚之学识、世业，而后纪载之体备；有司马温公、朱文公之道德、位望，而后粗取之义精。盖史籍不因纪载，则无以知一代始终、政事因革，自非其人学识优、世业专，岂能书事奇伟，成一家之言？义例不审，去取则无以存纲常、扶世教，又非其人道德隆、位望尊，岂能合天理人心之公，祛千载蔽固之惑？此固不易之

---

① 周叙：《石溪周先生文集》卷5《修书疏》，《四库全书存目丛书》集部31册影印明万历二十三年（1595年）周承超等刻本，第599页上—600页上。

② 周叙：《石溪周先生文集》卷5《修书疏》，《四库全书存目丛书》集部31册影印明万历二十三年（1595年）周承超等刻本，第600页上。

③ 《明英宗实录》卷165，"正统十三年四月己巳"条，台北："中央"研究院史语所1962年影印本。

④ 按：据明人解缙之《文毅集》卷11《周以立传赞》载："至正辛巳（1341年），以经义举于乡，明年（1342年）赴春官，中乙榜，锡宴宏文馆，拈题赋诗，学士大夫皆赏叹，交荐入史馆，值修宋辽金三史"，而脱脱独断三史分修是在至正三年（1343年），可知周以立是为脱脱所决定的三史各为正统的做法而抗争弃职。

至论也。……叙窃观宋辽金三史，前元至正初始修。元以强力入主中国，辽金二虏皆其族类，当时秉国大臣，又多辽金之子孙，遂不以正史归，分而为三。且以宋列于辽金之下。揭文安公、欧阳文公时司时总裁之寄，不得不任其责。但在当时，局于势有不能耳。惟史臣王理辈，首议统纪不合。诸儒有识之士，莫不相与上书争之而不能得。理复著《三史正统论》，推明修端之言，欲以辽金为北史，宋自太祖至靖康为《宋史》，建炎以后为《南宋史》。不过迁就时议，曲加折衷，非尽至论，然亦未之从，三史遂流传至今。元季，四明陈子桱修《通鉴续编》，遂效文公《纲目》之义，一以宋为正统，而附见辽金之事，故虽元灭金夏，奄有中国，而亦系于宋下，以明天命之未绝。周伯琦序之曰：'地有偏全，而统无偏全。势有强弱，而分无强弱。'诚哉，斯言可谓得去取之公矣。但其为书，乃编年之体，而一代纪载全书，未有厘正之者，且辽金二史，板帙简省，书坊尚存；《宋史》繁多，板本复毁，散在四方甚少，至有号称为儒，没首不及见者，不亦重可嗟惜哉！夫有大一统文明之盛世，必有千载相遇之君臣，而后制度文为可以折衷至当，一定之论祛除天下百世之惑，殆亦天启之而待乎其时畀乎其人，非偶然之故也。洪惟我圣朝混一疆理，振古未有文明声教，比隆唐虞四圣，相承六十余年，其间制度文为多矣。而宋史一书独未删定，岂非天之有待于今日乎？方今皇上缉熙圣学，崇尚文治，即位以来屡有述作，左右元老大臣咸尽赞襄经纶之美，诚所谓君明臣良旷千古而一遇之时也。叙愿于此时上启圣德，以三史书，因其旧文，重加编纂。以宋为正史，附辽金于后，定名而正统，尊夏而外夷，伸前代未惬之论，垂万世史笔之公。如沉霾积阴，一旦青天白日为之开豁，而八方仰照万物吐气，孰不鼓舞欢忭哉，遂俾板刻流传播于四海，人人得睹宋朝一代之全书，其为世惠又何如哉！且世之作史者，患其朝代事迹不足暴其善恶，动人耳目，以垂劝戒，并无可折衷之事以寓笔削，故其文或郁而不彰；又患秉笔者才气卑弱，言意浅陋，无高简奇杰之文足以启人诵习，故其史遂泯而不传。叙观宋有天下三百年，明君贤臣伟烈俊功前后相望，礼乐教化之盛衣冠文物之隆，上追三代远过汉唐，其中昏庸恇佞祸根罪首载在编简，亦不能无其朝代事迹，诚足以垂劝戒，又因元世列于三史，不协公论，宜折衷而寓笔削，此不患无可编录之事也。……以此史重修，且遴选文学宏博之士，共加校理，用班马纪载之体，仿文公去取之例，删成信史，垂示万世，非特知宋一代始终、政事因革，其为存纲常，扶世教，岂小补云哉！"① 周叙鉴于学者改编三史多用纲目体而弃纪传体，欲以纪传体重修宋史。

景泰元年（1450 年）

周叙上《修明统纪疏》。疏中称："史籍有当扶纲常，明伦谊，内夏外夷，正名定统，遏人欲于横流，存天理于既灭者，其纂修之典，乌可少缓哉！……前元修辽、金、宋三史不合公论，不当人心，不免尚有夷狄侵陵华夏之变。赖我太祖高皇帝奄有万方，一扫膻腥之俗矣。然此史因循百有余年未曾修改，臣永乐间忝由进士入翰林，屡白于管事院长。或因朝廷纂修事多，不暇留意。臣后升秩南京，职务清简，思图补报。正统十三年三月内具本陈请选人删修。……帝圣旨不必选人，着他自修。……臣愚私窃自忖，方今选将练兵慎固边疆，以防遏虏寇之策宸衷暨左右大臣经画必不少有顷刻自息之念矣。虽国家多事之秋不敢以礼文不急之务为言，然文武并用古今所尚，政欲示以从容间暇，不动声色而措天下于泰山之安之意。"② 并再次请求明廷派助手协他修史。

景泰三年（1452 年）

刘剡《增修附注资治通鉴节要续编》第二次刊刻，善景书堂刻本。

今武汉大学图书馆藏一部足本，国家图书馆藏一部残本，22 卷。

按：是书于明代多次重刻。

三月，周叙病卒，重修《宋史》未果。

周叙（1392—1452 年），字功叙，号石溪，江西吉水（今江西吉水）人。永乐十六年（1418 年）进士，选庶吉士，授编修。宣德初，预修两朝《实录》成，转修撰。正统中，进侍读，六年（1441 年）闰十一月，上言三事，一曰兴学校，二曰劝农桑，三曰慎铨选。上命所司举行。未几，升侍讲学士，掌南京翰林院事。十四年（1449 年）九月英宗北狩，上言八事，一曰励刚明，二曰观经史，三曰修军政，四曰选贤才，五曰安民心，六曰广言路，七曰谨微渐，八曰修庶政，疏上，嘉纳。景泰二年（1451 年），建言下

---

① 黄宗羲：《明文海》卷 174 周叙《论修正宋史书》，文渊阁《四库全书》本。
② 周叙：《石溪周先生文集》卷 5《修明统纪疏》，《四库全书存目丛书》集部 31 册影印明万历二十三年（1595 年）周承超等刻本，第 610—611 页上。

诏请天下臣民直言时政缺失。正统间，周叙上言请修《宋史》，诏令自修。又上制治保邦十二事、中兴太平十四事，具付所司采择行之。廖道南曰："士之负奇气，树壮节，出而效用于时，不少婵婀潋滟以自立者，必有所建白以垂不朽，乃若伯叙箴仕史官，即上疏论天下事，今载诸兰台石室者，可考也。然而忌才者众，卒之老于南院，而不少试悲夫，赞曰皎皎易污，峣峣难全，兰以香焚，膏以明煎，上书北台，视篆南署，老而不倦，克承坠绪。"① 周叙勤于纂修，曾与上元人陶元素聚首撰述《宋史》，未就而卒。所著有《石溪集》八卷、《石溪类集》十一卷、《石溪周氏唐诗类编》十卷等。事迹俱《明史》卷一五二本传。其祖周以立反对脱脱主张的三史各自纂修的方法，抗争无果而弃职归里。史载："值修宋辽金三史时，当道者多辽、金故臣之子孙，而正统卒无所归，以立奋然抗论，曰：'此纲常大事，必求合乎天理人心之当者，当以宋为正。'由是不合遂归。"②

景泰六年（1455 年）

敕修《续资治通鉴纲目》。

景泰六年秋七月乙亥，景帝敕谕少保兼太子太保户部尚书文渊阁大学士陈循、少保兼太子太傅工部尚书东阁大学士高谷、少保兼吏部尚书东阁大学士王文、太子少师兼户部右侍郎翰林院学士萧镃、兵部左侍郎翰林院学士兼左春坊大学士商辂曰："朕惟古昔帝王盛德大功，载诸典谟训诰誓命之文；春秋二百四十二年之事，著于孔子褒贬之书，足为鉴者不可尚矣。自周威烈王至梁、唐、晋、汉、周五代事，书于朱文公《通鉴纲目》，亦天下后世之公论所在，不可泯也。朕尝三复，有得于心。独宋、元所纪，窃有歉焉。卿等其仿文公例，编纂官上接《通鉴纲目》，共为一书，以备观览。应编纂官属仍推勤敏有学识者，具官职各以闻，其尚精审勿忽。"③

按：不久发生夺门之变，此书的编纂被搁置。

英宗天顺四年（1460 年）

张元祯登进士。

宪宗成化二年（1466 年）

---

① 廖道南：《殿阁词林记》卷4《翰林院侍讲学士周叙》，文渊阁《四库全书》本。
② 解缙：《文毅集》卷11《周以立传赞》，文渊阁《四库全书》本。
③ 《明英宗实录》卷255，"景泰六年秋七月"条，台北："中央"研究院史语所1962年影印本。

赵珤登进士。

赵珤，字德用，晋江（今属福建）人。宋宗室懿王德昭后，丞相赵汝愚裔孙。九岁而孤，刻励为学，尤尚志节。成化元年（1465 年），领乡荐第一，明年中进士，授刑部主事。其精于鉴文，能知人富贵、贫贱、寿夭，无或爽者。尝校士礼闱，得余姚谢迁试牍，诧曰："宰相才也，大廷之对，必褒然举首。"遂力荐，后俱如所鉴。为粤东提学佥事，便道过家，适罗一峰谪官泉州，累日相过从辩论不厌，每旰设食一蔬一豆，忻忻如也。日以学术提醒士心，校士诸州，每卜其器业于文，而引之所向，士赖以成就者甚多。以经术名，又精吏治，为学原于人伦，言论风旨多足感动人者，尤重礼教。是时新会陈献章论道，每论教人礼非所急，赵珤则力正之曰："昔胡余千不教人习四礼，论者至今以为疑，流风易移，何辄开斯路乎？"白沙谓："德用之心，即一峰不欺之心。"复书曰："一峰死，仆哭之恸，以为今而后无复有如一峰者，不谓于执事见之。"① 年方强，卒官岭表，飘零以归，重遭回禄之厄。所著《宋史集要》、《四书管见》、《礼经解疑》、《纲目便览》悉毁。事迹俱李清馥《闽中理学渊源考》卷五八《学宪赵古愚先生珤》。

成化五年（1469 年）

刘定之卒。

刘定之（1409—1469 年），字主静，江右永新（今江西永新县）人。学者称"呆斋先生"。幼有异禀。父授之书，日诵数千言。宣宗宣德六年（1431 年）收徒授业。英宗正统元年（1436 年）会试第一，殿试及第，授编修。代宗即位后，刘定之上言十事，代宗优诏答之。成化二年（1466 年）十二月，以本官入直文渊阁，进工部左侍郎，兼翰林学士。成化四年（1468 年），进礼部左侍郎。化年五年（1469 年），卒官。赠资善大夫、礼部尚书，谥文安。刘定之性质直。叶盛《水东日记》载："刘洗马定之与兵部侍郎王伟遇于朝，伟戏刘曰：'吾太仆马多，公须一一洗之。'刘应声曰：'何止太仆，诸司马不洁，我固当洗之。'闻者快之。"② 以文学名噪一时，有敏博之誉，尝一日草九制。曾任《明英宗实录》副总裁。生平不甚喜为诗，纵其

---

① 李清馥：《闽中理学渊源考》卷 58《学宪赵古愚先生珤》，文渊阁《四库全书》本。
② 陈田 辑：《明诗纪事（二）》丁签目卷 16《刘定之三首》，上海古籍出版社 1993 年版，第 834 页。

学力则往往有出语奇崛、用事精当者。有《呆斋集》45 卷。其《呆斋策略》卷四《史科》七篇论及正史、史体、史例、史才、春秋笔法等，史学价值颇高。事迹俱《明史》卷一七六《刘定之传》、焦竑《国朝献征录》卷一三。

成化九年（1473 年）

敕令编纂《续资治通鉴纲目》（一名《宋元资治通鉴纲目》、《宋元通鉴纲目》、《续宋元资治通鉴纲目》）。

《明宪宗实录》卷一二二："成化九年十一月戊申，上谕大学士彭时等曰：'朱文公《通鉴纲目》，可以辅经而行。顾宋、元两代，至今未备。卿等宜遵朱子凡例，编纂宋、元二史，上接《通鉴》，共为一书。'时等因奏太常寺卿兼侍读学士刘珝、学士王献、侍读学士彭华、侍讲学士杨守陈、尹直、左春坊左庶子黎淳、左谕德谢一夔、翰林院修撰郑环、刘健、汪谐、罗璟、编修程敏政、陆简、林瀚，分为七馆编修。明年，侍讲学士丘濬丁忧起复，时等请令同编纂，再加一馆为八馆云。"

成化十一年（1475 年）

彭时卒，商辂接任总裁。

彭时（1416—1475 年），字纯道，又字宏道，号可斋，安福（今江西吉安县）人。正统十三年（1448 年）状元，授翰林修撰。此年丁忧，服除不入。天顺元年（1457 年）以太常少卿学士复入。成化十年（1474 年），参修《英宗实录》成，进太子少保兵部尚书文渊阁大学士。在内阁屡进直言。尝因地震陈六事，规切时政；又彗见，陈七事，言皆剀切无忌。成化九年（1473 年）十一月，被诏纂修《续资治通鉴纲目》，"宜遵朱子凡例，编纂宋、元二史，上接《通鉴》，共为一书"[1]。成化乙未（1475 年），卒于官，年六十，赠太师，谥文宪。所著《可斋杂记》一卷、《彭文宪集》四卷、《彭文宪奏疏》一卷。事迹俱《明史》卷一七六《彭时传》、徐纮《明名臣琬琰续录》卷十四尹直《大学士彭文宪公言行录》。

成化十二年（1476 年）

---

[1] 《明宪宗实录》卷 122，"成化九年十一月戊申"条，台北："中央"研究院史语所 1962 年影印本。

是年十一月九日，商辂等修《续资治通鉴纲目》27 卷成。商辂进呈。

今存，有明弘治十七年（1504 年）慎独斋刻本。

商辂，等《进续资治通鉴纲目表》："诸家并作，著宋史者讫无定论，撰元书者罔有折衷，或杂于辽、金而昧正统之归，或成于草率而失繁简之制，或善善恶恶之靡实，或是是非非之弗公。况其前后抵牾，予夺乖谬，众说纷纭，卒未有能会于一者，是诚有待于今日也。……大开两局，笔札给自尚方，务备一家，史官公于遴选。搜罗剔抉，存其信而传其疑；讨论研磨，详其大而略其细。"①

商辂，等《续资治通鉴纲目凡例》："凡提纲分目，悉遵朱子《凡例》。凡事迹悉据正史（谓宋辽金元史及皇明《实录》），正史或有阙略异同，参取宋《长编》、元《经世大典》等书增入订正；或事有可疑，正史不载而传闻彰著者，略述于《目》之末，以圈隔之，或出某人曰以为别，疑以传疑也。凡得天下，有救世之功者每进（纲目于汉唐皆然），宋得天下颇类唐，故开宝八年大书如武德七年例。凡入中原而未一统者不纪元（辽金夏皆不纪仿汉唐例），及金元得中原，然后分注纪年于宋年下（仿晋魏例）。凡夷狄得统，中国正统未绝，犹系之中国，及夷狄全有天下（谓元世祖），中国统绝，然后以统系之，其间书法间亦有异（如中国有称兵者不书反叛之类），及中国有义兵起，即夷之于列国（如秦隋之末）。凡未踰年，不成君、不帝、不崩（如元明宗仿春秋王子猛及子野之例）。凡辽金元官名悉从简略，人名更改异同者依其初称，及其本史为据。凡诸儒论断，附于目中，皆称姓名，其出于正史者，止称史臣。"②

明宪宗《御制续资治通鉴纲目序》："朕惟天地纲常之道载诸经，古今治乱之迹备诸史。自昔帝王以人文化成天下，未始不资于经史焉。我太宗文皇帝表章《五经》、《四书》，辑成《大全》，纲常之道，粲然复明，后有作者，不可尚已。朕祗承丕绪，潜心经训，服膺有年，间阅历代史书，舛杂浩繁，不可殚纪。惟宋儒朱子因司马氏《资治通鉴》，著为《纲目》，权度精

---

① 商辂，等撰：《续资治通鉴纲目》卷首《进续资治通鉴纲目表》，明弘治十七年（1504 年）慎独斋刻本。

② 商辂，等撰：《续资治通鉴纲目》卷首《续资治通鉴纲目凡例》，明弘治十七年（1504 年）慎独斋刻本。

切，笔削谨严，自周威烈王至于五季，治乱之迹了然如指诸掌。盖深有得于孔子《春秋》之心法者也。展玩之余，因命儒臣重加校订，锓梓颁行。顾宋、元二代之史，迄无定本，虽有《长编》、《续编》之作，然采择不精，是非颇谬，概与朱子书法未能尽合，乃申敕儒臣，发秘阁之载籍，参国史之本文，一遵朱子凡例，编纂二史，俾上接《通鉴纲目》，共为一书。始于宋建隆庚申，终于元至正丁未，凡四百有八年，总二十有七卷，名曰《续资治通鉴纲目》，而凡诛乱讨逆，内忧外夷、扶天理而遏人欲，正名分以植纲常，亦庶几得朱子之意，而可以羽翼乎圣经，仍命梓行，嘉惠天下。于戏！人不考古无以证今，观是编者，足以鉴前代之是非，知后来之得失，而因以劝于为善，惩于为恶，正道由是而明，风俗以之而厚，所谓以人文化成天下者，有不在兹乎？因述其概，冠于篇端，以垂示无穷焉。成化十二年十一月十五日。"①

　　按：宪宗视元修《宋史》及明初所修《元史》于不见，称宋、元二代史书，至今未有定本，耐人寻味。又说虽有《长编》、《续编》之作，却采择不精，是非颇谬，不能尽合朱子书法。可见，"土木堡之变"后明廷需要的是严格按照朱子书例撰写的史著，以适应新的政治情况。在明廷的指示下，参修《续资治通鉴纲目》诸臣在修史中表现出强烈的民族意识。丘濬在《续资治通鉴纲目》竣成以后，又投入《世史正纲》的撰写。其书旨在著世变之升降，明正统之偏全，以裨于世教，表达了强烈的夷夏之辨和正统论思想。程敏政也开始责备胡粹中的《元史续编》，对书中有关宋朝的断限问题提出了严厉批评。

　　黄虞稷《千顷堂书目》卷四《编年类》："《续宋元资治通鉴纲目》二十七卷。成化初年敕修，遵朱熹《资治通鉴纲目》例，纂宋元二史，上续其书。总裁大学士彭时、户部尚书商辂、礼部尚书万安。"

成化十三年（1477 年）

　　程敏政《宋纪受终考》3 卷撰成。

　　今存，有《四库全书存目丛书》本，齐鲁书社 1996 年据明弘治四年戴

---

　　① 商辂，等撰：《续资治通鉴纲目》卷首明宪宗《御制续资治通鉴纲目序》，明弘治十七年（1504年）慎独斋刻本。

铣刻本影印。

黄虞稷《千顷堂书目》卷十五："《宋纪受终考》程敏政"。

《明史》卷九七《艺文志》二："程敏政《宋纪受终考》一卷。"

弘治四年（1491 年），戴铣《书宋纪受终考后》："是因明成化初诏续《纲目》，程敏政实预纂修，于宋烛影事有不得尽白者，因别为一编，羽翼正论，名曰《宋纪受终考》，援据辨析凡胡、陈、杨、贝之说。"①

傅增湘《藏园群书经眼录》卷六《史部·史评类》："《宋纪受终考》三卷，明程敏政撰。旧写本，十行十九字。前有程敏政自序。钤有'宋筠'、'兰挥'二印，又'一官常憎处非才'朱文印。"

《四库全书总目》卷八九《史部·史评类存目》一："《宋纪受终考》三卷，明程敏政撰。敏政有《宋遗民录》，已著录。其《篁墩集》中有《宋太祖太宗授受辨》一篇，专辨僧文莹《湘山野录》诬太宗烛影斧声之事。末自注云，犹恐考核未精，故别成是书。然观文莹所言，实无所确指，徒以李焘《长编》误解文莹之言，遂成疑案耳。宋濂、黄溍始首辨其诬。敏政是书，又博采诸书同异，一一为之辨证，然仍宋、黄二家之绪论也。"

徐乾学《资治通鉴后编》卷八"开宝九年癸丑帝崩于万岁殿"条："臣乾学曰：宋太宗无兄之心授议于后人者，不止一端。被以恶名，则倡于胡氏一桂，而陈、杨、贝诸人和之。然黄文献溍、宋潜溪濂、刘文介俨，皆已力辨其诬，惟程篁墩敏政其说尤详，惧后人之疑，复著《宋纪受终考》以证之。"

《四库全书总目》卷一百四十《子部·小说家类》一《湘山野录》提要："《续录》中太宗即位一条，李焘引入《长编》，启千古之论端，程敏政《宋纪受终考》诋之尤力。然观其始末，并无指斥逆节之事，特后人误会其词，致生疑窦，是非作者本意，未可以为是书病也。"

程敏政《篁墩文集》卷一一《宋太祖太宗授受辨》："太祖太宗授受之际，所以致后世之疑者，谁乎？曰李焘删润《湘山野录》而启之，陈桱附会《涑水纪闻》而成之。不深考者，以为实然尔。夫焘之所以启之者，何也？曰焘为《长编》以太祖顾命，实录、正史不载，而删润《野录》之事

---

① 程敏政：《宋纪受终考》卷末戴铣《书〈宋纪受终考〉后》，明弘治四年（1491 年）戴铣刻本。

附其下，初意本以备阙文。然《野录》谓太祖太宗对饮，烛影下，时见太宗有不可胜之状，而焘改'不可胜'为'逊避'。太祖下阶'戳雪'，顾太宗曰：'好做好做'，而焘改'戳雪'为'戳地'，'好做'为'好为之'，又加'大声'二字。《野录》出于僧文莹之传闻，固不足据。就其中考之，如所载'太宗恸，引群臣环瞻圣体，玉色莹然'等语，则亦初无毫发可疑之隙。而焘略加删润遂不免有画蛇添足之病。夫焘既删润之为正文矣，而又细辨其非者，何也？曰实录、正史皆谓太祖有疾，命内侍就建隆观设醮，而《野录》以为无疾，方且登阁望气，下阶戳雪。《纪闻》谓癸丑帝崩，王继恩始召晋王入宫，而《野录》以为太祖壬子夜召晋王属以后事，遂宿禁中。故焘反复致诘于太祖之病否，太宗之出入，时日之先后，本以为删润之地，而不自知其删润之语未莹，反以启后世之疑也。夫樫之所以成之者，何也？曰，樫止据之所删润者书之，又于'好为之'下，妄以己意添'俄而帝崩'四字，复以宋后'母子托命'之语系之，则遂骇人之听闻矣。'母子托命'之语，本为王继恩召德芳而发，出于癸丑帝崩之后，而樫以属之壬子，且削去召德芳之事，而独存此语，则是不知《纪闻》、《野录》两书之文本相牴牾，强合于一，其附会比焘之删润，抑又甚焉。近世保斋《宋论》复指樫所书者，以为太祖、太宗事之首尾不过如此，则其不考又出樫下矣。然则宋后召德芳之事信乎？曰正史、实录载之，《纪闻》又出温公，事当不妄。焘并疑德芳非宋后之子，则过矣。德芳在当时年最少，育于宋后，或为所钟爱，皆不可知，但事出于两人所记而不同者，当视其人。温公，可据之人也。温公可据，则文莹可黜；召德芳之事有，则留宿之事无矣。或乃谓焘之删润盖有意著太宗之恶，姑引《野录》以藉口，而又自破其说以避祸，则臆度之太过，亦恐李焘复生不肯自当尔。史称焘博极群书，其为《长编》专务广采择焉，不精殆有所不免也。或曰太宗子孙继立，故人无敢言者，然南渡孝宗以后，其事当无所讳，亦无一人言之者，何也？借曰高孝授受之懿，可以盖前人之愆，故其迹泯然。《元史》成于欧阳玄诸公，当时复何所讳，又无一语及之，盖必有定论矣。不然，此何等大事而不加之意哉！或曰太宗于太祖崩不逾年改元，宋后崩不成服，廷美、德昭不得其死，皆足以追证烛影之疑，是又不深考之故也。不逾年改元，五代常事，宋乃太祖第三后，《长编》谓其崩，太宗设次发哀，群臣奉慰。以后初立，未尝降诏，故丧仪多所贬损，百官不成服，固当时礼官之过也。就使因召德芳而衔之，则其事亦在太祖崩后矣。廷美之死，赵普为之，太宗固有不得辞其责者。至于德昭之死，非出于幽囚躏逼之举。《长编》谓太宗育其子惟吉于禁中，日侍中食，凡八年，始出阁。诏邸第供亿，悉与亲王埒，诸王子不得偕也。况德昭因他日行赏，一言之愤，不惜一死，乃忍其父为人所戕而嗫不出一语哉？就使不逾年改元，宋后崩不成服，德昭之死皆出太宗，则亦未可以后来之不善，而遂逆探其有今将之心，加之以无名之罪也。胡一桂、杨维祯、梁寅之流，锐欲以篡弒加之，恐皆以不见李焘全书之故。正犹狱官不据人原发之案，而深文巧诋，钩致其罪，偶有刻吏见而喜之，又从而和之，此太宗之事所以不能自解于今日也。或曰太祖既欲传弟，何不使太宗正太弟之名？考之九朝通略，谓唐天祐以后，建储之礼不复讲行，至太宗立真宗，方知讨论故事。又五代凡当次者，多领开封尹。故太宗、廷美相继为之，则知太祖亦承唐末五代之习，兼以年岁之未迈耳，是或将有待焉，而遽自意其死乎？夫传疑，史法也，苟无疑可存，则亦何必摭拾小说，强为之辞，以滋后世无穷之惑，此焘、桱之罪也。或又引《宋朝类要》载陈抟对太祖火日之说，终有可疑。是不知抟于太宗初入朝，终身未尝见太祖，其说盖不攻而破矣。夫千载不决之论，其可悬断者，理与事尔。以事言之，不过如此，以理言之，凡古之篡弒者，多出深仇急变，大不得已之谋，又必假手他人，然后如志，未有亲自操刃，为万一侥幸之图于大内者。观太祖于太宗，如灼艾分痛，与夫龙行虎步之语，始终无纤芥之隙，太宗何苦而为此？舍从容得位之乐，而自处于危亡立至之地，病狂丧心者且不肯为，凶残绝世者所不忍为，而谓太宗为之，断乎其不可信矣。矧《类要》、《野录》皆托于佛老之徒之口，纵使有之，亦儒者所不道，而况于无乎？余之所笃信者，温公《纪闻》之外，一无取焉尔。"

黄宗羲《明文海》卷一百十一程敏政《宋太祖太宗授受辨》："余初为此辨以告同馆之士，然犹以考据未的，且不能尽诸说异同之故，因别为《宋纪受终考》三卷藏于家。"

黄宗羲《明文海》卷二百十八谢复《书宋纪受终考后》："宋纪受终之事，诸老先生辩之详矣，而仆窃犹有疑焉。授受大事也，太祖临崩之际，顾命大臣无一人在旁，而又散遣宫人，使致疑于斧声烛影之间，此其可疑者一也。君薨，大事也，史官宜大书特书，以诏示天下后世。太祖临崩之后，正史、实录皆不载，若为尊亲讳，然而见于简策者，徒出于杂说之纷纷，迄今卒无定论，此其可疑者二也。或者以为太宗篡弑之祸，实太祖有以启之，彼不传于子而传于弟，岂诚心与直道哉！特一时迫于母后之私命，勉强从之，迨其晚年，亦有悔心。不然授受之际，文武大臣胡不使一人知之？卒致宋后有召德芳之举，此其可疑者三也。其崩也，或以为壬子，或以为癸丑，或以为夕，或以为夜之四鼓，况宋后母子托命之言，其辞甚哀，其志甚慑，而太宗怒犹未息，至于不成后服，此其可疑者四也。若改元一事，开国之初，一时人才，理会不得，诚有如吾朱夫子之所言者，而秦王、德昭俱不得其死，虽非太宗手刃，盖以知其无传位之志，故相继灭亡，此其可疑者五也。呜呼，因其迹可以得其心，推其显可以知其隐，太宗至是几五百年，何议者之不一耶？为胡、陈、杨、贝之说者，皆以太宗为弑。石门梁氏略书之，呆斋刘氏力主之，若黄文宪公之笔记，宋学士之叙略，则明其非辜。至吾篁墩程先生篇为之论，句为之辩，视诸公益加详焉，其所以明太宗无篡弑之迹，可谓详且审矣。然愚尝闻之师曰：夜思宋太宗烛影之事，深为太宗惜之。人须有行一不义，杀一不辜，而得天下不为之心，方做得尧舜事业。不然，鲜不为外物所移者。愚恐太宗不能无愧于此，有不待其迹之显而知其心之隐矣。《春秋》书许世子止弑其君买，原其心，本非弑逆，特以其不谨君父之疾，而示履霜之戒尔。宋太宗之事，其有无俱不必论，当太祖大渐之时，所谓危在顷刻，为嗣君者，宜旦夕环侍而不可须臾离也，顾乃退而安寝，一闻王继恩之召，不俟驾而步雪入宫，不待请而排闼直入，其志盖在贪位而不在君也，是诚何心哉！以许世子律之，其能免《春秋》之诛乎！此则仆之妄意而诸公所未及也。极知狂率无似，不足取信于当世大人先生，姑笔之，以俟后之君子。"

成化十五年（1479 年）

程敏政《宋遗民录》15 卷成。

今存，有《四库全书存目丛书》本，齐鲁书社 1996 年据明嘉靖二年至四年程威等刻本影印。

黄虞稷《千顷堂书目》卷十："程敏政《宋遗民录》十五卷。"

《明史》卷九七《艺文志》二："程敏政《宋遗民录》十五卷。"

《四库全书总目》卷六一《史部·传记类存目》三："《宋遗民录》十五卷，明程敏政撰。敏政字克勤，休宁人，成化丙戌进士，官至礼部右侍郎，事迹俱《明史·文苑传》。此书前列王炎午、谢翱、唐珏三人事迹，及其遗文。而后人诗文之为三人作者，并类列焉。七卷以后，则附录张宏毅、方凤、吴思齐、龚开、汪元量、梁栋、郑思肖、林德旸等八人。第十五卷纪元顺帝为宋瀛国公子，引余应诗、袁忠彻记以实之。至谓虞集私侍文宗之妃，说殊妄诞，所引亦自相矛盾。盖文宗时尝下诏书，称顺帝非明宗之子，斥居静江。好事者因造为此言，其荒唐本不待辨。敏政乃从而信之，乖谬甚矣。"

程敏政《篁墩文集》卷二一《宋遗民录序》："余尝读宋王鼎翁、谢皋羽、唐玉潜三子者之事而悲之，且名不载于史；而其平生著述，兵燹以来，又多沦丧。独其倡和称述之间，见于诸家别集中者，犹可考也。斋居之暇，因衰辑以传，而附以其一时意气相与之人，为十二卷，题曰《宋遗民录》，序而藏之。曰："呜呼！甚哉宋待士之厚，而获士之报如此也。江南北矣，帝子臣矣，勤王捍难之卿相掳且死矣，而三子者皆布衣，为文丞相客，初未始都高爵、享厚禄也，乃独拳拳思宋之不置，或欲死其主于方生，以成其名；或欲生其主于既死，以暴其志；或欲存其庙食于既亡，续其王气于已断，以求尽此心而不负其主，天理民彝藉之以不泯焉。夫然后知宋贻谋之善，而士厚报之，可以为有天下国家者鉴矣。吾尝见前代亡国之君，暴虐备至，其臣有骈首就戮，甘九死而不悔，初未始系于国之贻谋焉者，诚以君臣之义，截然有定，而秉彝好德之良心不容已也。然亦有以其纲常之身，与其君父之国，委而与人，以偷生苟活，幸富贵于一时，且自以为得计者，虽本诸其人之知愚贤不肖，而国之贻谋亦容有未尽耳。此秦、隋之君，一经败乱，即不可复救；而靖康之末，忠臣义士，死者接踵，又相与维持立国至于百五十年之久，国亡主执，而犹有如文丞相者，挺然以其纲常之身，百折不屈，就死如归，以明大义于天下后世，而三子者之志，于是诚可悲矣！至今言者每以其名不载史为恨。然余尝窃观三子者之事，而得其心矣。方其运去物改之后，彷徨徙倚于残山剩水间，孤愤激烈，悲鸣长号，若无所容其身者；苟可容身，就白刃以不辞。环而视之，非不自知其身沧海之一粟也，而纲常系焉，故宁为管宁、陶潜之贫贱而不悔者，诚有见夫天理民彝之不可泯者。然迹其平生，则亦将求以不负此心而已，岂必人之已知也哉！而其志则已光耀研鋗于青天皎日之下，虽历万世光景常新，不与海桑而俱化矣！固非若世之浅丈夫，建尺寸之功，必待铭之鼎彝，刻之瑰琰，而后名可永也。由是观之，夫三子者，岂以史之载不载为加损者哉！区区孤陋，每撦拾其残编断简而伏读之，其言劲如风霆，炜如日星，而黍离、麦秀之感，溢于言意之表，殊使人不能终篇，固以毛发上指，涕泗交颐，如见其人于九京，凛有生气，欲从之游而不可得也。矧夫一时相与者，又皆慷慨悲歌之士，或倡和焉，或称述焉，皆足以起人心之忠义，振末世之委靡。百代之下，读其文，想其人，将必有任天理民彝之责于一身，而与之冥契神交于百代之上者矣。然则有天下国家者，可不鉴于此哉！编之末，复附以元主为宋裔之说，一本诸故老之传闻，参之史传之登载，卓卓乎可以信后世而无疑，盖又将以慰夫三子者不忘宋之心于地下，而宋贻谋之善之报，亦于是乎见焉。"

成化十六年（1480 年）

谢铎《伊洛渊源续录》6 卷成。

今存，有《四库全书存目丛书》本，齐鲁书社 1996 年据明嘉靖八年高贲亨刻伊洛渊源录附本影印。

《四库全书总目》卷六一《史部·传记类存目》三："《伊洛渊源续录》六卷，明谢铎撰。铎有《赤城论谏录》，已著录。是书所录，凡二十一人。盖继朱子《伊洛渊源录》而作，以朱子为宗主，始于罗从彦、李侗，朱子之学所自来也。佐以张栻、吕祖谦，朱子友也。自黄幹而下，终于何基、王柏，皆传朱子之学者也。然所载张栻等七人，则全录《宋史·道学传》。吕祖谦等七人，则全录《宋史·儒林传》。李侗等六人，略采行状、志铭、遗事。其辅广一人，则但载姓名里居，仅数十字而止，尤为疏略。案广即世所称庆源辅氏，《明一统志》载其始末甚详，铎偶未考耳。《明史》铎本传，载其为南京国子监祭酒时，上言六事。其三曰正祀典，乃请进宋儒杨时而退吴澄，为礼部尚书傅瀚所持，仅进时而澄祀如故。夫澄之学虽曰未醇，然较受蔡京之荐者则有间矣。铎欲以易澄，盖以道南一脉之故，而曲讳其出处也。然则是录之作，其亦不出门户之见矣。"

成化二十年（1484 年）

王昂、祝萃登进士。

王昂，字仰之，揭阳（今属广东）人。成化二十年（1484 年）进士，授永丰令。弘治间知永丰县，持廉秉公，振作有道。王昂聚邑中子弟而教之，导以礼教，毁淫祠，增社学，民俗稍变。以治行高，迁太仆丞，理马政，穷其利病，条成一疏四千余言。以疾卒。人称"揭阳公"。所著《宋史补》数册，载黄虞稷《千顷堂书目》卷五，今已佚。

祝萃，字维真，海宁（今属浙江）人。成化二十年（1484 年）进士，官至广东布政司参政。授刑部主事，改工部，从侍郎徐贯治水吴中，以功进虞衡司员外郎。尝上疏请求亲礼儒臣，以资启沃，词甚剀切，不报，乃疏乞归养。即家授徒，布衣蔬食，泊然无求于世。正德七年（1512 年）起为陕西提学副使，进广东左参政。乞归，日事著述以终老。所著有《礼经私录》、《宋辽金元史详略》、《嘉议堂集》、《虚斋遗稿》、《古文集成》等。

成化二十二年（1486 年）

蒋谊《续宋论》3 卷刊刻。

今有明成化二十二年（1486 年）刊本，藏国家图书馆。

傅增湘《藏园群书经眼录》卷六《史部·史评类》："《续宋论》三卷，明蒋谊撰。明绍兴府推官淮南蒋谊著，盖续永新刘定之先生《宋论》而作也。明刊本，半页十行二十字，黑口，四周双栏。前有成化丙申仁和夏时正《序》，后有成化丙申嵊县训导金陵王洪《跋》。本书凡论二十四篇。钤有谢在杭氏白文印。"

蒋谊（1439—1487 年），字宗谊，号未斋，晚号憨翁，上元（今属江苏）人。成化二年（1466 年）进士。授杭州府推官，擢御史，谳决平恕，人无号冤者。屡有劲疏，以讼系狱主，赦归卒。好文学，引接儒生。著有《续宋论》、《读宋论纪》、《憨翁新录》、《石屋闲抄》、《纪行录》、《吹映余音》、《经纬文衡》。蒋谊以其《考樵林摘稿》、《续宋论》见寄。有诗《代简奉答》曰："江右诗书不乏贤，君家父子尽堪传。樵林一摘几千首，宋论直窥三百年。西汉文章迁史后，东吴风月定山前。乾坤只眼知谁在，不是杨雄不好玄。"① 李东阳《送蒋宗谊推官之金华》诗曰："北来南去几星霜，又见分符出帝乡。三入越山身更远，重游京国梦难忘。也知吏法兼诗老，未必

---

① 陈献章：《陈白沙集》卷7《五言律诗》，文渊阁《四库全书》本。

才名与命妨。台省祗今须俊杰，看骑骢马问豺狼。"① 又有《与蒋宗谊书》：
"……宗谊或谓平生为文章，欲穷探博取，成一家言，而暂处纷扰，非其所
好，是固有缓急之序矣，予尝谓获施一事，胜著千言，况宗谊年尚富且甚强
力，尊居显施，当有以自待，及其功成志倦，然后归老山林之下，尽取其平
生所得者，大发而宏施之，以名天下示后世，岂为晚哉！宗谊姑少安，不患
无以自见，投劾之计，非仆所敢与闻也。"②

《续资治通鉴纲目》总裁商辂卒，年73。

商辂（1414—1486 年），字弘载，号素庵，淳安（今属浙江）人。正统
十年（1445 年）进士。正统十四年（1449 年）以翰林修撰入。"土木堡之
变"后，反对南迁，主张抵抗瓦剌。景泰初，升兵部侍郎兼左春坊大学士。
天顺元年（1457 年），为石亨等诬陷，罢为民。居家十年，赋诗自娱，讲学
于庐山白鹿洞书院、铅山鹅湖书院。成化三年（1467 年），起复原官，入内
阁十年，累官吏部尚书兼谨身殿大学士。因汪直专权，以疾致仕，辞归故
里。居家十年而卒，年七十二。卒赠太傅，谥文毅。其为人平粹简重，宽厚
有容，至临大事，决大议，毅然莫能夺。工书诗，长文史。事迹俱《明史》
卷一七六《商辂传》。著有《商文毅疏稿》、《商文毅公集》、《庶山笔尘》
等，总裁《续资治通鉴纲目》。

成化二十三年（1487 年）

王启登进士。

王启（1465—1534 年），字景昭，号柏山、学古，学者称东瀛先生，黄
岩（今属浙江）人。成化二十三年（1487 年）进士，授霍邱知县。任江西
按察佥使时，修白鹿洞、濂溪书院、文天祥祠，毁淫祠四百余所，进本司副
使。嘉靖间，以副都御史抚云南，建五华书院。后官至刑部尚书。因李福达
狱牵连，落职归。日事耕读，足迹不至公府，居八年卒。隆庆初年，褒恤旧
臣，追赐祭葬。著有《宋元纲目续修》③、《赤城会通记》、《元清暑经谈》、
《周易传疏》、《大学稽古衍义》、《抚滇翊华录》、《尊乡续录》、《王氏族
谱》、《正蒙直解》、《迩言》、《东大明颂》、《古文类选》等。事迹见焦竑

---

① 李东阳：《怀麓堂集》卷 14《诗稿》，文渊阁《四库全书》本。
② 李东阳：《怀麓堂集》卷 34《论书手简》，文渊阁《四库全书》本。
③ ［乾隆］《浙江通志》卷 243《史抄类》，文渊阁《四库全书》本。

《国朝献征录》卷四六。

> 杨廉登进士。

杨廉（1452—1525 年），字方震，丰城（今江西丰城）人。成化二十三（1487 年）进士，授南科给事中。好学攻文辞，于天下事靡不究心。建议皆国家大体，边防要务。首荐张元祯、吴宽、李东阳、王鏊宜备日讲，讲书宜用《大学衍义》，时论韪之。"大礼议"起，具疏，同南九卿上之，报闻。嘉靖元年（1522 年）官南京礼部尚书。本年致仕卒，年 74。赠太子少保，谥文恪。所著甚丰，有《二程年谱》、《明朝名臣言行录》、《理学名臣言行录》、《伊洛渊源录类增》、《月湖文集》等。事迹俱《明史》卷二八二《儒林传》本传、项笃寿《今献备遗》卷二八《杨廉》、沈佳《明儒言行录》卷六《杨廉》。

> 成化间，丁元吉辑《陆右丞蹈海录》1 卷。

今存，有《四库全书存目丛书》本，齐鲁书社 1996 年据清康熙十二年王乃昭钞本影印。

《明史》卷九七《艺文志》二："丁元吉《陆丞相蹈海录》一卷。"

黄虞稷《千顷堂书目》卷十《传记类》："丁元吉《陆右丞蹈海录》一卷。"

《四库全书总目》卷六十《史部·传记类存目》二："《陆右丞蹈海录》一卷，明丁元吉编。元吉，镇江人。是书成于成化中，记宋陆秀夫海上死难事迹。采《宋史》本传及龚开所作《传》、黄溍所作《年谱》，益以诸家题咏，汇为一编。并载秀夫遗文二首。末附《桑海遗录序》、《大忠祠碑》及祭文一首。"

丁元吉，生卒所不详，字无咎，丹徒（今江苏镇江）人。博学，尤深于《易》，善造就弟子。性至孝。喜吟咏、考古论事、谈养生治疾之方。所著书多至二百余卷。与同郡俞桂友善，同修郡志。著有《文集》64 卷。事迹见乾隆《江南通志》卷一六三《人物志·儒林·常州府》、乾隆《江南通志》卷一六六《人物志·文苑·镇江府》。

孝宗弘治元年（1488）

> 张时泰《续资治通鉴纲目广义》17 卷成。

黄虞稷《千顷堂书目》："张时泰《续资治通鉴纲目广义》十七卷，字吉甫，华亭人，秀水县训道，嘉靖中进呈史馆。"

张时泰，字西州，一字吉甫，华亭（今上海松江）人。弘治中，官秀水县（今浙江嘉兴）训导。著《续资治通鉴纲目广义》十七卷，嘉靖中进呈史馆。《四库全书总目》卷八八《御批通鉴纲目》提要："商辂等《通鉴纲目续编》因朱子《凡例》纪宋、元两代之事，颇多舛漏，六合之战，误称明太祖兵为贼兵，尤贻笑千秋。后有周礼为作《发明》，张时泰为作《广义》，附于条下，其中谬妄，更不一而足。"

弘治三年（1490 年）

颜端、徐瀚辑《张乖崖事文录》4 卷刊刻。

今存，有《四库全书存目丛书》本，齐鲁书社 1996 年据明弘治三年邢表等刻本影印。

《四库全书总目》卷六十《史部·传记类存目》二："《张乖崖事文录》四卷，明颜端、徐瀚同编。端，应山人，官成都县教谕。瀚，杭州人，官华阳县教谕。前有文安《邢表序》，盖弘治三年表为四川左布政使，以张咏为蜀名宦，故属二人辑录此编。一卷为《本传》及事实，二卷为遗文十二篇，三卷、四卷为同时赠答及后人祠记祭文之类。《咏全集》尚有传本，端等未见，故所辑颇挂漏焉。"

弘治八年（1495 年）

许浩《宋史阐幽》2 卷刊刻。

今存，有《四库全书存目丛书》本，齐鲁书社 1996 年据明崇祯元年许镣刻本影印。

黄虞稷《千顷堂书目》卷五《别史类》："许浩《宋史阐幽》二卷。"

《四库全书总目》卷八九《史部·史评类存目》一："《宋史阐幽》二卷，明许浩撰。浩字复斋，馀姚人。弘治中以贡生官桐城县教谕。与作《通鉴纲目前编》之许浩同姓名，又同时，实各一人也。是编因与邱濬读《宋史》而作，其是非皆不谬于圣贤。然特举古来论定之说，敷衍成篇。如司马光诸人为君子，蔡京诸人为小人，亦何待于浩而始知之乎？"

弘治九年（1496 年）

赵鹤登进士。

赵鹤，字叔鸣，号具区，江都（今江苏扬州）人。弘治九年（1496 年）

进士，授户部主事，正德六年（1511 年）任金华知府，以忤刘瑾谪官。后起为山东提学佥事。生平嗜学不倦，晚年注诸经，考论历代史事，正其谬误。著述甚富，有《文山寓扬忠愤录》、《书经会注》、《五经考论》、《示敬录》、《诛泗言行续录》、《具区集》、《金华文统》、《文统拾遗》等。

所著《文山寓扬忠愤录》今未见。

弘治十年（1497 年）

宋端仪为《宋史道学传》补撰《吕大临传》。

王重民《中国善本书提要·史部·传记类》："《宋史道学传》四卷，二册，明弘治间刻本。元脱脱等撰。明陈选从《宋史》拔出，单刻行世。莆田宋端仪以原书不为程门吕大临立传，因补撰《吕传》，并系跋语，述其著述之由，时弘治十年也。然则此本当为端仪所重刻者。（此本有）张元桢序（成化二十年）、陈献章（成化二十一年）、陈选跋（成化二十年）。"①

弘治十一年（1498 年）

周礼呈上《续资治通鉴纲目发明》（一名《宋元纲目发明》）27 卷。

按：弘治十一年八月十日，浙江等处承宣布政使司杭州府余杭县儒学增广生员援例冠带周礼上《进续资治通鉴纲目发明表》："……即五年披阅之勤劬，明二代兴亡之大略，自渐侧陋，讵足敷扬，臣待罪黉宫，潜心有日，考《纲目》四百余年之事，玩编年二十七卷之书，探赜其义，详订其文，遵类例而有予有夺，定字义而或贬或褒。幽者显，微者彰，远法文公之笔削，善可法，恶可戒；近循尹氏之准绳，详略相因，巨细毕举。人伦不至错乱，是诚正名分以植纲常。华夷不容混淆，实乃扶天理而遏人欲。此皆悉遵于凡例，何敢少赘乎己私？……"②

周礼《续资治通鉴纲目发明序》（一名《续编纲目发明序》）："窃惟五经之有《春秋》；犹法律之有断例，治鉴之有《纲目》，犹诸史之有《春秋》。所谓《春秋》，乃经中之史；而《纲目》，实史中之经，信不诬也。粤自《春秋》，绝笔于获麟，而予朱子作《纲目》以继之，《纲目》讫书于五代，而我圣朝，修宋元经续之世虽古今，心无古今，皆所以扶世教正人伦

---

① 王重民：《中国善本书提要》，上海古籍出版社 1983 年版，第 84 页。

② 商辂，等：《续资治通鉴纲目》，明弘治十七年（1504 年）慎独斋刊本。

也，胡文定之传《春秋》，尹起莘之传《纲目》，又皆发明蕴粤，阐扬幽显者也。《纲目》既续，《发明》无续，奚可乎哉！予每究心，遂忘其固陋，效颦为之，先参之以《春秋》，次订之以《纲目》，旁搜之于列史，兼考之于群书，探赜索隐，微显阐幽，故凡先儒之论断，足以发明者，则固之不革，此述而不作之意也。经传之格言，可以援证者，则采之不遗，此信而好古之意也。玩四百余年之事，探二十七卷之书，积之暮岁，始克成编。于戏，纲目之旨，岂易言哉，罔非君子穷理之至要。国家化民之大经，而臣子检身之楷范也。《易》曰：父父，子子，兄兄，弟弟，夫夫，妇妇，而家道正。正家，而天下定矣。书曰：敬敷五教在宽。左氏曰：君义臣行，父慈子孝，兄爱弟敬，所谓六顺也。礼曰：男女有别而后夫妇有义，夫妇有义而后父子有亲，父子有亲而后君臣有正，《纲目》之意亦皆表正人伦焉尔。慨自胡元继统，而纪纲大坏，臣弑其君者有之，子弑其父者有之，兄收弟妇，子烝父妾，固不可一二举。我太祖高皇帝，既亲作大诰，以正人伦于前，宪宗纯皇帝复命续《纲目》，以正人伦于后，作述一辙也。其间书法，姑举其合于五伦者言之，其曰，称皇帝，废周主，弑帝于南坡，劫帝传位，正君臣之大防也。其曰废郭后，废孟后，正夫妇之大防也。其曰不朝重华宫，称疾不出，及后幸聚景园，正父子之大防也。其曰矫诏立贵诚，贬秦王廷美，庚寅，王暴卒，正兄弟之大防也。误国之臣，则书死，叛逆之臣，则书死，如蔡京、秦桧、刘豫、刘整、丁大全之类，法文公书扬雄之旨。尽忠之臣，不屈之臣，则书国，如文天祥、谢枋得、家铉翁之类，法文公书陶潜之旨。凡若此类，未可悉陈，亦皆经史之大训也。愚也掇述臆见，厕附章末，虽微词粤义或未贯通，然于扶天理，遏人欲，正名分，植纲常，内夏外夷，尊君讨贼之义，则未必无小补云。时弘治丙辰岁（1496）春正月元宵日浙江后学周礼再拜谨书。"[1]

周礼，生卒年不详，弘治间人。字德恭，号静轩，余杭（今浙江杭州）人。生而颖异，十岁能诗文，弱冠补邑弟子员。初大学士刘健、谢迁在内阁时，诏天下举怀才抱德之士，浙江大吏以余杭周礼等四人应诏。时值刘瑾、焦芳侦察刘健、谢迁之过而无所得，遂以周礼等皆为谢迁同乡之故，于正德

① 商辂，等：《续资治通鉴纲目》，明弘治十七年（1504 年）慎独斋刊本。

四年（1509 年）黜刘健、谢迁为民，并下周礼等镇抚司狱。周礼博极群书，淹贯经史，居护国山，以著述为业。所著有《续通鉴纲目发明》、《朱子纲目折衷》、《通鉴外纪论断》。三书均于弘治中进呈。又著《警心丛说》、《秉烛清谈》、《湖海奇闻》、《通鉴笔记》等。事迹见《万历余杭县志》。

弘治十二年（1499 年）

程敏政卒。

程敏政（1446—1499 年），字克勤，号篁墩。休宁（今安徽休宁县）人，祖籍篁墩（今属歙县）。自幼聪敏，读书过目成诵，有"神童"之称。十岁随父入川，为巡抚罗绮所钟爱，荐与英宗。应召作《瑞雪》诗和《经书义论》，挥笔立就，深得英宗欢心，破格诏读翰林院。成化二年（1466年）赐进士第二，授翰林院编修。历左谕德，直讲东宫。孝宗继位后，擢少詹事兼侍讲学士，直经筵，特呼其"先生"。曾参修英宗、孝宗两朝《实录》，裁正《宋元纲目书法》，奉命修撰《续资治通鉴纲目》。时有"学问渊博程敏政，文章最好李东阳"之说。因才高自负，弘治元年（1488 年）被御史魏璋以暧昧之词弹劾罢官，归隐南山，以读书著述自娱。五年后，经郎中陆容等为其辩白而复职，任太常寺卿兼侍讲学士，迁礼部右侍郎，入内阁掌书诰敕。弘治十二年（1499 年）春，与李东阳共主会考，因考生唐寅、徐经与其有旧交，预作文章恰与试题吻合，被给事中华昶以泄题罪弹劾下狱，唐、徐亦同时获罪。后查华昶劾察失实，始出狱。同年，因愤成疾而卒。追赠礼部尚书。《明史》卷二八六有《程敏政传》。著述甚丰，有《宋遗民录》、《宋纪受终考》、《道一编》、《篁墩文集》、《经筵讲义》、《新安文献志》、《皇明文衡》、《休宁县志》等。

弘治十三年（1500 年）

邓淮纂辑《鹿城书院集》，成书。

是书于弘治间刊刻，今已不存。

邓淮，生卒年不详，字表臣，一字守温，吉水（今江西吉水）人。成化十七年（1481 年）进士。弘治二年（1489 年）知富阳县。有惠政，留心学校，移庙学于西，以造士子，崇重先贤，敦尚风教。弘治十三年（1500年）官温州府知府。以南宋时温州士人从游于二程、张载、朱熹之门者有周行己等 23 人，乃令永嘉县知县汪循在鹿城书院建祠堂祭祀二程、张、朱，以周行己等人从祀，又辑诸人志铭、家传及其遗事见于地方志和诸儒语录中者，汇为此书。不分卷，按人序次。

《四库全书总目》卷六一《史部·传记类存目》三："《鹿城书院集》，明邓淮撰，无卷数。……永嘉学派，颇异新安。淮不分门户于其间，则视党同伐异者，其公私相去远矣"。

邓淮《鹿城书院集序》："我国家尊崇正学，以隆世教，凡儒先与闻斯道者，类为建祠。则夫程、朱、张子之高弟，常致力于性命道德之懿，而又同出于一郡者，不特举而专祠之，其何以风励后哲也哉！夫温之号小邹鲁也久矣。邹鲁之后千有余载。而后程、朱、张子者出。倡明道学以传诸其徒。然旁观列郡，少或二三人，多止五六人，盖未有如温之众者。今考之在程门者十有一人，朱门亦十一人，南轩之门一人焉。其更相授受往复之书具在，而其遗言绪论犹有存者。况我朝编缉五经、四书、性理诸书，其语录、文集内有发明经注者，悉见采录。则其有功于道学亦大矣。故予假守此邦，寤寐诸儒而推本其所师，即欲为创书院，采摘其行事、问答，汇为一帙。而同寅李君增、刘君塘、何君鼎皆伟其事，于是白于侍御陈公秉衡、宪副林公舜举、赵公栗夫，悉蒙嘉纳。而藩臬诸公无间言焉。永嘉令汪君循乃相厥费，度材择良于鹿城，卜吉孟春，不五阅月而书院成。尊程、朱、张子四先生南向，其高第门人东西向以侑焉。师友一堂，宛然当时气象，非徒以观美也；于以阐其渊源之所自，表正学也。于是父老携杖往观者，皆啧啧叹曰：'自宋以至于今几三百年，而始一见后学之入其门、升其堂者。'徘徊顾瞻，如诸儒之在前，而其景仰自不能已矣。夫以圣朝学校遍天下，若无俟于书院者。然前贤往迹，风教所关，况程、朱、张子及门之士，又非余子可例论者乎！故书院落成，即采温之有志于学者讨论其中，使密迩诸儒，兴起其善，则此邦正学之传，不待外求而自有余师矣。此书院之所以创也。呜呼！书院创矣，而诸儒之事行、问答未之统一，学者难于遍览，爰命郡邑诸博士采辑数月，始克成编，复谬加改正，梓示同志，名曰《鹿城书院集》，使皆得以读其书、思其人而尚论其世焉。然则书院之集又可已也哉！淮狂僭之罪诚无所逃，然表正学以正人心，则愚于此实拳拳云。"①

---

① ［乾隆］《浙江通志》卷263《艺文五》邓淮《鹿城书院集序》，文渊阁《四库全书》本。

弘治十四年（1501 年）

宋端仪卒。

宋端仪（1445—1501 年），字孔时，别号立斋，莆田（今福建莆田）人。成化十七年（1481 年）进士，为理学名臣，生平稽订经史，于程朱微言绪论皆洞究指归。官按察佥事督广东学校。年甫五十六卒。尝考正《宋史·道学传》进程氏门人吕大临，谓其深潜缜密当不在刘、李、尹、谢、游、杨之下，又以程氏师友渊源，朱子已有录以示后学，而朱子门人亦多哲士，尚未有表著之者，因集黄勉斋以下及私淑有得如真文忠诸公凡若干人，为《考亭渊源录》。所著又有《宋行朝录》（未脱稿）、《革除录》、《道南三先生遗书》、《四书人物考》、《莆阳人物志》、《立斋闲录》、《莆阳逸事》等。事迹俱《明史》卷一六一《宋端仪传》、李清馥《闽中理学渊源考》卷五三《佥事宋立斋先生端仪》、黄仲昭《未轩文集补遗》卷上《明广东提学佥事宋端仪列传》、沈佳《明儒言行录续编》卷一《宋端仪》等。

弘治十五年（1502 年）

何乔新卒。

何乔新（1427—1502 年），字廷秀，江西广昌人。景泰五年（1454 年）进士，官至刑部尚书，谥文肃。少颖异，年十一时，侍父京邸。翰林修撰周旋至其家，何乔新方读《通鉴续编》，周旋问是书书法如何，对曰："吕文焕之降元不书其叛，张世杰之溺海不书其死节，曹彬、包拯之卒不书其官。纪羲、轩则采怪诞不经之谈，书辽、金则失《春秋》笔削之义，似未有当也。"[①] 其历仕中外，多著政绩，又以气节刚方，不与奸臣为伍，仕途多坎坷，常受奸臣排挤和诬陷。弘治七年（1494 年），上疏请求辞职回乡。十五年，因病逝世，年七十六岁。正德十一年（1516 年），追赠太子太保，准予荫封后代。次年，赐谥文肃。其学"以穷理为先，博物洽闻为辅，正心修身，而措之家国天下为期自。公之暇，凡书有异种，辄从假录，藏至三万卷，无不校雠"[②]。有司谓"其仕也，有功有烈；处也，有德有言。信道之笃，既无愧于薛瑄；著述之多，实可配乎丘濬"[③]。著有《宋元史臆见》、

---

① 何乔新：《椒邱文集》外集《椒邱先生传》，文渊阁《四库全书》本。
② 沈佳：《明儒言行录》卷5《何乔新椒丘先生文肃公》，文渊阁《四库全书》本。
③ 沈佳：《明儒言行录》卷5《何乔新椒丘先生文肃公》，文渊阁《四库全书》本。

《椒邱文集》、《周礼集注》等。事迹俱《明史》卷一八三《何乔新传》、沈佳《明儒言行录》卷五《何乔新椒丘先生文肃公》。

黄虞稷《千顷堂书目》卷五《别史类》："何乔新《宋元史臆见》。"

何乔新《宋元史臆见》五卷，成于弘治间，见《椒邱文集》卷四至八，有文渊阁《四库全书》本。

弘治十六年（1503 年）

尹直撰《南宋名臣言行录》16 卷成。

今存，有《四库全书存目丛书补编》本，齐鲁书社 2001 年据明弘治刻本影印。

《四库全书总目》卷六一《史部·传记类存目》三："《南宋名臣言行录》十六卷，明尹直撰。此书续朱子《名臣言行录》而作。前有弘治癸亥《自序》，云取《宋史列传》，自陈俊卿以下，芟繁节冗，撮采其要，得百二十有三人。然朱子所作《名臣言行录》，原以网罗旧闻，搜载轶事，用备史氏之采择。若徒抄录史文，一无考证，则《宋史列传》具在，亦何必徒烦笔墨乎。"

弘治十八年（1505 年）

邵宝辑《宋大儒大奏议》（一作《大儒奏议》）6 卷成。

今存，有《四库全书存目丛书》本，齐鲁书社 1996 年据明弘治十八年王德明刻本影印。

黄虞稷《千顷堂书目》卷三十《表奏类》："邵宝《宋大儒大奏议》六卷，辑二程及朱子书疏。"

《四库全书总目》卷五六《史部·诏令奏议类存目》："《大儒奏议》六卷，明邵宝编。宝有《左觿》，已著录。是书取宋二程子及朱子奏议汇抄成帙。盖宝督学江西时所刊。然三子以道学传，不以经济见也。"

弘治年间，不著撰人名氏《厓山集》（不分卷）刊刻。

今存，有《涵芬楼秘笈》本、《丛书集成续编》本（据《涵芬楼秘笈》本影印）。

是书记南宋末帝端宗赵昰、赵昺逃至厓山轶闻琐事。分《帝纪》、《诏敕》、《事迹》、《杂录》等。前有《图像》、《赞文》，后有明人吴城所撰《跋》。所记南宋末年史实较他书翔实。

武宗正德元年（1506 年）

戴铣辑《朱子实纪》12 卷成。

今存，有《四库全书存目丛书》本，齐鲁书社 1996 年据明正德八年鲍雄刻本影印。

《四库全书总目》卷六十《史部·传记类存目》二："《朱子实纪》十二卷，明戴铣编。铣，字宝之，婺源人。弘治丙辰进士，官至给事中，以疏弹太监高凤，下诏狱，廷杖创甚而卒，事迹俱《明史》本传。是书详述朱子始末。首曰《道统源流》、《世系源流》，次《年谱》，次《行状》、《本传》，次《庙宅》，次《门人》，次《褒典》，次《赞述》，次《纪题》。其书本因《年谱》而作，其标曰《实纪》者，铣《自序》称，谓之《年谱》则绍乎前、彰乎后者不足谈。必曰《实纪》，然后并包而无遗。盖《年谱》主于明朱子学问之序，出处之道。而铣是书则主于以推崇褒赠，夸耀世俗为荣。其立意本各有取也。"

卷首戴铣《朱子实纪序》曰："《朱子实纪》，纪朱子始末，与夫今昔尊崇之实也。旧名《年谱》，今更曰《实纪》，何也？谓之《年谱》，则绍乎前、彰乎后者不足以该，必曰《实纪》，然后并包而无遗，亦犹史家有世表、年表，总谓之实录也。或曰：'尧、舜始末，孔子纪于《典》，孔子始末，马迁纪于《世家》。濂溪、伊川始末，朱子纪于《事状》、《年谱》。是编亦拟孔、朱而作与？'铣避席而对曰：'不然。'此果斋李氏之书，屡经镵补，颇涉淆舛。加以事或逸于时，文寝增于后，未有粹其全者。铣于朱子受罔极之恩，且为乡后辈，与有旷坠之责。不自揆，因其旧而修之，厘为十有二卷，以致景行之私，非敢妄作也。夫尧、舜、周、程之事，固赖孔、朱以传。乃若孔子虽无《世家》，而《六经》之昭于万世者自若；朱子虽无《实纪》，亦奚病于其书之昭于万世哉？书昭于万世，即道之昭于万世，何赖乎此编也？抑朱子尝言，《伊川年谱》不能保无谬误。此固夫子自道，亦足以见纪述之难。大贤且然，矧区区小子？同志君子，幸原其僭而加订之，使读之者有以睹夫德业这全而兴起焉，得有所据，以为希贤希圣之阶，则其为助似当不小尔。正德丙寅岁十月朔旦后学婺源戴铣谨书。"

戴铣所编《朱子年谱》收在此书卷二至四中。

戴铣《朱子年谱》源自宣德年间婺源刻本李方子《紫阳年谱》。因宣德间所传李谱（原谱已佚）颇有疏漏，戴铣即参校《朱子语类》、《朱子大全》、《行状》、《本传》及李心传《道命录》等书对其正讹详略，间附案语，或引证或考评。较之现存各谱，是谱具有重要的学术价值。

《朱子实纪》卷首有李梦阳《序》、戴铣《自序》，并录魏了翁、汪仲鲁、孙原贞为李方子谱所作三篇旧《序》，又有谱主画像。

正德三年（1508 年）

戴铣卒。

戴铣（1464—1508 年），字宝之，号鼀峰，婺源（今属江西）人。弘治九年（1496 年）进士，官至给事中。以疏弹太监高凤，下诏狱，廷杖创甚而卒。所著《朱子实纪》详述朱子始末。首曰道统源流，世系源流，次年谱，次行状、本传，次庙宅，次门人，次褒典，次赞述，次纪题。《四库全书总目》卷六十《朱子实纪》提要："其书本因《年谱》而作，其标曰'实纪'者，铣《自序》称：'谓之年谱则绍乎前，彰乎后者不足谈，必曰实纪，然后并包而无遗。'盖《年谱》主于明朱子学问之序，出处之道，而铣是书则主于以推崇褒赠，夸耀世俗为荣。其立意本各有取也。"[1] 事迹俱《明史》卷一八八《戴铣传》。

正德五年（1510 年）

谢铎卒。

谢铎（1435—1510 年），字鸣治，人称"方石先生"。太平（今浙江温岭）人。英宗天顺八年（1464 年）进士，改庶吉士授编修，预修《英宗实录》，成化九年（1473 年）奉诏校勘朱熹《资治通鉴纲目》，认为"《纲目》一书，帝王龟鉴。……愿陛下以古证今，兢兢业业，然后可长治久安，而载籍不为无用矣"[2]。孝宗弘治三年（1490 年）升南国子祭酒。翌年病归，家居近十年，后复出。曾上疏请增杨时从祀，而黜吴澄。仕终礼部右侍郎。卒，赠尚书，谥文肃。谢铎资性澄朗，机神警悟，性介直，力学慕古，讲求经世务。其居朝汲汲为忠而常恐愧乎其禄，居家汲汲为义而常恐愧乎其生，作文章以纲维人伦为宗，剖白事实为用，以抑扬邪正为志，以遗外声利为

① 永瑢，等：《四库全书总目》卷 60《朱子实纪》提要，中华书局 1965 年版，第 540 页上。

② 张廷玉，等：《明史》卷 163《谢铎传》，中华书局 1974 年版，第 4431 页。

情。所著有《伊洛渊源续录》、《赤城论谏录》、《赤城新志》、《桃溪浮稿》、《元史本末》、《国子监续志》、《宰辅沿革》、《国朝名臣事略》和《方石文集》等，并刻方孝孺《方逊志集》以传。明人项笃寿评曰："谢公发迹艺林，两司辟雍，矩严道立，无忝师模，方毅简洁，卓然罕俦矣。"① 事迹见《明史》卷一六三《谢铎传》、沈佳《明儒言行录》卷五《谢铎文肃公方石先生》。

正德六年（1511 年）

王蓂登进士。

王蓂，字时祯、东石，金溪（今属江西）人。正德六年（1511 年）进士，官浙江提学副使。武宗时官刑部主事，疏请择宗室之贤而年少者一人育于宫中，俟皇太子生，然后封以亲藩礼遣之国，如宋仁宗故事，不报。又屡疏谏武宗巡游，言辞恺切，忠直人皆壮之。又尝上三疏，一言宋儒罗从彦、李侗当从祀孔庙，一言公伯寮、马融、贾逵、王弼、何休、戴圣、王肃、杜预当罢从祀，一言忠烈如龙逢、苏武等 20 人，名臣如汲黯、宋璟等 20 人，名儒如王通、胡瑗等 14 人祀典皆宜补入。致政归，与同邑洪北山、黄卓峰、吴疎山共为翠云讲会，学者宗之。所著有《宋名臣补遗》、《景行萃编》、《历代忠义录》、《心学录》、《讲学录》、《东石文集》、《古今谏议集疏》等。事迹见雍正《江西通志》卷八二《人物·抚州府》。

尹直卒。

尹直（1431—1511 年），字正言，泰和（今江西太和）人。景泰五年（1454 年）进士，选庶吉士，授编修。景泰六年（1455 年）上疏乞纂修《大明通典》。成化初充经筵讲官，与修《英宗实录》。续成《宋元纲目》，曰："典章制度必大备于文明之朝，著述纂修当不废于承平之世，我祖宗神功圣德，虽登于秘史，其仪文法制未载于全书，虽有诸司职掌，然遗略尚多，更革不一，欲示永久，曷粹大成，乃若《通鉴纲目》起自周威烈王，迄于五季，兹宜续修以成巨典。"② 成化二十二年（1486 年）以户部左侍郎兼翰林学士入内阁，预机务。成化二十三年（1487 年）以太子少保兵部尚

---

① 项笃寿：《今献备遗》卷 35《谢铎》，文渊阁《四库全书》本。
② 廖道南：《殿阁词林记》卷 3《文渊阁学士阶兵部尚书尹直》，文渊阁《四库全书》本。

书致仕家居，肆力著述。正德中卒，年 80，谥文和。尹直明敏博学，练习朝章而躁于进取，性矜忌不自检饬。明人廖道南评曰："予读直所撰《琐缀录》，力诋吴与弼之为人，及诸胜己者，悉加媒孽，心窃疑之。既而读国史，状直之心如其所撰者，不爽也。赞曰：大江之西，吉水之滨。英才叠出，多为名臣。直负修能，屡有启沃。论史有疏，琐缀有录。显斥与弼，潜附孜省。国史如丹，洞烛幽隐。"① 所著有《澄江集》、《南宋名臣言行录》、《謇斋琐缀录》、《明良交泰录》和《明朝名臣言行通鉴》等。事迹俱《明史》卷一六八《尹直传》。

正德八年（1513 年）

戴铣《朱子实纪》12 卷刊刻。

嘉靖五年（1526 年）

唐枢登进士。

林希元、黄直为刊刻宋人高登所撰《东溪集》撰《序》。

《四库全书总目》卷一五七《集部·别集类》十："《东溪集》二卷、《附录》一卷，宋高登撰。登字彦先，号东溪，漳浦人。宣和间为太学生。靖康之祸，与陈东伏阙上书，请诛蔡京、童贯等六贼而用李纲、种师道。……案《宋史》本传载：'登卒后二十年，丞相梁克家及漳守何万言诸朝，追复迪功郎。后十年，朱熹为守，复奏乞褒录，赠承务郎。'今考朱子奏状，谓'克家始援绍兴赦书以请，有司拘文，废格不行。近岁傅伯寿又奏如前状，未奉进止。使登抱恨终身垂五十年，姓名犹在罪籍'云云。以此观之，《宋史》为误。又案《书录解题》《东溪集》条下，称迪功郎高登撰。则知登之进赠，无承务郎之称。而所谓迪功郎，非克家时追复盖明甚矣。又《宋史》载登五上书不报。又因谋南归，忽闻邦昌等各与远郡，一时小人相继罢斥，与所言偶合者十七八。登喜，复为书论吴敏未罢，不报。据此，则五书之外当更有一书矣。今阅《集》中所载，则此事即五书中之第四书。书首所叙'方图南下'诸语，甚为分明。此尤足证《宋史》之瞀乱失实也。至如《绍兴八年上皇帝书》，乃召赴都堂时与《时议》六篇先后同上者。据《宋史》作《万言疏》，而集中寥寥五百余字。玩其词气，颇有不相属者。

---

① 廖道南：《殿阁词林记》卷 3《文渊阁学士阶兵部尚书尹直》，文渊阁《四库全书》本。

此则《集》本传钞所脱，非史之误矣。登之遗集，《文献通考》作二十卷。《书录解题》及《宋史·艺文志》俱云十二卷。此本为明林希元所编，仅分上、下二卷。书疏论议辨说等作共二十篇、诗三十一首、赞五首、箴铭二十六首、词十二首、启二首。末有附录一卷，则朱子褒录奏状、《祠堂记》两篇及言行录十条。史称所上《时议》六篇，仅存其序。所上五书，已亡其一。又《言行录》载，'绍兴元年上驻跸临安，公以十事投时相'者，集中亦无之。盖已全非其旧。然亡佚者虽多，而读其遗篇，尚想见忠义之概。即如《命子名字说》云：'痛念王室陵迟，思扶持而一振之。左右匡拂，以守鸿业。此志未遂。命汝曰扶、曰持、曰振、曰拂，其勉效两全之节。'盖其忠君爱国之心，每饭不忘如此。朱子谓能使人闻风兴起，良不虚云。"

林希元《序》曰："东溪高氏，奋自南服，值宋中造，狄金难作，国如累卵，始以太学生上书言国事，触忌讳，冒斧钺，频频恳恳不休，忠肝义胆，已毕露于未仕之先矣。既任职居官，时时与长上争可否，不为苟从，典学虑囚赈荒，所在流惠泽，民攀辕愿留不可得，岂苟食人禄者哉？六篇时议，简在帝心，一忤权臣，遂沈卑仕，始以不祀秦父受捃摭，中以羞见权臣被搏执，卒以讥诅失官，盖在南宋始终以秦桧坏事，东溪始终与秦桧为雠敌。虽屡经摧折，颠沛流离，曾不肯强颜于秦以安其身；志士仁人，忠在家国，恨不能断贼臣头以甘心，曾一身利害之恤耶。舜陟取媚太师，觊跻通显，迄灾弗逮人而自及。天道昭昭，庸非永鉴，夫子忠义，出诸肺腑，殆不以隐显死生易志虑。君子曰：'无所为而为善。'观其谪居授徒，家事一不介意，拳拳焉惟国之恤，临卒所言，犹不忘天下，其生平概可知矣。所著有《东溪集》行世。余读其传，见其为人，心窃慕焉。往得其集于留都，思刻之其乡，以语漳节推黄子以方。曰：'我责也。'取归刻之，以方得失不动心。在官必行其志，如其人。斯集之刻，讵偶然也欤哉？自夫子没后二十年，丞相梁克家，漳守何万，上之朝，复其官。后五十年，文公奏赠其官。今三百年后，节推又刻其遗文。古之君子，偃蹇于一时，迄伸于百世。概若是，孰谓善不可为哉？孰谓善不可为哉？嘉靖丙戌孟冬朔日，病夫茂贞林希元书。"①

---

① 高登：《高东溪集》卷首林希元《序》，《丛书集成初编》本据正谊堂全书本排印。

黄直《序》曰："余官于漳，尝阅漳志，见漳之先辈，作于两溪者，有二氏焉。其一，为陈氏安卿，以道学作于漳溪之北，盖龙邑人也；其一，为高氏彦先，以节介作于漳溪之东，盖浦邑人也。呜呼！漳之为郡，入职方千余年于此矣，然自宋以前，尚不齿于上国；入宋而二氏作于两溪，而漳遂闻于天下。然则漳虽巨郡，可无两溪也哉？两溪之上，可无二氏也哉？虽然，北溪以道学显者，已有考亭为之造就也；东溪以忠义著者，已有考亭为之表章也。北溪生与朱子同时，故朱子出守漳日，遂与北溪讲明道学之要，而北溪因得有所成就，要其终身造诣，虽未必与黄勉齐诸公埒，而考亭之学，有以大明于海滨者，实为北溪是赖焉。东溪则生于朱子之先，朱子之在漳也，嘉其孤介之行，乃为之请于朝，乃为之记于祠。呜呼！东溪之节，前此尚暗暗也。逮朱子表章之，而其节益光，始信于天下后世的然而无疑矣。嗟夫漳之为郡，有七邑焉，七邑人士，吾不知其几千万也，其间岂无忠信之士，挺出之才，天资可以入道，节义可以励俗者哉？特自考亭以后，此学不讲，而世之人士，往往从事俗学，以趋富贵；奔逐时好，以取功名。不得师友，为之依归，而泯泯无成者，殆有莫知纪极焉者矣。奚啻漳士为然者哉？使继朱子而牧兹土者，皆此心此学，安知漳之人士，有不道北溪介东而兴起者乎？又安知其不由两溪，而考亭，而濂洛，将有进于是焉者乎？毋亦在上者，有以作之而已，愚故于刻东溪之《集》，不独为漳人望，亦以为吾守令者勖也。嘉靖五年丙戌菊月望日，以方黄直序。"①

嘉靖六年（1527 年）

邵宝卒。

邵宝（1460—1527 年），字国贤，号泉斋，晚自号二泉，无锡（今属江苏）人。成化二十年（1484 年）进士。历官许州（今河南许昌）知州、户部员外郎、江西提学副使、浙江按察使、右布政使、湖广布政使、右副都御史、贵州巡抚、南京礼部尚书。宦途 30 年，政绩显著，清廉刚正，不为权贵所屈，人称"千金不受先生"。宁王宸濠索诗文，峻却之。忤权宦刘瑾而致仕，刘瑾伏诛始复官。邵宝躬课农桑，仿朱子社仓，立积散法，行计口浇田法，以备凶荒。江西俗好阴阳家言，有数十年不葬父母者。邵宝下令：生

---

① 高登：《高东溪集》卷首黄直《序》，《丛书集成初编》本据正谊堂全书本排印。

员不葬亲者，不得与试。于是相率举葬以千计。邵宝与镇守太监勘处州（今浙江丽水市）银矿，曰："费多获少，劳民伤财，虑生他变。"奏寝其事。卒，赠太子太保，谥文庄。学者称二泉先生。学以洛、闽为的，尝曰："吾愿为真士大夫，不愿为假道学。"邵宝为李东阳门人，诗文皆宗法李东阳，典重和雅，清和澹泊，尤能抒写性灵。至于原本经术，粹然一出于正，则其所自得也。博综群籍，有得则书之简，取程子"今日格一物，明日格一物"之义，名之曰"日格子"。修白鹿书院学舍，以处来学者，教以致知力行为本，先行检而后文艺。家居以造就乡党人材为急务。无锡故有东林书院，为宋代杨时讲学之处，后废，邵宝与门人华云读书其地，乃构精舍，仍名曰东林，讲学其间。此后，东林之教盈天下，实自邵宝始。著有《简端录》、《漕政举要录》、《学史》、《宋大儒大奏议》（一名《大儒奏议》）等。

嘉靖十一年（1532年）

马峦编《温公年谱》6卷成。

今存，有《四库全书存目丛书》本，齐鲁书社1996年据明万历四十六年司马露刻本影印。

《四库全书总目》卷六十《史部·传记类存目》二："《温公年谱》六卷，明马峦撰。峦字子端，夏县人，与司马光为同里。以光旧无年谱，因撰此编，以补史传所不及。其大旨以光行状为主，参以史传及《名臣言行录》，润以光所著《传家集》。其余诗话、小说皆详为考订，分年编载。其不可专属一年者，则总为《附录》于末焉。"

马峦，生卒年不详。字子端，夏县（今山西夏县）人。好学励行，游邑庠，知县钟恕欲黜柳子厚乡贤祠祀，马峦谏止，遭家难。宰相夏言召还内阁，欲复九庙，以御史徐祚先知夏县，托马峦转达，马峦逊言谢免。吴希同取媚时贵，将倾怀庆翟良臣家，马峦力为排解。著有《迎晖书屋稿》、《温公年谱》等百余卷藏于家。

嘉靖十五年（1536年）

严嵩贺万寿节至京，"会廷议更修《宋史》，辅臣请留嵩以礼部尚书兼翰林学士董其事，及夏言入内阁，命嵩还掌部事"①。世宗以"元修《宋

---

① 张廷玉，等：《明史》卷308《严嵩传》，中华书局1974年版，第7914页。

史》，统序失正，编纂亦未尽善"①，命大学士李时等重修《宋史》。旋中辍。秦鸣夏等人"尝被诏旨，看详是书。因循岁月，寻复罢去，缺焉未睹成绩"②。

陆粲作《与华修撰子潜论修史书》，载陆粲《陆子余集》卷六《书简》（文渊阁《四库全书》本）。

徐阶辑《岳集》5 卷成。

今存，有《四库全书存目丛书》本，齐鲁书社 1996 年据明嘉靖十五年焦煜刻本影印。

《四库全书总目》卷六十《史部·传记类存目》二："《岳庙集》四卷，旧本题明徐阶编，张庭校，焦煜刊。而首载《阶序》，称从黄山焦子请所辑武穆祠诗文读之。又云：'因不自量，谋于五山张子而去取之。'则煜之初稿，而阶与庭为之删定。《庭序》则云：黄山子谓少湖子与庭曰："盍校之，我将刊焉。"因取汪氏所辑抄本往复参校，则初稿又非煜作矣。大抵杂出众手，不可名以一人也。原本凡《传》一卷、《制》一卷、《议序记》一卷、《辞乐府诗》一卷，而附以《岳武穆遗文》一卷。今以《武穆遗文》析出，别入《集部》，故此本以四卷著录焉。阶字子升，华亭人，嘉靖癸未进士，官至武英殿大学士，谥文贞，事迹俱《明史》本传。庭自署曰眉山。煜自署曰宛陵。考太学进士题名碑，嘉靖癸未科有张庭，四川夹江人；焦煜，南直隶太平人，皆阶之同年，当即此二人。至所谓汪氏者，则不可考矣。"

嘉靖十九年（1540 年）

徐袍编《金仁山年谱》1 卷成。

今存，《北京图书馆藏珍本年谱丛刊》本，据清光绪十三年（1887 年）镇海谢氏补刻《率祖堂丛书》本《宋仁山金先生遗书》影印。

据《谱》前附录，是谱成于嘉靖十九年（1540 年），后曾多次刊刻，明代有谱主裔孙金应晋重刊，清光绪中其十代孙金律又重梓付印。

黄虞稷《千顷堂书目》卷十《传记类》："徐袍《金仁山年谱》。袍，

---

① 《明世宗实录》卷 187，"嘉靖十五年五月乙卯"条，台北："中央"研究院史语所 1962 年影印本。

② 王洙：《宋史质》卷首秦鸣夏《史质序》，台北：大化书局影印明嘉靖刻本，1977 年版，第 1 页下。

兰溪人。"

徐袍,字仲章,兰溪(今浙江兰溪)人,嘉靖十三年(1534 年)举人。徐袍于《金仁山年谱》卷首《序》中,谓金履祥为"宋之遗民","自德祐之难,遂高举不屈","独以著述显",盛赞其不仕元之大节,遂"谱而表之,俾世之学儒学者监焉"。① 故是谱所记侧重于谱主学术授受次第暨诗文序录,以彰显其学术、行谊之大节,而记载谱主其余行事则较简略,如于时事大政、谱主行止、交往等内容则少有涉及。其征引文献多节录谱主诗文,虽多信实,然所采录范围不甚广,内容略显单薄。谱主金履祥(1232—1303年),字吉父,宋婺州兰溪(今属浙江)人。尝从王柏、何基学,尽得朱熹之传。宋亡不仕,隐居金华山中聚徒授学,门生达数百人,学者称仁山先生。大德七年(1303 年)卒于家,年七十二。著有《尚书表注》、《通鉴前编》、《大学章句疏义》、《论语孟子集注考证》、诗文集《昨非稿》、《仁山新稿》、《仁山乱稿》、《噫稿》等,今多已亡佚。后人编辑《仁山集》传世。事迹见《儒藏·史部·儒林年谱》之《宋仁山金先生年谱》提要(四川大学出版社 2007 年版)。

嘉靖二十年(1541 年)

朱谏卒。

朱谏(1462—1541 年),字君佐,永嘉(今浙江温州)人。因世居瑶岙,地处雁荡之南,故自号"荡南"。弘治九年(1496 年)进士。历任歙县、丰城县令、武定州知州、南京兵部武选司郎中、赣州知州、吉安知府。升任分守庐陵道时,已年近六十,遂以年事已高为由,辞官归里,授中宪大夫。朱谏负吏治之才,所至均有惠政。任吉安府知府时,有豪民附宁王朱宸濠,横境中,谏逮系之,论如法。又预测宸濠有变,日储饷募兵,浚湟增陴,人莫测其意。丁母忧离任后二年,宸濠果叛,王守仁由吉安起兵竟得其力。朱谏饱学,博通经史百家,著有《宋史辨疑》、《雁山志》、《荡南集》等。事迹见《四库全书总目》卷七六《雁山志》提要、雍正《江西通志》卷六五、乾隆《浙江通志》卷一七〇、卷二四三、李维樾等所著《忠贞录》卷二《乐清朱谏》。

---

① 徐袍:《金仁山年谱》卷首《序》,《北京图书馆藏珍本年谱丛刊》本,第 146—148 页。

嘉靖二十二年（1543 年）

陈霆《宣靖备史》4 卷撰成。

今存，有《丛书集成续编》本，上海书店 1994 年据问影楼刻本影印。

黄虞稷《千顷堂书目》卷五《别史类》："陈霆《宣靖备史》。"

胡玉缙撰，吴格整理《续四库提要三种》卷二《史部·杂史类》："《宣靖备史》四卷，明陈霆撰。霆有《唐余纪传》，《四库》已列《存目》。是编以祸变莫惨于靖康，纪载亦莫繁于靖康，而《南烬纪闻》、《窃愤录》、《宣和遗事》诸书，或失之野，或失之诬，因搜罗散佚，略仿《纲目》，别为编次，起徽宗崇宁元年，讫钦宗靖康元年，凡二十有六年，据事提纲，列条疏目，附以论断，大旨为北狩之张本。霆书如《唐余纪传》及《两山墨谈》，持论每涉偏驳，故《提要》俱入《存目》，此书较平允，而《提要》未收，殆未之采及耳。此江南图书馆所藏抄本，前有嘉靖癸卯自序，盖成于二十二年也。"

傅增湘《藏园群书经眼录》卷四《史部》二："《宣靖备史》四卷，影写明嘉靖刊本，有嘉靖陈霆序。清鲍廷博、章紫伯、姚彦侍递藏。"

朱彝尊《静志居诗话》卷九："水南博洽著闻，留心风教，诗不苟作。……墨布袍者，宋咸淳进士福建提刑德清游汶鲁望所服。元初以遗老荐，授福州总管，固辞不就。题袍背云：'前宋遗民，今为百姓。'虽雨晴寒暑，未尝解脱，卒葬果山。《银簪词》者，德清女子沈回奴，际元末兵乱，匿芦港中，贼获之求合，从容语曰：'我闺女也，必择日具礼乃可。'贼信之，携至营。是夜拔头上簪刺喉死。《潭水清》者，归安女洪春春，元至正十八年兵乱，父引之避居新市。贼至，匿空舍中，贼入将逼之，女投水死。三事国史失载，因具诠之。"①

陈霆，字声伯，一字水南，德清（今浙江德清）人。弘治十五年（1502 年）进士，刑科给事中，抗直敢言。正德初，因忤宦官刘瑾而下狱，指为朋党，谪判六安州。刘瑾伏诛后，复起，历山西提学佥事。工诗文。所著饱含华夷之辨。钦仰岳武穆、文天祥等，熟知南渡前后与宋元易代之际掌故，著《宣靖备史》四卷，旨在补宣和、靖康年间史之阙文。又有《水南

---

① 朱彝尊著，黄君坦校点《静志居诗话》卷 9，人民文学出版社 1990 年版，第 254 页。

集》、《唐余纪传》、《两山墨谈》、《山堂琐语》、《水南稿》、《渚山堂诗话》、《渚山堂词话》、《仙潭志》、《绿乡笔林》等。

嘉靖二十三年（1544 年）

陈士元登进士。

陈士元（1516—1597 年），字心叔，号养吾，一号江汉潜夫，又称环中愚叟，应城（今湖北应城）人。嘉靖二十三年（1544 年）进士，官至滦州知州。为当地建文笔峰，造祭器，修仓廪，编《海滨集》。以才见忌。因疏请整顿吏制和财政，忤权臣严嵩等而身遭陷害。嘉靖二十八年（1549 年）辞官归里。沿途游览名山大川，留下著名诗篇。时人将其与诗坛"后七子"领袖王世贞相提并论，合称"王陈"。所著甚丰，堪称一代之富。仅史籍就有《世历》、《新宋史》、《新元史》、《荒史》、《江汉丛谈》、《史纂》等。所著《新宋史》160 卷，未刊行，今不存。

嘉靖二十五年（1546 年）

王洙《宋元史质》（一名《宋史质》、《宋史质》）100 卷撰成。

今存，有《四库全书存目丛书》本，齐鲁书社 1996 年据明嘉靖刻本影印。

《四库全书总目》卷五十《史部·别史类存目》："《宋史质》一百卷，明王洙撰。洙，字一江，临海人，正德辛巳进士，其仕履未详。是编因《宋史》而重修之，自以臆见，别创义例。大旨欲以明继宋，非惟辽、金两朝皆列于外国，即元一代年号亦尽削之。而于宋益王之末即以明太祖之高祖追称德祖元皇帝者承宋统大德三年，以太祖之曾祖追称懿祖恒皇帝者继之延祐四年，以太祖之祖追称熙祖裕皇帝者继之后至元五年，以太祖之父追称仁祖淳皇帝者继之至正十一年，即以为明之元年。且于瀛国公降元以后，岁岁书帝在某地云云，仿《春秋》书公在乾侯，《纲目》书帝在房州之例。荒唐悖谬，缕指难穷。自有史籍以来，未有病狂丧心如此人者。其书可焚，其版可斧，其目本不宜存。然自明以来，印本已多，恐其或存于世，荧无识者之听，为世道人心之害，故辞而辟之，俾人人知此书为狂吠，庶邪说不至于诬民焉。"

王洙（1485—? 年），字崇教，号一江，临海（今属浙江）人。正德十六年（1521 年）进士，任行人，升广东参议，有文名。所著《宋史质》卷末《自序》有其生平履历："王洙氏生天台之灵江，耕牧于巾帻之野。七岁侍家君宰武宁，十岁诵古书。十二群庠序。十六观文场屋，上会稽，探禹穴，复于天姥。十八食廪饩，乃字崇教，后此十年，继遭大故。癸酉（1513年），观光上国，渡江涉淮，访金陵，往来太学。庚辰（1520年），复与天下士会于春官，中一十二名。辛巳（1521年），今天子亲策问之，赐同进士出身，授行人司行人。一年使辽，一年使岷，窥九疑，浮沅湘，极于洞庭彭蠡之际。所纪有《山川别录》。三年（1524年），升司副，再升刑部尚书郎，主本科事。所著有《诘奸录》。丁亥（1527年）二月，外补河南佥事，兼汝洛兵备，登龙门，望伊阙，以观文武周召遗化。维时河洛大祲，盗作路梗，为之作《保甲》，作《备荒事宜》，各二十条，戊子（1528年）秋八月，监河南试事。己丑（1529年），复于大梁。冬十月，遹有广东之役，由河望浙，由浙望台，展拜坟墓，修理室庐。将终老焉，乃辑家乘。庚寅（1530年）岁暮，复为时禁所逼，振策以行，情非得已，作《南征行》，盖感且悼也。辛卯（1531年），承乏岭南。先是治岭南者率简节疏目，法弊而民玩，为之作《条约》一十六条。秋八月，复提调广东试事，得士为盛。九月，为吴柱史具权奸草。明年壬辰（1532年）春三月，得归报。"①

《正德十六年进士登科录》（《明代史籍汇刊》第十辑《明代登科录汇编》）："王洙，治《诗经》，字崇教，行五，年三十七，五月二十日生。"

杨循吉卒。

杨循吉（1458—1546年），字君谦，一字君卿，吴县（今江苏苏州）人。成化二十年（1484年）进士。授礼部主事。多病，好读书，每得意，手足踔掉，不能自禁，由是得"颠主事"之名。弘治初，病辽、金、宋三史"乱杂芜秽，不足取信"，拟用"《春秋》之法，班、马之例"，将三书刊正。又谓女真完颜氏系中国仇敌，罪恶之首，必先从事笔削始渐及辽、宋②，著有《辽金小史》（一名《辽金史纂》）九卷③。奏乞改教，不许。遂请致仕归，年三十有一。结庐支硎山下，课读经史，旁通内典、稗官。父母殁，倾赀治葬，寝苫墓侧。性狷隘，好持人短长，又好以学问穷人，至颣

---

① 王洙：《宋史质》卷末《自序》，台北：大化书局影印明嘉靖刻本，1977年版，第470页。
② 王锜：《寓圃杂记》卷6《杨君谦修史》，文渊阁《四库全书》本。
③ 张廷玉，等：《明史》卷97《艺文》二《杂史类》、《江南通志》卷191《艺文志》。

赤不顾。武宗驻跸南都，召赋《打虎曲》，称旨，易武人装，日侍御前为乐府、小令。武宗以优俳畜之，不授官。杨循吉以为耻，阅九月辞归。既复召至京，会武宗崩，乃还。嘉靖中，献《九庙颂》及《华阳求嗣斋仪》，报闻而已。晚岁落寞，益坚癖自好。卒，年八十九。编著《松筹堂集》等十余种，近千卷。事迹见《明史》卷二八六《徐祯卿传》附。

杨循吉撰《辽小史》一卷、《金小史》八卷，今存。有《丛书集成续编》本（第 23 册）、金毓黻辑《辽海丛书》本（第 1 集）。

按：杨循吉《松筹堂集》卷 4 有《为人序宋论》。

正谊斋编辑，不注撰人名氏《宋史笔断》12 卷于此年前撰成。

李濂《汴京遗迹志》成于嘉靖二十五年（1546 年），书中收有《宋史笔断》中一篇史论，据此推知《宋史笔断》应成于嘉靖二十五年前。

今存，有《四库全书存目丛书》本，齐鲁书社 1996 年据明刻本影印。

《四库全书总目》卷九十《史部·史评类存目》二："《宋史笔断》十二卷，旧本题正谊斋编集，不著撰人名氏。所论始宋太祖建隆元年，至卫王溺海之事。论皆迂阔。"

傅增湘《藏园群书经眼录》卷六《史部·史评类》："《宋史笔断》十二卷，题正谊斋编集。明刊本，十行十九字，大黑口，四周双栏。钤有'朱氏万卷家藏'白文印。"

嘉靖二十六年（1547 年）

陈载兴辑《宋陈忠肃公言行录》5 卷刊刻。

今存。有嘉靖二十六年（1547 年）陈懋贤刊本，藏中国国家图书馆。又有《中华历史人物别传集》本（北京图书馆出版社 2003 年）。

刘兆祐《宋史艺文志史部佚籍考》上编《传记类·了斋陈先生言行录》："考明《内阁藏书目录》（卷六）著录《宋陈忠肃公言行录》三册全，云：'宋高宗朝陈瓘年谱行实及诸著作。'按：高宗朝下当补'编'字。同卷又著录宋忠肃公言行录三册全，云：'宋陈瓘言行也，其孙载兴编辅。'是此书明万历年间犹存，今则正同所编已佚，而载兴所编，则犹有传本。今国立中央图书馆藏有《宋陈忠肃公言行录》八卷，明陈载兴编，明陈懋贤重刊本。载兴，瓘十五世孙，其嘉靖二十六年（1547 年）跋云：'言行录者，录我忠肃公遗言行迹之概也。呜呼！我公行实，纪之国史，布之天下久矣。而散漫四出。于元大德初，松磵公宣子尝收拾系为《年谱》矣，顾惟正统戊辰（十三年，1448 年）之变，毁于兵燹，十不存一，载兴尝求之弗获，抱恨良深。昔族伯玙北上，获之以遗载兴，曰此吾忠肃公之《年谱》也，拜而受之，不啻百朋之锡。伏读旬月，不忍释手，特恨多所遗阙，于是不揆浅陋，遍访其遗文及诸言行之迹，于残篇断简之中，于《年谱》有遗者，掇拾而次录之，附于其后，以补其阙略，兼附先公（夈山以下至默堂也）行实，厘为七卷，并《尊尧录》、《责沈文》，凡八卷，总之曰《忠肃公言行录》，以为家乘，以便纪览。'然则，载兴当时未见正同所编者也。"①

王世贞登进士。

嘉靖三十一年（1552 年）

李默修订《紫阳文公先生年谱》5 卷成。

今存，有明嘉靖刻本，藏北京图书馆。

是书前二卷为《年谱》，后三卷为《附录》。是谱为朱谱之中重要者，后纂者常以之为据。谱中述及谱主家事、受业、科举、仕历、学术、政绩等内容，尤以谱主讲学及著述事为详。内中双行小注甚多。谱前有魏了翁为已佚李方子谱所撰之原序、李默、戴铣、朱家楸、熊寅所撰之《序》，又有谱主遗像、赞诗。谱后有朱凌、朱崇沐所写跋文。

卷首载李默《重刊紫阳文公先生年谱序》："世传李果斋公晦尝著《紫阳年谱》三卷，魏了翁为之序。今其序固在，但云果斋辑先生言行，即不称有年谱。及考朱氏今年存谱，盖多出于洪武、宣、景间诸人之笔，与朱氏增益所成，断非果斋之旧。其最谬者，先生殁后数十年间所得褒典，犹用编年之法。甚者尊朱诋陆，为私家言，非述作体也。比侍御元山曾君佩，按闽至建阳，得其书读之，颇疑冗脱，将重加刊正，而以其事谋于默。默惟尚友古人，必论其世，矧先生立言垂训在礼，学者所宜立为先师，乃其行年素履，桑梓后人顾可诿之弗知？即虽不文，谊何敢辞？窃闻之，古昔圣贤，道术精纯，要以践形尽性为至。学也者，学此者也。论性莫如孔子，曰：'性相近也，习相远也。唯上智与下愚不移。'论学莫如孟子，曰：'学问之道无他，

---

① 刘兆祐：《宋史艺文志史部佚籍考》上编《传记类》，台北：国立编译馆中华丛书编审委员会，1984 年版，第 466—467 页。

求其放心而已。’大贤而下，靡不须学。其为道也，本除习气，以还真性。所不能者，学与习相为进退，量尽而止耳。故为果、为达、为艺、为孝、为简、为鲁、为愚，所至不同，其所以学则一也。《易》称‘学以聚之’，所聚何事？《中庸》语‘博学’，‘弗能弗措’，所博何物？盖学举全功，行要实德，非徒读书穷理空谈为也。如此，斯可谓之学也已。宋自周、程以还，谈道述者盖多歧矣。先生崛起于时，早闻父师之训，既舍二氏、黜百家，遂自力于学问思辨之间，以求圣贤不传之绪，卒于遗编得之，折衷群儒，直泝伊洛。故其析义最精、著书最富，与陆氏之学颇相违异，此其途辙所从入不同明矣。然观先生微言细行，具皆笃守圣谟。至进退取舍之际，与立朝大节，尤皎然著明于世。惟其以疏远犯人主、触权路，见嫉群邪，蒙讥伪学，非先生之过。流风余韵，盖有起千载斯人之慕者，岂独传注为世所遵用哉！默也后先生数百年，翔泳高深，欲起九京质疑义而不可得。而于今谱所述，又素乏讨论，辄以元山君之意，咨于先生裔孙河。河指摘谱中舛误者数事，与予意合。因属之考订，一准《行状》、《文集》、《语录》所载。默不自揆，稍为删润，其猥冗左谬不合载者，悉以法削之。视旧本存者十七，不以鄙诬累先哲也。谱成，复取勉斋《行状》并《国史》本传为附录，以示传信。其自宋以来褒典，亦汇附于末，与是谱合为五卷云。元山君每按部，所至问俗，察举之暇，必访求儒先故迹，如文公先生祠、墓、遗书，尤所注意。慕向如此，风猷可想见矣。默猥本论次，妄原道述学问之实，欲使后世尊先生者就而考之，然知不免于世讥。元山君学古人者也，宁无谅于予心乎！嘉靖壬子夏六月既望同邑后学李默谨撰。”

卷末载朱凌《紫阳文公年谱后序》：“《徽国文公年谱》，宋李果斋氏所著也。益以勉斋黄氏《行状》，先祖生平履历、道学事功始终，大致尽矣。婺源戴氏因旧本釐正，附谥议、诗文，而总曰《实纪》，重于徽也。考亭仍婺叶侯重修本，并附书院题记，总曰《年谱》、《行状》，重于建也。盖子孙世守以为家乘。凌不敏无闻，承先训如恐坠之。顷病谢山居，嘉靖壬子春仲，大巡侍御元山翁曾老先生按闽之暇，凌以年末胥见于建溪行台。时元翁纪肃度贞，右文崇教。比询家世，间出《年谱》求正。公披览一尽，叹字迹多漫灭，亟欲修订，且慨旧本之未尽善也。遂檄郡贰杨侯、节推操侯、介守谢侯，敦请于大冢宰古冲翁李老先生，重加参定校阅，纂辑之勤，历三时焉，备载翁所序集矣。录既成，以呈侍御公。乃命付诸木，嘉惠四方学者。凌私心感激，其何可喻？复移檄郡判潘侯，谕凌撰《序》诸后。凌叨末裔，奚敢厕以文辞？顾仰荷元翁隆重盛心、冲翁裁成雅教，义不容缄也。爰俾朱氏之派，世世护持，袭如瑶琲，服如韦弦，庸副作新盛典，所以报德哉！抑凌窃闻晦祖受业延平，推衍闳大，尊信表章，实程氏之学也，河洛渊源，即孔孟正脉也。夫子之道，万世一日，独吾祖之学，近稍废而不讲，固凌不肖者之罪，于今何幸，逢乎侍御公之乡多文献，景行得师，超轶闻见，已神会孔门于千百世之上，而独崇尚晦祖，惓惓思兴起其学。冲翁桑梓在念，悉力订雠，即其用心俱可想也。将使晦祖之学行，而后孔孟之道可明；孔孟之道明，而后圣王之治可复。兹或二公意也。要皆能以斯文鸣国家之盛者，凌故阐而扬之。大雅君子，冀原僭妄，惟以可告于宗云。嘉靖壬子仲冬既望十一世孙凌顿首谨撰。"

李默所修订之《紫阳文公先生年谱》五卷，又被称作"李本《朱子年谱》"。

《馆藏善本书题识》（浙江图书馆馆刊1935年第3期）："《紫阳文公先生年谱》，存二卷，一册，明嘉靖刻本。此紫阳年谱，明嘉靖三十一年壬子欧宁李默删刻本也。原书凡二卷，《附录》三卷，合为五卷，故诸家著录，皆称五卷。此本仅缺附录。半页九行，行十九字，版心下方记刻工姓名，白皮纸精印，明刻之上乘也。首有李默《序》，大字七行，十六字。次为文公年六十一像，后附《像赞》。按附录末原有嘉靖壬子朱凌《后序》，故亦称建宁朱凌本，而邵氏《四库书目标注》及莫氏《知见传本书目》，均载有李默、朱凌两本，则误一刻为两刻矣。长兴王氏贻庄楼亦藏有李本，惟每页十四行，行十八字，前后序每页十二行，行十四字，与此本大异，《序》后亦无文公像，而纸色粗黑，印刻俱逊，当为万历间重刊，特无《重刻序》耳。《贻庄楼书目》仍作嘉靖壬子刊，则缪矣。紫阳《年谱》存于世者，要以宋袁仲晦一卷本为最古，元都璋《年谱节略》一卷，及此本次之。清王懋竑撰《朱子年谱考异》即从此本出。颇不易得。它日能得《附录》以成足本，可称快事，姑志之以俟。"

又有万历二十九年（1601年）朱崇沐刻本，朱吾弼重编、朱家楝校。藏上海图书馆、日本东京大学东洋文化研究所。

此版本分上、下两册，凡5卷。上册为《年谱》2卷；下册为《附录》3卷，录黄幹《行状》、《宋史》本传，以及历代褒典。是谱之编、校、刻者均为谱主后人，内容翔实全面，记年记事之后，多以双行小字作具体介绍或说明。然是谱只记年（年号、干支），而不记谱主年岁，谱主年岁需由谱主生年推算。谱前有魏了翁原序，即为宋人李方子谱所作，以及李默《重刊紫阳文公先生年谱序》、戴铣《朱子实纪序》、朱家楸《文公先生年谱序》，又有谱主画像一幅。《附录》后又附朱凌《紫阳文公年谱后序》。

又有万历三十年（1602年）刻本，藏北京大学图书馆。

卷首载朱家楸《紫阳文公先生年谱序》："天运流行之迹皆天也，人之应迹亦然。年谱者，其生人之应迹乎！天行躔度次舍，历为载；人之生平履历，谱为载。外躔度次舍以求天行不可得，执人之生平履历而曰此论世者所不载，则所以迹果在迹之外乎？新安之得统于邹鲁，神者受之矣。其书在天下，年谱所载，千不得一，然而不可谓非先生之应迹也。顾其书，独其后之居闽者藏之，不概见。新安先生阙里所在犹然未具，盖其阙也。先生十三世孙诸生崇沐，雅有志焉，喟然叹曰：'周礼不在鲁乎？既不有仲尼笔削，不敢知，然姑以鲁之《春秋》，则亦为新安后者所当宝也。'于是即闽本梓之，文献足矣。时小子楸，临川朱源出也，于先生先世有宗盟。读先生之书，叨教兹土，阙里在望，贤者贤而亲其亲，得所归矣。《年谱》适成，幸得受读。即无能赞一辞，而于先生生平终始之故、君臣师友之交、出处去就之节、明道讲学之意，恍若神交。乃知所谓迹焉已者，亦自知天咫者言耳，天命流行岂有迹哉！不知者见为滞迹，其知者见为传神。金川后学朱家楸撰。"

《明史》卷九七《艺文·谱牒类》："李默《朱子年谱》四卷。"

黄虞稷《千顷堂书目》卷十《传记类》："李默《朱子年谱》四卷。"

文渊阁《四库全书》本《朱子年谱》卷首提要："初，李方子作《朱子年谱》三卷，其本不传。明洪武甲戌，朱子裔孙境别刊一本，汪仲鲁为之序，已非方子之旧。正德丙寅，婺源戴铣又刊《朱子实纪》十二卷，惟主于铺张褒赠，以夸讲学之荣，殊不足道。至嘉靖壬子，建阳李默重编《年谱》五卷，《自序》谓'猥冗谬不合载者，悉以法削之。视旧本存者十七'。然默之学源出姚江，阴主朱、陆始异终同之说。多所窜乱，弥失其真。"

嘉靖三十二年（1553年）

李贵登进士第。

李贵，字廷良，丰城（今江西丰城）人。嘉靖三十二年（1553 年）进士，改庶吉士。"先尝编次《程明道郡邑政绩》一卷，此复增入周、张、朱、陆四子莅民之事，合为一书"①，即《宋五先生郡邑政绩》一卷。

嘉靖三十四年（1555 年）

柯维骐《宋史新编》200 卷撰成。

是书合三史为一，义例严整，并订正旧史之疏误。增加卫王、益王，即瑞宗、赵昺之《本纪》，置辽、金于《外国传》，与西夏、高丽同列。

今存，有《四库全书存目丛书》本，齐鲁书社 1996 年据明嘉靖刻本影印。

《四库全书总目》卷五十《史部·别史类存目》："《宋史新编》二百卷，明柯维骐撰。维骐，字奇纯，莆田人，嘉靖癸未进士，授南京户部主事，未任事而归，事迹俱《明史·文苑传》。史称其家居三十载，乃成是书。沈德符《敝帚轩剩语》称其作是书时，至于发愤自宫，以专思虑，可谓精勤之至。凡成《本纪》十四卷、《志》四十卷、《表》四卷、《列传》一百四十二卷。纠谬补遗，亦颇有所考订。然托克托等作《宋史》，其最无理者莫过于《道学》、《儒林》之分传，其最有理者莫过于《本纪》终瀛国公而不录二王，及辽、金两朝各自为史而不用《岛夷》、《索虏》互相附录之例。盖古之圣贤，亦不过儒者而已，无所谓道学者也。如以为儒者有悖于道，则悖道之人何必为之立传。如以为儒者虽不悖道而儒之名不足以尽道，则孔子之诏子夏，其误示以取法乎下耶。妄生分别，徒滋门户。且《太平御览》五百十卷中尝引《道学传》二条，一为《乐钜》，一为《孔总》，乃清净栖逸之士。袭其旧目，亦属未安。此必宜改者也，而维骐仍之。至于元破临安，宋统已绝，二王崎岖海岛，建号于断樯坏橹之间，偷息于鱼鳖鼋鼍之窟。此而以帝统归之，则淳维远遁以后，武庚构乱之初，彼独非夏、商嫡冢，神明之胄乎？何以三代以来，序正统者不及也？他如辽起滑盐，金兴肃慎，并受天明命，跨有中原。必似《元经》帝魏，尽黜南朝，固属一偏。

---

① 永瑢，等：《四库全书总目》卷61《宋五先生郡邑政绩》提要，中华书局1965年版，第555页中。

若夫南北分史，则李延寿之例。虽朱子生于南宋，其作《通鉴纲目》，亦沿其旧轨，未以为非。元人三史并修，诚定论也。而维骐强援蜀汉，增以《景炎》、《祥兴》。又以辽、金二朝置之《外国》，与西夏、高丽同列。又岂公论乎？大纲之谬如是，则区区补苴之功，其亦不足道也已。"

嘉靖三十五年（1556年）

孙宜卒。

孙宜（1507—1556年），字仲可，自号洞庭渔人，华容（今湖北潜江）人。嘉靖七年（1528年）举人。年五十卒。事迹见王世贞《弇州四部稿》卷八四《洞庭渔人传》。所著有《宋元史论》2卷、《邇言》17篇、《明初略》2卷、《洞庭山人集》53卷、《国朝事迹》120卷等。

孙宜《宋元史论》2卷今已佚。

李默卒。

李默（？—1556年），字时言，瓯宁（今福建建瓯）人。武宗正德十六年（1521年）进士，选庶吉士。历官吏部尚书、国子司业、礼部侍郎、浙江参政等职。性秉正不阿，以气节自负，敢于反对权贵；不近严嵩，凡有官吏任免，每持己意，与争可否。任吏部验封郎中时，真人邵元节贵幸，请封诰，李默执不予。嘉靖三十年（1551年），李默荐张臬为辽东巡使、吏部布政司，首辅严嵩上疏反对，指其荐人不当，李默罢官。次年，世宗下旨复用其为太子少保，兼翰林学士。嘉靖三十二年（1553年），倭寇侵犯东南，严嵩私党赵文华督察军情，受人之贿，颠倒功罪，诬蔑总督张经养寇失机，下狱处死。又诬陷李默偏执用人，造成东南抗倭军事失利。世宗大怒，将李默下锦衣卫狱，论死。嘉靖三十五年（1556年）二月，李默死于狱中。穆宗庆隆年间，南京给事中岑用宾等为其伸冤。李默冤狱得以昭雪，复官，给予祭葬。万历二年（1574年）追赠为太子少保。万历中，赐谥文愍。所著有《吏部职掌》4卷、《建宁人物志》3卷、《宁国府志》10卷、《朱子年谱》四卷等。事迹俱《明史》卷二百二《李默传》、焦竑《国朝献征录》卷二五。

李清馥《闽中理学渊源考》卷八六《成化以后诸先生学派·文愍李时言先生默》："所著有《群玉楼稿》、《孤树哀谈》、《建安人物传》、《朱子年谱》诸书皆传于世。"

嘉靖三十九年（1560 年）

罗洪先为《文山先生全集》撰《重刻文山先生文集序》。

今存，见《文山先生全集》卷首，《丛书集成初编》本据乌程许氏藏明刊本影印；罗洪先《念庵文集》卷十一《重刻文山集序》，文渊阁《四库全书》本。

罗洪先《重刻文山先生文集序》："吉安旧刻《文山先生文集》，简帙庞杂，篇句脱误，岁久漫漶，几不可读。中丞德安何公迁来抚江右，既出素所养者，布之教令，复表章列郡先哲，以风厉士人。会郡守浦江张公元谕始至，即举属之。张公手自编缉，厘类剔讹，出羡帑、选良梓刻。将半，致中丞之命于洪先，俾序所以校刻之意。尝观孟子论北宫黝孟施舍之养勇而有感焉，彼其不挫与无惧者，若诅盟而要结之，终其身不可解也。夫二子凭气者也，犹有为之所者，以主于中矧其进于是者耶。洪先于是反复先生之事，取证其诗与书，因得其平生之详而论之。始先生弱冠及第，忧归。四年，授京兆幕，而边事起，董阉力主和议，首应诏数其罪，乞斩之以安社稷且自罢免。既改洪州，复自罢，寻用故事，以馆职召进刑部郎，而董阉复用。又上疏求罢，自知瑞州，转江西提刑，为台臣论罢。后兼学士，为福建提刑。即又连论罢如江西，已而权学士院草制，忤贾似道，嗾台臣劾之，罢其少监，及除湖南运判，又论罢之。遂引钱若水例，致仕去。当是时，年才三十七耳。当其甫入朝，著非有兵革艰大之委，而国事它属，又无台谏纠刺之权，其言与否，宜未有訾及者，乃不能一日稍待，何哉？人之遭蹉跌者，往往回顾而改步，三已不愠，古人难之。今罢而仕，仕而复罢，经历摧创，至于六七，志愈坚，气愈烈，曾一不以自悔，此其中必有为之所者矣。且自始进而遽早休，当盛年而甘退处，目为猖狂而不辞，置之危地而不改，彼非异人之情也；亦曰为世道计，吾之心未能已也，与吾相持而不使其直遂者，势也。吾屈势而违心耶？亦求以自尽耶？是故事宁无成，不敢隐忍以讳言；言宁不用，不能观望以全身；身宁终废，不欲玩愒以充位。其必为此不为彼，决绝审固于死生之间，秋毫无所惶惑，是先生之平生也。今观其文辞，矫乎如云鸿之出风尘，泛乎如渚鸥之忘机械，凛乎如匣剑之蕴锋芒，至于陈告敷宣，肝胆毕露，旁引广喻，曲尽事情，则又沛乎如长江大河，百折东下，莫有当其腾迅者，此岂一朝一夕之故，偶得之者哉！及其洒泣入卫，捐家饷军，流离颠顿，出万死一生以图兴复。力既不支，犹以拘囚之余从容燕市，收三百年养士之功。迹愈久而声光不灭，使天下后世晓然知有人臣之义，莫不以为处死之难，古今未若是烈者。不知其屡罢而不悔为之者，诚豫也，使幸而不值其变则处死者，人必不闻，不幸而闻于人，人且叹其难矣，或拟之凭气而莫能原其所以为心。使先生平生所养卒不暴白于天下，后世是尚为知论世矣乎，夫不幸非人所常值也，值其幸而能自尽则亦何至于屡罢。夫惟求自尽而不免，屡罢则知决绝审，固于死生之间，盖有大不得已，而非先生所愿明矣，非所愿而必豫为之所逆。知其不免而未尝少动，古之知所养者，盖如此有世道之责者，其思有以豫待之哉！洪先生先生之乡，想慕其平生，设以身处而深有感于养气之说，因序集而并著之。呜呼！使人人皆知所养，不徒仰叹先生之难，将于世道必重。有赖二公风厉之意，至是效矣！嘉靖三十九年庚申二月望后学吉水罗洪先顿首谨书。"

嘉靖四十年（1561 年）

朱希召《宋历科状元录》8 卷刊刻。

今存，有《北京图书馆古籍珍本丛刊》本。

朱希召，字木峰，睢阳（今河南商丘南）人，其先昆山人，后徙居吴地。朱希召辑《宋历科状元录》数年而成，后由其子景元梓之。朱希召认为"积德由人，积学由己，锡福由天，岂偶然之故哉！固人之所当自力，抑亦非人力之所能为也"，希望能通过此书，使世人"知所慕则知所劝"，因而"先之以本传，论其世也，此外有所见，则次之，如国家之褒宠，先世之培植，兆形于先，至言验于如响，制科诗文之属，亦间附之，皆采之典籍"①。是书搜辑了 118 名宋代状元的资料，具有较高的史料价值。据是书《前序》可知朱希召乃成化二十年（1484 年）进士蓬庵宪副之子，弘治九年（1496 年）状元恭靖公（朱希周）之弟。

嘉靖四十一年（1562 年）

许天琦登进士。

许天琦（1520—1574 年），字大正，晋江（今福建省泉州市）人。嘉靖四十一年（1562 年）进士。历工科给事中，疏海防四事，转刑科给事中，

---

① 朱希召：《宋历科状元录》卷首《序》，《北京图书馆古籍珍本丛刊》本。

疏刑名弊源六事。许天琦性方毅，无所狎昵，绝不为人干请。平生独喜说《书》讲《易》，多自得笺注外，其议论老诚识大体，不尚沽激，一时学者以为指南，仕宦所至，英髦秀士执经请业，屡满户外。万历间任金腾兵备副使，初视事，见三宣六慰土府诸司悉受缅约束，深为叹息，遂一意招徕，宣谕威德，嘉与更始，诸夷稍通，未几卒，汉夷思之。所著有《周易管见》、《续宋史断》。曾与归有光同行北上①。事迹俱李清馥《闽中理学渊源考》卷七三《副使许赐山先生天琦》等。

嘉靖四十三年（1564 年）

罗洪先卒。

罗洪先（1504—1564 年），字达夫，吉水（今江西吉水）人。嘉靖八年（1529 年）进士，授翰林院修撰，即请告归。事亲孝，遭父丧，苦块蔬食，不入室者三年。继遭母忧，亦如之。嘉靖十八年（1539 年）召拜春坊左赞善。次年冬，疏请皇太子出御文华殿，违帝意，除名归。严嵩以同乡之故，拟假边才起用，皆力辞。虽宗王守仁良知学，然未及守仁门，后编定《阳明年谱》，自称"门人"。与王畿交好，但持论始终不同。隆庆初卒，赠光禄少卿，谥文恭。著《念庵文集》、《广舆地图》，编订《重刻文山先生文集》等。事迹俱《明史》卷二八三本传、黄宗羲《明儒学案》卷十八《江右相传学案》三《文恭罗念庵先生洪先》。

嘉靖四十五年（1566 年）

薛应旂《宋元通鉴》157 卷刊刻。

今存，有《四库全书存目丛书》本，齐鲁书社 1996 年据明嘉靖四十五年自刻本影印。

朱彝尊《静志居诗话》卷十二："方山以帖括擅长，既负时名，遂专著述。所续《通鉴》，孤陋寡闻，如王偁、李焘、杨仲良、徐梦莘、刘时举、彭百川、李心传、叶绍翁、陈均、徐自明，诸家之书，多未寓目。并辽、金二史，亦削而不书。惟道学宗派特详尔。……文献不足徵，是谁之过与？昔刘仲原父谓：'可惜欧九不读书。'览方山遗编，颇同此恨。"②

---

① 归有光：《震川文集》卷 19《曹子见墓志铭》，文渊阁《四库全书》本。
② 朱彝尊著，黄君坦校点《静志居诗话》卷 12，人民文学出版社 1990 年版，第 347 页。

嘉靖年间，赵贞吉、何良俊尝议改修宋史而无果。

何良俊《四友斋丛说》卷五《史》："史至宋、元、辽、金四家而鄙猥极矣。余在南都时①，赵大周先生尝议欲删改宋史。余以为非同志三四人不可。盖列传中有事不关于朝廷，又非奇伟卓绝之行，或武臣之业，非以劳定国以死勤事而其功但在一方者，皆不得立传。须削去数百人。共有一事或相关数人，而彼此互载重复太甚者，当尽数抹去。或一人传中其一二事可录，而因及他事有猥琐不足纪载者，亦尽数抹去。然后以宋朝诸名公小说可以传信者，以次添入。则庶乎其书可传。大周深以为是。后大周以内艰去。余亦羁旅落拓，无可共事者，其事遂寝。"②

穆宗隆庆元年（1567 年）

王宗沐《宋元资治通鉴》（一名《续资治通鉴》）64 卷刊刻。

今存，有《四库未收书辑刊》本，北京出版社 2000 年据明吴中珩刻本影印。

陈建卒。

陈建（1497—1567 年），字廷肇，号清澜，人称清澜先生，别署清澜钓叟、粤滨逸史等。东莞（今广东东莞）人。嘉靖七年（1528 年）举人。究心因革治乱之迹，以及道术邪正之机。嘉靖八年（1529 年）、十一年（1532 年）会试，皆中副榜，选授福建侯官县教谕，时年三十六岁。在任期间，与巡按白贲论李西涯《乐府》，因著《拟古乐府通考》，与督学潘璜论朱陆同异，作《朱陆编年考》；督学江以达命校《十三经注疏》，峻成，迁临江府学教授。编《周子全书》、《程子遗书》、《学蔀通辨》，大有造于来学。寻升山东信阳令，兴利除害，民称颂焉。嘉靖二十三年（1544 年），以母老归养，更加锐意于著述，哀辑《明朝通纪》，成为著作《明史》之前奏，为海内所宗。事迹见清《广东通志》卷四七《人物志》本传。

隆庆三年（1569 年）

宋端仪撰，薛应旂重辑《考亭渊源录》24 卷刊刻。

今存，有《四库全书存目丛书》本，齐鲁书社 1996 年据明隆庆三年林

---

① 按：时期大概在嘉靖三十二年（1553 年）至嘉靖四十年（1561 年）。
② 何良俊：《四友斋丛说》卷 5《史》，中华书局 1959 年版，第 48 页。

润刻本影印。

《四库全书总目》卷六一《史部·传记类存目》三："《考亭渊源录》二十四卷，明宋端仪撰，薛应旂重修。端仪字孔时，莆田人。成化辛丑进士，官至广东提学佥事，事迹俱《明史》本传。应旂有《四书人物考》，已著录。此编仿《伊洛渊源录》之例，首列延平李侗、籍溪胡宪、屏山刘子翚、白水刘勉之四人，以溯师承之所自。次载朱子始末。次及同时友人，至南轩、张栻以下七人。次则备列考亭门人，自黄幹以下二百九十三人。其二十三卷则门人之无记述文字者，但列其名，凡八十八人。末卷则考亭叛徒赵师雍、傅伯寿、胡纮等三人，亦用《伊洛渊源录》载邢恕例也。史称端仪慨建文朝忠臣湮没，乃搜辑遗书，为《革除录》。建文忠臣之有录，自端仪始。然其书今未见，即此书原本亦未见，世所行者惟应旂重修之本。应旂作《宋元通鉴》，于道学宗派，多所纪录，此书盖犹是意。然应旂初学于王守仁，讲陆氏之学。晚乃研穷洛、闽之旨，兼取朱子。故其书《目录》后有云：'两先生实所以相成，非所以相反。'遂以陆九渊兄弟三人列《考亭渊源录》中，名实未免乖舛也。"

隆庆五年（1571 年）

归有光卒。

按：归有光曾想改编《宋史》，未成，今有《宋史论赞》一卷，见《震川文集》别集卷五《宋史论赞》。今有文渊阁《四库全书》本，及上海古籍出版社 1981 年点校本。

归有光（1506—1571 年），字熙甫，又字开甫，号项脊生，别号震川，昆山（今江苏昆山）人。嘉靖十九年（1540 年）中举，后来八上春官不第，徙居嘉定安亭江上，读书谈道，学徒常数百人，称为"震川先生"。嘉靖四十四年（1565 年）进士，后被大学士高拱推荐，官至南京太仆寺丞。参与撰修《世宗实录》，以劳成疾，卒于南京，年六十五岁。所著有《读史纂言》10 卷、《三吴水利录》4 卷、《太仆集》32 卷、《震川先生集》30 卷、《别集》10 卷等。其中《震川先生别集》卷五收有归有光研究宋史所得《宋史论赞》1 卷。事迹俱《明史》卷二八七《归有光传》。

李桢登进士

李桢，生卒年不详，字维卿，安化（今甘肃省庆阳县）人，隆庆五年

（1571 年）进士，擢御史，累迁顺天府丞，洮河有警，李桢极言贡市非策，力诋边吏四失，以右佥都御史巡抚湖广，累迁兵部侍郎。日本封贡事偾，诏议战守，寻摄部事，以平壤、王京、釜山皆朝鲜要地，请修建大城，兴屯开镇，且列战守 15 策，具允行，又数上方略，多合机宜，终南京刑部尚书。性格孤介廉方，万历二十一年（1593 年），安希范上疏明廷请予表彰。所著有《濂溪志》9 卷，刻于万历二十一年（1593 年）。事迹俱《明史》卷二二一《李桢传》、乾隆《大清一统志》卷二〇三、《御选明臣奏议》卷三二安希范《请斥奸奖忠疏》。

神宗万历元年（1573 年）

何良俊卒。

何良俊（1506—1573 年），字元朗，号柘湖，松江华亭（今上海松江）人。嘉靖中贡生，以荐授南京翰林院孔目，后弃官归乡，专心著述，与文征明等友善。所居名"四友斋"，取意与古人庄周、王维、白居易为友。史称其"少笃学，二十年不下楼"。善诗文，以博学闻于一时。著有《何氏语林》、《四友斋丛说》等。尝与赵贞吉议改修宋史，未果。事迹见《明史》卷二八七、焦竑《国朝献征录》卷二三。

万历二年（1574）

徐阶卒。

徐阶（1503—1583 年），字子升，号少湖，又号存斋，华亭（今上海松江）人。早年工诗文，善书法。嘉靖二年（1523 年）进士，授编修，进礼部尚书，东阁大学士，参与机要。因密疏揭发咸宁侯仇鸾的罪行，取得世宗信任。时值严嵩当政，能谨慎以待，又善于迎合帝意，故能久安于位。嘉靖四十一年（1562 年），官至吏部尚书，建极殿大学士。后因与阁臣高拱不合，被迫于隆庆二年（1568 年）致仕。卒赠太师，谥文贞。事迹见黄宗羲《明儒学案》卷二七《文贞徐存斋先生阶》、乾隆《清一统志》卷五九、《明史》卷二一三《徐阶传》。所著有《经世堂集》26 卷、《少湖文集》10卷。又有《岳集》（一名《岳庙集》）5 卷。据清朝四库馆臣考证，《岳集》杂出众人之手，不应专属一人之名。其中可考者有四川夹江（今四川夹江）人张庭，南直隶太平（今安徽当涂）人焦煜，两人均为徐阶同年（同为嘉靖二年进士。——笔者按)①。

柯维骐卒。

柯维骐（1497—1574年），字奇纯，号希斋，莆田（今福建莆田）人。嘉靖二年（1523年）进士，授南京户部主事，未赴引疾归。专志读书，著书自任，门人四百余。问辨心学，讲释经传，训学者以务实，作《左右二铭》、《讲义问答》等篇。积20年之力，会通宋、辽、金三史为一，义例严整，名曰《宋史新编》，凡200卷。然明人胡应麟评曰："柯维骐《宋史新编》稍去芜蔓而笔力痿弱，无发明，殆若节抄耳。"② 所作诗文集并行于世。柯维骐家困甚，终不妄取，世味无所嗜。隆庆初，廷臣复荐授承德郎，致仕。所著尚有《史记考要》10卷、《莆阳文献志》24卷、《艺余集》10卷，击异订讹，上下古今。尝谓求士于三代而下，必以砥砺名行为本，功业文章则又其次，家居五十年，前后抚按、台垣交荐，皆不起，年七十八卒。事迹俱《明史》卷二八七《柯维骐传》。

朱彝尊《静志居诗话》卷十二："宋、辽、金、元四史，惟《金史》差善，其余潦草牵率，岂金匮石室之所宜储？希斋撰《新编》，会宋、辽、金三史为一，以宋为正统，辽、金附焉。升瀛国公益、卫二王于帝纪以存统，正亡国诸叛臣之名以明伦，列道学于循吏之前以尊儒，历二十载而成书，可谓有志之士矣。其诗文曰《艺余》者，编《宋史》之暇作也。先是揭阳王昂撰《宋史补》，台州王洙撰《宋元史质》，皆略焉不详，至柯氏而体稍备。其后临川汤显祖义仍、祥符王维俭损仲、吉水刘同升孝则，咸有事改修。汤、刘稿尚未定，损仲《宋史记》沉于汴水，余从吴兴潘氏抄得，仅存。然三史取材，纪传则曾巩、王偁、杜大圭、彭百川、叶隆礼、宇文懋昭。编年则李焘、汤仲良、陈均、陈桱。礼乐则聂崇义、欧阳修、司马光、陈祥道、陈旸、陆佃、郑居中、张暐。职官则孙逢吉、陈骙、徐自明。舆地则乐史、王存、欧阳忞、税安礼、王象之、祝穆、潘自牧。著录则王尧臣、晁公武、郑樵、赵希弁、陈振孙。类事则徐梦莘、孟元老、李心传、叶绍翁、吕中、马端临、赵秉善、刘祁。述文则赵汝愚、吕祖谦。诸书具在，以予浅

① 永瑢，等：《四库全书总目》卷60《史部·传记类存目》二《岳庙集》提要，中华书局1965年版，第541页。
② 胡应麟：《少室山房集》卷101《读宋辽金三史及〈宋史新编〉》，文渊阁《四库全书》本。

学，亦曾过读。其他宋、金、元人文集，约存六百家。郡县山水志，以及野史说部又不下五百家。及今改修，文献尚犹可徵。予尝欲据诸书，考其是非同异，后定一书。惜乎，老矣未能也。"①

薛应旂卒。

薛应旂（1499—1574 年），字仲常，号方山，直隶武进（今江苏常州）人。嘉靖十四年（1535 年）进士，授慈溪知县，改九江教授。累迁南京考功郎中，主京察，忤严嵩，谪建昌通判。嘉靖末，历浙江提学副使，改陕西，以大计罢归。精通科举文字，与王鏊、唐顺之、瞿景淳齐名。曾就学于王守仁，主"良知"说，晚年潜心学术。著述甚丰，有《宋元通鉴》、《宪章录》、《甲子会纪》、《浙江通志》、《考亭渊源录》、《四书人物考》、《明朝人物考》、《隐逸传》、《高士传》、《学政公移》、《明儒论宗》、《薛方山纪述》、《薛子庸语》、《方山文录》、《方山集》、《方山诗说》等。事迹见《明儒学案》卷二五《提学薛方山先生应旂》。

唐枢卒。

唐枢有《宋学商求》1 卷《附录》1 卷。

今存，有《四库全书存目丛书》本，齐鲁书社 1996 年据明嘉靖万历间刻《木钟台集初集十种十卷再集十种十一卷杂集十种十卷》本影印。

卷首唐枢自《序》云："孔孟没，道学之传发挥于宋诸儒，诸儒之学是非浅深宏狭种种备具。予自幼就而学焉，摹拟归趣以求自得，兹将老矣无闻，故吾不觉内赧。偶郊居静坐，寻肆有及，因札记之，借为离索师友集成，命曰《宋学商求》，言念宜心术悟况暇方人，以自警哉。以予之质，籍警于外且繁尚无所发明，而况不为此也。夫道出于天学折于圣，逆而求之，尧舜周孔则能与天地相似，而顾以宋为乎。以予之质，从事于近且繁尚无所发明，而况不为此也，是故合之于博，以说约投之于困，以冀通考之，于参以互异历之以渐，以追古业之于所常习以希远其斯学之序乎，以予之质，乌乎，诞言之也，盖托以存其志也，归安唐枢书于东皋浃大楼。"

《四库全书总目》卷一二四《子部·杂家类存目》一："《宋学商求》一卷、《附录》一卷，明唐枢撰。枢有《易修墨守》，已著录。其学援儒入

---

① 朱彝尊著，黄君坦校点《静志居诗话》卷 12，人民文学出版社 1990 年版，第 323 页。

墨，纯涉狂禅。所刻《木钟台集》，无非恣肆之论。此编皆评论宋儒，大抵近于禅者则誉，不近于禅者则毁，不足与辨是非。《附录》一卷，则其与人论学之语，以发明此书之意者也。"

唐枢（1497—1574 年），字惟中，号一庵，归安人（今浙江归安）。世宗嘉靖五年（1526 年）进士。官至刑部主事。喜四处游历，增广见闻，观察世情民生，且能言善辩，文章绝妙。因疏争李福达事招致世宗大怒，被削籍为民。穆宗隆庆初年，复官，以年老加秩致仕。著有《湖州府志》14 卷、嘉靖《乌程县志》2 卷，嘉靖《孝丰县志》6 卷，有志乘之才。早年入南京国子监师事湛若水，主张随处体认天理，后慕王守仁"致良知"之学，力图将二学合而精究，调和二者分歧。提出"真心"说，认为心能通天地包万物而居于宇宙中心，曰："心无弗有，无弗能，宰制万物，放诸四海而准。与天地参，不容伪者也"①，故称为"真心"，即"良知"。后又提出"讨真心"，主张通过学问思辨笃行之功，去人欲做存天理工夫，即"致良知"。讲学著书近 40 年，初于归安城东门外治木钟台讲学，从游者甚众。监司及守令为之创一庵书院。许孚远、王爱、钱镇皆出其门。著有《礼玄剩语》、《真谈》、《景行馆论》、《一庵语录》等。其弟子李乐编有《唐一庵先生年谱》1 卷。《明史》卷二〇六有传。

万历四年（1576 年）

赵贞吉卒。

赵贞吉（1508—1576 年），字孟静，号大洲，内江（今属四川）人。学博才高，最善王守仁学，然好刚使气，动与物迕。嘉靖七年（1528 年）中乡试。次年会试下第，归而习佛。嘉靖十四年（1535 年）进士，选庶吉士，授翰林院编修。俺答逼迫京师，赵贞吉上良策，世宗闻其言而神安，但终因严嵩掣肘而被世宗认为漫无区画，下诏狱，谪荔波（今属贵州）典史。后起为南京吏部文选司主事。嘉靖四十年（1561 年）迁户部右侍郎，旋以严嵩故罢。隆庆初，起礼部左侍郎，掌詹事府。后以原官摄国子监祭酒。寻迁南京礼部尚书。隆庆三年（1569 年）秋，兼文渊阁大学士，参预机务，次

① 唐枢：《真谈》，齐鲁书社 1996 年据明嘉靖万历间刻本影印，《四库全书存目丛书》子部第 162 册，第 479 页上。

年罢归。居家以著述为任。卒，赠少保，谥文肃。尝与何良俊议改修宋史，未果。事迹俱《明史》卷一九三《赵贞吉传》、黄宗羲《明儒学案》卷三三《文肃赵大洲先生贞吉》。

万历五年（1577 年）

霍鹏登进士。

霍鹏（1553—1610 年），字抟南，号三明居士，井陉（今河北井陉）人。万历五年（1577 年）进士，授知县。升南京大理评事，出知汝宁府，开河灌田，民赖其利，累迁副都御史。巡抚大同，恩威并著，在任五年，边圉安靖。以母病乞休，暂准，回籍抵里。病甚而卒。事迹见《山东通志》卷十五、《畿辅通志》卷七五。著有《宋史抄节》14 卷、《辽史抄节》2 卷、《金史抄节》6 卷、《元史抄节》7 卷等，载黄虞稷《千顷堂书目》卷五《史抄类》。今均未见。

万历十三年（1585 年）

唐伯元《二程年谱》2 卷刊刻。

《四库全书总目》卷六十《史部·传记类存目》二："《二程年谱》二卷，明唐伯元撰，国朝黄中订补。伯元字仁卿，澄海人，万历甲戌进士，官至南京吏部文选司郎中，事迹俱《明史·儒林传》。中字平子，号云瀑，舒城人。考二程遗书，有《伊川年谱》而无《明道年谱》。《宋文鉴》所载《明道墓志》，朱子又偶未见，故别为之行状。此书取《明道行状》改为《年谱》，又取《伊川年谱》小变其体例，均无所考正，仅因袭旧文而已。"

今存，有万历十三年（1585 年）姜召校刊本，附唐伯元《二程类语》（一名《二程先生类语》、《二程先生新语》）之末。

张应登《汤阴精忠庙志》10 卷撰成。

今存。北京：全国图书馆缩微文献复制中心 1992 年据万历十五年（1587 年）汤阴刻本拍摄（胶片 DJO614-5）。

按，清汤阴知县杨世达得张氏之书，惜其旧板散失，故搜考遗篇，稍加订正，于雍正十三年（1735 年）成书，并于乾隆十五年（1750 年）续纂。今有吴平，张智主编《中国祠墓志丛刊》本，据清雍正十三年（1753 年）刻本影印，扬州：广陵书社，2004 年。此本易见。

黄虞稷《千顷堂书目》卷八《地理类》下："《汤阴精忠庙志》十卷。"

胡玉缙《续四库提要三种》卷二《史部·地理类》："《汤阴精忠庙志》十卷，明张应登撰。应登字玉车，内江人。'精忠庙'者，岳飞庙之赐额也。是志应登官彰德府推官时所辑。一卷为庙图、先茔、世系、遗像、年表，二卷为本传，三卷为子孙、部将附传，四卷为宸翰，五卷为丝纶，六卷为家集，七卷为褒典，八、九、十卷为艺文。前有郭朴《序》及推官张修志公文。为江南图书馆所藏明刊本。"①

郭朴《汤阴精忠庙志序》："《精忠庙志》十卷，彰德司理内江张玉车氏所褒忠武岳鄂王事迹也。'精忠'，实王庙赐额云。盖玉车氏幼闻长老谈王之事，辄愤郁悲怆，每一念至，泪未尝不籁籁下也。无亦壮王夙负忠义，智勇绝伦，屡立战功，力图恢复；伤其气志弗信，竟陷非命，而尤切齿于贼桧之诬诛耶？久之，精诚感通，屡形诸梦寐，王之神相与话言斯亦奇矣。擢第来郡，汤阴实为属邑，展谒王庙，洋洋若临。念旧志弗称严祀，慨然肩载笔之任。乃搜罗群籍，采掇菁英，抽绎世史，探索本实；且议配享，而正袭讹，像刺侠以殛桧奸。逾年，梓人告成事，精忠事迹，焕乎其灿列矣。岂惟荡里文献之征，亦近世士林快睹也。毖哉东野子曰，忠武王祀典列于海内者四，他丛祠弗论已。武昌王开府之地，宋乾道所建者；杭祠王坟墓在焉；朱仙镇王敌忾之区；汤阴则王故里也，建祠赐额实始我朝。昔在宋末，虽雪王之冤，褒王之忠，赐爵谥，崇祠宇，余意王之神弗歆也。何也？王平生之志，宗社为重，而不知有死生；恢复为急，而不知有利害；知有华夷之限，君父之仇，而不知有身家之祸福。班师一召，国事已去，中原沦夷，宋社且屋，王之神痛愤于冥漠者，不知何似，宁忍降鉴于牲币俎豆间耶？迨我国家皇祖，神武开天，迅扫胡氛，荡清寰宇，陈我夏常，崇王秩祀，王之幽愤至是其始纾慰矣乎？明禋之歆飨也，休有烈光哉？且也王之神默启哲士心，成此巨编，自今以往，故里庙祀，益加崇重矣。玉车氏志通于神明，而风厉于世道者，岂其微哉。矧忠义天地正气，古今天下人心之所同也，一有以兴起之，则世之报国者，思自奋于大节；谋国者，无自坏其长城，孰非激于王之忠义者乎？呜呼！'天生烝民，有物有则，民之秉夷，好是懿德'，余闻之，

---

① 胡玉缙：《续四库提要三种》，上海书店出版社 2002 年版，第 109 页。

《周雅》云。"

张应登，生卒年不详。内江（今属四川）人，万历十一年（1583年）进士，授河南彰德府（今河南安阳）推官。万历十三年（1585年）兼林县知县，并于此年编辑《汤阴精忠庙志》十卷，光禄大夫少傅兼吏部尚书武英殿大学士郭朴作序。万历十四年（1586年），议请建施全祠并铸施岳飞全铜像立于秦桧等铁跪像背后，同时书"忠"、"孝"两大字，刻石镶嵌于精忠坊两侧。后，又议请撤去周三畏祠改为八公祠。历吏、兵两科给事中，任山东宪副，以边才调陇右。应登性慷慨，风裁峻整，在谏垣日多所论建。如，请兵食，清戎政，罢楚师，置三省总督，核东征功罪，论西讨战，抚机宜，皆能称旨，时称为名给谏。事迹见《四川通志》卷九上《人物》（文渊阁《四库全书》本）。

万历十五年（1587年）

海瑞卒。

海瑞（1514—1587年），字汝贤，一字应麟，号刚峰。广东琼山（今海南海口）人。明世宗嘉靖二十八年（1549年）举于乡。嘉靖三十三年（1554年）开始宦游，先后出任福建南平县教谕、浙江淳安县知县、户部云南司主事。嘉靖四十五年（1566年），上《治安疏》，陈时政之弊，称"吏贪官横，民不聊生，水旱无时，盗贼滋识"。世宗阅罢大怒，逮捕下狱，论死。未几，穆宗即位，获释，迁右佥都御史。隆庆三年（1569年），巡抚应天（今江苏南京）十府，兴利除弊，疏浚吴淞江，抑制豪强，扶植贫弱，均赋役，推行"一条鞭法"。但仅七个月即被开缺，在家闲居达16年之久。万历十三年（1585年），擢南京吏部右侍郎。卒于任上，谥忠介。著有《备忘集》、《海刚峰先生集》、《元祐党人碑考》、《伪学逆党籍》等，今人编有《海瑞集》。

所著《元祐党籍碑考》1卷附《庆元伪学党籍》1卷，今存，有《续修四库全书》本，上海古籍出版社2002年据清道光十一年六安晁氏木活字《学海类编》本影印、中华书局1962年陈义钟编校《海瑞集》本。

卷首海瑞《元祐党籍碑考序》曰："元祐党碑，宋立于文德殿之东壁，蔡京书之也。伪学逆籍，作恶于韩侂胄，颁行于天下者也。然皆一时贤人君子遭厄被诬，岂知实所显扬诸君子之名于千万世矣哉。惜史未能全收入，未尽知。今考参《道命录》、《陶朱新录》等书，分门共录，载之于左，使后学之士一览可知，庶不至善善恶恶之颠倒也。然元祐之党，刘元城谓止七十八人；庆元之党，黄勉斋谓非党者甚多，此又不知何据而云，熟史者证之，海瑞识。"

《四库全书总目》卷六一《史部·传记类存目》三："《元祐党人碑考》一卷，明海瑞撰。瑞字汝贤，号刚峰，琼山人，由举人官至南京右都御史，谥忠介，事迹俱《明史》本传。案《元祐党人碑》载于李心传《道命录》、马纯《陶朱新录》者互有异同。兹则专以《道命录》为主，其阙者则以他书补之，故所录人数较他书为多。如曾任执政之黄履、张商英、蒋之奇，曾任待制之张畏、岑象求、周鼎以下十余人，皆他本所未载者，搜罗可谓博矣。至所附《庆元伪学党籍》，与他书无所同异，固不及《永乐大典》所载《庆元党禁》之详备也。"

万历十七年（1589 年）

朱吾弼登进士。

朱吾弼（1560？—1630 年），字谐卿，高安人。万历十七年（1589 年）进士，授宁国推官。征授南京御史，有直声。时礼部侍郎郭正城以楚事系，朱吾弼抗章申理，忤旨，遂移疾去。召为大理右丞，齐、楚、浙三党用事，朱吾弼复辞疾归。熹宗立，召还，累迁南京太仆寺卿，为御史吴裕中劾罢。事迹俱《明史》卷二四二本传。著有《墨林漫稿》、《朱子奏议》等，重刊《分类标注朱子经济文衡》，《四库全书总目》卷九五《子部·儒家类存目》一《分类标注朱子经济文衡》提要："《分类标注朱子经济文衡》七十五卷，宋滕珙编。其原本已著录，此本为明朱吾弼重刊，即珙之书而标其要语于简端，以备答策之用。殊为猥陋。"

《四库全书总目》卷五六《史部·诏令奏议类存目》之《朱子奏议》提要："《朱子奏议》十五卷，明朱吾弼编。吾弼字谐卿，号密林，高安人。……是编皆自《晦庵集》中抄出，凡章奏十卷，书状、札子五卷。《朱子文集》，家弦户诵，此刻可谓屋下屋，床上床矣。"今书不存。

万历十八年（1590 年）

王世贞卒。

王世贞（1526—1590 年），字元美，号凤洲，又号弇州山人。太仓州

（今江苏太仓）人。嘉靖二十六年（1547 年）进士，授刑部主事。严嵩当权期间，其父王忬因疏失职事，被处决，遂弃官家居。隆庆初，复出仕，累官刑部尚书。后移疾归。好为诗文，与李攀龙齐名，狎主文盟，世称“王李”，同为“后七子”领袖。李攀龙没，王世贞独主坛坫二十年，声势颇大。《明史》卷二八七《王世贞传》记载，其于“后七子”中，“才最高，地望最显，声华意气笼盖海内。一时士大夫及山人、词客、衲子、羽流，莫不奔走门下。片言褒赏，声价骤起。其持论，文必西汉，诗必盛唐，大历以后书勿读。而藻饰太甚，晚年，攻者渐起；世贞顾渐造平淡，病亟时，刘凤往视，见其手《苏子瞻集》，讽玩不置也。”著有《弇州山人四部稿》、辑《苏长公外纪》等。

万历十九年（1591 年）

王宗沐卒。

王宗沐（1523—1591 年），字新甫，号敬所，临海（今属浙江）人。嘉靖二十三年（1544 年）进士，授刑部主事，与同官李攀龙、王世贞辈以诗文相友善。宗沐尤习吏治，历江西提学副使，修白鹿洞书院，引诸生讲习其中。隆庆中，擢拜右副都御史，总督漕运，兼巡抚凤阳，极陈运军之苦，请旨优恤，又以河决无常，运道终梗，欲复海运，因条上便宜七事。徐邳俗悍多奸，盐徒出没，六安霍山矿贼窃发，宗沐奏，设守将，又召豪侠巨室充义勇，责令捕盗，后多有功，进刑部左侍郎。万历九年（1581 年）以京察拾遗罢归。卒赠尚书。天启初，追谥襄裕。所著书有《宋元资治通鉴》64 卷、《江西省大志》8 卷、《海运志》1 卷、《朱子大全私抄》12 卷、《南华经别编》2 卷、《敬所集》30 卷等。事迹见黄宗羲《明儒学案》卷十五《侍郎王敬所先生宗沐》。

万历二十年（1592 年）

李桢刊刻《岳武穆集》6 卷。

今存，有明万历刻本，藏中国国家图书馆。另，台湾故宫博物院图书馆藏有明万历壬辰（1592 年）北地李氏原刊本。

王重民《中国善本书提要·集部·别集类》：“《岳武穆集》六卷。四册，藏北图。明万历间刻本。宋岳飞撰。明李桢辑。桢抚楚时，修葺岳庙，因刊是集。按《存目》卷六十有徐阶《岳庙集》四卷（原本五卷），其庙在楚，徐缙芳《精忠类编》八卷，其庙在浙；此本诸序跋均不言就徐本重编，然考其内容：卷一《传类》，卷二《制类》，卷三《文类》，卷四《议类》、《序类》，卷五《记类》，卷六《辞赋乐府类》，一一与徐本相同。且《序类》载徐阶《岳庙集序略》，为曾见徐本之证，而此本为就徐本增辑，审矣。"① 此本卷末附有赵钦阳所撰《序》，以及万历二十年（1592 年）刘玉成所撰《序》。

万历二十一年（1593 年）

李桢《濂溪志》9 卷刊刻。

今存，有《续修四库全书》本（存卷二至卷九），上海古籍出版社 2002年据明万历二十一年刻本影印。

《四库全书总目》卷六十《史部·传记类存目》二："《濂溪志》九卷，明李桢撰。桢字维卿，安化人，隆庆辛未进士，官至南京刑部尚书，事迹俱《明史》本传。是编虽以濂溪为名，似乎地志，实则述周子之事实。首载《太极图说》、《通书》，次墓志及诸儒议论、历代褒崇之典，次古今纪述，次古今题咏并祭告之文。"

万历二十二年（1594 年）

王世贞辑《苏长公外纪》10 卷刊刻。

今存，有明万历二十二年（1594 年）璩氏燕古斋刻本，藏北京师范大学图书馆。

北京师范大学图书馆古籍部编《北京师范大学图书馆古籍善本书目》史部《传记类》："《苏长公外纪》十二卷，明王世贞编。明万历二十二年（1594 年）璩氏燕石斋刊本。八册，十行十八字，白口，左右双边。版心下镌'燕石斋'及刻工。钤'沈长藏书之印'、'孝诚书屋'印。"② 按：著录"十二卷"误，当作"十卷"。

刘定之撰《宋论》3 卷刊刻。

今存，无单行本，存于《呆斋存稿》卷五至七中，有《四库全书存目丛书》本，据明万历二十二年（1594 年）杨一桂补刻本影印。

① 王重民：《中国善本书提要》，上海古籍出版社 1983 年版，第 529 页。

② 北京师范大学图书馆古籍部 编：《北京师范大学图书馆古籍善本书目》史部《传记类》，北京图书馆出版社 2002 年版，第 72 页。

按：刘定之撰《宋论》3卷，取《宋史》自太祖迄卫王事迹，每条节文提要，各为论于其后，凡28篇，"持论颇正"①。是书在其卒后刊刻，前有吴琛《宋论序》："光辅圣君，自始至终，日处翰苑宥密之地，优游涵泳，德与年俱进，学比前益富。于制作之暇，乃取《宋史》，自太祖起至帝昺止，节文以提要，雄辞以立论，微显阐幽，褒善贬恶，轻重予夺，不假毫发，诚三长之史笔，一代之文鉴，发前史所未发者也。"② 不久，翻刻于福建。前有何乔新《宋论序》："古之作史评者多矣，若迁、固之论赞，司马文正公之《治鉴》，苏文忠公之《志林》，致堂胡公之《管见》，尤所谓杰然者也。……间读《宋史》，取其治乱兴衰之大者，辨其是非，评其得失，而著此论二十有八篇。如论陈桥之变，以为本于太祖之素心。论金匮之书，以为出于太宗之假托。元符之获秦玺，则谓踵天书之故智。金人之逼汴都，则谓兆于灵素妖言。他若引斧斲地之疑，屈己和戎之辨，皆先儒所未发，真百世不易之论也。"③

黄虞稷《千顷堂书目》卷五《别史类》："刘定之《呆斋宋论》三卷。"

傅增湘《藏园群书经眼录》卷六《史部》四《史评类》："《宋论》三卷，明永新刘定之撰。明成化八年刊本，十行二十字。"

万历二十三年（1595年）

王世贞辑，璩之璞补编《苏长公外纪》12卷刊刻。

今存，有明万历二十二年（1594年）璩氏燕石斋刻二十三年（1595年）重修本，藏中国国家图书馆。明季收入《宋四家外纪》，今有《四库全书存目丛书》本，据东北师范大学图书馆藏明刻本影印。

《明史》卷九七《艺文》二《传记类》："璩之璞《苏长公外纪》十二卷。"

翁方纲《翁方纲纂四库提要稿》史部："《苏长公外纪》十二卷，明王世贞撰，明璩之璞补编。兹王弇州先生久有《外纪》之刻，其年谱、传志并其小言，分为十卷。万历丙申岁仲冬，无如居士汪廷讷序。当吾少壮时，

---

① 永瑢，等：《四库全书总目》卷89《宋论》提要，中华书局1965年版，第759页下。

② 梁梦龙：《史要编》卷10，《四库全书存目丛书》史部第138册据明隆庆六年刻本影印，第548页上。

③ 何乔新：《椒邱文集》卷9《宋论序》，文渊阁《四库全书》本。

与于鳞习为古文辞，殊不能相入，晚而稍安之。毋论苏公文，即其诗最号为雅变杂糅者，虽不能为吾式，而亦足为吾用。以故取公年谱及传志略存之，而复蕞公之小言，与诸家评骘、记述琐屑，亦一一附录，约为十卷，名之曰《苏长公外纪》。弇州山人琅琊王世贞序。是书初属诸名士刊定，乃为傭书谬误，再加厘正云云。廿三年乙未，璠又识。□□□曰：弇州司寇手编《苏长公外纪》十卷，各从其类，为目二十，约事六百九十有奇，始为殷无美评骘。今甲午，余从姜伯甫借阅抄本，因遍考长公全集，按题审类，刊正重复，兼引宋元及我朝诸小史嘉话，并《弇州四部稿》所载长公事，亦撮百余事，次第补入。余复旁采群籍又百有余事，系之终卷，总名曰'逸编'，不拘以类。顷携入都门，冯开之太史、周岐阳武选复为考订，更加详审，录成，纪其岁月，藏之燕石斋中。（眉注：并无岁月，有'甲午'，又不知是何'甲午'。）……谨按：《苏长公外纪》十二卷，前十卷明太仓王世贞编，后二卷明南昌璩之璞补编。前有王世贞序。不著编辑年月。其序末有璩之璞校勘识语，在万历廿三年乙未。世贞卒于万历二十一年癸巳，而汪廷讷序在丙申，则是书之补订当世贞卒后二年许。相传世贞病亟，有往视其病者，见其手《苏集》一编不置。其自论《艺苑卮言》曰：作《卮言》时年未四十，与于鳞辈是古非今，此长处短，未为定论，惟有随事改正，勿误后人。与此序言'早年与苏不相入，晚而稍安'之论相合。第一卷即五羊王宗稷年谱，以下杂采诸书，略分类目。每条注原出书名，而如《百川学海》、《说郛》等皆不指明何书，则犹坊刻陋习也。应存目。"①

沈津《美国哈佛大学哈佛燕京图书馆中文善本书志》史部"明万历璩氏燕石斋刻重修本苏长公外纪"条："《苏长公外纪》十二卷，明王世贞辑，明璩之璞校补。明万历二十二年（1594 年）璩氏燕石斋刻二十三年（1595 年）重修本。六册。半页十行十八字，四周单边，白口，单鱼尾，书口下有'燕石斋刊'，并间有刻工。框高 17.9 厘米，宽 12.1 厘米。题'明琅琊王世贞编次，新安汪廷讷校定'。前有万历二十四年（1596 年）汪廷讷序、王世贞序。目录后有万历二十二年璩之璞跋。……是书计分年谱、遗事、恩遇、

---

① 翁方纲：《翁方纲纂四库提要稿》史部，吴格整理，上海科学技术文献出版社 2005 年版，第 323—325 页。

赏誉、好士、志行、政术、诗话、文谈、考误、玄理、禅那、调谑、风流、书画、杂记、遗迹、讥评、诗案、逸编二十目。乃王世贞取苏轼年谱及传志，并蕞轼之小言与诸家之评骘、纪述、琐屑，一一附录，约为十卷。其末二卷为璩氏所补，题'明豫章璩之璞补，新安汪廷讷校'。璩之璞跋云：'弇州司寇手编《苏长公外纪》十卷，署题疏事，各从其类，为目二十，约事六百九十有奇。始为殷无美评骘，当是善本，序而授之。陈仲淳自娄东携归，士林争相缮写，为之纸贵。岁庚寅，见冯元甫家刻几半，不免疏陋舛错，与原本不类。元甫寻病，去就金沙就医，医不起，刻亦中废，所谓人琴俱亡矣。越今甲午，余从姜伯借阅抄本，其诠次太都紊杂，鱼豕纷纭，岂讹以讹传，遂难正邪？因遍考长公全集，按题审类，刊正重复，兼引宋元及我朝诸小史、嘉话，并《弇州四部稿》所载长公事，悉纂而钩其玄，亦撮百余事，次第补入之。间有事类不合者，不能妄加厘正，遂从弇州初定。余复旁采群籍，又百有余事，系之终卷，总名曰《逸编》。'王世贞序后有刊误牌记，云：'是刻初属诸名士刊定，乃为佣书谬误，春霖掩关，反覆研勘，得六十余字，命梓补正。昔人谓校书如扫落叶，随拂随有，信然哉！览是编者，脱有遗误，不妨指示，再加厘正。廿三年乙未璞又识。'刻工有周、施。《四库全书总目》未收。《中国古籍善本书目》著录。原刻本，上海图书馆、南京图书馆、台湾中央图书馆入藏。此重修本，北京图书馆、上海图书馆等二十三馆亦有入藏。"①

璩之璞，生卒年不详。字元屿，号君瑕。江西人，侨居上海暨浙江平湖。与平湖陆光寅友善。人品高洁，不趋荣利，士论多之。善书画，楷法妍雅，善画山水。精于印摹。

万历二十五年（1597 年）

唐伯元卒。

唐伯元（1540—1597 年），字仁卿，号曙台，澄海（今广东澄海县）人。万历二年（1574 年）进士。历知万年、泰和两县，有惠政，百姓为其立生祠。万历十二年（1584 年）御史詹事讲疏请王守仁从祀孔庙，首辅申

---

① 沈津：《美国哈佛大学哈佛燕京图书馆中文善本书志》，上海辞书出版社 1999 年版，第 185—186 页。

时行等也以表彰王守仁功业、气节、文章为由予以支持，得到神宗同意。时，唐伯元以阳明新学反对程朱理学权威，以自我原则荡轶礼法，渺视论常，毅然上《争从祀疏》指出："六经无心学之说，孔门无心学之教，凡言心学者，皆后儒之误，守仁言良知心学，惑世诬民。"[①]坚决反对王守仁从祀孔庙。言官劾其诋毁先儒，降海州判官移保定推官。后又起用，累迁吏部文选考功郎中。所任吏治清明，苞苴不及其门，以清节知名。致仕卒，年五十八。著有《二程类语》（一名《二程先生类语》、《二程先生新语》）、《二程年谱》、《醉经楼集》、《白沙文编》、《太和县志》等。特著《礼编》匡救世风。事迹俱《明史》二八二《儒林传》、《广东通志》卷四六《人物志》、黄宗羲《明儒学案》卷四二《文选唐曙台先生伯元》、乾隆《清一统志》卷三四四。

万历二十五年（1597 年）

徐𤊹撰成《蔡忠惠年谱》1 卷。

徐𤊹《红雨楼序跋》卷一《跋〈蔡忠惠年谱〉》："𤊹以万历丁酉取忠惠《荔枝谱》而续之，时屠田叔为闽转运，通其谱而授诸梓。戊申岁，闲居寡欢，妄意掇拾公之遗事作《外纪》，新安太学与寓贾刻之武林。然公所著文集，求之海内三十多年矣，不能得。稽之馆阁书目，亦亡失久矣。窃叹如公之忠魂正气，自不泯灭，其文章为生前精神所寄，岂终没于人间耶？辛亥移书豫章喻秀才叔虞，广搜于藏书之家，叔虞偶一询访，便获故家钞本，正乾道年间王龟龄所编三十六卷者。时莆阳庐贞常方为江右副宪，叔虞以公集上之，命工缮写两部，还其原本。值吾乡谢工部在杭过豫章，副宪出其一予在杭校定，箧而藏之，未遑也。叔虞虑孤余之托，又函原本附曹观察能始至闽，以了宿诺，启函读之，喜而忘寐，不能释手。然中间错简讹字，不一而足，稍稍为之更定。岁甲寅，友人陈侍御秦始乘骢江右，余坚投以公集，待御纳之皁囊中去，下车即请王孙朱爵仪、秀才李克家严加雠校，并《外纪》载之梨枣。甫一周而吴兴蔡侯伯达来守泉郡，以公同姓同官又同地也，于是从庐副宪求录本，张广文启睿订正镂板以传。呜呼，当其未得也，求之

---

① 《明神宗实录》卷159，"万历十三年三月戊寅"条，台北："中央"研究院史语所 1962 年影印本。

四方，如赤水之索玄珠，无有应者。及其既得也，侍御、郡伯，后先授厥，忠惠公在天之灵，不叹后世有相知定吾文者乎！余得二方善本，反覆潜玩，有契于心，更采公生平官爵著述，编为《年谱》，历历有征，庶后之览者有所考镜，因述所繇如此。万历丁酉仲夏，闽邑后学徐𤊻兴公谨跋。"①

《明史》卷九七《志》第七三《艺文》二："徐𤊻《蔡忠惠年谱》1卷。"

谢巍《中国历代人物年谱考录》："《年谱》有万历丁巳（1617）自跋。疑收于天启二年颜继祖刊本《蔡忠惠诗集》所附录，俟访。"②

胡震亨举于乡。

胡震亨（1569—1645年），字孝辕，别号赤城山人，晚自称遯叟，海盐（今浙江海盐县）人。才识通敏，为诸生，即以经济自负，黄洪宪、冯梦祯即以经济推之。万历二十五年（1597年）举于乡，数上公车，不遇。知合肥县吏，治之余，留意韬钤，尝与刘綖论兵，綖亦心折焉。崇祯季年，荐补定州知州，以城守功，擢兵部员外郎，乞归。藏书万卷，日夕搜讨，凡秘册、僻本、旧典、佚事、遗误、鱼鲁漫漶、不可句读者，无不补缀扬榷，称博物君子，同时有姚士麟，字叔祥，亦博洽，与胡震亨友善。所撰宋史著述有《靖康盗鉴录》一卷，已佚。此外尚著有《唐音统籤》、《海盐图经》、《续文选》、《盐邑艺文志前集》、《后集》、《赤城山人稿》等。凡海虞毛氏书，多胡震亨编定。事迹见沈季友《檇李诗系》卷十六《胡职方先生震亨》（文渊阁《四库全书》本）。

万历二十九年（1601年）

吕邦燿登进士。

徐缙芳登进士。

茅瑞徵登进士。

茅瑞徵，字五芝，一字伯符，归安（今浙江湖州）人。万历二十九年（1601年）进士。官至南京光禄寺卿。解官后自号苕上渔父，又称澹朴居士。著有《宋史抄》、《虞书笺》2卷、《禹贡汇疏》15卷（一作13卷）、

---

① 徐𤊻撰，沈文倬校点：《红雨楼序跋》卷1《蔡忠惠年谱》，福建人民出版社1993年版，第12页。

② 谢巍：《中国历代人物年谱考录》，中华书局1992年版，第154页。

《万历三大征考》5 卷、《象胥录》8 卷、《澹朴斋初集》17 卷、《职方存稿》等。所著《宋史抄》，已佚。

徐鉴登进士。

万历三十二年（1604 年）

冯琦卒。

冯琦（1559—1604 年），字用韫，临朐（今山东临朐）人。幼颖异绝伦，嗜学甚苦。年十九登万历五年（1577 年）进士，改庶吉士，授编修，预修《大明会典》。官至礼部尚书，谥文敏。冯琦操守清正，不自炫耀，持论和平，忌矫激。天启朝，魏忠贤肆虐，谓其专与中官为怼，削籍追夺入东林榜中，昭示天下。崇祯改元后乃复其赠谥。又有"词苑之鸿儒，庙堂之岿望"的声誉。冯琦曾仿《通鉴纪事本末》体编次宋代史实，未竟而卒。著有《北海集》、《经济类编》、《宗伯集》、《通鉴分解》、《两朝大政纪》等。事迹俱《明史》卷二一六《冯琦传》、陈鼎《东林列传》卷十五《冯琦传》。

《四库全书总目》卷四九《宋史纪事本末》提要："《宋史纪事本末》二十八卷，明陈邦瞻撰。……初，礼部侍郎临朐冯琦欲仿《通鉴纪事本末》例，论次宋事，分类相比，以续袁枢之书，未就而没。御史南昌刘曰梧得其遗稿，因属邦瞻增订成编。大抵本于琦者十之三，出于邦瞻者十之七。"

刘廷元登进士。

范明泰编《米襄阳志林》13 卷（附《米襄阳遗集》1 卷、《海岳名言》1 卷）成。

今存，有《四库全书存目丛书》本，齐鲁书社 1996 年据明万历三十二年范氏清宛堂刻舞蛟轩重修本影印。

书前有陈继儒、王穉登、张献翼诸序及范明泰自序。王穉登序作于"甲辰三月廿五日"，范明泰自序称"甲辰夏佛节范明泰造并书"①。

《四库全书总目》卷六十《史部·传记类存目》二："《米芾志林》十六卷，亦题明范明泰撰。与《襄阳外纪》并同，惟后附刻《襄阳遗集》一

---

① 范明泰：《米襄阳志林》，《四库全书存目丛书》史部第 84 册，据万历三十二年范氏清宛堂刻舞蛟轩重修本影印，第 403、405 页。

卷，为明泰所辑。盖未见《宝晋英光集》，故有是刻。又《海岳名言》、《宝章待访录》、《研史》各一卷，则皆芾之遗书。然《书史》、《画史》竟不编入，亦殊疏漏矣。"

《四库全书总目》卷六十《史部·传记类存目》二："《宋四家外纪》四十九卷，不著编辑者名氏。四家者，蔡襄、苏轼、黄庭坚、米芾也。《蔡纪》成于徐𤊻，《苏纪》成于王世贞，《黄纪》成于陈之伸，《米纪》成于范明泰，本各自为书，此本盖明季坊贾所合刻也。"

范明泰，生卒年不详，万历间人。字长康，号鸿超，亦称骲子，嘉兴（今浙江嘉兴）人。万历二十八年（1600 年）应天乡榜举人，尝贡入成均，考授州守。事亲至孝，因父殁任所，扶柩远归，哀毁骨立。后事母于家，不复求仕进。性情孤僻。有奇石曰"舞蛟"，盖李唐时物，元赵魏公所题也，日夕婆娑其下，与名流韵士高僧道者持螯捉麈，自以石癖与北宋米芾相同，故汇纂米芾故实与诗文，编成《米襄阳志林》。吴门王穉登序之，并刊版行世。其室名曰清宛堂，又名舞蛟轩。所著尚有《清宛堂石谱》、《石户篇》等。事迹见沈季友《檇李诗系》卷十八《石户子范明泰》（文渊阁《四库全书》本）。

万历三十三年（1605）

陈邦瞻《宋史纪事本末》109 卷刊刻。

《四库全书总目》卷四九《史部·纪事本末类》："《宋史纪事本末》二十六卷，明陈邦瞻撰。邦瞻，字德远，高安人，万历戊戌进士，官至兵部左侍郎，事迹俱《明史》本传。初，礼部侍郎临朐冯琦，欲仿《通鉴纪事本末》例，论次宋事，分类相比，以续袁枢之书，未就而没。御史南昌刘曰梧得其遗稿，因属邦瞻增订成编。大抵本于琦者十之三，出于邦瞻者十之七。自太祖代周，迄文、谢之死，凡分一百九目。于一代兴废治乱之迹，梗概略具。袁枢义例，最为赅博，其镕铸贯串，亦极精密。邦瞻能墨守不变，故铨叙颇有条理。诸史之中，《宋史》最为芜秽，不似《资治通鉴》本有脉络可寻。此书部列区分，使一一就绪。其书虽稍亚于枢，其寻绎之功，乃视枢为倍矣。惟是书中纪事既兼及辽、金两朝，当时南北分疆，未能统一，自当称《宋辽金三史纪事》，方于体例无乖。乃专用《宋史》标名，殊涉偏见。至《元史纪事本末》，邦瞻已别有成书。此内如《蒙古诸帝之立》、《蒙古立国之制》诸篇，皆专纪元初事实，即应析归《元纪》之中，使其首尾相接。乃以临安未破，一概列在《宋编》，尤失于限断，此外因仍《宋史》之旧，舛讹疏漏，未及订正者，亦所不免。然于记载冗杂之内，实有披榛得路之功。读《通鉴》者不可无袁枢之书，读《宋史》者亦不可无此一编也。"

万历三十四年（1606 年）

江震鲤序并重刊不著撰人名氏之《宋先贤读书法》1 卷。

今佚。

据《四库全书总目》卷九六《子部·儒家类存目》二："《宋先贤读书法》一卷，不著撰人名氏。所采宋儒之说凡十二家，而朱子为多。其法始以熟经，继以玩味，终以身体力行。明万历丙午，莆田训导江震鲤序而重刊之，亦不云谁所辑也。"

江震鲤，生卒年不详，松溪（今福建松溪）人。万历中，任莆田（今福建莆田）训导。

万历三十七年（1609 年）

徐㶿辑《蔡端明别记》（一名《蔡福州外纪》）10 卷刊刻。

今存，藏福建省图书馆、上海图书馆。

黄虞稷《千顷堂书目》卷十《传记类》："徐㶿《蔡端明别纪》十卷。"

《明史》卷九七《志》第七三《艺文》二："徐㶿《蔡端明别纪》十卷。"

又，孙殿起《贩书偶记续编》史部卷六《传记类》："《蔡福州外纪》十卷。宋蔡襄撰，仙游徐㶿编。盐城陈仲甫订补。同治癸亥石经山房重刊。"[1]

徐㶿《红雨楼序跋》卷一《跋〈蔡忠惠年谱〉》："戊申岁，闲居寡欢，妄意掇拾公之遗事作《外纪》，新安太学与寓贡刻之武林。"[2]

据此，《蔡端明别记》即为《蔡福州外纪》。

《蔡福州外纪》于明季收入《宋四家外纪》中，今有《四库全书存目丛

---

[1] 孙殿起：《贩书偶记续编》史部卷六《传记类》，上海古籍出版社 1980 年版，第 56 页。按，作"仙游"，误，当为"闽县"。

[2] 徐㶿撰，沈文倬校点：《红雨楼序跋》卷 1《蔡忠惠年谱》，福建人民出版社 1993 年版，第 12 页。

书》本，乃齐鲁书社 1996 年据明崇祯刻影印，作十二卷，为徐𤊽编辑，陈仲甫订补本。

万历三十九年（1611 年）

郭化撰成《苏米谭史广》6 卷。

今存，有《四库全书存目丛书》本，齐鲁书社 1996 年据明末胡正言十竹斋刻本影印。

《四库全书总目》卷六十《史部·传记类存目》二："《苏米谭史》1卷、《苏米谭史广》6 卷，明郭化撰。化字肩吾，宣城人，始末未详。《谭史序》题辛亥，盖万历三十九年也。是编杂采苏轼、米芾轶事可资谈柄者，各为一卷。又广苏轼事为四卷，米芾事为二卷，皆撮拾小说，无他异闻，又皆不著所出，弥难依据。"

郭化，字肩吾，宣城（今安徽宣城）人。所撰宋史著述有《苏米谭史》一卷、《苏米谭史广》六卷。《谭史》序题"辛亥"，盖万历三十九年（1611年）。

万历四十年（1612 年）

吴震元中举。

吴震元，太仓（今属江苏）人。万历四十年（1612 年）举人。著有《宋相谱》200 卷、《奇女子传》5 卷等，据乾隆《江南通志》卷一百三十《选举志》、张廷玉等《明史》卷九七《艺文》二、黄虞稷《千顷堂书目》卷十。

吴震元《宋相谱》200 卷，今已佚。

项梦原登进士。

万历四十二年（1614 年）

徐缙芳《宋忠武岳鄂王精忠类编》8 卷刊刻。

今存，有《四库全书存目丛书》本，齐鲁书社 1996 年据明万历四十二年刻本影印。

黄虞稷《千顷堂书目》卷十《传记类》："徐缙芳《精忠类编》。"

《四库全书总目》卷六十《史部·传记类存目》二："《精忠类编》8卷，明徐缙芳撰。缙芳字奕开，晋江人，万历辛丑进士。官至监察御史，事迹附见《明史·刘策传》。是编辑录宋岳飞事实艺文。首为《表类》，纪姓氏世系之属。次为《传类》，记生平始末。次为《遗翰类》，皆飞诗文。次为《宸纶类》，皆高宗所赐，载于《金陀粹编》者。次为《褒赠类》，皆历代制诰案牍。次为《家集》类，皆岳珂之文有关于飞者。次《异感类》，纪诸灵应。次《诗类》、《文类》，则皆后人题述之作也。编次颇无条理。而《异感类》中如疯魔行者骂秦桧、胡迪入冥之类，尤类传奇、演义。飞之忠烈，自与日月争光，不假此委巷之谈，侈神怪以相耀也。"

徐缙芳，生卒年不详。字奕开，晋江（今福建泉州）人。万历二十九年（1601年）进士，官至监察御史。为顾宪成请谥，劾天津税监马堂九大罪，有敢言名。巡两淮，颇通宾客赂遗，被劾，坐赃。天启中，遣戍。纂辑《宋忠武岳鄂王精忠类编》八卷，辑录宋岳飞事迹。事迹附见《明史》卷二四八《刘策传》附。

徐鉴辑《徐清正公年谱》1卷刊刻。

今存。见文渊阁《四库全书》本《清正存稿》附录、《北京图书馆藏珍本年谱丛刊》第三十三册影印1915年南昌豫章丛书编刻局刊《豫章丛书》本《宋宗伯徐清正公存稿》附录。此谱较简略，体例不精，然记谱主生平完整。末附《诰诏》、《史志》以及真德秀《跋徐德夫所藏朱文公五贴》、刘克庄《味书阁记为徐德夫右司作》两文。《史志》中辑录《宋史》本传、《江西通志列传》、《江西通志名宦传》、《丰城县志》、《浙江通志官师志》、《八闽通志方面名宦传》、《八闽通志郡邑名宦传》、正德十四年《福州府志名宦传》、万历六年《福州府志名宦传》、万历四十年《福州府志名宦传》、《闽大记名宦传》、隆庆二年《泉州府志名宦传》、万历四十年《泉州府志名宦传》、万历十四年《绍兴府志名宦传》中所载徐徐鹿卿列传。

《四库全书总目》卷一六三《集部·别集类》十六《清正存稿》提要："《清正存稿》六卷、《附录》一卷，宋徐鹿卿撰。鹿卿字德夫，号泉谷，丰城人。嘉定十六年进士。官至礼部侍郎，以华文阁待制致仕。卒谥清正。事迹俱《宋史》本传。其所著有《泉谷文集》、《奏议》、《讲议》、《盐楮议》、《政稿》、《历官对越集》诸书。今俱散佚。此本乃明万历中其十二世孙鉴巡按福建，于家乘中搜辑刊行者也。鹿卿博通经史，居官廉约清峻，多惠政。凡所建白，皆忠悃激发，不少隐讳。今观是集，如都城火，则上封事言惑嬖宠、溺燕私、用小人三事；迁国子监主簿，入对则陈洗凡陋、昭劝惩等六事；为太府少卿，入对则言定国本、正纪纲、立规模诸事。大抵真挚恳切，深中当时积弊。刘克庄以董子之醇、贾生之通许之，虽标榜之词，不无稍过。要其纯忠亮节，无愧古人，固非矫激以取名者所得而比拟矣。"

徐即登《清正存稿原序》："按《宋史》理宗朝，吾家盖有两名卿云，一为泉谷公鹿卿，以枢密使封丰城男，一为矩山公经孙，以学士封丰城伯。二公当宋祚垂亡之秋，适权奸柄国之际，均不得有为于时。然矩山公乃理宗末季，或倦于勤，故不得尽其言。而泉谷公正当其壮年励精之日，其言犹得以自尽。登尝从家乘中见公《年谱》。盖自嘉定登第以后，诸凡所关职守与国家大计，无事而不言，无言而不尽。……其忠悃何笃挚也！公之疏札固不止此，而此其大者，当时不免见忌。至累乞祠，而独西山真先生与之契合，其举备献纳也，则曰学术精深，节操方正，其辟知南安也，则曰才识不群，强毅有立。……时观叔以按闽，过家命录出《年谱》中诸疏札，将与《矩山公集》并刻以传。夫泉谷公欲为于犹可为之日，故其言详矩山公，欲为于不可为之时，故其言略此前人，一时之双美也，其并传也固宜。登忝远裔，窃愿蝇附，故述梗概以引其端云。徐即登拜手谨撰。"①

徐鉴，生卒年不详，字观父，丰城（今江西丰城）人，万历辛丑（1601 年）进士。官监察御史，提督应天学政。万历中，编订《徐清正公年谱》1 卷，并附于《清正存稿》6 卷后刊行。其事迹略见于《四库全书总目》卷一三八《子部·类书类存目》二《诸书考录》提要中。

万历四十四年（1616）

汤显祖卒。

汤显祖（1550—1616 年），字义仍，号若士，又号海若，自署清远道人，晚年自号茧翁。临川（今江西临川）人。万历十一年（1583 年）进士，历任南京太常博士、詹事府主簿。历礼部主事，终于遂昌县知县。与顾宪成等东林党人过往甚密。万历十九年（1591 年）因抨击朝政，被贬为广东徐闻县典史。万历二十一年（1593 年）任浙江遂昌知县。万历二十六年（1598 年）返回故里。汤显祖视科举为唯一出路，但又对科举、八股文表示厌弃；三十岁时潜心佛学，但又讥讽服食丹药的迷信者和佛学的轮回说教。

---

① 徐鹿卿：《清正存稿》卷首徐即登《清正存稿原序》，文渊阁《四库全书》本。

汤显祖以李贽为友，有着强烈的反传统思想。事迹俱《明史》卷二三〇《汤显祖传》。在史学方面，汤显祖曾有志改修《宋史》，惜未定稿①。对于汤显祖改修《宋史》一事，钱谦益在《跋东都事略》中说："《宋史》既成，卷帙繁重，百年以来有志删修者三家：昆山归熙甫、临川汤若士、祥符王损仲也。……若士翻阅《宋史》，朱墨涂乙，如老学究兔园册子，某传宜删，某传宜补，某人宜合某传，某某宜附某传，皆注目录之下，州次部居，厘然可观。"②又有全祖望曰："临川《宋史》，手自丹黄涂乙，尚未脱稿。长兴潘侍郎昭度（指潘曾纮——笔者按）抚赣，得之。延诸名人足成其书。东乡艾千子、晋江曾弗人、新建徐巨源（指艾南英、曾异撰、徐世溥三人——笔者按）皆预焉。网罗宋代野史至十余簏。其后携归吴兴。"③明亡后，汤氏稿本为潘曾纮之婿吕及甫所得，吕及甫曾约请黄宗羲加以完善，黄宗羲欣然允之，但亦未能如愿。吕及甫卒后，汤氏稿本由其从子吕无党携入京师，欲行刊刻而未果，无党卒，此书又归花山马氏，马氏之书散出，汤氏稿本随又归海宁沈廷芳，全祖望得以在沈氏处观其大概。全祖望撰写此文时，书稿已归太仓金檀所有，此时稿本经几易其主，所存亦仅止《本纪》、《列传》。今已佚。

按：徐朔方编《汤显祖年谱》，中华书局铅印本 1958 年。徐朔方编《汤显祖年表》，《汤显祖集·附录》本，中华书局 1962 年。

李廷机卒。

李廷机（1541—1616 年），字尔张，号九我，晋江（今属福建）人。万历十一年（1583 年）赐进士第二，授编修。以帖括闻名。万历三十五年（1607 年）迁礼部尚书兼东阁大学士，入参机务。李廷机清畏人知，为党论所攻，攒讹诼诮，而君子之守确然。卒，赠少保，谥文节，入祀学宫。所著主要有《宋贤事汇》、《四书臆说》、《春秋讲章》、《通鉴节要》、《性理删》、《大明阁史》、《国朝名臣言行录》、《燕居录》、《诗经文林贯旨》、《秦汉殊言》、《汉书要删文粹》、《汉唐宋名臣录》、《评选草堂诗余》等。事迹俱《明史》二一六《李廷机传》、李清馥《闽中理学渊源考》卷七一《文节李

---

① 朱彝尊：《曝书亭集》卷45《书柯氏宋史新编后》，《四部丛刊初编》本。
② 钱谦益：《绛云楼题跋》，中华书局1958年版，第15—16页。
③ 全祖望：《鲒埼亭集外编》卷43《答临川先生问汤氏宋史帖子》，《四部丛刊》本。

九我先生廷机》)。

李廷机《宋贤事汇》，今存，有《四库全书存目丛书》本，齐鲁书社1996年据明万历间胡士容等刻本影印。

《四库全书总目》卷一三二《子部·杂家类存目》九："《宋贤事汇》二卷，明李廷机撰。廷机有《汉唐宋名臣录》，已著录。是编杂采史书说部所载宋人行事，分为四十三类。首有自序，谓宋之世风人材，颇类今日，言论行事，往往有可用者云云。宋、明之季，儒者如出一辙，此类亦可以观矣。"

赵滂《程朱阙里志》8卷刊刻。

今存，有《四库全书存目丛书》本，齐鲁书社1996年据清雍正三年紫阳书院刻本影印。

《四库全书总目》卷六十《史部·传记类存目》二："《程朱阙里志》八卷，明赵滂编。滂，歙县人。是书前有《高攀龙序》，则成于万历中也。大旨谓朱子系出新安，二程祖墓亦在焉，故合志之。分为七门，案阙里乃孔子里名，非推尊之号。宋咸淳五年诏婺源祠所称文公阙里，已为失实。今程子亦称阙里，则尤承讹踵谬，习焉而不察者也。"

赵滂《晦庵先生年谱》刊刻，附于赵滂《程朱阙里志》卷四中。

初刻于此年。雍正三年（1725年）紫阳书院重刻，此重刻本藏复旦大学图书馆。

是谱为纲目体，所加小字注解及按语颇多，内容较全面。是谱源诸戴铣谱，内容几乎与戴谱同，仅于淳熙三年（1176年）处及谱末较之戴谱有所删削。《程朱阙里志》卷八附范涞万历丙辰年（1616年）所作《后序》及赵滂万历乙卯年（1615年）所作《跋》。

周沈珂辑《宋濂溪周元公先生集》10卷刊刻。

今存，有明万历四十四年（1616年）周沈珂刻本，藏北京师范大学图书馆。

《四库全书总目》卷六十《史部·传记类存目》二："《周元公集》十卷，明周沈珂编。沈珂，吴县人，周子裔也。是集卷一为图像，卷二为世系年谱，卷三为遗书，卷四为杂著，卷五为诸儒议论，卷六为事状，卷七为褒崇优恤，卷八为祠墓诸记，卷九、卷十皆附录后人诗文。虽以集为名，实则周子手著仅五之一。今入之《传记类》中，从其实也。"

周沈珂，明苏州府吴县（今江苏苏州）人。宋周敦颐后裔。编有《周元公集》、《周氏遗芳集》。

万历年间，陈继儒《邵康节先生外纪》4 卷刊刻。

今存，有《四库全书存目丛书》本，齐鲁书社 1996 年据明万历绣水沈氏刻宝颜堂秘籍本影印。

邵康节，即北宋人邵雍。是书取邵雍之子邵伯温《闻见录》所载邵雍事迹，略为诠次始末，书中有"伯温"自称以及"康节先公"诸字，可见为照搬原书，未做删改。书中还附载邵伯温《易学辩惑》、查颜散《先天方圆图说》、余孟宣《经世要旨》及《家传心易数序》4 篇，卷终载邵雍及邵伯温本传。

《四库全书总目》卷六十《史部·传记类存目》二："《邵康节外纪》四卷，明陈继儒编。继儒字仲醇，号眉公，华亭人，事迹俱《明史·隐逸传》。是编取邵伯温《闻见录》所载邵子事迹，略为诠次始末。并其自称"伯温"及称"康节先公"诸字，亦未刊削，殆不免葛龚作奏之诮。又附载伯温《易学辨惑》与查颜散《先天方圆图说》、余孟宣《经世要旨》及家传《心易数序》三篇，而终以邵子及伯温《本传》。继儒号为隐君，其作此书，殆以自寓。然伯温之录具在，何必复述其文也。"

熹宗天启元年（1621 年）

吕邦燿《续宋宰辅编年录》26 卷刊刻。

今存，有《四库全书存目丛书》本，齐鲁书社 1996 年据明天启元年刻本影印。

《四库全书总目》卷八十《史部·职官类存目》："《续宋宰辅编年录》二十六卷，明吕邦燿撰。邦燿字元韬，锦衣卫籍，顺天人。万历辛丑进士，官至通政司右参议。邦燿既刊行宋徐自明《宰辅编年录》，复作是编以续之。起宁宗嘉定九年，终卫王昺祥兴二年。其体例皆仿原书，而详略失宜，远不及自明之精核。盖此书大旨在纪拜罢岁月，以备考证。至其人行事本末，则史家自有专传，原无庸复引繁称。自明于每人略述梗概，最为得体。邦燿乃并朝廷之事广为�摭录，正史以外，并据诸说以附益之，泛滥殊甚。又自明每人具载命官及罢免制词，足征一朝典故。嘉定以后，虽无专书可考，而见于南宋文集者，尚有流传。邦燿不能搜辑增补，而反斥其有无不足重轻，尤为寡识。至如元顺帝为瀛国公子，不独说本荒唐，亦与宰辅编年全无关涉。乃亦累牍连篇，词繁不杀，真可谓漫无体要者矣。"

吕邦燿，字元韬，锦衣卫籍，顺天（今北京）人。万历二十九年（1601 年）进士，官至通政司右参议。曾督学河南，所收皆一时名士。著有《续宋宰辅编年录》26 卷。是书为续宋太常博士永嘉徐自明《宋宰辅编年录》而成，起嘉定九年（1216 年），迄祥兴二年（1279 年）。

祁承爜撰成《宋西事案》2 卷。

今存，有《续修四库全书》本，上海古籍出版社 2002 年据南京图书馆藏明天启刻本影印。

傅增湘《藏园群书经眼录》卷四《史部》二《杂史类》："《宋西事案》二卷，明祁尔光撰。明刊本。题明海滨询叟漫辑。据黄汝亨《序》知为祁尔光。有天启元年黄汝亨序。卷一缉史事，自明道元年遣使立元昊为西平王至庆历八年元昊死止，卷二录当时臣僚奏章论西事者二十一篇。有张方平、夏竦、陈执中、范仲淹、韩琦、庞籍、张亢、田况、欧阳修、张齐贤、李继和、王韶、苏轼，共十四人。钤有'吴江史氏藏书'、'吴江史氏贞燿堂图书'、'松陵史蓉若藏'各印记。"①

天启二年（1622 年）

郑鄤登进士。

天启四年（1624 年）

李嵊慈辑《宋濂溪周元公先生集》13 卷（一名《濂溪志》）刊刻。

今存，藏北京大学图书馆。

《四库全书总目》卷六十《史部·传记类存目》二："《濂溪志》十三卷，明李嵊慈撰。嵊慈字元颖，龙城人，官道州知州。是编因李桢《旧志》稍为辑补，无所考证阐明。"

此本在李桢《濂溪志》的基础上多出四卷，增入《元公杂著》、《元化芳迹遗范》、《元公年表》。

天启五年（1625 年）

---

① 傅增湘：《藏园群书经眼录》卷 4《史部·杂史类》，中华书局 1983 年版，第 2 册，第 291 页。

王惟俭《宋史记》250 卷，约于此年后不久撰成。

清抄本，藏中国国家图书馆。

傅增湘《藏园群书经眼录》："《宋史记凡例》，明祥符王惟俭。长留阁写本。有太仓季锡畴跋，菰里瞿秉渊跋。又戴子高一跋。录后：'同治戊辰季夏从常熟张瑛纯卿假钞，子高记于金陵冶城山书局。用长生未央砚书。'（盛昱遗书。壬子）"

《明史》卷二八八《王惟俭传》："（天启）五年三月，擢南京兵部右侍郎，未赴。入为工部右侍郎。魏忠贤党御史田景新劾之，落职闲住。惟俭资敏嗜学。初被废，肆力经史百家，苦《宋史》繁芜，手删定，自为一书。好书画古玩。万历、天启间，世所称博物君子，惟俭与董其昌并，而嘉兴李日华亚之。"

《明史》卷二八八《王惟俭传》附曾异撰："曾纮巡抚南、赣，得王惟俭所撰《宋史》，招（曾）异撰及新建徐世溥更定，未成而罢。"

陈邦瞻卒。

陈邦瞻（1557—1623 年），字德远，江西高安人。生于仕宦家庭，其父陈旦，嘉靖贡生，博览经史，精研天人性命之学，时称道学中人。举万历二十六年（1598 年）进士，授南京大理寺评事。历南京吏部郎中等职，官至兵部左侍郎。天启三年（1623 年）卒于官。其于从政之余，从事史学编撰，"征往而训来，考世而定治"，所著有《宋史纪事本末》，始纂于万历三十二年（1604 年），历时一年左右而成书。此外，尚有《元史纪事本末》6 卷、《荷华山房摘稿》7 卷、《粤西疏草》4 卷等。事迹俱《明史》卷二四二《陈邦瞻传》。

毛晋刊刻《苏米志林》3 卷。

今存，有《四库全书存目丛书》本，齐鲁书社 1996 年据明天启五年毛氏绿君亭刻本影印。

《四库全书总目》卷六十《史部·传记类存目》二："《苏米志林》3 卷，明毛晋撰。晋有《毛诗陆疏广要》，已著录，是书掇苏轼琐言、碎事集中所遗者，编为二卷。又以米芾轶闻编为一卷。大概与《苏米谭史》互相出入。"

毛晋（1599—1659 年），字子晋，原名凤苞，字子九，别号潜在，晚年改号隐湖、笃素居士。常熟（今江苏常熟）人。其父以孝悌力田起家，为乡三老。毛晋幼为名诸生，游钱谦益之门，强记博览，通明好古。构汲古阁，藏书数万卷，世所传影宋精本，多所藏收；刻十三经、十七史，古今百家书，手自雠校，恒废寝食，世皆争购。所刻书初题绿君亭、世美堂，后皆用汲古阁，流布天下。毛晋为人孝友恭谨，又好施予。所著有《和古人诗》、《宋词选》、《明诗纪事》、《明词英华》、《隐秀集》、《苏米志林》、《海岳志林》等。卒后，钱谦益志其墓。事迹见康熙《苏州府志》卷七十、康熙《常熟县志》卷五、乾隆《江南通志》卷一六五、卷二九一。

天启六年（1626 年）

项梦原《宋史偶识》3 卷刊刻。

今存，有《四库全书存目丛书》本，齐鲁书社 1996 年据明天启六年自刻本影印。

《四库全书总目》卷四六《史部·正史类》二："《宋史偶识》三卷，明项梦原撰。梦原，字希宪，秀水人，万历己未进士，官至刑部郎中，管河张秋。其书乃读《宋史》时随笔摘录，又他书所见可以参考者附之。间加评断，亦甚寥寥。盖当时强授梨枣，以充书帕之本，非有意于著述也。"

项梦原，初名德棻，字希宪，一字元海，秀水（今浙江嘉兴）人。万历四十年（1612 年）举人，四十七年（1619 年）进士。官至刑部郎中。撰《宋史偶识》[①] 三卷，乃"其书乃读《宋史》时随笔摘录，又他书所见可以参考者附之。间加评断，亦甚寥寥，盖当时强授梨枣以充书帕之本，非有意于著述也"[②]。另著《项氏经甈》、《云烟过眼录》等。

李维桢卒。

李维桢（1547—1626 年），字本宁，京山（今属湖北）人。隆庆二年（1568 年）进士，官至南京礼部尚书。万历间迁提学副使。天启元年（1621 年），以布政使家居，年七十余，召修《神宗实录》，累官礼部尚书。天启六年（1626 年），年八十而卒。所著丰富，主要有《史通评释》20 卷、《黄帝祠额解》1 卷、《大泌山房集》134 卷、《庚申纪事》1 卷、《南北史小识》

---

① 按：乾隆《浙江通志》卷 243《经籍》三著录为《宋史偶志》。

② 永瑢，等：《四库全书总目》卷 46《宋史偶识》提要，中华书局 1965 年版，第 417 页下。

1 卷、《进士列卿表》2 卷等，所著《韩范经略西夏纪》，主要记北宋韩琦、范仲淹抗击西夏之史事。是书已佚。事迹俱《明史》卷二八八《李维桢传》。

天启年间，刘廷元《宋名臣言行略》12 卷刊刻。

刘廷元（？—1630 年），一作刘定元，平湖（今浙江平湖）人，字方瀛。万历二十五年（1597 年）举人，三十二年（1604 年）进士，官至工部尚书。崇祯二年（1629 年），京察，论戌，赎为民。三年（1630 年），卒于家。著有《宋名臣言行略》（一名《宋名臣言行录》）12 卷、《明名臣言行录》4 卷等。事迹见盛枫《嘉禾征献录》卷十一《刘廷元传》①。所著《宋名臣言行略》今存，有《四库未收书辑刊》本，北京出版社 2000 年据明刻本影印。

思宗崇祯元年（1628 年）

祁承爜卒。

祁承爜（1563—1628 年），字尔光，号夷度，晚号密士老人、海滨泂士。山阴（今浙江绍兴）人。明神宗万历三十二年（1604 年）进士，累官江西布政使司右参政。藏书极富，数达九千多种，十万余卷。构"澹生堂"藏书楼，著《澹生堂藏书约》、《澹生堂藏书目》，是明代著名藏书家、目录学家。尚有《澹生堂集》、《澹生堂外集》、《宋贤杂佩》、《藏书训约》、《宋西事案》等。又编著丛书《国朝征信丛录》，收书 123 种，《澹生堂余苑》，收书 188 种。所著《宋西事案》成于明朝熹宗天启元年（1621 年），其时内忧外患，尤其是满族首领努尔哈赤建立的金政权对明朝安全构成了严重的威胁。祁承爜撰此书，旨在记载韩琦、范仲淹等宋臣抵御西夏侵扰的史事，为统治者提供借鉴。

张采登进士。

张采，字受先，太仓（今属江苏）人。崇祯元年（1628 年）进士，官临川县知县。福王时，为礼部员外郎。力学，负文誉，与同里张溥友善，溥性博爱，而采特严毅，喜甄别可否，人有过，尝面叱之。著有《知畏堂

---

① 盛枫：《嘉禾征献录》卷 11《刘廷元传》，《续修四库全书》史部第 544 册据清抄本影印，第 465 页下—466 页上。

集》、《太仓州志》、《宋名臣言行录》。事迹俱《明史》卷二八八《张溥传》附传中。

朱彝尊《静志居诗话》卷十九："娄东二张（指张采与张溥——笔者按），狎主复社盟书，吉士身后，诏求遗书，通邑大都，家守其学。仪部名虽少逊，然显门作志，留都议礼，考文征献，比于吉士功多。"①

郑鄤辑《宋三大臣汇志》三种19卷刊刻。

今存，有明崇祯元年大观堂刻本，藏山东曹县图书馆。

是书为汇编丛书，收韩琦《韩忠献公家传》12卷，包含《君臣相遇传》、《君臣相遇别录》、《君臣相遇遗事》；李纲《李忠定别集》3卷，包含《靖康传信录》、《建炎进退志》、《建炎时政记》；文天祥《文山先生别集》5卷，包含《纪年录》、《指南录》、《指南后录》、《吟啸集》、《集杜诗》。韩琦、李纲、文天祥均为宋代名臣良相，郑鄤汇其著作，名曰《宋三大臣汇志》，并加以评点，字里行间流露着忠正浩然之气。

郑鄤评点本《宋忠献韩魏王君臣相遇传》12卷，有《四库全书存目丛书》本，齐鲁书社1996年据明崇祯大观堂刻《宋三大臣汇志》本影印。

阮元声登进士。

阮元声，生卒年不详，字无声，马龙（今云南马龙）人。明天启元年（1621年）举人，崇祯元年（1628年）进士。历官浙江金华府推官、吏部稽勋司员外郎，典试陕西。卒于闱中。元声颖异博学，以文章名世，名重一时，惜其早夭，未罄厥施。著有《金华诗粹》、《南诏野史》、《金华文征》、《东莱吕成公年谱》等。事迹见雍正《马龙州志》卷七《选举志》、卷九《人物传》。

王惟俭约于此年卒。

王惟俭（1567—1628？年），一作王维俭，字损仲，祥符（今河南开封）人。万历二十三年（1595年）进士，授潍县知县。迁兵部职方主事。三十年（1602年）坐事削籍归，居家20年。光宗立，起为光禄丞。天启五年（1625年），官工部右侍郎，魏忠贤党劾之，落职闲住。惟俭知敏好学，肆力经史百家，尝苦《宋史》繁芜，手加刑定，著成纪传体《宋史记》250

---

① 朱彝尊著，黄君坦校点《静志居诗话》卷十九，人民文学出版社1990年版，第571页。

卷，仅有抄本流传。吴兴潘曾纮督学政，巡抚南、赣，得王惟俭所撰《宋史》，招侯官人曾异撰及新建徐世溥更定，未成而罢。王惟俭好书画古玩，与董其昌并称博物君子。所著尚有《经抄》、《史通训故》、《史抄》、《古事抄》等。事迹见《明史》卷二八八《文苑》四《王惟俭传》。

崇祯二年（1629 年）

陈之伸辑《黄豫章外纪》12 卷刊刻。

今存，有明崇祯间刻本，藏中国国家图书馆。

陈之伸，生卒不详，仕履不详，海盐（今浙江海宁）人。喜书画，所藏甚富。

不著编辑者名氏《宋四家外纪》49 卷刊刻。

今存，有《四库全书存目丛书》本，齐鲁书社 1996 年据明崇祯刻《蔡福州外纪》、《米襄阳外纪》、《黄豫章外纪》、明刻《苏长公外纪》影印（《黄豫章外纪》缺卷十一、十二）。

《四库全书总目》卷六十《史部·传记类存目》二："《宋四家外纪》四十九卷，不著编辑者名氏。四家者，蔡襄、苏轼、黄庭坚、米芾也。《蔡纪》成于徐火勃，《苏纪》成于王世贞，《黄纪》成于陈之伸，《米纪》成于范明泰，本各自为书。此本盖明季坊贾所合刻也。"

阳海清《中国丛书广录》上册《史类·传记类》："《宋四家外纪》，明陈之伸编，明崇祯二年（1629 年）刻本。"[①]

杜泽逊《四库存目标注》（第二册）《史部》卷一九《传记类》："《宋四家外纪》四十九卷，不著编辑者名氏。……明崇祯陈之伸辑刻本，包括：《蔡福州外纪》十卷，明徐火勃撰；《黄豫章外纪》十二卷，明陈之伸撰；《米襄阳外纪》十二卷，明范明泰撰；《苏东坡外纪》十五卷，明王世贞撰。半页十行，行二十字，白口，左右双边。吉林大学本残存《蔡纪》、《黄纪》、《米纪》卷十卷十一。前有己巳仲夏武林年弟王道焜《叙宋四家外纪》，次《宋四家外纪总目》，目后列名：'缮写：金日升、吕寀、周鼎、顾礼。较阅：陈佶、陈之遴、陈之暹。'《蔡纪》题'仙游徐火勃编次，盐城陈之伸订补'，前有陈之伸小叙。《黄纪》题'盐城陈之伸编次，茂苑金日升订讹'，

---

① 阳海清：《中国丛书广录》上册《史类》之《传记类》，湖北人民出版社 1999 年版，第 452 页。

前有崇祯改元正月灯夕陈之伸小叙。杭州大学存《米襄阳外纪》全本，题'禾郡范明泰编次，盐城陈之伸参补'，前有陈继儒原叙，卷内钤'刘承翰字贞一号翰怡'、'吴兴刘氏嘉业堂藏书记'等印记。湖南图书馆有足本，四家俱全。原北平图书馆亦有足本，现存台北'故宫博物院'。《存目丛书》仅得前三家影印。其第四家用东北师大藏明刻单本配补。东北师大藏本作《苏长公外纪》十六卷，题'吴郡王世贞编'，半页九行，行十八字，白口，左右双边，写刻颇佳。前有王世贞序。版心有刻工：张吉甫刻。卷尾有手记：'壬申冬阅，南村老人记。'"①

崇祯五年（1632 年）

阮元声撰《东莱吕成公年谱》1 卷刊刻。

今存，见《北京图书馆藏珍本年谱丛刊》第 31 册影印明崇祯五年吕光祖等刻《宋东莱吕成公外录》卷一。

是谱记载吕祖谦之仕历、家事、政绩、修史、学术等内容，侧重著录其著作，并收录较多皇帝的制词。

崇祯七年（1634）

刘同升始删《宋史》，期以三年②。

朱彝尊《静志居诗话》卷二一："刘公与杨、万诸公，固守赣州，或云：'城未陷先病卒。'或云：'城破死之。'传闻异辞，再考。"③

文德翼登进士。

文德翼，生卒不详，字用昭，一字镫岩，晚号石室老人，德化（今江西九江）人。崇祯七年（1634 年）进士，授嘉兴府推官。南明弘光政权于其居丧时，授吏部主事，未就职。明亡后，隐居不仕，以明遗民自居，特撰《宋史存》一书，凡 2 卷，以表彰民族气节为主旨。乃采掇《宋史·列传》而删润其文，始于宗泽，终于文天祥，两人均为抵御外族入侵的民族英雄，人云有深意。计 54 篇，事迹简略。盖福王时所作，故独寓意于绍兴以后，专记自建炎南渡至祥兴以后，忠于南宋之节义人物，且只记与金、元有关

---

① 杜泽逊：《四库存目标注》（第二册）《史部》卷 19《传记类》，上海古籍出版社 2007 年版，第 782 页。

② 陈鼎：《东林列传》卷 24《刘同升传》，文渊阁《四库全书》本。

③ 朱彝尊著，黄君坦校点《静志居诗话》卷 21，人民文学出版社 1990 年版，第 638 页。

者，其死于辽、西夏诸战役者皆不书。凡老儒遗民走卒僧道之具有民族气节者，均为之立传。另有《佣吹录首集》20卷、《次集》21卷，《读庄小言》1卷、《雅似堂文集》10卷及《诗集》3卷、清朝四库馆臣评其"人品清逸，而学问未能精邃。所作《佣吹录》之类，大抵以饾饤为工，故诗文亦未能超诣"①。

崇祯十年（1637年）

刘同升上春官，箧无他卷，携《宋史》自随②。

朱廷焕《增补武林旧事》8卷刊刻。

今存，有《四库全书存目丛书》本，齐鲁书社1996年据明崇祯十年朱廷焕刻本影印。

《四库全书总目》卷七七《地理类存目》六："《增補武林旧事》八卷，明朱廷焕撰。廷焕，字中白，单县人。崇祯甲戌进士，官工部主事。初，宋末周密尝录南渡后百二十年典故及风俗游宴之盛，为《武林旧事》。廷焕于崇祯间司榷杭州，复采《西湖志》、《鹤林玉露》、《容斋随笔》、《辍耕录》及密所著《癸辛杂志》诸书，补缀其阙，以成是编。密书十卷，此增补反为八卷者，密书别有一六卷之本，廷焕据以推广也。自序谓增补数十则，今案所增凡《睿藻》、《恩泽》、《开炉》、《故都宫殿》、《湖产》、《灾异》六门，共补一百五十四则，与序不符。殆序文字误耶？其中《湖产》一门，既非宋代所独有，与断限之例殊乖。其《灾异》一门，亦非土俗、民风、朝章、国典，泛滥尤甚。均非密著书之本意，殊属骈枝。明人点窜古书，多不解前人义例，动辄破坏其体裁，往往似此也。"

朱廷焕（？—1644年），字衷白，单县（今山东单县）人，崇祯七年（1634年）进士，历任工部主事，庐州、大名知州。崇祯十七年（1644年），以兵备副使巡抚大名府。李自成破城，被俘不降，死。福王时，赠右副都御史。事迹见《明史》卷二六六。

郑郊撰《考定苏文忠公年谱》1卷成。

收入郑郊《峚阳草堂文集》卷一五，今存，有《四库禁毁书丛刊》本，

① 永瑢，等：《四库全书总目》卷180《雅似堂文集》提要，中华书局1965年版，第1629页下。
② 陈鼎：《东林列传》卷24《刘同升传》，文渊阁《四库全书》本。

据 1932 年郑国栋木活字本影印。

郑鄤《考定苏文忠公年谱》自序:"旧有《东坡先生纪年录》,殊芜漫。王五羊《年谱》① 刻于《坡仙集》后者,经李、焦二老所点定,较爽而少疏,其在《志林》、《别集》者,不载见也。余移锦衣卫狱,同舍雷生应元,起家文学,携有《苏集》。时宰方谋亟杀余,无片纸出入,幸从雷生借观,不减东坡海外借得陶柳诗也。长儿珏以余病瘫泣请金吾同系视疾,命日诵数章,日授而诠次之,乃觉坡公须眉朗然,照人千载,上下恍恍,如对后之览者知《东坡先生考定年谱》成于明后学郑鄤系锦衣卫狱之日也。鄤以崇祯丁丑二月廿八日移狱阊门月之望而书成。"②

崇祯十二年 (1639 年)

陈继儒卒。

陈继儒(1558—1639 年),字仲醇,号眉公、麋公,华亭(今上海松江)人。与董其昌、王衡齐名。工诗善画,重然诺,饶智勇,以文学、书画名家。王锡爵、王世贞雅重之,名动一时。四方缙绅及山人游客过从无虚日,下至野店僧僚,悉悬其画像。未三十,弃诸生筑室东佘山(今上海市松江县北部),自命隐士,以著述为事,而又周旋官绅间,时人颇有讥评。崇祯中,公卿交荐,屡奉诏征用,皆以疾辞,卒年 82。事迹见《明史》卷二九八《隐逸传》、乾隆《江南通志》卷一六六《人物志》。所著有《太平清话》、《安得长者言》、《模世语》、《狂夫之言》、《小窗幽记》、《陈眉公全集》,辑有《宝颜堂秘笈》,保存了若干小说和掌故资料。

朱彝尊《静志居诗话》卷一二:"仲醇以处士虚声,倾动朝野,守令之臧否,由夫片言,诗文之佳恶,冀其一顾。市骨董者,如赴毕良史权场,品书画者,必求张怀瓘估价,肘有兔园之册,门阗鹭羽之车,时无英雄,互相矜饰。甚至吴绫越布,皆被其名,灶妾饼师,争呼其字。今遗集具在,未免名不副其实焉。"③

---

① 按:指宋人王宗稷所撰《东坡先生年谱》。

② 郑鄤:《峚阳草堂文集》卷 15《考定苏文忠公年谱》,《四库禁毁书丛刊》本集部 126 册,据 1932 年郑国栋木活字本影印,北京出版社 2000 年版,第 456 页上。

③ 朱彝尊著,黄君坦校点:《静志居诗话》卷 20,人民文学出版社 1990 年版,第 601 页。

郑鄤卒。

郑鄤（1594—1639 年），字谦止，又字祚良，号峚阳，直隶武进（今江苏常州）人。天启二年（1622 年）进士，选为翰林院庶吉士，为词林直臣。敢于抨击阉党，与东林党人黄道周、文震孟交谊深厚。因撰《黄芝歌》忤魏忠贤，天启七年（1627 年）削籍为民。魏忠贤伏诛，得复原职。崇祯八年（1635 年）入京待补。后又遭权臣温体仁诬构，于崇祯十二年（1639年）以杖母不孝磔于市。事迹见计六奇《明季北略》卷十五《郑鄤本末》。著《峚阳草堂文集》、《诗集》、《说书》、《考定苏文忠公年谱》，评点《宋忠献韩魏王君臣相遇传》，编辑丛书《宋三大臣汇志》，并进行评点。

崇祯十四年（1641 年）

张溥卒。

张溥（1602—1641 年），字天如，号西铭，太仓（今江苏太仓）人。崇祯四年（1631 年）进士，改庶吉士。自幼聪颖好学，勤于读书。为记所读，每读必录，录后即焚，如是七次方休，故其书房取名"七录斋"。曾撰写脍炙人口的《五人墓碑记》，为《古文观止》之压轴作。张溥与同邑张采具有文名，时称"娄东二张"。两人"尊师取友，互相砥砺"，合士子 11 人为应社。崇祯二年（1629 年），张溥以"兴复古学，务使为用"为宗旨，联络江浙诸多文人，合全国 16 个文社为一，创建复社，被推为复社领袖。崇祯六年（1633 年）春，复社在苏州虎丘举行数千人的集会，声震朝野。张溥针对当时尚奇而不知古的文风，提出"夫好奇必知古，知古则必知经，知经则必知所以为人"①，论文重人品，重实践，比之王世贞的复古主张，又前进了一大步。复社全盛时约有三千余人，以"嗣响东林"自许，成为明末最有影响的文人社团。后于太仓悉心著述，著《七录斋诗文合集》16 卷，辑《汉魏六朝百三名家集》118 卷。又为《宋史纪事本末》、《元史纪事本末》补撰论断（上海古籍出版社《宋史纪事本末》有其论正）。其一生编著三千余卷，内容涉及经学、文史诸多领域。惜英年早逝，病卒，年仅四十。事迹俱《明史》卷二八八《文苑传》。

崇祯十五年（1642 年）

---

① 张溥：《七录斋诗文合集·古文存稿》卷五《程墨表经序》，明崇祯九年（1636 年）刻本。

徐𤊹卒。

徐𤊹（1570—1642 年），字惟起，更字兴公，号三山老叟、天竺山人，闽县（今福建福州）人。博学，工诗文，善书画。万历间，与兄徐熥，甥谢肇淛、邓原岳和曹学佺，以重振闽中风雅相号召，主持闽中诗坛，名重一时，后进皆称"兴公诗派"。徐𤊹布衣终生，与其父、兄皆嗜藏书，至万历三十年（1602 年），家中藏书达五万三千余卷，所筑藏书之所有红雨楼、绿玉斋、宛羽楼、竹汗巢等。徐𤊹博洽多闻，所著颇丰，有《红雨楼题跋》、《鳌峰集》、《笔精》、《榕阴新检》、《蔡端明外纪》、《蔡忠惠年谱》、《宋四家外纪》、《荔枝谱》等。事迹见《明史》卷二八六《郑善夫传》附。钱谦益《列朝诗集小传》、朱彝尊《静志居诗话》卷十八《徐𤊹》亦有相关记载。

崇祯十七年（1644 年）

刘同升卒。

刘同升（1587—1644 年），字孝则，一字晋卿，吉水（今江西吉水）人。少有至性，居父应秋丧，哀毁骨立，时称"刘孝子"。读书刻励以古人自命，文非班、马，书非钟、王，弗好也。屡困场屋，有谓不宜专力于古者，弗应。天启元年（1621 年），举于乡，上疏为父应秋请恤典。崇祯元年（1628 年）再上疏，请易名，赐谥文节。崇祯七年（1634 年），立志删改《宋史》，期以三年。崇祯十年（1637 年），上春官，箧无他卷，携《宋史》自随而已，同行者私窃诮之。是年赐进士第一，盖思陵特擢之也，授修撰。在翰林独行己志，黄道周曰："刘殿撰养其身，以有为，中立不倚者也。"然小人辄指曰："此东林之余波也，将大不利于国家矣。"[1] 崇祯十一年（1638 年），杨嗣昌夺情入内阁，服绯上任，诸臣交章劾之，具被严旨申饬，刘同升亦愤然上疏指斥。崇祯十七年（1644 年），闻思陵殉社稷，一恸几绝，卧病吐血卒。所著《明名臣传》、《明文选》、《明诗选》、《文苑英华删选》、《金陵游览志》、《音韵汇编》、《金石宝鉴录》等书行世。事迹见陈鼎《东林列传》卷二四《刘同升传》、朱彝尊《曝书亭集》卷四五《书柯氏宋史新编后》。

---

① 陈鼎：《东林列传》卷 24《刘同升传》，文渊阁《四库全书》本。

崇祯间，范明泰辑，陈之伸补《米襄阳外纪》12 卷刊刻。

今存，收入《宋四家外纪》中，有《四库全书存目丛书》本，据杭州大学图书馆藏明崇祯刻本影印。

《四库全书总目》卷六十《史部·传记类存目》二："《米襄阳外纪》十二卷，明范明泰撰。明泰字长康，嘉兴人，万历庚子举人。是编记米芾遗事，分《恩遇》、《颠绝》、《洁癖》、《嗜好》、《麈谈》、《书学》、《画学》、《誉羡》、《书评》、《杂记》、《考据》十二门，多不著出典，未足依据。亦时有舛讹，如《恩遇》第一条云：皇祐二年诏米芾以黄庭小楷作《千字文》。考芾生于皇祐三年辛卯，则所称写《千字文》在生前一年矣，有是理乎？"

永历四年（1650 年）

钱士升《南宋书》68 卷撰成。

今存，有《四库全书存目丛书》本，齐鲁书社 1996 年据清嘉庆二年扫叶山房刻本影印。

《四库全书总目》卷五十《史部·别史类存目》："《南宋书》六十卷，明钱士升撰。士升有《周易揆》，已著录。是编以《宋史》繁冗，故为删薙。然所刊削者不过奏疏及所历官阶而已，别无事增文省之处，亦不见翦裁镕铸之功。又去《奸臣》、《叛臣》之例，仍列于众人之中。案：《隋书》以前，奸臣、叛臣本不别传，《新唐书》始另列之。后来作者，多仍其例，亦足见彰瘅之公。今并而一之，殊失示戒之意，未足以言复古。至所增郑思肖数人列传，亦疏略不详。惟遵循古例，不以《道学》、《儒林》分传，能扫除门户之见，为短中之一长耳。"

钱士升（1575—1651 年），字抑之，浙江嘉善人。号御岭，晚号塞庵。万历四十四（1616 年）殿试第一，授翰林修撰。天启初，以养母乞假归。四年（1624 年），进左中允，不赴。魏大中、赵南星被难，并为营护。同年，万燝杖死，恤其家，以是有名。崇祯元年（1628 年），起少詹事，累官至礼部尚书兼东阁大学士，参与机务。时思宗操切，温体仁又以刻薄佐之，钱士升献"宽、简、虚、平"四箴，讥切时政，渐失帝意。后竟以"沽名"为罪，被迫乞休，入清后卒。所著有《易揆》、《逊国逸书》、《明忠表纪》、《明表忠录》、《楞严外解》、《庄子内篇诠》、《南宋书》诸书。钱氏喜史学，家中蓄有《明实录》。谈迁作《国榷》，曾雇人往钱氏家抄录。钱氏撰《南宋书》时，"门下士"许重熙多有帮忙，每卷赞语由许氏执笔。清代嘉庆间，席世臣刊刻《南宋书》，称"许君，邑人，博学有史才，著述甚富。相国（士升）为是书，多其赞助之为云"①。周中孚读《南宋书》称"其赞为吴县许（重熙）撰，亦详略得中。盖许氏亦尝助抑之，共成是书者也"②。顺治八年（1651 年）钱士升卒后，许重熙整理其文集，撰《赐余堂年谱》1卷，附钱氏《赐余堂集》后，今有弢华馆刊本。

---

① 钱士升：《南宋书》卷首席世臣《南宋书序》，清嘉庆二年扫叶山房刻本。
② 周中孚：《郑堂读书记》卷 18《南宋书》，《丛书集成续编》本。

主要参考文献

一、基本史料

不题撰人名氏：《褒贤集》，《四库全书存目丛书》本影印明刻《范文正公集》附本。

崔子璲、崔晓增：《宋丞相崔清献公全录》，明嘉靖十三年（1534 年）唐冑等刻本。

刘剡、张光启：《资治通鉴节要续编》，明正德九年（1514 年）司礼监刻本。

刘定之：《宋论》，明万历二十二年（1594 年）杨一桂补刻本。

商辂，等：《续资治通鉴纲目》，明弘治十七年（1504 年）慎独斋刊本。

程敏政：《宋纪受终考》，明弘治四年（1491 年）戴铣刻本。

程敏政：《宋遗民录》，明嘉靖二年至四年（1523—1525 年）程威刻本。

谢铎：《伊洛渊源续录》，明嘉靖八年（1529 年）高贲亨刻本。

蒋谊：《续宋论》，清抄本。

丁元吉：《陆右丞蹈海录》，清康熙十二年（1673 年）王乃昭抄本。

张时泰：《续资治通鉴纲目广义》，明弘治十七年（1504 年）慎独斋刊本。

颜端、徐瀚：《张乖崖事文录》，明弘治三年（1490 年）邢表等刻本。

许浩：《宋史阐幽》，明崇祯元年（1628 年）许镭刻本。

周礼：《续资治通鉴纲目发明》，明弘治十七年（1504 年）慎独斋刊本。

尹直：《南宋名臣言行录》，明弘治刻本。

邵宝：《宋大儒大奏议》，明弘治十八年（1505 年）王德明刻本。

不著撰人名氏《厓山集》，《丛书集成续编》本，上海书店 1994 年。

何乔新：《宋元史臆见》，文渊阁《四库全书》本。

戴铣：《朱子实纪》，明正德八年（1513 年）鲍雄刻本。

马峦：《温公年谱》，明万历四十六年（1618 年）司马露刻本。

徐阶：《岳集》，明嘉靖十五年（1536 年）焦煜刻本。

徐袍：《金仁山年谱》，《北京图书馆藏珍本年谱丛刊》本，北京图书馆出版社 1999 年据清光绪十三年（1887 年）镇海谢氏补刻《率祖堂丛书》本《宋仁山金先生遗书》影印。

陈霆：《宣靖备史》，《丛书集成续编》本，上海书店 1994 年。

不著撰人名氏：《宋史笔断》，明刻本。

王洙：《宋史质》，台北：大化书局影印明嘉靖刻本，1977 年。

陈载兴：《宋陈忠肃公言行录》，明嘉靖二十六年（1547 年）陈懋贤刊本。

李默：《紫阳文公先生年谱》，明嘉靖间刊本。

柯维骐：《宋史新编》，明嘉靖刻本。

朱希召：《宋历科状元录》，《北京图书馆古籍珍本丛刊》本，北京图书馆出版社，2000 年。

薛应旂：《宋元通鉴》，明嘉靖四十五年（1566 年）自刻本。

归有光：《宋史论赞》，文渊阁《四库全书》本。

海瑞：《元祐党籍碑考》、《庆元伪学党籍》，陈义钟编校《海瑞集》本，中华书局 1962 年。

王宗沐：《宋元资治通鉴》，明吴中珩刻本。

宋端仪 撰，薛应旂 重辑：《考亭渊源录》，明隆庆三年（1569 年）林润刻本。

唐伯元：《二程年谱》，明万历十三年（1585 年）姜召校刊本。

张应登 撰，杨世达 重订：《汤阴精忠庙志》，清雍正十三年（1735 年）刊本。

李桢：《濂溪志》，明万历二十一年（1593 年）刻本。

王世贞 辑，璩之璞 补编：《苏长公外纪》，明万历二十二年（1594 年）璩氏燕石斋刻二十三年（1595 年）重修本。

范明泰：《米襄阳志林》，明万历三十二年（1604 年）范氏清宛堂刻舞蛟轩重修本。

陈邦瞻：《宋史纪事本末》，中华书局 1977 年。

徐熥 编，陈之伸 订补：《蔡福州外纪》，《宋四家外纪》本，《四库全书存目丛书》本据吉林大学图书馆藏明崇祯刻本影印。

徐缙芳：《宋忠武岳鄂王精忠类编》，明万历四十二年（1614 年）刻本。

徐鉴：《徐清正公年谱》，《北京图书馆藏珍本年谱丛刊》本，北京图书馆出版社 1999 年据 1915 年刊《豫章丛书》所收《宋宗伯徐清正公存稿》本影印。

郭化：《苏米谭史广》，明末胡正言十竹斋刻本。

赵滂：《程朱阙里志》，清雍正三年（1725 年）紫阳书院刻本。

周沈珂：《宋濂溪周元公先生集》，明万历四十四年（1616 年）周沈珂刻本。

唐枢：《宋学商求》，《四库全书存目丛书》本据明嘉靖万历间刻《木钟台集》本影印。

李廷机：《宋贤事汇》，明万历间胡士容等刻本。

陈继儒：《邵康节先生外纪》，明万历绣水沈氏刻宝颜堂秘笈本。

吕邦燿：《续宋宰辅编年录》，明天启元年（1621 年）刻本。

祁承爜：《宋西事案》，明天启间刻本。

王惟俭：《宋史记》，清抄本。

毛晋：《苏米志林》，明天启五年（1625 年）毛氏绿君亭刻本。

项梦原：《宋史偶识》，明天启六年（1626 年）自刻本。

刘廷元：《宋名臣言行略》，明刻本。

陈之伸：《黄豫章外纪》，《宋四家外纪》本，《四库全书存目丛书》本据吉林大学图书馆藏明崇祯刻本影印。

阮元声：《东莱吕成公年谱》，《北京图书馆藏珍本年谱丛刊》本，北京：北京图书馆出版社 1999 年据明崇祯五年（1632 年）刻《宋东莱吕成公外录》本影印。

朱廷焕：《增补武林旧事》，明崇祯十年（1637 年）朱廷焕刻本。

郑郧：《考定苏文忠公年谱》，《四库禁毁书丛刊》本据 1932 年郑国栋木活字本影印。

范明泰 辑，陈之伸 订补：《米襄阳外纪》，《宋四家外纪》本，《四库全书存目丛书》据杭州大学图书馆藏明崇祯刻本影印。

钱士升：《南宋书》，清嘉庆二年（1797 年）扫叶山房刻本。

二、古籍资料

李焘：《续资治通鉴长编》，中华书局 1979 年版。

李心传：《建炎以来系年要录》，中华书局 1985 年版。

王稱：《东都事略》，文渊阁《四库全书》本。

杨万里：《诚斋集》，文渊阁《四库全书》本。

脱脱，等：《宋史》，中华书局 1977 年版。

脱脱，等：《辽史》，中华书局 1974 年版。

脱脱，等：《金史》，中华书局 1975 年版。

苏天爵：《元名臣事略》，姚景安点校本，中华书局 1996 年版。

苏天爵：《滋溪文稿》，陈高华、孟繁清点校本，中华书局 1997 年版。

欧阳玄：《圭斋文集》，《四部丛刊初编》本，上海书店 1989 年版。

袁桷：《清容居士集》，《四部丛刊初编》本。

杨维桢：《东维子集》，文渊阁《四库全书》本。

王祎：《王忠文公集》，江苏广陵古籍刻印社 1983 年版。

宋讷：《西隐集》，文渊阁《四库全书》本。

贝琼：《清江贝先生集》，《四部丛刊初编》本。

陶宗仪：《南村辍耕录》，中华书局 1959 年版。

权衡：《庚申外史》，《丛书集成初编》本。

宋濂，等：《元史》，中华书局 1976 年版。

宋濂：《宋学士全集》，江苏广陵古籍刻印社 1983 年版。

刘基：《诚意伯文集》，《四部丛刊初编》本。

《明实录》台北："中央"研究院历史语言研究所 1962 年影印本。

方孝孺：《逊志斋集》，宁波出版社 2000 年版。

周叙：《石溪周先生文集》，《四库全书存目丛书》本，齐鲁书社 1996

年据明万历二十三（1595年）年周承超等刻本影印。

商辂：《商文毅公集》，明万历三十一年（1603年）刻本。

程敏政：《明文衡》，吉林人民出版社1998年版。

程敏政：《篁墩文集》，文渊阁《四库全书》本。

丘濬：《世史正纲》，明嘉靖四十二年（1563年）刻本。

丘濬：《重编琼台会稿》，海口：海南书局《丘海合集》本1927年版。

丘濬：《朱子学的》，《丛书集成初编》本，中华书局1985年据《正谊堂全书》本排印。

陈建：《学蔀通辨》，《四库全书存目丛书》本，齐鲁书社1996年据明嘉靖二十七年（1548年）刻本影印。

薛应旂：《方山文录》，《四库全书存目丛书》本。

王宗沐：《敬所王先生文集》，明万历元年（1573年）刻本。

归有光：《震川先生集》，上海古籍出版社1981周本淳校点本。

何良俊：《四友斋丛说》，中华书局1959年版。

王锜：《寓圃杂记》，中华书局1984年版。

叶盛：《水东日记》，文渊阁《四库全书》本。

郑晓：《今言》，中华书局1984年版。

陆容：《椒园杂记》，中华书局1985年版。

陈建：《皇明启运录》，《稀见明史史籍辑存》本，线装书局2003年版。

王世贞：《弇州史料》，明万历四十二年（1614年）刻本。

王世贞：《弇州四部稿续稿》，文渊阁《四库全书》本。

邵经邦：《弘简录》，清康熙间刻本。

吴士奇：《史裁》，《四库全书存目丛书》本。

于慎行：《读史漫录》，《四库全书存目丛书》本。

张溥：《历代史论》，《四库全书存目丛书》本。

卜大有：《史学要义》，中国图书馆文献缩微复制中心影印本1999年版。

朱明镐：《史纠》，台北：台湾商务印书馆1983年版。

梁梦龙：《史要编》，《四库全书存目丛书》本。

项笃寿：《今献备遗》，《北京图书馆古籍珍本丛刊》本。

徐纮：《皇明名臣琬琰录》，《丛书集成续编》本，上海书店1994年版。

徐 㶿：《重编红雨楼题跋》，《丛书集成三编》本，台北：新文丰图书出版公司 1997 年版。

焦竑：《国朝献征录》，上海书店 1987 年版。

姚士观，等：《明太祖文集》，文渊阁《四库全书》本。

解缙：《文毅集》，文渊阁《四库全书》本。

杨循吉：《松筹堂集》，《四库全书存目丛书》本。

陈献章：《陈白沙集》，文渊阁《四库全书》本。

瞿景淳：《瞿文懿公集》，《四库全书存目丛书》本。

彭韶：《彭惠安集》，上海古籍出版社 1991 年版。

杨慎：《升菴集》，文渊阁《四库全书》本。

顾璘：《顾华玉集》，文渊阁《四库全书》本。

唐顺之：《荆川先生文集》，《丛书集成续编》本。

李东阳：《怀麓堂集》，文渊阁《四库全书》本。

许孚远：《敬和堂集》，《四库全书存目丛书》本。

范光宙：《史评》，《四库全书存目丛书》本。

黄仲昭：《未轩文集》，文渊阁《四库全书》本。

王世贞：《弇山堂别集》，中华书局 1985 年版。

陈继儒：《眉公杂著》，《清代禁毁书目丛刊》第 1 辑，台北：伟文图书出版社 1977 年版。

张居正：《张太岳集》，上海古籍出版社 1984 年版。

胡应麟：《少室山房集》，上海古籍出版社 1993 年版。

解缙：《文毅集》，文渊阁《四库全书》本。

杨循吉：《松筹堂集》，《四库全书存目丛书》本。

陈献章：《陈白沙集》，文渊阁《四库全书》本。

瞿景淳：《瞿文懿公集》，《四库全书存目丛书》本。

彭韶：《彭惠安集》，上海古籍出版社 1991 年版。

杨慎：《升菴集》，文渊阁《四库全书》本。

顾璘：《顾华玉集》，文渊阁《四库全书》本。

唐顺之：《荆川先生文集》，《丛书集成续编》本。

李东阳：《怀麓堂集》，文渊阁《四库全书》本。

许孚远：《敬和堂集》，《四库全书存目丛书》本。

范光宙：《史评》，《四库全书存目丛书》本。

黄仲昭：《未轩文集》，文渊阁《四库全书》本。

王世贞：《弇山堂别集》，中华书局1985年版。

陈继儒：《眉公杂著》，《清代禁毁书目丛刊》第1辑，台北：伟文图书出版社1977年版。

张居正：《张太岳集》，上海古籍出版社1984年版。

胡应麟：《少室山房集》，上海古籍出版社1993年版。

陈子龙：《明经世文编》，中华书局1962年版。

徐学聚：《国朝典汇》，书目文献出版社1996年版。

王圻：《稗史汇编》，《四库全书存目丛书》本。

谈迁：《国榷》，古籍出版社1958张宗祥校点本。

张廷玉，等：《明史》，中华书局1974年版。

严衍：《资治通鉴补正》，清抄本。

夏燮：《明通鉴》，中华书局1959年版。

清官修：《续文献通考》，浙江古籍出版社1988年版。

计六奇：《明季北略》，中华书局1984年版。

谷应泰：《明史纪事本末》，中华书局1977年版。

钱大昕：《十驾斋养新录》，江苏古籍出版社2000年版。

王鸣盛：《蛾术编》，商务印书馆1958年版。

王鸣盛：《十七史商榷》，商务印书馆1959年版。

赵翼：《陔余丛考》，河北人民出版社1990年版。

赵翼《廿二史札记校注》，王树民校注本，中华书局2001年版。

印鸾章：《明鉴》，中国书店1985年版。

李慈铭：《越缦堂读书记》，上海书店出版社2000年版。

周中孚：《郑堂读书记》，商务印书馆1959年版。

王夫之：《宋论》，中华书局1964年版。

王夫之：《读通鉴论》，中华书局1975年版。

章学诚：《文史通义》，叶瑛校注本，中华书局1985年版。

陈鼎：《东林列传》，文渊阁《四库全书》本。

沈佳：《明儒言行录》，文渊阁《四库全书》本。

李清馥：《闽中理学渊源考》，文渊阁《四库全书》本。

黄宗羲：《明儒学案》，中华书局1985年版。

孙奇逢：《中州人物考》，文渊阁《四库全书》本。

顾炎武：《亭林余集》，《四部丛刊初编》本。

朱彝尊：《曝书亭集》，《四部丛刊初编》本。

朱彝尊：《静志居诗话》，人民文学出版社1998年版。

钱谦益：《牧斋有学集》，上海古籍出版社1996年版。

全祖望：《鲒埼亭集》，商务印书馆1936年版。

钱大昕：《潜研堂文集》，《四部丛刊初编》本。

钱大昕 著，陈文和 主编：《嘉定钱大昕全集》，江苏古籍出版社1997年版。

章学诚：《章学诚遗书》，文物出版社1985年版。

雍正《江西通志》，文渊阁《四库全书》本。

乾隆《大清一统志》，文渊阁《四库全书》本。

乾隆《江南通志》，文渊阁《四库全书》本。

乾隆《福建通志》，文渊阁《四库全书》本。

乾隆《浙江通志》，文渊阁《四库全书》本。

张英，等：《渊鉴类函》，文渊阁《四库全书》本。

傅恒，等：《历代通鉴辑览》，文渊阁《四库全书》本。

黄虞稷 撰，瞿凤起 整理：《千顷堂书目》，上海古籍出版社2001年版。

永瑢，等：《四库全书总目》，中华书局1965年版。

钱伯城，等：《全明文》，上海古籍出版社1992年版。

三、今人论著

吴晗：《读史札记》，三联书店1957年版。

侯外庐，等：《中国思想通史》第五卷，人民出版社1962年版。

Wolfgang Franke An Introduction to the Sources of Ming History, Kuala Lumpur: University of Malaya Press, 1968.

王云五：《明代政治思想》，商务印书馆1969年版。

朱保炯《明清进士题名碑录索引》，上海古籍出版社1980年版。

孟森：《明清史讲义》，中华书局 1981 年版。

谢国桢：《增订晚明史籍考》，上海古籍出版社 1981 年版。

谢国桢：《明末清初的学风》，人民出版社 1982 年版。

谢国桢：《明清笔记丛谈》，上海书店出版社 2004 年版。

刘节《中国史学史稿》，中州书画社 1982 年版。

蒋逸雪：《张溥年谱》，齐鲁书社 1982 年版。

柴德赓：《史学丛考》，中华书局 1982 年版。

国家民委政策研究室 编：《中国民族关系史论文集》，民族出版社 1982 年版。

仓修良：《中国古代史学史简编》，黑龙江人民出版社 1983 年版。

林庆彰：《明代考据学研究》，台湾学生书局 1983 年版。

王重民：《中国善本书提要》，上海古籍出版社 1983 年版。

章太炎：《章太炎全集》，上海人民出版社 1984 年版。

李宗侗：《中国史学史》，中国友谊出版公司出版 1984 年版。

（美）陈学霖 Legitimation in Imperial China：Discussions on Legitimate Succession under the Jurchen Chin Dynasty（1115—1234），Seattle：University of Washington Press，1984。

尹达：《中国史学发展史》，中州古籍出版社 1985 年版。

白寿彝：《中国史学史》第一册，上海人民出版社 1986 年版。

张孟伦：《中国史学史》，甘肃人民出版社 1986 年版。

顾吉辰：《宋史比事质疑》，书目文献出版社 1987 年版。

李小林：《明史研究备览》，天津教育出版社 1988 年版。

陈宝良：《悄悄散去的幕纱——明代文化历程新说》，陕西人民出版社 1988 年版。

徐浩：《二十五史论纲》，上海书店影印世界书局本 1989 年版。

瞿林东：《中国史学散论》，湖南教育出版社 1990 年版。

南炳文、汤纲：《明史》（上、下），上海人民出版社 1991 年版。

陈祖武：《清初学术思辨录》，中国社会科学出版社 1992 年版。

（美）牟复礼（Frederick Mote），（英）崔瑞德（Denis Twitchett）《剑桥中国明代史》，中国社会科学出版社 1992 年版。

金毓黻：《静晤室日记》，辽沈书社 1993 年版。

中国科学院图书馆 整理：《续修四库全书总目提要》，中华书局 1993 年版。

傅衣凌 主编，杨国桢、陈支平 合著：《明史新编》，人民出版社 1993 年版。

容肇祖：《中国历代思想史·明代卷》，台北：文津出版社 1993 年版。

（法）谢和耐（Jacque Gernet）：《中国社会史》，江苏人民出版社 1995 年版。

饶宗颐：《中国史学上之正统论》，上海远东出版社 1996 年版。

嵇文甫：《晚明思想史论》，东方出版社 1996 年版。

周少川：《中华典籍与传统文化》，广西师范大学出版社 1996 年版。

吴怀祺：《中国史学思想史》，安徽人民出版社 1997 年版。

姜胜利：《清人明史学探研》，南开大学出版社 1997 年版。

邓广铭：《邓广铭治史丛稿》，北京大学出版社 1997 年版。

瞿林东：《中华文化通志·史学志》，上海人民出版社 1997 年版。

刘凤翥，等：《二十五史新编：辽史·金史·西夏史》，上海古籍出版社 1997 年版。

商传：《中华文化通志·明代文化志》，上海人民出版社 1998 年版。

白寿彝：《中国通史》第 10、13、15、16 册，上海人民出版社 1999 年版。

杨翼骧：《中国史学史资料编年》（第三册），南开大学出版社 1999 年版。

费孝通：《中华民族多元一体格局》，中央民族大学版社 1999 年版。

瞿林东：《中国史学史纲》，北京出版社 1999 年版。

陈其泰：《史学与民族精神》，学苑出版社 1999 年版。

何忠礼、徐吉军：《南宋史稿》，杭州大学出版社 1999 年版。

金毓黻：《中国史学史》，河北教育出版社 2000 年版。

柳诒徵：《国史要义》，华东师范大学出版社 2000 年版。

赵令扬：《明史论集》，香港：香港大学中文系出版 2000 年版。

伍雄武：《中华民族的形成与凝聚新论》，云南人民出版社 2000 年版。

黄兆强：《清人元史学探研——清初至清中叶》，稻乡出版社 2000 年版。

钱茂伟：《明代史学编年考》，中国文联出版社 2000 年版。

葛兆光：《中国思想史》（第二卷），复旦大学出版社 2001 年版。

周少川：《元代史学思想研究》，社会科学文献出版社 2001 年版。

吴怀祺：《中国史学思想通史·宋辽金卷》，黄山书社 2002 年版。

向燕南：《中国史学思想通史·明代卷》，黄山书社 2002 年版。

王记录：《中国史学思想通史·清代卷》，黄山书社 2002 年版。

张显清、林金树：《明代政治史》，广西师范大学出版社 2003 年版。

钱茂伟：《明代史学的历程》，社会科学文献出版社 2003 年版。

樊树志：《晚明史》，复旦大学出版社 2003 年版。

余英时：《士与中国文化》，上海人民出版社 2003 年版。

何忠礼：《中国古代史史料学》，上海古籍出版社 2004 年版。

陈宝良：《明代儒学生员与地方社会》，中国社会科学出版社 2005 年版。

（日）沟口雄三：《中国前近代思想的演变》，中华书局 2005 年版。

杨艳秋：《明代史学探研》，人民出版社出版 2006 年版。

潘荣胜：《明清进士录》，中华书局 2006 年版。

陈祖武：《中国学案史》，东方出版中心 2008 年版。

傅增湘：《藏园群书经眼录》，中华书局 2009 年版。

郑师渠、任崇岳：《中国文化通史·辽西夏金元卷》，北京师范大学出版社 2009 年版。

瞿林东：《中国古代历史理论》，安徽人民出版社 2011 年版。

四、学术论文

柳诒徵：《述〈宋史质〉》，《史学杂志》，1929 年 1 卷 1 期。

张邃青：《读宋校本王氏〈宋史记〉》，《国风半月刊》，1934 年 5 卷 10—11 期。

罗伯特·B. 克劳福德，等：《根据明初社会来看方孝孺》，Crawford, Robert B. et al. Fang Hsiao-ju in the light of early Ming society. Monumenta Serica, 15, 1956。

王仲荦：《〈资治通鉴〉和通鉴学》，《历史教学》1963 年第 5 期。

Mary Ferenczy Chinese Historiographer's Views on Barbarian-Chinese Relations, 14th—16th Centuries, Acta Orientalia, Hungaricae XXI. 1, 1968.

陈芳明：《宋辽金史的纂修与正统之争》，《宋史研究集》七，1974 年。

王德毅：《由〈宋史质〉谈到明朝人的宋史观》，《台湾大学历史系学报》1977 年第 4 期。

王树民：《宋元纪事本末的编纂和流传》，《河北师院学报》，1978 年第 3 期。

黄云眉：《与夏瞿禅论改修〈宋史〉诸家书》，载《史学杂稿订存》，齐鲁书社 1980 年。

刘凤翥、李锡厚：《元修宋、辽、金史再评价》，《社会科学辑刊》1981 年第 3 期。

（美）陈学霖（chan hok-lam）Chinese Official Historiography at the Yüan Court：the Composition of the Liao, Chin and Sung Histories, in China under Mongol Rule, ed. John D. Langlois, jr. Princeton University Press, 1981。

吴丰培：《旧抄明本王惟俭〈宋史记〉二百五十卷》，《文献》1982 年第 12 期。

王海根：《陆心源和〈宋史翼〉》，《浙江师范学院学报》1982 年第 4 期。

冯惠民：《试论严衍的〈通鉴补〉》，《社会科学战线》1983 年第 3 期。

金毓黻：《改修宋史考略》，《东北文献》1983 年 3 卷 2 期。

朱仲玉：《明代福建史家柯维骐和〈宋史新编〉》，《福建论坛》1984 年第 1 期。

李焯然：《丘濬之史学——读〈世史正纲〉札记》，《明史研究专刊》1984 年第 7 期。

葛兆光：《明代中后期三股史学思潮》，《史学史研究》1985 年第 1 期。

王东：《正统论与中国古代史学》，《学术界》1987 年第 5 期。

陈行一：《陈邦瞻生年小考》，《争鸣》1987 年第 6 期。

孙家洲：《正统之争与正统史观》，《争鸣》1988 年第 2 期。

朱仲玉：《论明朝人对宋史的研究与改编》，《中国历史文献研究》（三），1990 年。

卢钟锋：《明代前期的朱学统治与学术史研究的朱学特色》，《史学史研究》1991 年第 3 期。

赵令扬：《论明代之史学》，《第二届国际华学研究会议论文》1992 年。

钱茂伟：《论明代中叶当代史研撰的勃兴》，《江汉论坛》1992 年第 8 期。

李焯然：《焦竑对明代学风的批评》，《中国哲学》第十五辑，岳麓书社 1992 年。

吴振清：《洪武朝编辑史鉴书述论》，《史学史研究》1993 年第 1 期。

陈学霖：《柯维骐〈宋史新编〉述论》，《宋史论集》，东大图书公司 1993 年。

王继光，等：《明代史学述论》，《西北民族学院学报（哲社版）》1993 年第 4 期。

谢贵安：《从朱元璋的正统观看他对元蒙的政策》，《华中师范大学学报（哲社版）》1994 年第 1 期。

夏祖恩：《〈史著体裁纵横谈〉——兼及〈宋史纪事本末〉》，《福建师大福清分校学报》1994 年第 2 期。

王晓晴：《宋元史学的正统之辨》，《中州学刊》1994 年第 6 期。

钱茂伟：《明人史著编年考略》，《浙江学刊》1994 年第 6 期。

代继华：《试析〈史书占毕〉的史学思想与历史思想》，《重庆师院学报（哲社版）》1995 年第 2 期。

林甘泉：《夷夏之辨与文化认同》，《传统文化与现代化》1995 年第 3 期。

翁福清：《商辂生平事迹考略》，《杭州师范学院学报》1995 年第 7 期。

牛建强：《明代中后期建文朝史籍纂修考述》，《史学史研究》1996 年第 2 期。

宁泊：《清人明史研究中的正统观》，《高等学校文科学报文摘》1996 年第 6 期。

廖瑞铭：《明代史学之再评价》，《台湾人文生态研究》1997 年 1 卷 1 期。

葛志毅：《论大一统与严夷夏之防》，《管子学刊》1997 年第 1 期。

姜胜利：《明人整理当代史史料述论》，《中国历史与史学》北京图书馆出版社 1997 年。

吴振清：《明代〈通鉴〉学的成就及其特点》，《历史学》1997 年第 4 期。

王瑞明：《评丘濬〈世史正纲〉》，《历史文献研究》（北京新八辑）1997 年。

罗炳良：《论中国古代史书体裁之辩证发展》，《史学月刊》1997 年第 5 期。

汪文学：《再论中国古代政治正统论》，《贵州文史丛刊》1998 年第 6 期。

钱茂伟：《明代前期史学特点初探》，《华东师大学报（哲社版）》1998 年第 3 期。

李小树：《封建传统史学的没落与通俗史学的兴盛：明代史学探论》，《北京社会科学》1999 年第 1 期。

汪文学：《从"三正循环"到"名年建元"——说改正朔之方式及其意义》，《贵州民族学院学报（社科版）》1999 年第 1 期。

周少川：《元代关于历史盛衰之"理"的思考——论理学思潮对元代历史观的影响》，《史学理论研究》1999 年第 3 期。

向燕南：《薛应旂的史学思想》，《史学史研究》1999 年第 3 期。

胡克森：《论中国古代正统观的演变与中华民族融合之关系》，《史学理论研究》1999 年第 4 期。

杨忠：《论汤显祖的历史观及其史学成就》，《北京大学学报（哲社版）》1999 年第 5 期。

钱茂伟：《论明代的通史模式构筑》，《宁波大学学报（人文科学版）》2000 年第 3 期。

钱茂伟：《明代史学研究史述略》，《东亚学研究》，学林出版社 2000 年版。

周少川：《元代史学的世界性意识》，《史学集刊》2000 年第 3 期。

黄兆强：《明人元史学探研》，《书目季刊》2000 年第 2 期。

牛润珍：《儒家大一统思想的历史作用与现代价值》，《河北学刊》2001 年第 1 期。

赵万里：《明人文集提要》，《文史》，中华书局2000年第3、4辑，2001年第1、2期。

钱茂伟：《论明中叶史学的转型》，《复旦学报（社科版）》2001年第6期。

尹静：《王祎的正统论与〈大事记续编〉》，《淮北煤师院学报（哲社版）》2002年第5期。

向燕南：《史学与明初政治》，《历史学》2002年第7期。

廉敏：《近五十年来的明代史论研究》，《中国史研究动态》2002年第7期。

乔治忠：《明代史学发展的普及性潮流》，《中国社会历史评论》（4），商务印书馆2002年。

林家骊：《谢铎年谱》，《台州学院学报》2003年第2期。

张兆裕：《明代的华夷之辨》，《第九届明史国际学术讨论会——暨傅衣凌教授诞辰九十周年纪念论文集》，厦门大学出版社2003年。

杜国景：《"正统论"与中国古代政治文化的理性光芒》，《贵州文史丛刊》2003年第3期。

黄兆强：《明人元史学编年研究》，《东吴历史学报》2003年第9期。

刘复生：《表宋风，兴蜀学—刘咸重修〈宋史〉简论》，《四川大学学报（哲社版）》2003年第5期。

黄兆强：《二十六史纂修时间缓速比较研究》，《新亚学报》第二十二卷，2003年10月。

向燕南：《引领历史向善——方孝孺的正统论及其史学影响》，《齐鲁学刊》2004年第1期。

刘浦江：《德运之争与辽金王朝的正统性问题》，《中国社会科学》2004年第2期。

刘云军：《〈南宋书〉浅探》，《鄂州大学学报》2005年第1期。

胡玉冰：《〈宋西事案〉考略》，《民族研究》2005年第2期。

瞿林东，等：《历史文化认同与统一的多民族国家（专题讨论）》，《河北学刊》2005年第3期。

任崇岳：《元代中原地区的民族融合》，《中州学刊》2005年第5期。

侯虎虎，等：《试论明人的〈宋史〉研究》，《延安大学学报（社科版）》2005 年第 6 期。

廉敏：《正统史论的深入发展与异端史论的孕育——论明代正统至弘治时期的史论》，《求是学刊》2007 年第 4 期。

张涛：《钱大昕的〈宋史〉研究成就》，《理论学刊》2011 年第 12 期。

后 记

　　两司马之史著，既是对历史的错综铨次，亦是对命运的感慨顿悟。古往今来，多少学者在史学中反思，叩问，遭遇自我。向学之人往往希冀于历史的困顿、波折、反复中深思、警醒，从而纵观古今拥有一种完成使命的勇气和气概！此书的撰写有辛苦，有欣喜，有懈怠，有奋起，而人生的义理何尝不与此同！一部书稿的完成，让我懂得了如何规划，如何取舍，如何思考，如何决断，而人生总有这样的机会吗？"士不可以不弘毅"。所幸，我懂得了这个道理！

　　此书的竣成，得益于我的导师周少川先生。周先生长期致力于历史文献学、史学理论及元代文化史的研究，为中国历史文献学及元史学界的权威。作为陈垣老校长的学术传人，他常以陈垣老的优良学风相砥砺，并告诫我："治学无捷径，要在刻苦和持之以恒。"周先生以此金针度人，使我受益良多，且如昨日之语，常在耳畔回响。此外，社科院的陈祖武先生常常鼓励我于学术之路勇于前行，台湾东吴大学的黄兆强教授亦无私地寄其论著予以支持。北师大古籍所和史学所学风醇正，大师良多，两所渊源深厚，所中诸位贤师对于我的问难质疑，往往欣然解答，娓娓忘倦，亦使我得到很大的教益。就职郑州大学以来，我所敬重的诸位同仁亦师亦友，我们同行、共饮、欢笑，其乐融融！

　　故里是那钟灵毓秀的楚宛之地，荟萃了南北风韵。其山，或峭拔冷峻，或奇峰竞秀；其水，或淖弱而清，或烟波浩渺。凝重的医圣祠，古朴的诸葛庐，质厚少文的大将吴汉，扶义倜傥的才子韩愈，不觉间神思遐远，悄焉动容。南都帝乡，天地灵淑之气钟于此！历史，人文，山水，草木，让心灵栖居于此焉。

是书有幸请师兄邵永忠博士为责任编辑，种种出版的琐细工作，他都考虑周详，并与我沟通，为此书的版行付出了许多辛劳，为我减轻了繁重。拙作得以有新衣问世，荣添光华，实赖邵师兄及人民出版社诸位朋友的勤苦，谨致深切谢忱！

且行且珍惜。回望路途，给我最深感触的，是亲朋师友的鼓励、支持和包容，是他们给我精神的快乐和前进的力量，让我沿着这条学术之路走得自信而从容，充实而静谧。路漫漫其修远兮，上下求索中而有亲情友情恒在，生命灵动之源泉常清，对他们，我感铭于心，并致最美好的祝福！

吴 漫
2012 年 8 月识于祥园